AF315676

DES
ORDONNANCES SUR REQUÊTE

ET DES

ORDONNANCES DE RÉFÉRÉ

PAR

Théophile BAZOT

PRÉSIDENT DE CHAMBRE A LA COUR D'APPEL DE CHAMBÉRY
CHEVALIER DE LA LÉGION D'HONNEUR

PARIS

A. COTILLON ET Cᵉ, ÉDITEURS, LIBRAIRES DU CONSEIL D'ÉTAT

24, rue Soufflot, 24

1876

PRÉFACE.

Tout livre a sa préface, c'est l'usage, mais une modeste brochure, comme celle-ci, ne comporte pas cette annonce un peu solennelle.

Les quelques lignes, que j'inscris en tête de ce volume, ont uniquement pour but d'expliquer, d'excuser même, la pensée qui m'est venue d'écrire sur un sujet déjà traité par des auteurs éminents, parmi lesquels brille surtout le nom du président de Belleyme.

Je n'ai eu la prétention de faire la leçon à personne : bien au contraire, je ne voulais, en commençant cette étude de la doctrine et de la jurisprudence, chercher de leçon que pour moi-même.

La *Revue critique de législation et de jurisprudence* a accueilli, avec sa bienveillance habituelle, la communication partielle de mon travail. C'est son indulgence qui m'a donné l'illusion de croire que ces notes pourraient offrir quelque utilité pour d'autres : je les ai donc continuées et, aujourd'hui, je les publie avec ce désir, sinon avec cette espérance.

Il m'eût été facile de grossir ce volume, en relevant minutieusement toutes les dispositions qui, dans nos Codes ou dans nos lois, se rapportent aux attributions du président du tribunal civil, en reproduisant les textes, les modèles et les formules. Ce travail, si utile d'ailleurs, n'est plus à faire et le

DES

ORDONNANCES SUR REQUÊTE

ET DES

ORDONNANCES DE RÉFÉRÉ

PAR

Théophile BAZOT

PRÉSIDENT DE CHAMBRE A LA COUR D'APPEL DE CHAMBÉRY
CHEVALIER DE LA LÉGION D'HONNEUR

PARIS

A. COTILLON ET C°, ÉDITEURS, LIBRAIRES DU CONSEIL D'ÉTAT

24, rue Soufflot, 24

1876

PRÉFACE.

Tout livre a sa préface, c'est l'usage, mais une modeste brochure, comme celle-ci, ne comporte pas cette annonce un peu solennelle.

Les quelques lignes, que j'inscris en tête de ce volume, ont uniquement pour but d'expliquer, d'excuser même, la pensée qui m'est venue d'écrire sur un sujet déjà traité par des auteurs éminents, parmi lesquels brille surtout le nom du président de Belleyme.

Je n'ai eu la prétention de faire la leçon à personne : bien au contraire, je ne voulais, en commençant cette étude de la doctrine et de la jurisprudence, chercher de leçon que pour moi-même.

La *Revue critique de législation et de jurisprudence* a accueilli, avec sa bienveillance habituelle, la communication partielle de mon travail. C'est son indulgence qui m'a donné l'illusion de croire que ces notes pourraient offrir quelque utilité pour d'autres : je les ai donc continuées et, aujourd'hui, je les publie avec ce désir, sinon avec cette espérance.

Il m'eût été facile de grossir ce volume, en relevant minutieusement toutes les dispositions qui, dans nos Codes ou dans nos lois, se rapportent aux attributions du président du tribunal civil, en reproduisant les textes, les modèles et les formules. Ce travail, si utile d'ailleurs, n'est plus à faire et le

Traité de M. de Belleyme a réuni, à cet égard, les documents les plus précis et les plus complets.

Me dégageant de tous ces détails, non par dédain certes, mais par la conviction de l'inutilité d'une réédition, j'ai essayé autre chose : je me suis proposé d'insister sur les principes, qui m'ont paru ne pas tenir, même dans les ouvrages les meilleurs, la place qu'ils méritent.

Un double sentiment anime ces pages : l'amour sincère de la science, l'amour de mon état.

Parmi les fonctions de la magistrature, je n'en connais pas de plus belles que celles des présidents des tribunaux civils, parce qu'il n'en est pas qui permettent de rendre plus de services. Le magistrat, qui a l'honneur d'être investi de cette juridiction, ne saurait être trop pénétré de sa responsabilité, pour se tenir à la hauteur de sa mission. Le zèle, l'application, l'amour de la justice, l'expérience des hommes et des choses ne suffisent pas : il lui faut encore la science du droit dont le culte, s'il n'était pas un devoir, serait encore une des plus nobles jouissances. Qu'il travaille donc sans cesse à se rendre plus digne de ses belles fonctions ! La récompense qui l'attend est grande, car c'est à ce magistrat, toujours en contact avec les justiciables, qu'on peut surtout appliquer ces paroles :

Seminanti justitiam merces fidelis.

Chambéry, 12 mars 1876.

ORDONNANCES SUR REQUÊTE

ET DES

ORDONNANCES DE RÉFÉRÉ.

Il est une juridiction qui a reçu, de nos jours, un grand développement et dont beaucoup de bons esprits souhaitent encore l'extension : c'est celle du président du tribunal.

Elle s'exerce de deux manières : par les ordonnances sur requête et par les ordonnances de référé.

Le magistrat, investi de cette juridiction, est heureusement un magistrat élevé dans la hiérarchie judiciaire, trouvant ainsi dans sa situation une grande autorité, préparé à sa difficile mission par une longue pratique des affaires, présentant des garanties exceptionnelles de science, d'expérience et d'indépendance. Il ne lui faut rien moins que la réunion de ces rares qualités, car, réduit à ses propres lumières, le président est souvent appelé à trancher d'urgence les questions les plus délicates.

Les avantages de cette juridiction personnelle sont nombreux, et le principal est de répondre à un besoin de célérité, si impérieux parfois que le moindre retard causerait la perte du droit ou un préjudice irréparable. Elle a pourtant, comme toutes les institutions humaines, plus qu'une autre peut-être, des inconvénients sérieux. D'abord elle ouvre aux justiciables un moyen commode d'éluder, à l'aide d'une procédure expéditive, un débat nécessaire et des formes dont la lenteur est quelquefois la condition d'une bonne justice ; ensuite elle offre, pour le juge, le danger de l'entraîner hors des limites de sa compétence, danger auquel il succombera d'autant plus aisément qu'un zèle consciencieux peut lui faire illusion par le désir de prévenir ou de terminer une contestation.

Il est permis assurément de ne pas partager, sur ce point, l'optimisme que marquait l'orateur du gouvernement, M. Réal, lorsqu'il exposait, devant le Conseil d'État, les motifs du projet de loi. « *La loi*, disait-il, *s'explique assez clairement...* » Il faut en rabattre, je crois, et reconnaître plutôt qu'ici le regrettable laconisme du législateur a laissé une trop ample matière à la discussion. — M. Réal ajoutait, il est vrai, comme pour couper court à des objections qu'il pressentait : « *Le discernement et la probité du président ou du juge délégué feront le reste...* »

Un grand magistrat qui ne saurait être suspect, Montesquieu, n'a-t-il donc pas déclaré *qu'une infinité d'abus se glissent dans ce qui passe par la main des hommes?* Ne craignons pas de l'avouer : une loi vaut mieux que le meilleur et le plus consciencieux des juges. C'était aussi le sentiment de Bacon exprimé dans cet aphorisme si connu : *optima lex quæ minimum relinquit arbitrio judicis.*

Ces vérités générales sont bonnes à rappeler, car, dans la matière spéciale dont je commence l'étude, nos recueils de jurisprudence sont là pour attester, de la part des présidents, certaines témérités qui ont dû être arrêtées par les juridictions supérieures.

Qu'on ne se méprenne pas toutefois sur ma pensée : je ne suis pas au nombre des adversaires de la juridiction présidentielle, bien qu'elle en ait eu de très-autorisés. J'en désire au contraire le maintien, reconnaissant qu'elle est mervcilleusement appropriée aux besoins de l'époque actuelle. Mais cette juridiction exige beaucoup de prudence et de modération pour ne pas empiéter sur le domaine des autres juridictions. Une difficulté, particulièrement grave, se rencontre ici : il faut réserver, contre des appréciations d'autant plus sujettes à l'erreur qu'elles émaneront d'un seul homme et n'auront pas été précédées des formes ordinaires, un recours nécessaire ; mais il convient aussi de maintenir un pouvoir discrétionnaire, sans lequel l'institution perdrait toute son efficacité. C'est l'une ou l'autre de ces règles qui devra être appliquée suivant les cas ; mais la ligne de démarcation est obscure ; le magistrat doit se tenir en garde contre un double écueil, et il aura d'autant plus de mal à suivre la droite voie qu'il manquera le plus souvent de son guide habituel : une loi claire et précise.

Puisque le législateur s'est montré si sobre de préceptes, il est sage de demander à la doctrine et à la jurisprudence des règles de conduite pour un juge chargé d'une mission à la fois complexe et délicate.

C'est cette recherche que je voudrais entreprendre aujourd'hui en examinant les questions suivantes : quelle est la nature des pouvoirs remis au président du tribunal? quelle est leur étendue, quelles sont leurs limites? quelles peuvent être les conséquences des décisions de ce magistrat? quelles voies de recours sont ouvertes contre elles?

Je n'ai certes pas l'ambition d'écrire un traité complet sur la matière, tout au plus celle d'étudier, à la lumière de la doctrine et de la jurisprudence, les questions les plus usuelles.

Cette tâche, toute restreinte qu'elle soit, est encore assez lourde pour que j'évite les digressions. Je m'abstiendrai donc de remonter aux origines de cette juridiction, dont on trouverait peut-être déjà le germe dans cette *clameur de haro*, pratiquée sous la coutume de Normandie, et mieux dans les sentences du lieutenant civil et de l'auditeur du Châtelet. Qu'on me permette d'entrer sans transition, en quelque sorte de plain-pied, dans le domaine de notre législation moderne.

La juridiction présidentielle, avons-nous dit, s'exerce de deux manières : par des ordonnances sur requête et par des ordonnances de référé. Ces deux modes feront l'objet de deux chapitres distincts.

CHAPITRE PREMIER.

DES ORDONNANCES SUR REQUÊTE.

§ 1er. — *Principes généraux sur la nature des ordonnances sur requête et leur irrévocabilité.*

Avant d'aborder l'examen détaillé des attributions conférées au président à l'égard des ordonnances sur requête, il est nécessaire de trancher une question préliminaire qui domine toutes les autres. Quelle est la nature de la juridiction du président du tribunal, si toutefois c'est une véritable juridiction? Cette prémisse doit être établie avec soin, car, on le verra bientôt, les conséquences qui en découlent ont une extrême importance.

Une division ancienne et capitale se retrouve sous toutes les législations. La juridiction est : *volontaire ou gracieuse et contentieuse*. Deux citations, choisies entre beaucoup d'autres, suffiront à rappeler et à expliquer cette distinction traditionnelle.

On lit dans Heineccius : « *Juridictio recte dividitur in voluntariam quæ inter volentes et sine causæ cognitione exercetur et contentiosam quæ inter invitos et litigantes cum causæ cognitione explicatur.* »

Le président Henrion de Pansey a reproduit la même définition en des termes un peu plus développés : « Le juge « exerce la juridiction contentieuse toutes les fois qu'il pro- « nonce sur des intérêts opposés, après les débats contra- « dictoires entre deux parties dont l'une a cité l'autre à son « tribunal. Tout ce qu'il fait, sur la demande d'une seule « personne ou de plusieurs d'accord entre elles, et sans con- « tradicteur, appartient à la juridiction volontaire. »

Depuis, tous les jurisconsultes s'attachant aux traits principaux de cette distinction, ont accrédité dans la langue du droit certaines propositions qui sont devenues autant de brocards. C'est ainsi qu'on dit couramment que la juridiction volontaire ou gracieuse a lieu *inter volentes,* qu'elle est *magis imperii quam jurisdictionis;* que la juridiction contentieuse, au contraire, a lieu *inter nolentes,* qu'elle est *magis jurisdictionis quam imperii.*

Si claires que puissent paraître ces idées doctrinales, il n'est peut-être pas inutile de les préciser encore par quelques exemples.

Le véritable type de la juridiction volontaire se rencontre dans l'attribution faite aux chambres du conseil d'une certaine catégorie d'affaires. S'agit-il de sauvegarder les intérêts des incapables, d'habiliter ceux-ci à passer certains actes, de pourvoir à l'administration provisoire de leurs biens, d'en autoriser, à leur demande, la vente, l'échange ou l'hypothèque, il n'y a là nul différend à trancher entre des prétentions rivales ou opposées, mais seulement une œuvre de surveillance et de protection à accomplir. Ce sont autant d'actes qui appartiennent à la juridiction volontaire, actes de *tutelle judiciaire* ou, comme l'exprimait Loyseau dans sa langue originale, *actes de cérémonie esquels reluit et paraît l'avtorité et puissance du magistrat, qui partant sont dits esse magis imperii quam jurisdictionis.* Voilà la juridiction volontaire en exercice.

S'agit-il au contraire de la revendication d'un droit qu'une partie invoque et qu'une autre conteste, il s'élève alors un conflit et, après que l'un des prétendants aura appelé son adversaire devant le juge, ce sera un procès. Le tribunal, après avoir entendu les raisons de chacun, ordonné au besoin les vérifications nécessaires, prononcera, conformément à la loi, un jugement qui consacrera définitivement la revendication de l'un ou la résistance de l'autre. Tel est le domaine ordinaire de la juridiction contentieuse.

Les caractères différents des deux juridictions apparaissent nettement désormais : à laquelle faut-il rattacher la juridiction du président statuant sur requête?

Il est un point sur lequel tout le monde est tombé facilement d'accord. Les ordonnances sur requête n'appartiennent pas à la juridiction contentieuse, car, rendues à la sollicitation d'une seule personne, sans contradiction ni débat, elles manquent ainsi de la condition essentielle qui constitue la juridiction contentieuse. C'est l'observation décisive que faisait, devant la Cour de cassation, M. le conseiller de Peyramont dans un remarquable rapport dont nous aurons beaucoup à parler. (Voir Sirey, année 1868, 1, 73.)

Ce premier aperçu, toutefois, nous laisse loin de la solution. Si nous savons ainsi ce que ne sont pas les ordonnances sur requête, nous ne savons pas encore ce qu'elles sont réellement.

Il est vrai que beaucoup d'auteurs s'en sont tenus là et que, sans se soucier d'être plus corrects, ils ont conclu que les ordonnances sur requête, ne faisant pas partie de la juridiction contentieuse, devaient rentrer dans la juridiction volontaire ou gracieuse.

Cette conclusion, si elle était admise sans autre tempérament, conduirait à de graves erreurs, et d'abord elle produirait une première confusion que je signale tout de suite.

Les décisions de la chambre du conseil appartenant incontestablement à la juridiction volontaire, on serait amené à leur assimiler les ordonnances sur requête. Or cependant il y a, entre ces deux ordres de décisions, plus que des nuances, des différences profondes et substantielles. S'il en est ainsi, la classification généralement admise est vicieuse et une sous-distinction, tout au moins, sera nécessaire.

Voyons donc, par une comparaison rapide établie entre les décisions de la chambre du conseil et les ordonnances sur requête, quels sont les caractères des unes et des autres.

La compétence de la chambre du conseil, restreinte à des cas bien déterminés, est peu étendue. Les chambres du conseil n'interviennent que tout autant que la loi a fait de leurs décisions une condition de la régularité de certains actes. — Ces décisions sont rendues à la demande d'une seule personne ou de plusieurs d'accord entre elles ; non-seulement elles ne sont précédées d'aucun débat contradictoire, mais on n'entrevoit pas même le conflit possible d'un intérêt opposé ; aussi elles ne sauraient jamais porter atteinte aux droits des tiers. — Elle nécessitent une certaine procédure : la requête, la communication au ministère public, le rapport d'un juge, les conclusions du magistrat du parquet, une délibération et une décision motivée. — Enfin les chambres du conseil n'ont pas la faculté discrétionnaire d'accorder ou de refuser l'autorisation demandée : en cas de refus, la partie peut toujours porter la même requête devant une juridiction supérieure.

Tels sont les traits principaux et essentiels qui distinguent les décisions de la chambre du conseil.

Aucune des conditions que nous venons de rappeler ne se retrouve dans les ordonnances sur requête : loin de là, à part quelques similitudes accidentelles ou secondaires, elles se caractérisent par autant de conditions contraires.

D'abord la procédure n'est pas la même : le président statue seul, au vu de la requête qui lui est présentée. N'insistons pas ; ce n'est là peut-être qu'une différence de forme et de peu d'importance.

Mais voici qui est plus grave :

La compétence du président du tribunal est aussi large que possible, à ce point qu'on a pu justement la dire *universelle*.

Dans la mesure du provisoire, ce magistrat peut intervenir en toute matière (civile du moins), pourvu seulement qu'il y ait *urgence*.

Allons plus au fond des choses :

Les décisions de la chambre du conseil, avons-nous dit, ne menacent ni ne froissent jamais les intérêts des tiers; elles n'appellent la contradiction de personne. Au contraire, ainsi que l'a péremptoirement démontré M. de Peyramont dont j'emprunte ici les expressions, « il n'est presque pas « de matières auxquelles puisse s'appliquer l'ordonnance « sur requête, où les mesures sollicitées et autorisées dans « cette forme n'appellent et ne provoquent la contradiction, « et ne suscitent ou ne supposent un défendeur intéressé à « les contester ».

Qu'on en juge par quelques exemples :

Le président autorise le demandeur à citer son adversaire à bref délai... N'aperçoit-on pas l'intérêt opposé du défendeur ainsi privé des délais ordinaires de l'ajournement et du préliminaire de conciliation?

Le président autorise une femme mariée à poursuivre sa séparation de biens... Cette mesure appelle immédiatement la contradiction du mari et des créanciers de ce dernier. — Le président permet une saisie-arrêt sans titre... Le tiers saisi empêché de se libérer ou qui ne doit rien, le saisi atteint dans son crédit, vont faire entendre leurs protestations. — Le président, sur la production d'un testament olographe, en l'absence d'héritiers à réserve, envoie un légataire universel en possession des biens de la succession... Les héritiers du sang, qui méconnaissent l'écriture ou qui attaquent la liberté du testateur, ont tout à craindre de cette mesure si le légataire est un dissipateur insolvable, et ils s'efforceront de la combattre.

Je pourrais prolonger cette énumération et montrer partout, lorsqu'une ordonnance sur requête intervient, un intérêt voisin et contraire qui 'est mis en éveil; mais les exemples qui précèdent suffisent à faire ressortir une différence vraiment substantielle.

Enfin le président requis de prendre ou d'autoriser telle ou telle mesure conservatoire a, en général, la faculté discrétionnaire de l'accorder ou de la refuser. Le requérant, après avoir essuyé un refus, ne peut pas se pourvoir auprès d'une juridiction supérieure.

Je conclus à mon tour qu'une même dénomination ne saurait embrasser des institutions si dissemblables et, puisque les décisions de la chambre du conseil appartiennent, de l'aveu de tous, à la juridiction volontaire, il faut trouver, pour les ordonnances sur requête, une autre appellation qui prévienne toute confusion.

Quelques arrêts avaient, au milieu de leurs motifs, glissé l'expression d'*acte d'administration* appliquée aux ordonnances sur requête. Ce mot a été relevé par M. Bertin et, sous la plume du savant jurisconsulte, il est devenu, dans une brochure fort remarquable, toute une théorie. M. Bertin, en effet, enseigne résolûment le principe suivant : « L'or-
« donnance qui, sur requête et en l'absence de toute con-
« tradiction possible, autorise certains faits, certaines me-
« sures conservatoires, n'est et ne peut être un *acte de*
« *juridiction;* elle n'est et ne peut être qu'*un acte d'admi-*
« *nistration.* » Cette doctrine a pris une autorité plus grande encore lorsqu'on l'a vu patronner devant la Cour de cassation par l'éminent rapporteur. L'esprit sagace et investigateur de M. de Peyramont avait découvert les vices d'une classification trop facilement admise, et, dans son rapport, il s'efforce à son tour d'établir, entre la juridiction volontaire et le pouvoir exercé par le président du tribunal, une ligne de démarcation radicale. Suivant le savant magistrat, le président du tribunal, quand il statue sur une requête, n'exerce aucune juridiction; il fait acte d'administration.

Une théorie affirmée de si haut ne saurait passer inaperçue. J'oserai dire que c'est là une autre exagération, dangereuse aussi, et je dois m'attacher à la combattre avec la liberté respectueuse qui sied à un magistrat. Mais auparavant il convient de citer le passage du rapport auquel je viens de faire allusion :

« Les ordonnances sur requête ne constituent pas un acte
« de juridiction à un titre quelconque. Le mot de *juridiction*
« exprime nettement, par sa seule étymologie, la chose qu'il
« désigne; c'est le pouvoir de *dire droit*, de faire justice
« aux parties. Mais quand on présente requête au président
« pour obtenir de lui une mesure provisoire et conserva-

« toire, *on ne l'appelle pas à vérifier le droit* entre les parties
« sur les points qui les divisent; on ne lui demande pas une
« *sentence;* on sollicite l'interposition de son autorité, *un*
« *acte d'administration,* comme le dit l'arrêt attaqué, *un acte*
« *de police,* en quelque sorte, pour prévenir un dommage
« imminent, pour déjouer une fraude qu'on redoute. C'est
« ce qui faisait dire aux jurisconsultes anciens qui confon-
« daient ces actes avec ceux de la juridiction volontaire, qu'ils
« sont *magis imperii quam jurisdictionis.* Il est plus exact de
« dire qu'ils ne procèdent nullement et à aucun titre du
« pouvoir juridictionnel, mais bien du pouvoir de *protection,*
« *d'administration et de police,* dont la loi investit le président
« du tribunal afin de pourvoir aux cas d'urgence... »

Cette critique est fort juste, mais seulement dans son
objet principal. Elle fait ressortir, avec beaucoup d'à-propos,
l'inexactitude des qualifications de *juridiction contentieuse* ou
de *juridiction volontaire* appliquées aux pouvoirs conférés au
président du tribunal. J'y souscris pour ma part, mais cela
ne suffit pas, et encore faut-il donner un autre nom à ces pouvoirs. M. de Peyramont nous laisse à choisir, dans les termes
de sa nouvelle définition, entre plusieurs dénominations
dont aucune ne me paraît satisfaisante.

L'éminent rapporteur exclut absolument l'expression de
juridiction; les ordonnances sur requête ne sont, d'après lui,
que des actes de protection, d'administration et de police.

De ces trois dénominations, la première doit être rejetée,
il me semble, comme peu caractéristique, tous les pouvoirs
judiciaires étant, en effet, institués dans un but de protection pour les justiciables. Quant aux deux autres, elles con-
viennent mal à l'œuvre d'un magistrat-juge. Lorsque le
président du tribunal rend une ordonnance sur requête, encore bien qu'il n'ait été appelé ni à trancher une contestation ni à habiliter un incapable, c'est à une œuvre de justice
qu'il procède, non à un acte d'administration : se décidant
d'après les renseignements qu'il possède, appréciant ce que
commandent les circonstances, prévoyant les conséquences
de la mesure qu'il autorise, réservant soigneusement le
droit des tiers, y veillant même en leur absence, prenant
même alors la règle de sa conduite dans la loi, il fera et
devra toujours faire ce qui est le plus juste.

De pareilles préoccupations attestent essentiellement l'exercice d'une juridiction. Il n'est pas nécessaire que le juge *dise droit* entre deux parties pour que son pouvoir ait le caractère juridictionnel : la preuve en est dans la juridiction volontaire, admise de tout temps, reconnue par M. de Peyramont lui-même, ou le juge, sans *dire droit* non plus entre deux parties rivales, se borne à une mesure tutélaire pour des intérêts qui lui sont spécialement confiés.

Quand le juge *dit droit* entre deux parties, c'est la juridiction contentieuse qu'il exerce, et nous sommes d'accord pour reconnaître que tel n'est pas le caractère du pouvoir présidentiel, alors qu'il émet des ordonnances sur simple requête. Laissons donc définitivement à l'écart cette condition qui ne pourrait qu'obscurcir le point que nous cherchons à élucider.

Le président du tribunal répondant aux requêtes qui lui sont présentées fait-il acte d'administration ou de juridiction? Telle est désormais la question dans les termes mêmes où on l'a posée.

Eh bien! remarquons en premier lieu que le président du tribunal n'agit pas, quand il statue sur requête, avec la spontanéité et la liberté d'un administrateur. Sa compétence, bien que très-étendue, est soumise à des conditions que ni lui ni les justiciables ne peuvent enfreindre : il n'est pas permis de s'adresser à tout président, pour toute espèce de demande ; une loi précise est encore la règle de l'intervention de ce magistrat.

C'est le législateur lui-même qui a pris soin, avec l'autorité qui lui est propre, de caractériser le pouvoir présidentiel : l'article 806 du Code de procédure civile déclare qu'il y a *déni de justice* dans le fait du juge qui refuse de répondre les requêtes qui lui sont présentées. Je ne sache pas qu'une pareille responsabilité s'attache jamais au refus d'un administrateur.

Cette discussion n'est pas oiseuse. Toute question de terminologie est importante, et voici, pour celle qui nous occupe, l'une de ses conséquences pratiques :

Si les ordonnances sur requête ne sont que des actes d'administration, elles pourront être librement rétractées, à la demande de tout intéressé, même *proprio motu;* l'administra-

teur pourra faire et défaire, non pas sans doute capricieu-
sement, mais suivant les circonstances et les inspirations
variables de sa conscience; il ne sera jamais dessaisi, et admi-
nistrant toujours, il pourra retirer les autorisations qu'il avait
accordées. Au milieu de distinctions et de variations même
que nous étudierons plus tard, la doctrine et la jurisprudence
décident aujourd'hui, assez généralement, que le président du
tribunal, après avoir rendu une ordonnance pure et simple,
sans réserves, a épuisé ses pouvoirs, qu'il est dessaisi et que
la mesure autorisée est, pour celui qui l'a obtenue, un bénéfice provisoire qu'il ne saurait perdre que par décision d'une
autre juridiction.

Cet effet spécial d'un acte judiciaire persistant signale au
plus haut point l'intervention d'un pouvoir de juridiction. Re-
tenons-le dès à présent comme un principe que nous aurons
à défendre tout à l'heure contre de graves contradictions.

Il est temps de conclure :

Les pouvoirs conférés au président du tribunal, chargé de
répondre les requêtes, n'appartiennent pas à la juridiction
contentieuse, mais ils constituent encore *une juridiction*. Cette
juridiction particulière se distingue par des caractères qui
lui sont propres et qui la séparent de la juridiction volontaire.
La langue du droit, pour être correcte, doit exprimer toutes
ces nuances importantes : l'exactitude dans les mots amène et
produit l'exactitude dans les choses. J'appellerai donc la juridiction du président du tribunal statuant sur requête la
juridiction discrétionnaire.

Le magistrat qui en est investi a, en effet, le pouvoir discrétionnaire (sauf de rares exceptions qui confirment la règle
et que nous indiquerons à leur place) d'accorder ou de refuser
ce qui lui est demandé; quand il s'est prononcé, le justiciable
ne peut insister en présentant la même requête à une juridiction supérieure. Lorsque la mesure sollicitée a été accordée
sans réserves, elle ne saurait être retirée en vertu du pouvoir
qui l'a autorisée : il se peut qu'elle nuise aux intérêts des
tiers, mais, comme elle a un caractère provisoire et purement
conservatoire, d'autres juridictions, agissant dans l'ordre de
leurs compétences respectives, viendront au secours de l'intérêt menacé, s'il est légitime.

J'aurai plus tard bien d'autres particularités à noter, mais en ce moment, où je me borne à tracer les grandes lignes, je puis m'en tenir à ces développements généraux.

Ces développements, d'ailleurs, vont dès à présent, si je ne m'abuse, nous être d'une grande utilité pour l'examen d'une autre question générale qui a suscité les plus vives controverses : des voies de recours sont-elles ouvertes contre les ordonnances sur requête? Quelles sont ces voies de recours?

Les ordonnances sur requête, nous le savons, interviennent sans contradiction, à la demande d'une seule partie. C'est une nécessité, car les mesures de précaution demeureraient le plus souvent inefficaces, si ceux contre lesquels elles sont provoquées en étaient informés à l'avance. M. le premier avocat général de Raynal faisait ressortir avec force, devant 10 Cour suprême, que l'opportunité d'une pareille attribution, formellement conférée par l'article 54 du décret du 30 mars 1808, était encore plus énergiquement démontrée, s'il se peut, par la nature même des choses. Empruntons à ce magistrat ses paroles pleines de justesse et d'à-propos : « Un « capitaliste va prendre la fuite, emportant les fonds qui sont « le seul gage de ses créanciers; des papiers importants vont « être enlevés; on va faire disparaître un mineur dont on a « disputé la paternité ou dont on exploite la faiblesse ou « les passions; le temps presse; contraindre celui qui veut « se mettre en garde contre de pareils dangers à recourir à « une citation devant la justice réglée, même devant le juge « de référé, n'est-ce pas précipiter la disparition des per- « sonnes ou des choses dont le détournement a été secrète- « ment préparé?... » (Voir Sirey, année 1868, 1, 73.)

Une juridiction discrétionnaire, aux formes rapides et sommaires, est le seul remède possible, et dans cette hypothèse comme dans toutes les hypothèses analogues, c'est le président du tribunal qui, sur l'exposé qui lui sera fait, viendra au secours des intérêts menacés en autorisant des mesures provisoires et simplement conservatoires.

On ne le conteste pas, mais en même temps s'éveille une préoccupation que M. de Peyramont a traduite avec beaucoup de vivacité dans son rapport que je cite encore :

« Ces mesures, protectrices pour celui qui les requiert, « peuvent et doivent être le plus souvent gravement préju- « diciables pour celui qui les subit sans avoir pu s'en dé-

« fendre. Elles viennent l'atteindre et le surprendre sans
« qu'il ait été averti, sans qu'il ait pu présenter au magistrat
« qui les autorise les raisons de fait ou de droit par lesquelles
« il aurait pu chercher à s'en défendre. La religion du ma-
« gistrat peut être surprise, malgré sa vigilance fortement
« éveillée par le sentiment de la responsabilité qui, en cette
« matière plus qu'en toute autre, lui incombe. Il faut donc
« que celui qui est ainsi, brusquement et par surprise, atteint
« dans ses intérêts, dans son crédit, quelquefois dans ses
« plus vifs sentiments domestiques, il faut qu'il puisse, au
« moment même, trouver un recours devant la justice contre
« l'erreur dont il peut être victime et, dans tous les cas, pré-
« senter au juge, après l'émission de son ordonnance, la dé-
« fense qu'il n'a pas pu produire avant qu'elle fût rendue.
« Par cela même que la loi, ainsi que nous l'avons vu, autorise,
« dans cette forme plus que sommaire, des mesures d'un
« caractère aussi acerbe et susceptibles de causer un si grave
« préjudice, il faut tenir pour certain qu'elle ouvre à la partie
« dont elle a voulu rendre impossible la défense préalable
« un recours aussi prompt qu'efficace... » (Voir Sirey,
loc. cit.)

Ce tableau est peut-être un peu chargé, car enfin des mesures conservatoires (et le président n'a pas qualité pour en
autoriser d'autres sur requête) ne sauraient causer un trouble
aussi profond. Mais en admettant seulement qu'elles soient
inopportunes et qu'elles froissent, ne fût-ce que momentanément, des intérêts légitimes, il est nécessaire autant que
juste, je le reconnais, de faire cesser au plus tôt un état de
choses préjudiciable.

Quel moyen employer dans ce but? Plusieurs se présentent à la pensée :

— Une requête adressée au président auteur de l'ordonnance par le tiers qui souffre de la mesure et qui en demandera la rétractation. Une seconde ordonnance, rendue dans
la même forme que la première, réparerait presque immédiatement le préjudice en remettant les choses dans le même
état qu'auparavant?...

— Une opposition en règle portée par le tiers, en vertu
d'une assignation, devant le président de qui émane l'ordonnance?...

— Une opposition soumise au tribunal qui serait ainsi appelé à confirmer ou à réformer l'ordonnance du président?...

— L'appel interjeté devant la Cour?...

— Un référé introduit devant le président du tribunal?...

— L'action au principal intentée devant les juges compétens qui, en statuant au fond, feraient disparaître les mesures provisoires?...

Toutes ces voies de recours sont-elles ouvertes contre l'ordonnance ou bien quelques-unes d'entre elles?

C'est là une question pratique, entre toutes, pour laquelle on aurait besoin d'une solution claire et certaine, et cependant il n'en est pas qui ait été résolue plus diversement. La doctrine et la jurisprudence nous offrent, sur ce point, le spectacle de la plus fâcheuse divergence, et aujourd'hui la controverse dure encore. Il faut donc y consacrer un examen attentif.

Je remarque d'abord que M. de Peyramont ne parle pas du premier recours que nous avons supposé, c'est-à-dire de la rétractation demandée au président lui-même par simple requête. Il l'a omis à dessein, sans aucun doute, le considérant comme impossible. Cependant, si la mesure autorisée n'est pas un acte de juridiction, si elle n'est, de la part du président, qu'un simple acte d'administration, quelle raison s'oppose à ce que ce magistrat efface cet acte d'administration par un acte contraire? L'opinion du savant rapporteur semblerait donc n'être pas conséquente avec le principe qu'il avait posé : si je me permets à mon tour cette observation, c'est pour constater que, décliner ainsi une conséquence logique d'un principe, c'est avoir fourni la meilleure raison contre son exactitude doctrinale.

Je ne saurais toutefois passer condamnation, car d'autres jurisconsultes paraissent avoir poussé le même principe jusqu'à ses dernières conséquences.

C'est d'abord M. le premier avocat général de Raynal qui s'est exprimé ainsi dans ses savantes conclusions : « On s'op-« posera donc à l'exécution; on reviendra *par une simple* « *requête* devant le président lui-même; on rétablira les faits « qui avaient été dénaturés; on lui prouvera que sa religion « a été surprise et, mieux informé, il ne se refusera pas à

« révoquer une mesure qui n'a été obtenue que par des
« allégations mensongères... »

D'autre part, M. Bertin, dans sa brochure, avait été plus
explicite encore :

« Cet acte d'administration laisse au président la faculté
« soit de maintenir, soit de modifier ou même d'anéantir la
« mesure par lui provisoirement autorisée. Cet acte, qui
« émane du pouvoir administratif du président, ne résout et
« même ne préjuge pas la question de la légitimité de la
« mesure octroyée... Si telle est, en effet, la nature de l'or-
« donnance sur requête, si telles en sont les conséquences,
« si la mesure autorisée ne constitue qu'un fait auquel l'or-
« donnance n'imprime pas le sceau du droit, c'est bien à
« tort, suivant nous, que tant de discussions se sont élevées
« sur la question des voies de recours contre l'ordon-
« nance... »

Un peu plus loin, M. Bertin énumère les voies de recours
qui s'offrent au tiers dont les intérêts peuvent avoir à souffrir de la mesure autorisée; il s'exprime ainsi : « Il peut, *sol-
licitant le pouvoir discrétionnaire du président, lui demander
soit l'anéantissement, soit la modification de son ordonnance.* »

On n'en saurait plus douter : l'honorable M. Bertin acceptant toutes les conséquences de son principe, admet que le
président du tribunal peut, sur simple requête d'un tiers,
retirer discrétionnairement l'autorisation qu'il avait accordée
à un autre.

Je dois cependant le déclarer : tout ne me semble pas à
reprendre dans les deux passages que j'ai cités, mais ils contiennent, à mon sens, un mélange d'erreur et de vérité qu'il
faut soigneusement démêler.

Je n'entends pas soutenir que l'ordonnance sur requête
imprime à la mesure autorisée le sceau d'un droit irrévocable,
qu'assimilée à une décision qu'aurait précédée une discussion contradictoire, elle aura la force de la chose jugée et
s'exécutera, comme telle, en brisant toutes les réristances...
Non, j'en demeure d'accord avec M. Bertin, l'ordonnance
sur requête est une mesure conservatoire, obtenue du président sans débat, qui vaudra mieux qu'un fait de la partie
parce qu'elle empruntera quelque chose de l'autorité d'un
magistrat, qui permettra de requérir le ministère d'officiers

publics. l'intervention d'officiers de police judiciaire, mais ce n'est qu'une permission de faire qui produira tous ses effets si elle est acceptée par les tiers, qui subira un temps d'arrêt et devra être renforcée par une véritable décision, rendue dans d'autres formes, si elle rencontre de la résistance. Qu'on dise que, sous ce rapport, l'ordonnance sur requête présente quelque trait-de ressemblance avec les actes administratifs, qu'elle a un caractère gracieux, qu'elle est dépourvue de la force inhérente aux jugements ! Soit ! mais il convient de ne pas aller au delà et de ne pas établir une assimilation complète entre l'acte émané d'un juge, l'acte qui conserve le type judiciaire et l'acte spontané d'un administrateur.

Ceci bien compris, je n'attaque que cette proposition : *le pouvoir du président n'est pas une juridiction* et la conséquence qu'on en tire : *l'ordonnance peut être rétractée, comme elle a été rendue, sur simple requête.*

On connaît déjà notre opinion sur ce point, mais il importe d'y revenir encore.

Je repousse cette doctrine qui, indépendamment des résultats qu'elle entraîne et que je vais signaler, a le suprême inconvénient d'introduire dans notre organisation judiciaire des règles tout à fait extraordinaires.

— Les membres de la magistrature assise sont institués pour exercer la juridiction gracieuse ou contentieuse, non pour administrer : et voici qu'il nous faut admettre, chez le président du tribunal, pour une partie importante de ses attributions, la qualité d'administrateur !

— Quand un juge a prononcé sur la demande qui lui était soumise, il est dessaisi et sa décision, quelle qu'elle soit, appartient au justiciable qui l'a obtenue. Si elle n'est pas souveraine, elle ne peut du moins être réformée, sauf le cas d'une opposition permise par la loi et qui ramènera les parties devant le même magistrat, que par une juridiction supérieure. Cette règle essentielle gouverne toutes les juridictions, gracieuses ou contentieuses : et voici qu'il nous faut admettre que le président du tribunal a le pouvoir singulier de faire et de défaire, de maintenir, modifier et même d'anéantir les mesures qu'il avait autorisées !

Ce seraient là, on le reconnaîtra, de bien graves dérogations à des principes fondamentaux. Où donc est le texte qui les édicte? On n'en cite aucun, et nous montrons au contraire l'article 806 du Code de procédure qui imprime au pouvoir présidentiel le cachet ordinaire de la juridiction. Comment triompher d'une pareille objection?

On a passé outre cependant. Eh bien! suivons cette théorie nouvelle dans ses applications pratiques. Puisqu'elle n'a pas de titre légal, elle s'est sans doute imposée par son utilité. Jugeons en :

Qu'on ne perde pas de vue surtout l'hypothèse spéciale qui est en discussion et qu'on ne la confonde pas avec une autre: une mesure conservatoire a été autorisée par une première ordonnance ; un tiers, que cette mesure contrarie, se hâte d'accourir, présente à son tour une requête dans laquelle il expose ses doléances, et finalement il obtient une seconde ordonnance qui annule la première.

Je prie qu'on excuse la hardiesse de l'expression qui m'échappe : ce n'est plus là de la justice, mais du désordre. Eh quoi! on suppose que la religion du magistrat aura été surprise par le premier requérant; mais qui donc peut assurer qu'elle ne sera pas également surprise par le second? Par deux fois le président du tribunal s'est décidé sur l'exposé d'une seule partie. — Il s'agissait d'un capitaliste soupçonné de vouloir prendre la fuite avec la caisse, d'un comptable cherchant à faire disparaître des papiers importants, d'un père indigne s'apprêtant à envoyer au loin, dans une retraite ignorée, à l'étranger peut-être, des jeunes filles mineures qu'une mère allait disputer à sa pernicieuse influence! Le président averti a autorisé des mesures rapides, mais purement conservatoires : une apposition de scellés, le placement momentané des enfants dans une pension honorable. Les intérêts de tous sont ainsi provisoirement sauvegardés et la justice aura le temps de prononcer, en connaissance de cause, lorsqu'elle sera saisie du litige principal. Que les réclamations isolées de ce capitaliste, de ce comptable ou de ce père trouvent un écho dans la conscience du magistrat abusé par des protestations hypocrites et mensongères, et c'est alors vraiment qu'un préjudice irréparable poura être consommé! L'erreur est possible la première fois, mais n'est-elle donc pas possible la seconde fois? Seulement quelle différence dans les résultats ! Que la première ordonnance s'exécute, et il en résultera peut-être un inconvénient momentané, contre lequel il y a d'ailleurs des remèdes que nous indiquerons bientôt : que la seconde ordonnance puisse prévaloir sur la première, et la conséquence sera souvent irremédiable. Le capitaliste aura pris la fuite avec les fonds, gage de ses créanciers; le comptable aura anéanti des pièces compromettantes; le père aura enlevé les enfants. Plus tard les juridictions compétentes constateront l'existence d'un droit certain, mais rendu illusoire par la rétractation d'une mesure opportune.

Tout cela peut arriver d'autant mieux que les deux ordonnances successives n'émaneront peut-être pas du même magistrat. C'est le président du tribunal qui a statué sur la première requête ; le lendemain il est absent ou empêché, et c'est au vice-président qui le remplace que la seconde requête est présentée. Les appréciations personnelles diffèrent, et d'ailleurs le vice-président, qui n'aura pas entendu le premier requérant, sera plus facilement impressionné par le second.

Enfin, avec cette faculté de rétractation, il faut prévoir un conflit possible et nous dire comment il sera levé. La première ordonnance a été immédiatement exécutée; la deuxième intervient, mais le premier requérant refuse d'y obtempérer et prétend conserver le bénéfice de la mesure conservatoire d'abord ordonnée. La situation n'aura fait que s'aggraver par cette involution de procédure.

Aussi la jurisprudence, mieux placée que la doctrine pour apprécier les nécessités pratiques, n'a jamais donné, que je sache, son assentiment à cette théorie absolue, qui accorde au président du tribunal la faculté de rétracter, sur simple requête d'un tiers à l'insu du premier requérant, la mesure autorisée par une ordonnance. Elle s'est divisée, il est vrai, sur le point de savoir si les ordonnances sur requêtes étaient souveraines ou réformables, sur les voies de recours ouvertes; mais elle paraît très-fermement arrêtée à ce principe que le président du tribunal, après avoir rendu une ordonnance pure et simple, a épuisé ses pouvoirs discrétionnaires. Pour ne rappeler que les arrêts les plus récents, je me bornerai à citer les suivants : Paris, 3 et 4 mai 1867 (Sirey, 1867, 2; 190 et 191); Paris, 11 février 1868 (Sirey, 1869, 2; 112);

Alger, 19 novembre 1870 (Sirey, 1872, 2; 195); Paris,
31 juillet 1871 (Sirey, 1872, 2; 24).

Donc, et en résumé, la rétractation de l'ordonnance par
le président lui-même, agissant en vertu des mêmes pouvoirs
discrétionnaires, sollicité par la requête d'un tiers présentée
à l'insu ou en l'absence du premier requérant, est une voie
insolite, contraire aux principes de l'organisation judiciaire,
qu'une loi exceptionnelle seule eût pu légitimer; or, cette
loi n'existe pas. L'interprétation peut d'autant moins suppléer le silence du législateur que cette procédure, vue à
l'œuvre, offre les plus sérieux dangers; elle jetterait le magistrat dans de redoutables incertitudes, l'exposerait à se tromper plus gravement par le désir de réparer une erreur qui ne
serait qu'apparente; elle entraînerait la perte d'un temps
précieux et serait une source continuelle de luttes et de
conflits.

Constatons, une fois de plus, l'occasion en est bonne, la
fausseté du principe mis en avant et la fausseté de ses conséquences. On avait dit : Les ordonnances sur requêtes sont des
actes d'administration; donc elles pourront être rapportées
discrétionnairement par le même magistrat, agissant dans la
sphère des mêmes attributions. C'était logique, mais contraire à la loi générale.

Disons à notre tour : Les ordonnances sur requête sont des
actes de juridiction discrétionnaire; donc elles ne pourront
pas être rétractées par le même magistrat agissant en vertu
de son pouvoir discrétionnaire, parce que ce magistrait s'est
dessaisi et a épuisé ses pouvoirs spéciaux. C'est logique aussi
et de plus conforme aux principes généraux.

Puisqu'une seconde ordonnance sur requête ne saurait
être le moyen de réparer le préjudice qu'a pu causer la première, cherchons ailleurs :

Dans l'énumération faite plus haut, j'ai indiqué en second
lieu : une opposition en règle portée devant le président auteur de l'ordonnance.

Je serai bref sur ce point, car il n'y a, à vrai dire, qu'un
malentendu à faire cesser.

Notons bien d'abord la différence qui sépare cette voie de
recours de la précédente. Il s'agissait tout à l'heure, pour le
tiers, de présenter à son tour une requête à l'insu et en

l'absence du premier requérant et d'obtenir ainsi, sans débat aucun, du pouvoir discrétionnaire du président, la rétractation d'une mesure qui froissait ses intérêts. Cette fois, l'opposition amènerait deux adversaires en présence et permettrait au magistrat de statuer plus sûrement après une discussion contradictoire.

Les choses pourront-elles se passer de cette manière? Je le crois et je prouverai bientôt pourquoi et comment; mais c'est ici que je touche l'équivoque que j'ai annoncée et qu'il faut dissiper. Ce recours n'est pas une opposition qui ramène deux justiciables devant le même magistrat, investi de la même juridiction et appelé à reviser sa première décision.

Le président, qui a rendu l'ordonnance sur requête, a fait acte de juridiction discrétionnaire; il a statué sur une simple requête, sans débat; il avait la faculté d'accorder ou de refuser la mesure sollicitée, peut-être de la soumettre à une condition; il a accordé purement et simplement l'autorisation demandée. A partir de ce moment, le magistrat est dessaisi et ses pouvoirs discrétionnaires sont épuisés. Il ne saurait donc être question d'une opposition dans le sens vrai et juridique du mot.

Si j'ai admis que le président du tribunal pourrait connaître de cette difficulté d'exécution, c'est que le conflit qui surgit a fait naître une action particulière, que le magistrat qui en sera saisi sera appelé à exercer une autre juridiction et à rendre, en vertu de pouvoirs nouveaux, une décision dont la nature, les formes et les conséquences différeront profondément de la première. En d'autres termes, le président du tribunal avait rendu, à la demande d'une seule partie, une ordonnance sur requête; il rendra cette fois, après assignation suivie d'un débat contradictoire, une ordonnance de référé.

Le moment n'est pas venu encore de donner à ce point le développement qu'il mérite; j'y reviendrai. Mais cette explication doit suffire pour démontrer qu'il n'y a pas et ne peut pas y avoir, en matière de juridiction discrétionnaire, de procédure d'opposition proprement dite devant le président du tribunal.

Les ordonnances sur requête peuvent-elles être frappées d'opposition devant le tribunal?

Cette question devra nous arrêter plus longtemps, car

l'affirmative a trouvé, et dans la doctrine et dans la jurisprudence, un certain crédit. Nous l'examinerons à un point de
vue général, sans distinguer entre telle ou telle ordonnance,
réservant pour plus tard l'appréciation des difficultés inhérentes à chaque ordonnance spéciale.

Les auteurs ont appliqué à la discussion de cette question
la méthode suivante : il ont soutenu en premier lieu que les
ordonnances sur requête n'étaient pas souveraines, qu'elles
étaient susceptibles de recours; ils se sont divisés ensuite
sur le choix des voies de réformation, les uns optant pour
l'opposition devant le tribunal, les autres admettant de préférence l'appel devant la Cour.

Cette méthode sera aussi la nôtre : nous allons donc examiner
successivement le mérite de chacune de ces propositions.

Un jeune et habile professeur, M. Naquet, qui, dans cette
revue même, a jeté une vive lumière sur plusieurs questions
délicates de procédure, a résumé, sur celle-ci, les principaux
éléments de la discussion dans une note fort bien faite qui
est rapportée dans Sirey, année 1872, 2; 289. Suivons son
argumentation :

Les ordonnances sur requête sont susceptibles de recours, parce qu'elles peuvent froisser des intérêts légitimes
qui n'ont pu être défendus, et que la défense est un droit
sacré et inviolable. C'est là une considération puisée dans la
nature même des choses.

Je réponds qu'il n'entre dans la pensée de personne de
supprimer le droit sacré de la défense. Mais est-il donc
indispensable pour que cet intérêt légitime, qu'on suppose
menacé, soit défendu, de s'attaquer directement à l'ordonnance? L'ordonnance n'a autorisé qu'une mesure conservatoire : que le tiers, qui en souffre, saisisse une juridiction contentieuse (il en est une très-accessible, aux formes
rapides et sommaires, celle des référés), et il obtiendra une
décision qui, sans trancher le fond du litige (si c'est la juridiction du référé qui a été choisie), réglera contradictoirement le provisoire. La mesure discrétionnaire tombera
d'elle-même devant l'ordonnance de référé.

Le savant jurisconsulte insiste et invoque la législation antérieure. L'article 2 du titre XXXV de l'ordonnance de 1667
permettait de se pourvoir contre les décisions *données sur re-*

quête. Pour écarter cette ancienne tradition, il ne suffit pas que le législateur moderne ait gardé le silence ; une disposition expresse d'abrogation serait nécessaire.

Je pourrais faire remarquer que le Code de procédure, en réglant à nouveau la matière des ordonnances sur requête et en ne reproduisant pas un recours admis par l'ancienne législation, a consacré, sur ce point, une abrogation tacite. Mais la citation de l'article 2 du titre XXXV de l'ordonnance de 1667, demanderai-je à mon honorable contradicteur, vient-elle ici bien à propos ? Le titre XXXV de l'ordonnance de 1667 a pour rubrique : *Des requêtes civiles;* l'article 2 parle spécialement des *arrêts et jugements en dernier ressort, même ceux donnés sur requête*. En admettant que cette disposition fût encore en vigueur, pourrait-on l'appliquer à des actes de la juridiction discrétionnaire, à des ordonnances du président qui n'ont assurément pas le caractère d'un *jugement ou d'un arrêt donnés* sur requête ?

M. Naquet a cru trouver la trace de cette ancienne tradition dans certains articles de notre Code de procédure civile, les articles 192, 263, 417 qui ne sont pas, suivant lui, des dispositions exceptionnelles, mais des dispositions impliquant un principe général sous-entendu. Il s'applique ensuite à signaler l'étrangeté des conséquences qui résulteraient d'une autre interprétation : un recours serait possible contre des ordonnances peu importantes, impossible contre des ordonnances autorisant les mesures les plus graves.

Ou je me trompe fort, ou bien ces textes, sainement interprétés, sont la meilleure réfutation de l'opinion de M. Naquet.

Et d'abord l'article 192 du Code de procédure civile peut-il être l'indice du droit commun en matière d'ordonnance sur requête ? Nous dissertons sur les ordonnances rendues par le président du tribunal : or, l'article 192 règle-t-il l'opposition à une ordonnance rendue par ce magistrat ou l'opposition à une décision émanée du tribunal lui-même ? C'est, tout au moins, une question fort délicate, et M. Naquet sait mieux que moi dans quel sens l'ont résolue Pigeau, Boncenne, Bioche, Rodière, Chauveau et Glandaz. — Mais j'admets qu'il s'agisse, dans l'article 192, d'une ordonnance du président ; est-ce que l'on peut songer à assimiler l'ordonnance qui permet une simple mesure conservatoire à l'ordonnance qui prescrit une restitution de pièces, sous peine de contrainte pas corps, ou de dommages-intérêts par chaque jour de retard à dater de la signification? Est-ce que surtout on peut dire que cette dernière ordonnance, entourée de formes particulières, accompagnée de sanctions aussi énergiques, est de peu d'importance, et ne comprend-on pas, au contraire, qu'en raison de sa gravité exceptionnelle le législateur ait, exceptionnellement aussi, autorisé un recours par voie d'opposition?

La citation de l'article 263 du même Code ne me paraît pas plus heureuse. Il s'agit, en effet, de l'ordonnance rendue par un juge-commissaire, qui est le délégué du tribunal, ordonnance portant condamnation à l'amende des témoins défaillants. Veut-on donc comparer une décision pénale à une ordonnance discrétionnaire, qui permet un acte conservatoire, et peut-on conclure du recours ouvert contre la première qui est exécutoire, à la possibilité du même recours contre la seconde qui n'a aucune force exécutoire? Reconnaissons donc encore dans l'article 263 une disposition exceptionnelle.

J'en dirai autant de l'article 417. Il y a en effet, et dans les mesures que permet cette ordonnance spéciale, et dans le domaine où elle intervient, une gravité dont il fallait tenir compte. Qu'on n'oublie pas que cette ordonnance autorise le créancier, non-seulement à assigner à bref délai, mais encore à saisir les *effets mobiliers;* qu'on n'oublie pas surtout qu'il s'agit de commerçants et que la saisie peut frapper des marchandises. Si l'on avait alors condamné le débiteur à attendre l'issue d'un procès pendant, un préjudice irréparable pouvait lui être causé. C'est pour arriver à une juste conciliation des intérêts opposés qu'on a rendu l'ordonnance du président exécutoire, nonobstant opposition ou appel, et qu'on a en même temps permis l'opposition et l'appel contre l'ordonnance. Voilà les motifs de l'article 417, disposition exceptionnelle entre toutes.

Ces textes prouvent donc contre la doctrine qui les invoque. En présence de ces articles isolés qui indiquent, dans certains cas, un recours possible contre les ordonnances, le silence du législateur, dans d'autres hypothèses où il pouvait être si facilement explicite, est décisif. Ce silence est d'autant plus déterminant et l'analogie d'autant plus impossible, que la nature des ordonnances n'est pas la même et que les raisons qui ont provoqué des dispositions exceptionnelles ne sauraient être invoquées dans les cas ordinaires.

M. Naquet avait cru pouvoir conclure en faisant la réflexion suivante : « Il ne suffit pas, pour rejeter une opinion, « de faire parade des difficultés qu'elle soulèvera. La solu- « tion la plus simple n'est pas toujours la plus juridique... »

C'est un grand avantage que celui de la simplicité et, puisque l'habile jurisconsulte n'a pas établi le caractère juridique de sa thèse, il nous sera permis, pour compléter notre démonstration, d'envisager les complications qu'entraîne, en effet, le système des voies de recours ouvertes directement contre les ordonnances sur requête.

Ce recours qu'on est obligé d'imaginer, puisqu'il n'a pas son fondement dans la loi, où devra-t-il être porté? Devant le tribunal de première instance : ainsi l'ont décidé plusieurs arrêts. Je n'entreprends pas de donner ici une nomenclature exacte des monuments de la jurisprudence, dont le classement serait assez difficile. Ces citations trouveront plus utilement leur place dans la partie spéciale de notre travail : quant à présent, je me borne à renvoyer aux indications contenues dans la note de M. Naquet.

Quoi qu'il en soit, M. le conseiller de Peyramont et M. Naquet enseignent que les ordonnances sur requête pourront être l'objet d'une opposition régulière devant le tribunal.

Les idées les plus simples sont quelquefois singulièrement obscurcies, et en voici bien la preuve. Qu'est-ce donc que l'opposition? Un recours ouvert à la partie qui devait se défendre et qui ne l'a pas fait, un recours qui lui permet de s'adresser au juge, auteur de la décision dont elle se plaint, pour obtenir de sa conscience, mieux éclairée par un débat contradictoire, l'infirmation de sa première sentence. — Or l'opposition admise contre les ordonnances sur requête ne sera-t-elle pas le renversement de tous les principes? Si le but de l'opposition est de faire entendre une défense qui ne s'est pas produite à temps, c'est dire que la défense, dans la matière des ordonnances sur requête, devait se produire dès l'abord. Comment comprendre alors que le législateur n'ait pas prescrit, au lieu d'une requête, une assignation? Tout au contraire il permet à l'une des parties de s'adresser isolément au président du tribunal: est-ce donc là le moyen d'inviter l'autre à se défendre ? Mais si une défense est utile, il faut l'accueillir dès l'origine et ne pas laisser prendre, comme par surprise, des avantages contre lesquels toute voie de recours pourra ensuite être illusoire. Mieux vaut prévenir le mal que de donner les moyens de le réparer. Pourquoi un débat sur l'opposition, alors qu'il eût été si facile de l'établir à la première comparution ?

Cette anomalie n'est pas la seule : l'opposition doit ramener les plaideurs devant le même juge, et ici c'est au tribunal qu'on ira demander la rétractation d'une ordonnance rendue par le président?

Mais alors voici une objection capitale qui s'élève contre cette procédure anormale. On veut que le tribunal revise l'appréciation du président... Le tribunal constitue-t-il donc une juridiction supérieure? N'est-il pas plus exact de dire que l'autorité du président, parallèle à celle du tribunal, en reste absolument indépendante?

M. Naquet a aperçu la difficulté, mais il pense que cette objection est loin d'être irrésistible. « Dire que l'autorité du « président ne relève pas de celle du tribunal, c'est affirmer « sans prouver; c'est poser en principe ce qui fait juste- « ment l'objet du débat. Rien ne répugne en soi à ce que « l'autorité du président s'exerce sous l'autorité supérieure « du tribunal, et ce n'est pas en se bornant à prétendre « le contraire qu'on arrivera à une démonstration juridi- « que... »

Cette preuve que demande l'honorable jurisconsulte, mais elle se rencontre palpable dans la matière des référés. C'est la Cour seule, en effet, qui a compétence pour connaître de l'appel des ordonnances de référé. Rien n'établit mieux que la juridiction du président n'est pas subordonnée à celle du tribunal. S'il était possible que le tribunal pût jamais réformer les appréciations de son président, qu'il constituât, vis-à-vis de ce magistrat, une juridiction supérieure, se comprendrait-il que le législateur eût obligé les parties à porter, au loin et à grands frais, l'appel des ordonnances de référé, alors qu'elles avaient près d'eux une juridiction investie de pouvoirs suffisants? Il ne s'agit après tout, même dans les référés, que de mesures provisoires et urgentes, qui ne préjugent pas le fond, et, si ce n'est pas l'importance du litige qui a déterminé la compétence exclusive des Cours d'appel, ce ne peut être évidemment qu'un principe supérieur tiré de l'ordre des juridictions.

M. Naquet écrivait cependant sa dissertation après l'arrêt de la Cour de cassation du 26 novembre 1867, arrêt d'autant plus notable qu'il repoussait la théorie développée par l'éminent rapporteur. J'en rappellerai ici le premier considérant qui reproduit, avec une grande autorité, une doctrine souvent affirmée, presque jamais contredite : « Attendu que, quelle que soit, en principe, l'étendue du pouvoir confié par la loi au président du tribunal civil, à l'égard des mesures urgentes qui lui sont demandées par voie de requête, aucune disposition n'autorise les parties, qui pourraient en souffrir, *à demander directement au tribunal l'annulation des ordonnances ainsi rendues et qu'il serait aussi contraire à la dignité de la justice qu'à l'ordre des juridictions qu'un tribunal pût être rendu juge de la légalité des actes du magistrat qui est placé à sa tête...* »

Cet arrêt de la Cour suprême est la condamnation définitive de la théorie que je combats, puisque l'opposition portée au tribunal d'une ordonnance rendue par le président produirait nécessairement cet effet si contraire à la dignité de la justice et à l'ordre des juridictions.

Il fournit en même temps la réponse à deux objections qu'avait formulées M. le conseiller de Peyramont.

Le savant magistrat avait dit que la jurisprudence de la Cour de cassation semblait autoriser l'opposition devant le tribunal des ordonnances sur requête, et il avait cité les arrêts suivants : Cass., 2 mai 1837 (Sirey, 1837, 1; 510); Cass., 20 mai 1840 (Sirey, 1840, 1; 606); Cass. 26 juillet 1854 (Sirey, 1854, 1; 545).

Si cette interprétation de la jurisprudence était exacte, je n'aurais qu'à répondre que l'arrêt du 26 novembre 1867 a très-heureusement modifié la jurisprudence antérieure. Mais cette contrariété n'existe pas.

Dans les arrêts de 1837, de 1840 et de 1854, il s'agissait, dans le premier, d'une ordonnance du président autorisant l'arrestation provisoire d'un étranger ; dans les deux autres, d'ordonnances permettant une assignation à bref délai.

Qu'a décidé, dans ces diverses espèces, la Cour de cassation? Qu'on pouvait attaquer *directement* devant le tribunal l'ordonnance du président ?... Non, elle déclare seulement que les parties peuvent, *lors du débat sur l'action principale*, quand elle est pendante devant les juges compétents, par des moyens tirés du fond, soit critiquer la régularité de l'assignation, soit demander une mise en liberté et faire tomber ainsi, par voie de conséquence, la mesure provisoire. Ainsi arrive-t-il toujours pour les mesures provisoires, qui ne peuvent produire qu'un effet momentané et qui disparaissent, par la force même des choses, devant les décisions définitives rendues sur le fond du litige. Dans cette marche normale de la procédure, il n'y a rien qui ressemble à une réformation directe de l'ordonnance par voie d'opposition.

L'arrêt du 2 mai 1837, par exemple, fait très-bien sentir la nuance ; il dit en effet : « Une fois l'arrestation provisoire « opérée, l'étranger peut réclamer, *par les voies de la justice* « *ordinaire*, sa mise en liberté... ; sa réclamation constitue « alors *une demande nouvelle, qui est hors de la compétence du* « *magistrat dont est émanée l'ordonnance d'arrestation provi-* « *soire et sur laquelle ladite ordonnance n'a aucunement sta-* « *tué...* »

M. de Peyramont invoquait enfin comme un exemple précis et remarquable de cette procédure d'opposition l'article 1028 du Code de procédure civile.

L'exemple, oserai-je dire, est mal choisi. Ce recours, qu'on présente comme un indice du droit commun, n'a lieu, aux termes de l'article 1028, que dans cinq cas dont aucun ne comprend le défaut d'une défense préalable. Est-ce bien là une opposition, que l'action ainsi limitée à des cas exceptionnels et irrecevable si l'opposant se plaint seulement de n'avoir pas été entendu? On s'est donc mépris sur le sens de cette disposition, dont la portée est d'ailleurs indiquée par la nature de la demande soumise au tribunal : « Les parties... « *demanderont la nullité de l'acte qualifié jugement arbitral.* »

C'est donc aussi une demande nouvelle, hors de la compétence du magistrat, dont est émanée l'ordonnance d'*exe-*

quatur et sur laquelle ladite ordonnance n'a aucunement statué. Là aussi l'ordonnance tombe, non parce qu'elle a été directement attaquée, mais parce qu'elle est l'accessoire d'un jugement arbitral annulé par voie d'action principale.

L'opposition directe 'devant le tribunal étant impossible contre les ordonnances sur requête, la voie de l'appel est-elle ouverte devant la Cour?

En suivant cette procédure, la dignité de la justice et l'ordre des juridictions seraient, il est vrai, sauvegardés. Mais ce recours éloigné et dispendieux doit être également rejeté par des motifs que nous allons rapidement indiquer.

Cette fois M. de Peyramont lui-même nous vient en aide, et c'est à son savant rapport que j'emprunterai une raison qui me paraît péremptoire : « Aux termes de l'article 443 « du Code de procédure civile, on ne peut porter devant les « Cours que l'appel des *jugements contradictoires ou par dé- « faut après les délais de l'opposition;* or, l'ordonnance rendue « sur requête, en dehors des formalités prescrites pour les « jugements, n'en offrant pas les garanties, *est dépourvue « dès lors des éléments constitutifs d'un jugement...* »

Remarquons encore avec M. de Peyramont que c'est précisément dans ces termes qu'est motivée la cassation de l'arrêt de la Cour de Bordeaux, prononcée le 2 mai 1837, par la Cour suprême. (Voir Sirey, 1837, 1; 510.)

Où trouverait-on donc la justification de cette faculté d'appel? Ce n'est pas dans le droit commun, puisque l'article 443, qui l'exprime, exclut par les termes qu'il emploie les ordonnances sur requête; ce n'est pas non plus dans quelques dispositions éparses dans le Code de procédure, telles que les articles 192, 263, 417, car (nous croyons l'avoir démontré) ces dispositions consacrent des exceptions qui supposent et confirment un principe général contraire.

Une opinion aussi peu justifiée s'apprécie en outre par ses conséquences :

Les ordonnances sur requête, nous le savons, interviennent dans les circonstances les plus urgentes : que le moindre retard se produise, et leur efficacité est compromise. C'est même en raison de cette nécessité impérieuse que le législateur, se départissant de toutes les règles ordinaires, a permis à une partie de demander, secrètement pour ainsi dire, des mesures conservatoires dont le président du tribunal appréciera discrétionnairement l'opportunité. C'est pour le même motif qu'il n'a autorisé aucune opposition à l'ordonnance : et il eût autorisé l'appel! Chose étrange! on eût évité avec soin tout débat devant le président du tribunal et on l'eût provoqué devant une juridiction éloignée, devant la Cour! Que de temps perdu et que de frais exposés, avant même que le procès ait commencé! De plus, qu'on y songe : l'appel sera suspensif, puisqu'il n'est aucune disposition qui ordonne l'exécution provisoire. Qu'arrivera-t-il alors? Un long délai se sera écoulé et, quand la Cour aura statué, si elle confirme la mesure autorisée par le président, cette mesure n'aura plus d'utilité. L'adversaire aura profité de l'intervalle pour prendre ses précautions et consommer la fraude qu'il préparait. Mais alors c'est la ruine du système même des ordonnances sur requête : elles avaient été instituées pour venir d'urgence au secours d'intérêts menacés et n'avaient d'utilité que par la rapidité de leur intervention, le secret qui les entourait. Désormais, puisque l'appel est possible et avec lui l'effet-suspensif, c'est une procédure inutile et dangereuse : mieux vaudra introduire un référé ou se hâter d'intenter l'action principale.

Je n'essayerai pas de pousser plus loin une démonstration qui me paraît suffisante. Je m'abstiens aussi de donner le tableau des divergences de la jurisprudence : on le trouvera complet dans l'intéressante brochure de M. Bertin. Remarquons seulement que le plus grand nombre des Cours d'appel et la Cour suprême, d'une manière invariable, proclament le principe général de l'irrecevabilité de l'appel contre les ordonnances sur requête.

Je l'ai reconnu tout le premier : la juridiction discrétionnaire du président du tribunal serait exorbitante et dangereuse, s'il n'y avait aucun moyen de faire cesser promptement le préjudice possible causé par les ordonnances. Mais il y en a qui ne sont ni l'opposition ni l'appel, et le moment est venu de les indiquer.

Par quels moyens, autres que l'opposition et l'appel, la partie contre laquelle une ordonnance a été obtenue, peut-elle empêcher qu'elle ne lui porte un préjudice immérité?

Celui dont les intérêts sont froissés par la mesure auto-

risée peut se hâter d'intenter l'action principale et de saisir
la juridiction compétente de la question du fond. La décision contentieuse qui interviendra fera disparaître, par la
force même des choses, la mesure toute provisoire autorisée
par le président du tribunal. Ce sera quelquefois le moyen le
plus simple et le plus rapide, s'il s'agit, par exemple, d'une
assignation à bref délai ou d'une arrestation provisoire. Le
défendeur, répondant à l'assignation à bref délai qui lui a été
donnée, viendra, devant le tribunal saisi ainsi du fond, demander la nullité de l'assignation; de même l'étranger arrêté
(je parle comme avant la loi de 1867) portera devant le tribunal une demande principale de mise en liberté.

S'il fallait toujours attendre la solution du litige principal,
dans les affaires ordinaires surtout, le remède, je l'avoue,
pourrait être tardif. Mais une voie, aussi simple que rapide,
s'offre au tiers qui souffre de la mesure autorisée par l'ordonnance : c'est celle du référé. Le juge de référé peut être
saisi par une assignation donnée d'heure à heure : on ne saurait donc désirer une action plus prompte. Est-elle possible?
Le juge du référé est compétent toutes les fois qu'il y a une
contestation urgente sur un point qui ne préjuge pas le fond :
or l'urgence ici est incontestable, puisque c'est aussi la condition nécessaire de l'ordonnance; le conflit qui s'élève ne touche
pas au fond du droit, puisqu'il s'agira seulement d'apprécier
contradictoirement l'opportunité d'une mesure provisoire.

La Cour de cassation, d'ailleurs, a consacré ce point, dans
un arrêt du 16 mai 1860, où l'on reconnaît la rédaction si
nette et si ferme du président Nicias Gaillard :

« Attendu que l'ordonnance rendue le 18 octobre 1858 par
« le président du tribunal de la Seine, en vertu de l'arti-
« cle 47 de la loi du 5 juillet 1844, bien qu'émanée du pou-
« voir discrétionnaire, pouvait, en cas d'opposition, *devenir*
« *l'objet d'un référé* devant le même magistrat, d'autant plus
« que l'ordonnance contenait réserve à cet égard, référé qui
« pouvait donner lieu plus tard à un appel... »

Mais alors, dira-t-on, à quoi bon combattre si vivement
tout à l'heure l'opposition, puisqu'en définitive on arrive au
même résultat? N'est-ce pas subtilité pure?

Le savant rapporteur de l'arrêt de 1867 en a fait la remarque en ces termes, quant à l'action principale :

« Cette opinion conduit au même résultat pratique que la
« doctrine, à notre avis plus rigoureusement exacte, qui
« accorde le droit de déférer au tribunal, par voie d'opposi-
« tion, l'ordonnance sur requête, afin d'en faire cesser les
« effets. Dans l'un et l'autre cas, c'est du tribunal qu'on sol-
« licite la rétractation des mesures autorisées ou ordonnées
« par son président et la réparation du dommage que leur
« exécution a pu causer; mais il nous paraît bien difficile
« d'admettre que ce résultat puisse être obtenu sans que celui
« qui le sollicite du tribunal s'attaque à l'ordonnance elle-
« même et en s'attaquant seulement au fait de l'exécution... »

M. de Peyramont adresse une autre objection plus spéciale
au référé :

« Il semble que, par sa nature, le référé offre un recours
« purement facultatif et qui d'ailleurs, ne comportant que
« des mesures provisoires, pourrait ne pas suffire, dans tous
« les cas, aux exigences de la situation créée par l'exécution
« d'une ordonnance sur requête... »

Je ne saurais m'arrêter ni à l'une ni à l'autre de ces deux
objections : elles confondent, à mon sens, des situations complétement distinctes.

De quoi s'agit-il, en effet? D'une ordonnance sur requête
qui a autorisé une mesure conservatoire. On veut que le tribunal de première instance soit appelé à rétracter cette mesure sur une opposition directe dirigée contre l'ordonnance
elle-même. Je soutiens au contraire que le tribunal ne pourra
modifier la situation que sur l'action principale, quand il en
sera saisi dans les formes ordinaires et en rendant une décision
définitive sur le fond. Je n'ai pas à revenir en ce moment
sur une discussion épuisée pour moi, mais seulement à prouver que ces deux procédures ne sont pas les mêmes. Faut-il
pour cela beaucoup d'efforts? Je ne le crois pas.

Dans le premier cas, le tribunal, sans toucher au fond du
procès, puisqu'il n'en est pas saisi, n'aurait qu'à apprécier,
pour la maintenir ou la rapporter, une mesure provisoire et
discrétionnaire. Cela ne va pas sans difficultés, ainsi que nous
le savons, et l'on peut se demander quelle sera alors la nature
de la décision qu'il rendra. Il n'a pas reçu d'attributions
discrétionnaires et, sans qu'elle soit saisie du fond, la juridiction va donc subir une transformation nécessaire; il faudra

surtout qu'elle confirme ou annule l'ordonnance directement mise en cause.

Dans le second cas, le tribunal, saisi de l'instance principale, *dit droit* sur le litige et met naturellement fin au provisoire créé par l'ordonnance. Qu'on veuille bien le remarquer : dans cette dernière hypothèse, on n'attaque pas et l'on n'a pas besoin d'attaquer l'ordonnance; elle conserve son effet provisoire qui n'a jamais dû s'étendre au delà de la solution définitive du procès; seulement, quand la décision sur le fond intervient, la mesure conservatoire, dont l'effet est épuisé, tombe nécessairement, sans qu'il y ait à apprécier la légalité d'une ordonnance demeurée souveraine dans son domaine propre.

Le résultat pratique n'est donc pas le même, non plus que le principe sur lequel il repose.

Et quant au référé, il a aussi une efficacité incontestable.

Jusque-là il n'y avait qu'une ordonnance sur requête, c'est-à-dire une autorisation ou une permission du juge, exposée à rencontrer une résistance de fait. L'ordonnance de référé, émanée d'un magistrat investi de pouvoirs plus larges, rendue après une assignation préalable, après un débat contradictoire, sera une décision contentieuse sur le provisoire, dont l'exécution ne pourra être paralysée par une résistance de fait. La procédure, sans toucher encore au fond du procès, aura fait un pas considérable. La mesure pourra être rétractée, mais, je l'ai dit, par une décision contentieuse qui, comme tous les actes de cette juridiction, prévaut et doit prévaloir sur de simples autorisations. Ici encore ce n'est pas l'ordonnance qui est attaquée et qu'on réforme; elle aura aussi produit son effet propre, mais elle tombera d'elle-même devant un jugement, qui est entré dans une appréciation plus intime du litige, sans cependant le trancher définitivement et au fond. Le préjudice, s'il en a été causé, sera ainsi promptement réparé par des voies régulières. La mesure conservatoire pourra au contraire être maintenue, mais elle prendra, dès ce moment, un autre caractère; ce ne sera plus une simple permission à laquelle on pourra refuser d'obtempérer, ce sera une décision dont on pourra poursuivre l'exécution même sur minute, s'il en est besoin.

Ce recours, dit-on, est facultatif. Qu'importe? Ne suffit-il pas que le législateur ait ouvert aux justiciables un récours prompt et facile? Ils auront à s'imputer d'avoir négligé la ressource mise à leur disposition.

Le juge du référé, ajoute-t-on, ne peut ordonner que des mesures provisoires qui ne répondront pas toujours aux exigences de la situation créée par l'ordonnance sur requête. J'ai peine à me rendre compte, je l'avoue, de cette éventualité. Une mesure conservatoire a été autorisée et elle froisse un intérêt légitime! Il ne faut pas sortir de cette hypothèse, car si par exemple le président du tribunal est allé au delà, nous tombons dans un autre ordre d'idées, et cet excès de pouvoir appelle un remède exceptionnel. Je n'éluderai pas cette difficulté que j'examinerai plus tard.

Donc il ne s'agit en ce moment que d'une simple mesure conservatoire, gênante ou préjudiciable. Le juge du référé, compétent pour connaître de toutes les affaires urgentes, après avoir entendu contradictoirement les parties, statuera sur ce débat; il a le pouvoir de substituer à la mesure permise par le juge discrétionnaire une mesure différente, de remettre même les choses dans leur état primitif. Que veut-on de plus pour que le tiers obtienne complète satisfaction?

M. Bertin a eu le mérite, qu'il faut lui attribuer tout entier, d'apercevoir nettement la vraie solution; il l'a développée, avec beaucoup de force, dans cette brochure remarquable que nous avons citée plusieurs fois et qu'on doit lire. Si j'en ai combattu quelques passages, c'est qu'ils m'ont paru contenir des erreurs et que je ne pouvais mettre trop de soin à réfuter des opinions qui trouvaient, dans le juste renom de l'auteur, une autorité considérable; je désire même que ma critique soit une preuve nouvelle de l'estime respectueuse que je professe pour les travaux du savant jurisconsulte.

Mais toute discussion scientifique comporte des franchises nécessaires. Je le dirai donc : M. Bertin a eu le tort, grave à mes yeux, de faire reposer sa théorie sur un principe inexact, en soutenant que les ordonnances sur requête sont de simples actes d'administration. J'ai cherché à établir la même thèse sur une base plus juridique et à soustraire ainsi une doctrine, qui nous est commune, à des conséquences regrettables; j'ai essayé en même temps de la défendre contre des objections que son auteur n'avait pu prévoir.

La jurisprudence est bien près d'entrer dans cette voie; elle admèt, en effet, que le président du tribunal peut, en rendant son ordonnance sur requête, prescrire qu'il lui en soit référé en cas de difficulté (c'est là une erreur que nous réfuterons). Mais elle hésite quand cette réserve n'a pas été insérée dans l'ordonnancé; j'espère qu'elle s'enhardira et qu'elle donnera bientôt à la théorie que j'ai exposée une consécration plus complète, sans ce tempérament malheureux d'une réserve de référé.

Le système du législateur m'apparaît aussi simple que rationnel; les complications ne sont venues que des interprètes. Je voudrais, si je le puis, montrer la loi dégagée de toutes les obscurités dont elle a été entourée et faire ressortir son unité, à la fois simple et harmonieuse.

Le pouvoir du président du tribunal, rendant des ordonnances sur requête, est un pouvoir discrétionnaire qui lui permet, suivant les inspirations de sa conscience, d'accorder ou de refuser, pour des cas d'une extrême urgence, des mesures conservatoires. Les formes sont aussi rapides que le commandent les circonstances; une requête suffit; point d'assignation qui mette en éveil celui qu'on veut surprendre pour déjouer sa fraude et ses calculs, partant pas de débat contradictoire.

Mais ce pouvoir discrétionnaire est aussi un pouvoir de juridiction. Exercé par un magistrat juge, soumis à des règles de compétence, contenu dans certaines limites par la loi, il n'a ni la liberté, ni la spontanéité, ni surtout la mobilité d'un pouvoir administratif. Sans doute cette juridiction particulière a ses caractères propres qui la distinguent de la juridiction contentieuse et de la juridiction volontaire; elle n'est pas appelée à trancher une contestation comme la première; elle n'est pas non plus, comme la seconde, une tutelle indifférente aux tiers. Mais il faut lui maintenir soigneusement cette qualification générique de juridiction; une conséquence importante s'y attachera : c'est que la mesure autorisée, constituant un acte judiciaire, ne pourra être librement rétractée, ni par un réavis du magistrat, ni à la sollicitation d'un opposant, comme s'il s'agissait d'un simple acte d'administration.

Cette mesure cependant, toute conservatoire qu'elle soit,

peut froisser un intérêt légitime et causer un préjudice. Il est juste que cet état préjudiciable puisse cesser.

Ce n'est pas au même magistrat que les tiers peuvent s'adresser, car dès qu'il a usé de la faculté attribuée par la loi, il a épuisé ses pouvoirs discrétionnaires et ne saurait ressaisir la cause dans les mêmes conditions. Une rétractation accordée d'office, ou à la prière d'un tiers, ne ferait que produire le désordre et la confusion.

L'opposition devant le tribunal n'est pas praticable, parce que l'opposition a pour but de vider un débat contradictoire qui n'avait pu s'établir d'abord, et que les mesures discrétionnaires, de leur nature, sont incompatibles avec tout débat; en outre l'opposition doit ramener les justiciables devant le même juge, et ce n'est pas le tribunal qui a rendu l'ordonnance; enfin le tribunal ne constitue pas une juridiction supérieure à celle du président.

L'appel devant la Cour est impossible parce que l'appel ne peut être interjeté que contre un jugement, et l'ordonnance sur requête n'est pas un jugement.

Si le législateur eût voulu permettre ces voies de recours, il l'eût dit : or, il a gardé le silence, et non-seulement le droit commun est attesté par des dispositions générales, exclusives de l'opposition ou de l'appel contre les ordonnances sur requête, mais il est confirmé encore par des exceptions explicites qui confirment hautement la règle générale. L'esprit de la loi explique les textes dans le même sens.

L'intérêt que nous avons signalé ne demeurera pas pour cela en souffrance. Le tiers, qui sera gêné par la mesure conservatoire, intentera, à son choix, ou l'action principale ou un référé. Il obtiendra ainsi, par des voies régulières et même rapides, une décision soit sur le fond, soit sur le provisoire. L'ordonnance sur requête n'aura pas été attaquée, elle aura produit son effet, et la mesure discrétionnaire disparaîtra devant une décision destinée à la remplacer.

Toute cette discussion peut dès lors se résumer en un mot : les ordonnances sur requête, émanant de la juridiction discrétionnaire, sont souveraines et ne peuvent être l'objet d'un recours direct qui s'attaque au pouvoir du juge; mais le préjudice momentané qu'elles occasionneront sera facilement et promptement réparé, soit par une ordonnance de référé, soit par un jugement rendu au fond. De cette manière chaque juridiction demeure dans sa sphère, les règles de la procédure sont observées et tout intérêt légitime obtient satisfaction.

Ces développements généraux touchent à leur terme : il me reste toutefois à y ajouter un dernier complément.

Je viens d'essayer de tracer la marche de la procédure en supposant que les choses se sont passées d'une manière normale. Mais le contraire a pu arriver.

Je m'explique : le président du tribunal est investi d'un pouvoir discrétionnaire pour autoriser, dans les cas d'urgence, des mesures conservatoires. C'est là, avons-nous dit bien souvent, un pouvoir de juridiction qui, comme toutes les juridictions, a ses règles précises de compétence. Si donc le président s'est tenu dans les limites de ses attributions, son ordonnance sera inattaquable, quelle que soit l'appréciation qu'il ait faite, bonne ou mauvaise ; l'autorisation accordée tiendra jusqu'à ce qu'il soit intervenu une ordonnance de référé ou un jugement sur le fond. Mais si le président est sorti des bornes de sa compétence, s'il a commis un excès de pouvoir, par exemple en ordonnant une mesure définitive, en portant atteinte, non plus seulement à un intérêt, mais à un droit, le mal est plus grave et le remède ne saurait être le même.

Cette opinion n'implique aucunement contradiction avec celle que nous avons soutenue précédemment.

Les actes de la juridiction discrétionnaire, ai-je dit, sont souverains ; mais ce principe, exceptionnel de sa nature, grave dans ses conséquences, doit être exactement renfermé dans ses limites. Je n'ai garde de prétendre qu'une ordonnance sur requête, quelle qu'elle soit, par cela seul qu'elle aura été rendue sur requête, sera toujours inattaquable : non, ce privilége ne s'attache qu'aux ordonnances émanant vraiment de la juridiction discrétionnaire. Il faut ici caractériser les ordonnances par leur nature intrinsèque et non par leur forme extérieure, par leur étiquette, si je puis ainsi parler. C'est là une règle habituelle d'interprétation : l'appel peut être interjeté contre les jugements, bien qu'ils aient été qualifiés en dernier ressort, si les juges ne pouvaient prononcer qu'en premier ressort. C'est la disposition expresse de l'article 453 du Code de procédure civile. Si donc l'ordonnance a été, elle aussi, mal qualifiée, si elle est, malgré son titre, une ordonnance contentieuse qui préjuge le fond, qui statue définitivement sur un droit, elle devra être d'autant plus susceptible de recours que le droit, atteint par elle, n'a pu être défendu. Serait-il donc rationnel d'appliquer à une ordonnance de référé les principes qui régissent les ordonnances discrétionnaires, uniquement parce qu'une qualification inexacte aurait été donnée à cet acte judiciaire? Mais alors il n'y aurait plus aucune fixité dans les règles les plus essentielles qui se trouveraient à la merci d'une formule.

C'est d'un pareil système que l'honorable M. Bertin aurait pu dire qu'il serait *la désorganisation de notre organisation judiciaire*. Je m'étonne que le savant jurisconsulte ait employé ces énergiques expressions à l'égard de l'opinion que je propose et qui est si conforme aux principes généraux.

M. Bertin, en effet, s'élève très-vivement contre un arrêt de la Cour de Paris, du 6 janvier 1866, qui l'avait consacrée en fondant sa compétence sur *la nature de la chose demandée*. Il oppose à ce principe, inexact suivant lui, cette autre règle que la compétence se détermine exclusivement par *la nature de la décision attaquée*.

Cette critique excitera quelque surprise. Comment! n'est-ce donc pas la demande et la demande seule qui fixe le premier ou le dernier ressort, par suite la compétence des juges d'appel, quelle qu'ait été d'ailleurs la nature de la décision rendue par les juges de première instance ? Mais il convient de citer ici textuellement cette objection singulière : « S'il « est vrai que c'est *la nature de la chose demandée* qui déter- « mine, dans tous les cas, le droit d'appel et le pouvoir « pour la Cour d'en connaître, il faut *nécessairement* admettre « que les Cours ont compétence pour connaître de l'appel « interjeté contre un jugement de justice de paix qui aura « statué sur une question de servitude, ou contre une sen- « tence d'un conseil de préfecture qui aura cru devoir ap- « précier les contestations élevées entre un propriétaire et « son locataire, à l'occasion d'un bail, soit du payement des « loyers... »

M. Bertin a raison de dire que ces résultats seraient *étranges et inadmissibles;* mais est-ce qu'il ne se trompe pas étrangement aussi quand il les impute à la jurisprudence de la Cour de Paris?

Il y a deux choses fort distinctes et que l'objection confond : le droit d'appel et la juridiction qui doit en connaître. Chaque juridiction a immédiatement, au-dessus d'elle, une juridiction supérieure, chargée de reviser ses décisions, quand elles sont susceptibles d'appel, quelles que soient d'ailleurs les erreurs commises par les juges de première instance. Ainsi, pour les sentences des juges de paix, c'est toujours le tribunal civil qui est juge d'appel; pour les arrêtés du conseil de préfecture, c'est le Conseil d'État. Ceci tient à l'ordre supérieur des juridictions, et cette hiérarchie nécessaire ne peut jamais être influencée par la nature de la demande; la juridiction d'appel est déterminée exclusivement par la nature de la juridiction saisie au premier degré.

Quoi qu'il arrive, lorsque l'appel d'une ordonnance rendue par le président sera porté devant la Cour, ce principe fondamental sera toujours respecté, puisque la juridiction immédiatement supérieure à celle du président du tribunal est la Cour et qu'il n'y en a pas d'autre.

Une seule question existe : l'appel est-il recevable? Les ordonnances sur requête, mal qualifiées, qui sont de véritables décisions contentieuses sous un autre nom, sont-elles susceptibles d'appel? Je ne puis comprendre, pour ma part, que la solution de cette question dépende d'autre chose que de *la nature de la demande* rapprochée de *la nature de la décision.* Quel est donc le système du législateur en cette matière? Il a déclaré, en somme, que le juge apprécierait discrétionnairement *telle demande,* qu'il prononcerait *sur telle autre* sans appel, à charge d'appel *sur telle autre* plus importante par son chiffre ou sa nature. Le juge n'a compétence que pour statuer sur certaines demandes; il doit ne statuer que sur la demande qui lui a été soumise : un double excès est possible de sa part, soit qu'il franchisse les bornes de sa compétence, soit qu'il accorde ce qui ne lui était pas demandé; pour apprécier, sous l'un ou l'autre rapport, le caractère excessif de sa décision, c'est à la demande et à sa nature qu'il faut se reporter; le juge d'appel réprimera dans

les deux cas l'excès de pouvoir commis dans les décisions
en premier ressort, et ce juge d'appel sera toujours celui
qui, dans la hiérarchie judiciaire, est immédiatement placé
au-dessus du juge de première instance.

La Cour de Paris n'a donc fait, à mon avis, que consacrer
une théorie très-juridique dans les considérants suivants :

« Considérant que le président du tribunal a une double
« compétence, qu'il statue par voie d'ordonnance sur re-
« quête ou par décision en suite de référé; mais qu'il ne
« résulte pas de là que les demandeurs puissent le saisir à
« leur gré et indifféremment par l'un ou par l'autre de ces
« modes de procéder…;

« Considérant qu'en présence de deux compétences aussi
« radicalement différentes, l'une amenant une décision sans
« débats et irrévocable, l'autre un jugement parties appelées
« et sujet à recours, il est manifeste que le choix ne peut
« être abandonné soit à la partie, soit même au juge;

« Considérant que s'il est une règle de compétence qu'il
« importe de maintenir, c'est incontestablement celle dont
« il s'agit; que la procédure de référé introduit déjà une
« large exception au droit commun; qu'elle supprime pres-
« que toutes les formes et délais dont les décisions de la
« justice et leur exécution sont ordinairement entourées ;

« Que si, allant au delà, on faisait encore passer les faits
« soumis à cette juridiction dans la compétence de l'ordon-
« nance sur requête, on peut dire qu'on arriverait à suppri-
« mer la justice elle-même, c'est-à-dire la défense et les dé-
« bats avant jugement;

« Considérant que tel serait le résultat inévitable du sys-
« tème présenté par les intimés, lequel consiste à soutenir
« que, parce qu'ils ont adopté la voie de la requête au lieu
« de celle du référé, la décision intervenue est irrévocable,
« en sorte que, quelle que fût la matière sur laquelle il eût été
« statué, quels que fussent les droits lésés ou compromis,
« tout recours des intéressés serait impossible, car si l'appel
« était non recevable, le pourvoi le serait par le même
« motif;

« Considérant qu'il est inutile de démontrer où condui-
« rait une telle théorie;

« Qu'en telle matière ce ne peut être *la forme de la demande*

« *ou de la décision* qui détermine la compétence, mais bien
« *la nature de la chose demandée...* » (V. Sirey, 1866, 2, 41.)

J'applaudis, pour ma part, à ce ferme langage.

L'arrêt de 1866, il est vrai, a ajouté à ces principes des propositions contestables, que nous avons eu soin de ne pas nous approprier, celle-ci par exemple : que les ordonnances sur requête se caractérisaient par cette circonstance qu'elles n'appelaient pas de défendeur et ne supposaient pas la contradiction.

Je ne reviens pas autrement que par cette allusion à une discussion terminée, et je poursuis :

Un pourvoi dirigé contre l'arrêt de la Cour de Paris a porté la question devant la Cour suprême. Le débat y a été approfondi, éclairé par le rapport de M. le conseiller de Peyramont, les conclusions de M. de Raynal; qu'a décidé la Cour de cassation? Elle a consacré, pour cette hypothèse exceptionnelle, la faculté d'appel. Citons cette partie de l'arrêt qui, avec le principe, fera connaître les circonstances auxquels il s'applique :

« Sur le deuxième moyen : — Attendu que la décision qui
« ordonnait l'expulsion, *manu militari*, des anciens gérants
« de la société des journaux réunis et l'installation à leur
« place de deux administrateurs-séquestres dans les termes
« de l'article 1961, avec l'exécution sur minute, avant l'en-
« registrement et nonobstant tout recours en référé, a été
« considérée par l'arrêt attaqué comme constituant un acte
« de véritable juridiction, en ce qu'il n'avait rien du carac-
« tère provisoire des ordonnances sur requête autorisées
« par la loi et entraînait au contraire *des faits d'exécution*
« *définitive...* »

Rien de plus net que cette doctrine et aussi rien de plus sage. Elle a une grande portée qu'il faut bien comprendre. D'abord elle consacre implicitement le principe général que les ordonnances sur requête ne sont pas susceptibles d'appel; ensuite elle restitue à une ordonnance contentieuse qu'on avait, en quelque sorte, déguisée sous la forme d'une ordonnance sur requête, son caractère véritable. C'est notre thèse, placée désormais sous le plus haut patronage qu'elle pût obtenir.

Je pourrais donc m'arrêter là, mais je veux compléter ma

démonstration par quelques autres exemples empruntés à la jurisprudence.

M. Bertin enseigne (et sa doctrine est aussi la nôtre) que, pour faire réparer le préjudice causé par une ordonnance sur requête, il faut introduire un référé ou intenter l'action principale. Rien de mieux pour les cas ordinaires et lorsqu'il s'agit d'actes de la juridiction discrétionnaire, c'est-à-dire de mesures provisoires et conservatoires. Mais cette ressource ferait complétement défaut, dans certains cas exceptionnels, pour corriger des excès de pouvoir.

Une femme, qui veut demander sa séparation de corps, présente requête au président du tribunal à l'effet d'être autorisée à porter sa demande devant la juridiction compétente. Le président rend l'ordonnance suivante :

« Nous, président, après avoir entendu en leurs explica-
« tions respectives les époux Gandrille et après avoir essayé
« de les concilier, nous avons constaté que cette concilia-
« tion est impossible dans l'état; mais attendu que les époux
« Gandrille sont mariés seulement depuis environ six mois,
« et *que les faits articulés par la femme à l'appui de sa de-*
« *mande en séparation de corps ne sont pas de nature à rendre*
« *désormais la vie commune impossible, s'ils ne se renouvelaient*
« *plus;* que dès lors il y a lieu, dans l'intérêt de toutes les
« parties, de ne pas autoriser la femme Gandrille à former
« immédiatement sa demande en séparation de corps, mais
« au contraire d'ordonner que cette demande ne pourra être
« formée qu'après un délai suffisant pour qu'il soit possible
« aux époux de se réconcilier; disons que la femme Gan-
« drille n'est pas autorisée à former en l'état contre son mari
« une demande en séparation de corps et *qu'il ne pourra*
« *être donné suite par elle à ladite demande qu'après un*
« *délai de six mois et après une nouvelle tentative de conci-*
« *liation.* »

Le préjudice causé par cette ordonnance peut être fort grave et l'on ne saurait y être indifférent. Que fera cependant la femme, si la voie de l'appel lui est fermée? Il n'y a pas de référé possible, puisque l'obstacle ne vient pas d'un tiers, mais du magistrat qui refuse l'autorisation demandée. L'action principale est également impossible, puisque l'autorisation présidentielle est un préalable indispensable. Ce serait une véritable impasse, et un justiciable pourrait être ainsi condamné, sans recours, à la plus cruelle impuissance.

Aussi la Cour de Paris, faisant une très-ferme et très-intelligente application de la doctrine que nous soutenons, a proclamé sa compétence et réformé l'ordonnance mal qualifiée d'ordonnance sur requête :

« Considérant que les attributions conférées au président
« du tribunal par l'article 878 du Code de procédure sont
« nettement définies; que le droit d'adresser aux époux des
« représentations et des conseils ne peut, sans excès de
« pouvoir, être étendu par ce magistrat jusqu'à l'apprécia-
« tion directe ou indirecte de la valeur des articulations
« produites par l'époux qui prétend former sa demande en
« séparation de corps; qu'on peut sans doute admettre
« qu'avant d'accorder le permis d'assigner, le président peut
« ajourner sa décision à un délai de quelques jours, pour
« permettre aux époux de réfléchir sur les conseils qu'il
« leur a adressés et pour tenter un nouvel essai de concilia-
« tion; mais que tel n'est pas le caractère de l'ordonnance
« attaquée qui, en refusant dans ses motifs aux faits articulés
« par la femme Gandrille la gravité de griefs de séparation
« de corps et en décidant dans son dispositif qu'elle n'était pas
« autorisée en l'état à former une demande en séparation de
« corps et qu'elle ne pourrait donner suite à cette demande
« qu'après un délai de six mois et nouvelle tentative de
« conciliation, *a statué sur un point litigieux dont elle a en-*
« *travé la solution; considérant que toute décision du juge sur*
« *un point litigieux est, à moins d'une disposition de . loi*
« *contraire, soumise à l'appel...* » (Paris, 26 mai 1869; Sirey,
1869, 2, 206.)

Un autre exemple pourrait être emprunté à la procédure de la séparation de biens. Le président, mû par des motifs honorables, pourrait aussi refuser le permis d'assigner et soumettre la requérante à des ajournements. L'appel serait encore ouvert.

Je ne veux pas prolonger ces citations, et je me borne à renvoyer, pour trouver une autre application du même principe, à un arrêt de la Cour de Bourges du 8 mars 1871. (Voir Sirey, 1871, 2, 64.)

La conclusion à laquelle je suis arrivé me permet de ne

pas suivre M. Bertin dans une discussion fort délicate qu'il soulève : la possibilité d'un pourvoi en cassation contre les ordonnances sur requête.

Le savant jurisconsulte a trop de sagacité pour n'avoir pas prévu l'éventualité d'un excès de pouvoir de la part du président investi de la juridiction discrétionnaire. C'est pour ce cas qu'il s'ingénie à ouvrir aux justiciables la voie du pourvoi en cassation.

Quant à nous, nous sommes dispensé de cet effort, car, de deux choses l'une : ou bien il s'agira d'une ordonnance sur requête, émanation légitime de la juridiction discrétionnaire, plus ou moins opportune et sage, mais non entachée d'excès de pouvoir, et alors elle est irréfragable, non susceptible d'opposition, d'appel et à plus forte raison de pourvoi en cassation ; ou bien il s'agira d'une ordonnance qui n'a de l'ordonnance sur requête que la forme extérieure, qui statue sur un point litigieux, pour employer l'expression de la Cour de Paris, et alors il n'est pas besoin de s'élever jusqu'à la Cour suprême; dans ce cas la voie de l'appel est ouverte.

Je termine ici la première partie de cette étude. On trouvera peut être que je m'y suis attardé, mais on excusera mes longueurs en considérant l'importance qui s'attache toujours aux principes, en se rappelant aussi de combien de difficultés est encore aujourd'hui embarrassée cette matière aussi délicate que pratique.

§ 2. — *Des ordonnances sur requête : règles générales.*

Après avoir essayé, dans un premier paragraphe, d'établir les principes généraux sur la nature des ordonnances sur requête et leur irrévocabilité, nous allons maintenant aborder l'étude des diverses ordonnances que le président du tribunal est appelé à rendre sur requête.

Mais, avant d'entrer dans cet examen, quelques observations générales doivent encore trouver ici leur place.

Il n'y a pas, à proprement parler, de procédure en cette matière. Le président est saisi de la demande par une requête isolée : cependant toutes les formes ne sont pas supprimées et leur simplicité même comporte certaines règles.

Je ne sais rien de mieux, sur ce point, que les indications fournies par un magistrat éminent, qui a été presque un législateur en cette partie. M. de Belleyme, dans un livre que sa prodigieuse activité a trouvé le temps d'écrire au milieu de ses immenses travaux, nous a donné les meilleurs enseignements.

On y peut voir que les détails les plus humbles, en tant qu'ils se rapportent à cette œuvre si haute de la justice, ne doivent jamais être dédaignés. Les formules, a dit ce modèle des présidents, sont utiles parce qu'elles assurent plus de sécurité dans la décision, d'exactitude dans la rédaction et d'économie dans le temps. Le président doit se montrer, à cet égard, d'autant plus attentif que toujours les requêtes se présentent sans contradicteur, sans publicité, et que le juge est alors le seul défenseur des principes, des formes et des droits des tiers.

Recueillons donc avec soin, presque avec l'autorité qui s'attache à un texte législatif, les règles tracées par le savant magistrat.

La partie qui sollicite la juridiction discrétionnaire du président doit le faire au moyen d'une requête, dans laquelle elle expose son intérêt menacé et formule sa demande. Cette requête, sur timbre, doit être signée d'un avoué.

C'est une règle générale de notre organisation judiciaire, qu'en matière civile le justiciable doit avoir, auprès du magistrat, un représentant officiel dans la personne d'un officier ministériel. L'article 512 du Code de procédure civile montre l'étendue du principe, et cette obligation, imposée à la partie, atteste en même temps qu'il s'agit bien, même pour le magistrat investi d'un pouvoir discrétionnaire, de l'exercice d'une juridiction. Il est toutefois à cette règle une exception qui découle de la nature des choses : la partie qui demande, après avoir essuyé un refus, la commission d'office d'un avoué, pourra signer elle-même sa requête.

Le président du tribunal doit, sous peine de prise à partie, *répondre la requête* qui lui est présentée ; c'est l'expression même de la loi.

S'il accorde l'autorisation qui lui est demandée, son ordonnance doit être claire et précise dans sa brièveté ; elle indiquera en quelques mots la raison et la nature de la mesure autorisée.

Si le président croit devoir refuser l'autorisation qui lui est demandée, il importe aussi qu'il fasse connaître les raisons de son refus. D'abord il doit une réponse à toute requête ; ensuite, le refus de sa part peut, dans certains cas exceptionnels, constituer une décision contentieuse susceptible d'appel.

Les actes du juge se font au palais et avec l'assistance d'un greffier qui tient la plume et contre-signe. Telle est la règle ordinaire, applicable aux jugements et autres actes dont la minute est déposée au greffe et dont il est ensuite délivré une expédition pour l'exécution. L'article 1040 du Code de procédure indique une exception pour les actes que le juge signe, en sa demeure, dans les cas d'urgence, et que, pour cette raison, on a appelés *actes d'hôtel*.

On considère, dans la pratique, les ordonnances qui émanent de la juridiction discrétionnaire comme des actes d'hôtel. Pigeau constatait déjà que, pour ces ordonnances rendues au bas des requêtes, le juge n'est pas assisté du greffier ; qu'il n'est pas gardé minute de ces actes, qui sont remis aux parties. Cet usage est aujourd'hui consacré par une pratique constante et a reçu l'approbation du garde des sceaux dans une instruction du mois de juin 1826. Le ministre fait néanmoins une réserve qu'il faut remarquer : « Toutefois, il est prudent d'excepter de la remise aux parties l'ordonnance d'envoi en possession rédigée au cas de l'article 1008 du Code civil. » M. de Belleyme se prononce dans le même sens ; enfin on peut citer à l'appui un certain nombre de décisions judiciaires.

Tout juge doit renfermer sa compétence dans les limites tracées par la loi ; le magistrat, investi de la juridiction discrétionnaire, n'est pas affranchi de cette règle salutaire. Si l'on ouvre nos Codes, on rencontre un grand nombre de dispositions qui font intervenir le président du tribunal et lui confèrent, pour des cas déterminés, le pouvoir de permettre, sur simple requête, certains actes, d'autoriser certaines mesures provisoires et conservatoires. C'est ainsi, par exemple, que le président du tribunal peut permettre à un créancier d'assigner son débiteur à bref délai (art. 72 C. pr. civ.), de former une saisie-arrêt sans titre (art. 558 C. pr. civ.), de pratiquer une saisie-gagerie sans commandement préalable (art. 819 C. pr. civ.), d'opérer une saisie-revendication (art. 826 C. pr. civ.), de saisir les marchandises d'un débiteur forain (art. 822 C. pr. civ.), au propriétaire d'un brevet d'invention de faire opérer des perquisitions et des saisies (art. 47 de la loi du 5 juillet 1844), à une femme mariée, de faire citer, en chambre du conseil, son mari qui lui refuse son autorisation (art. 861 C. pr. civ.), d'intenter une demande en séparation de biens (art. 865 C. pr. civ.), une demande en séparation de corps (art. 878 C. pr. civ.), à un légataire universel, institué par testament olographe ou mystique, de se mettre en possession des biens de la succession (art. 1008 C. civ.), à un tiers intéressé, d'obtenir copie ou extrait d'un acte authentique (art. 846 C. pr. civ., art. 23 de la loi de ventôse an XI), à une partie, d'obtenir la délivrance d'une seconde grosse ou copie d'un acte imparfait (art. 844, 854 C. pr. civ.), à un créancier, de faire apposer les scellés (art. 909 C. pr. civ.), à une partie intéressée, de faire ouvrir les testaments ou autres papiers cachetés (art. 916 C. pr. civ.), de faire exécuter une sentence arbitrale (art. 1028 C. pr. civ.), de requérir le ministère d'un officier public (loi de ventôse an XI, décret du 14 juin 1813), etc., etc.

On voit, par cette énumération même (et elle n'est pas complète), l'étendue de la juridiction discrétionnaire du président du tribunal. Son intervention doit-elle être limitée aux cas qui ont été expressément prévus par une disposition spéciale ?

Je trouve sur ce point, dans la brochure de M. Bertin, des développements excellents que je m'empresse de reproduire :

« La nature même de l'ordonnance sur requête, les besoins « auxquels elle est appelée à donner satisfaction, exigent « impérieusement, et plus impérieusement encore que pour « l'ordonnance de référé, que son domaine ne soit pas can- « tonné dans les limites des cas spécifiés et que, pour ac- « complir sa mission, elle puisse se développer librement « sous la seule condition de l'urgence.

« Le législateur a bien pu indiquer certains cas particu- « liers, qui se produisent ordinairement et qui donnent lieu

« à l'intervention du pouvoir discrétionnaire du président,
« mais il aurait vainement tenté de spécifier toutes les cir-
« constances dans lesquelles le président doit venir en aide,
« sous peine de déni de justice, à des droits et à des intérêts
« qu'il n'est pas permis à la loi de laisser sans défense.

« Les passions, les convoitises, les transformations des
« mœurs publiques, les progrès mêmes de la science, en-
« gendrent une variété de cas que le législateur est impuis-
« sant à déterminer et même à prévoir. »

L'honorable jurisconsulte justifie cette latitude de la juridiction discrétionnaire par des exemples saisissants, qui auraient cependant échappé à la sagacité des rédacteurs de nos
Codes, s'il était vrai qu'ils eussent eu la prétention d'embrasser toutes les hypothèses : une mère, qui veut s'opposer
au rapt de son enfant, médité par le père lui-même ; — une
famille légitime, qui demande à soustraire, à la rapacité d'une
concubine, un patrimoine laissé à sa disposition par le décès
d'un de ses membres ; — des actionnaires, qui signalent les
fraudes dont ils sont sur le point de devenir victimes.....
L'imagination peut se donner carrière, et elle découvrira
facilement bien d'autres exemples analogues. J'en citerai un
dont de récents scandales ont dévoilé la turpitude et le danger : les morts, autrefois objet d'un culte pieux, sont quelquefois devenus le prétexte de manifestations doublement
impies. Si donc, dans ces circonstances affligeantes, des
passions malsaines veillent au chevet d'un mourant, oppri-
ment une volonté qui ne peut se faire jour, s'interposent,
par le plus odieux des despotismes, entre la famille et l'un des
siens, la juridiction discrétionnaire du président sera, pour
des intérêts sacrés, une protection nécessaire. Les conflits
douloureux que je suppose se dénoueront le plus souvent devant la juridiction des référés et, quand nous en serons
arrivé à cette partie de notre tâche, nous apporterons à leur
examen un soin attentif. Mais, dès à présent, je fais remarquer que l'ordonnance sur requête, avec ses formes plus
rapides et surtout plus discrètes, peut être une ressource
précieuse afin de déjouer, par une prudente intervention,
une fraude détestable.

Pour peu qu'on réfléchisse aux relations sociales si nombreuses, si complexes, si variées, on comprendra la néces-

sité d'une juridiction investie de pouvoirs assez larges pour prescrire, quand le besoin s'en fera sentir, une mesure prompte et opportune, une constatation rapide, destinées soit à sauvegarder des intérêts compromis, soit à prévenir le dépérissement de preuves trop fragiles, soit à retenir, pour un débat ultérieur, des éléments d'appréciation indispensables.

Citons encore M. Bertin :

« Il est évident que le législateur manquerait à sa mission « si, par la crainte d'abus possible de la part des présidents, « il leur refusait le droit de faire ce que l'équité, la justice « et l'intérêt social réclament impérieusement.

« Il est hors de doute, suivant nous, qu'il est utile, indispen- « sable, que les présidents aient, en matière d'ordonnances « sur requête, le pouvoir général et absolu d'autoriser, en cas « d'urgence, les mesures conservatoires nécessaires. »

Ces considérations si graves et si vraies eussent peut-être suffi pour motiver l'extension, par voie d'analogie, de la juridiction présidentielle. Il eût été possible de conclure, de l'existence des attributions du président pour certains cas déterminés, à l'existence d'attributions identiques pour des cas analogues. M. le premier avocat général de Raynal le laissait clairement entendre devant la Cour suprême, quand il disait que la juridiction discrétionnaire, appuyée sur des textes de loi, se démontrait plus encore par la force des choses.

C'était là, notamment, la situation créée par le Code de procédure civile. Si les choses étaient demeurées dans le même état, certains esprits néanmoins eussent éprouvé des scrupules ; la pratique se serait alors ressentie de ces hésitation.

Heureusement un texte de loi, aussi formel que précis, est venu donner, à la juridiction discrétionnaire du président, une base légale, aussi large que possible. C'est l'article 54 du décret du 30 mars 1808, qui est ainsi conçu : « Toutes re- « quêtes à fin d'arrêt et revendication de meubles ou mar- « chandises, *ou autres mesures d'urgence*, celles, pour mises en « liberté, ou pour obtenir permission d'assigner sur cession « de biens, ou sur homologation de concordat et délibération « de créanciers, et celles pour assigner à bref délai *en quelque* « *matière que ce soit, seront présentées au président du tribunal*

« *qui leur répondra par son ordonnance* après la communica-
« tion, s'il y a lieu, au procureur impérial. »

Devant la Cour de cassation, M. le conseiller de Peyramont
et M. le premier avocat général de Raynal proclamaient que
les pouvoirs du président trouvaient, dans cette disposition,
une base aussi étendue que solide, et le premier de ces éminents magistrats pouvait dire, avec raison, que la compétence du président du tribunal, dans les cas d'urgence, pour
les mesures conservatoires, était *universelle*.

Voilà donc désormais, si je puis ainsi parler, la charte de
la juridiction présidentielle, en matière d'ordonnance sur
requête.

Maintenant que les développements généraux sont épuisés,
abordons les détails, et voyons à l'œuvre la juridiction discrétionnaire du président, au moins dans les cas qui ont été
expressément déterminés par le législateur. Les hypothèses
prévues sont les plus fréquentes, et les règles que nous aurons
l'occasion de préciser, à l'égard de ces hypothèses, seront
facilement appliquées, par analogie, aux cas imprévus que
peut faire naître la pratique. C'est là une étude intéressante
encore, surtout d'une grande utilité. Dans le champ que nous
allons parcourir, nous aurons sans doute à signaler des règles
spéciales, à résoudre des difficultés souvent délicates ; mais
c'est alors que nous apprécierons l'importance des principes
généraux et qu'il nous sera possible, à leur lumière, de fonder une interprétation vraiment rationnelle et systématique.

§ 3. — *De l'ordonnance de dépôt d'un testament olographe ou*
mystique et de l'ordonnance d'envoi en possession du légataire
universel.

Ce paragraphe exige un long commentaire.

L'envoi en possession, sollicité par le légataire universel,
institué par un testament olographe ou mystique, est un des
objets les plus importants qui puissent être soumis à la juridiction présidentielle. Il est peu de questions qui, comme
celle-là, aient suscité, dans la doctrine et la jurisprudence,
des divergences aussi nombreuses et aussi persistantes. Cette
matière, en effet, fait apparaître, sous un aspect particulier
et avec une gravité exceptionnelle, toutes les difficultés inhé-

rentes aux ordonnances sur requête. Ces considérations préliminaires justifieront les développements dans lesquels nous allons entrer.

Il faut que nous nous appliquions à déterminer, avec précision, la compétence du président du tribunal, la nature et l'étendue des pouvoirs dont il est investi, les mesures qu'il peut prendre, celles dont il doit s'abstenir, enfin et surtout le caractère de ses décisions, la possibilité ou l'impossibilité d'un recours ouvert en faveur des tiers.

Cette matière spéciale appartient plus encore au droit civil qu'à la procédure : c'est, en effet, dans deux articles de notre Code civil qu'elle se trouve réglementée.

L'article 1007 est ainsi conçu :

« Tout testament olographe sera, avant d'être mis à exécu-
« tion, présenté au président du tribunal de première in-
« stance de l'arrondissement dans lequel la succession est
« ouverte. Ce testament sera ouvert s'il est cacheté. Le pré-
« sident dressera procès-verbal de la présentation, de l'ouver-
« ture et de l'état du testament, dont il ordonnera le dépôt
« entre les mains du notaire par lui commis. Si le testament
« est dans la forme mystique, sa présentation, son ouverture,
« sa description et son dépôt seront faits de la même ma-
« nière ; mais l'ouverture ne pourra se faire qu'en présence
« de ceux des notaires et des témoins, signataires de l'acte
« de suscription, qui se trouveront sur les lieux, ou eux
« appelés. »

L'office du président est ici, en quelque sorte, purement réglementaire : le procès-verbal d'ouverture et de description qu'il dresse, le dépôt du testament qu'il ordonne, sont autant d'actes qui appartiennent incontestablement à la juridiction discrétionnaire.

Je me sers à dessein de cette dernière expression et non de celle de juridiction volontaire, plus généralement adoptée par les auteurs. Le président, en effet, a encore la faculté d'accorder ou de refuser ce qui lui est demandé : seulement son droit d'appréciation est renfermé dans des limites étroites qu'il convient de bien préciser. On lit presque partout que le rôle du président est purement passif, et que ce magistrat ne saurait, *sous aucun prétexte*, refuser l'ouverture, la description et le dépôt du testament. C'est là, à mon sens, une proposition trop absolue. Une double vérification devra être faite par le président et influera sur sa détermination : 1° Le décès du testateur est-il certain ou suffisamment justifié ? 2° L'écrit présenté est-il un testament ? S'il y a incertitude sur le premier point, si l'écrit présenté est manifestement tout autre chose qu'un testament, ou si ce n'est, pour employer une expression de la Cour de Rouen, *qu'un chiffon de papier*, le président du tribunal ne peut être obligé de remplir une procédure, qui serait sans objet, si elle n'était pas dangereuse. Il y a, sous ce rapport du moins, matière à appréciation.

Je demeure d'accord que, hors de là, le président, à ce moment, n'a plus rien apprécier et que notamment il ne lui est pas permis d'examiner si le testament est ou non régulier en la forme : *itemque imperfectu solemus dicere testamenta.*

On voit, par cela même, les justifications que devra faire la partie qui requiert l'ouverture d'un testament : elle devra produire, avec le testament, l'acte de décès du testateur ou les actes destinés à en tenir lieu.

Avec l'article 1008 du Code civil, la mission du président s'agrandit. Ce texte est ainsi conçu :

« Dans le cas de l'article 1006, si le testament est olo« graphe ou mystique, le légataire universel sera tenu de se
« faire envoyer en possession, par une ordonnance du pré« sident mise au bas d'une requête, à laquelle sera joint
« l'acte de dépôt. »

Cette mesure de l'envoi en possession a une gravité que tout le monde comprend : le légataire universel, un étranger le plus souvent, un dilapidateur peut-être, va être dans une position telle qu'il peut compromettre les intérêts des héritiers légitimes. Quelles sont donc les garanties dont la loi a entouré un acte aussi important ?

Cette matière, avons-nous dit, appartient plus au droit civil qu'à la procédure. Pour cette raison même, il est nécessaire de se référer aux principes posés par le législateur au titre des Testaments.

Quel est le but qu'il s'est proposé en astreignant le légataire universel, institué par un testament olographe ou mystique, à requérir l'envoi en possession du président du tribunal ?

Rien de plus net à cet égard, et rien aussi de plus officiel, que les paroles suivantes du tribun Jaubert :

« Toutefois, il n'était pas possible d'autoriser indistincte-
« ment tout individu, qui se prétendrait légataire universel,
« à s'emparer de la succession, sans qu'il fût préalablement
« pris aucune précaution pour rassurer la société et pour ga-
« rantir les droits des absents intéressés.

« Il faut donc distinguer les diverses espèces de testa-
« ments.

« Un légataire universel qui a pour lui un testament par
« acte public n'est obligé à aucune précaution judiciaire ;
« la forme authentique de l'acte doit en assurer l'exécution
« la plus prompte.

« Mais s'il s'agit d'un testament olographe ou mystique,
« le légataire universel doit demander l'envoi en possession
« au président du tribunal qui l'ordonne sur simple requête. »

Cette comparaison même, établie entre le testament authentique et le testament olographe ou mystique, montre le
but et l'effet de l'ordonnance d'envoi en possession. Le testament olographe ou mystique puisera, dans cette formalité
préalable, une force qui lui manque, et le légataire universel
pourra seulement de cette manière joindre la saisine de fait
à la saisine de droit.

Qu'on prenne garde que la demande d'envoi en possession
n'est pas une demande en délivrance ; la conséquence en est
importante : les héritiers légitimes ne seront pas appelés. C'est
une vérification sommaire que la loi confie au discernement
du président du tribunal, qui y procédera seul, sans débat
contradictoire, sur une simple requête présentée par le légataire universel. Le magistrat statuera par une ordonnance
mise au bas de la requête.

Telle est l'économie de la loi, dont le texte est déjà significatif, dont l'esprit nous est attesté sûrement par les travaux
préparatoires.

Le savant M. Demolombe, en rapportant l'article 1008 et
le commentaire officiel du tribun Jaubert, en a tiré immédiatement deux conclusions : la première, que le président
du tribunal exerce une juridiction spéciale, *qui lui est personnelle;* la seconde, que cette juridiction est *volontaire,
magis imperii quam jurisdictionis.* Nous aurons plus tard à

examiner de très-près cette dernière proposition et à la défendre contre de graves et nombreuses contradictions.

Remarquons seulement, quant à présent, que le président du tribunal intervient, au témoignage du tribun Jaubert, *pour rassurer la société et pour garantir les droits des absents intéressés*. Paroles un peu solennelles, mais qui n'en montrent que mieux le rôle important réservé au président du tribunal.

Le législateur a donc voulu assurer une protection sérieuse aux familles et à la société. Or, pour qu'il en soit ainsi, il est nécessaire que le président, investi d'un pouvoir discrétionnaire, ait un droit d'appréciation assez étendu. Ce n'est qu'à cette condition qu'il pourra remplir sa mission tutélaire et protectrice. Si ce magistrat se bornait à faire des constatations matérielles, s'il était toujours obligé de déférer à la demande du légataire universel, toutes les surprises et toutes les fraudes seraient possibles, et la loi, en exigeant la présence d'un magistrat impassible, eût ainsi donné à ces entreprises une sorte de légalisation. Le président du tribunal a été placé là précisément pour déjouer les calculs frauduleux, et le législateur s'en est remis à sa prudence et à sa sagacité pour que la sanction de l'envoi en possession ne fût donnée qu'à des droits légitimes, ou au moins paraissant tels.

La jurisprudence a consacré cette doctrine par de nombreuses décisions ; mais si le principe est certain, l'étendue de son application l'est beaucoup moins. Il convient donc d'interroger, à cet égard, les principaux monuments de la jurisprudence.

Le 27 mai 1807, la Cour de Rouen émettait, sur ce point, les considérations suivantes :

« Considérant que le rapprochement de ces articles 1006
« et 1008 prouve que l'ordonnance que le président du tri-
« bunal de première instance est chargé de rendre par l'ar-
« ticle 1008 est un acte *purement ministériel*, à l'effet de
« rendre exécutoire le testament olographe, dont l'acte de
« dépôt lui est représenté, comme il le serait s'il eût été fait
« devant notaire..... »

Ce n'est pas assurément ce premier considérant qui a notre approbation et, tout au contraire, nous repoussons, comme autant de dénominations impropres, l'expression d'*officier public* appliquée au président du tribunal et celle d'*acte purement ministériel* appliquée à son ordonnance.

Mais la Cour de Rouen semble mieux inspirée quand elle ajoute :

« Que la loi, il est vrai, n'a pas voulu que le magistrat re-
« vêtit un chiffon du sceau de l'autorité publique ; c'est
« pourquoi il est de son devoir d'examiner la forme extrin-
« sèque de l'acte et de lui refuser toute sanction, s'il n'a
« aucun des attributs qui doivent le caractériser ; il doit
« même s'enquérir si le requérant a un domicile connu et
« jouit d'une moralité qui garantisse que le testament qu'il
« représente n'est pas un acte supposé pour favoriser une
« spoliation ; mais il ne peut seul se constituer juge de la va-
« leur intrinsèque, ni même rien préjuger à cet égard. Si
« l'acte de disposition renferme des nullités ou illégalités
« substantielles, c'est à l'héritier à se pourvoir contre la
« prise de possession..... » (V. Merlin *Répertoire*, v° TESTA-
MENT, sect. 2, § IV, art. V, additions.)

Par un arrêt du 31 août 1831 (Sirey, 1832, 2, 145), la Cour d'Orléans décidait que le président du tribunal avait non-seulement le droit, mais encore le devoir, d'examiner si le legs contenu dans le testament était un *legs universel.* Si délicate que la question puisse paraître, le président doit se former lui-même une opinion et ne saurait renvoyer les parties devant le tribunal.

On peut citer dans le même sens un arrêt du 22 décembre 1848 de la Cour de Lyon et un autre du 20 janvier 1849 de la Cour de Rennes (Sirey, 1849, 2, 145 et 576).

La Cour de cassation a posé les mêmes principes dans un arrêt du 27 mai 1856 (Sirey, 1856, 1, 711) où nous lisons :

« Attendu que l'envoi en possession d'une hérédité, dans
« le cas de l'article 1008 du Code civil, est subordonnée à la
« production d'un testament olographe considéré comme
« ayant une existence légale ; qu'ainsi le juge peut refuser de
« rendre une ordonnance d'envoi en possession à celui qui
« la demande en vertu d'une pièce qui ne lui paraît pas suf-
« fisamment justifier l'institution d'héritier ou de légataire
« universel..... »

La Cour d'Agen a consacré la même thèse dans un arrêt du 26 août 1856, arrêt que je citerai en entier parce qu'il

contient une doctrine complète exposée avec autant de force
que de clarté :

« Attendu que, dans les pays coutumiers, le légataire uni-
« versel n'était jamais saisi ; qu'il était toujours contraint à
« faire vérifier son titre et n'avait jamais la saisine que par
« la délivrance ; que le Code civil (art. 1008) a changé cet
« état de choses et a conféré au légataire universel, là où il
« n'y avait pas d'héritiers à réserve, la saisine absolue de
« l'héritier institué en pays de droit écrit, même quand il
« viendrait en vertu d'un testament olographe, parce que les
« faux et les nullités ne se présument pas pour des cas pos-
« sibles. mais rares, et qu'il ne fallait pas renouveler ces con-
« testations abusives que des héritiers mécontents d'être
« dépouillés élèveraient, sans autre but que de se maintenir
« dans une possession que la loi et la volonté du testateur
« leur refuseraient ; que, sans doute, le président à qui est
« demandé l'envoi en possession ne doit l'accorder qu'en
« connaissance de cause et ne peut se faire l'instrument
« passif et aveugle du premier prétendant venu ; qu'aussi la
« loi dit que le légataire universel est tenu de se faire en-
« voyer en possession, c'est-à-dire qu'il est obligé de démon-
« trer son droit à l'obtention de l'ordonnance, et que le
« président est chargé, dans l'intérêt public, d'examiner si
« le légataire a droit ou non à la possession qu'il réclame, si
« le titre qu'on lui présente est un testament dans les formes,
« s'il est vicié par des nullités tellement apparentes que le
« nom de testament doive lui être refusé ; par exemple si,
« olographe, il n'a aucune date, si, mystique, il n'a point été
« reçu en présence de six témoins, si la disposition contenue
« dans l'acte est ou non universelle ; mais que si le testa-
« ment est exactement revêtu des formes qui lui donnent
« l'existence matérielle, s'il présente tous les caractères ex-
« térieurs et visibles d'un testament, s'il ne peut être criti-
« qué que sous le rapport de vices intrinsèques ou non pal-
« pables, le président ne peut se constituer juge de ces
« défectuosités, qui tiennent à la connaissance ou au juge-
« ment du fond ; que la simple méconnaissance de l'écriture
« du défunt par l'héritier naturel devant le président ne
« suffit pas toujours pour empêcher l'envoi en possession ;
« que ce magistrat a le droit d'apprécier, suivant ses lu-

« mières et sa conscience, la force de cette méconnaissance,
« d'accorder ou de refuser l'envoi en possession, selon que
« cette méconnaissance lui paraît vague, douteuse, hasardée,
« ou offre un caractère réel de gravité; qu'il y a plus de tes-
« taments vrais que de testaments faux, et plus de mécon-
« naissances d'écriture dictées par la chicane que par la con-
« viction qu'un faux a été commis; que si, par cela seul que
« l'héritier du sang déclare ne pas reconnaître l'écriture
« d'un testament, il pouvait arrêter l'envoi en possession, cet
« envoi n'aurait jamais lieu et l'article 1008 précité ne rece-
« vrait d'application en aucun cas, parce que les héritiers
« naturels ne manqueraient jamais de recourir à cette mé-
« connaissance; que c'est avec raison, dans l'espèce, que le
« premier juge a décidé que les circonstances ne lui parais-
« saient pas assez graves pour suspendre l'exécution du tes-
« tament olographe qui lui était présenté; qu'à la vérité il a
« été trop loin en disant dans un de ses motifs qu'il était
« prouvé, par les pièces de comparaison, que le testament
« était réellement l'œuvre du sieur de Lagimbrère, parce
« que le président ne doit pas entrer au fond des choses et
« s'occuper de la question de la validité, mais simplement
« constater l'apparence du droit du légataire; que ce motif
« erroné, au surplus, ne peut faire annuler une ordonnance
« régulière en la forme et d'accord avec tous les prin-
« cipes..... » (Sirey, 1856, 2, 515.)

Pour ne pas interrompre l'ordre d'idées que je parcours,
je me contente de faire, à l'égard de la théorie dévoluppée
par la Cour d'Agen, quelques réserves, et je poursuis mes citations :

La Cour de Caen, dans un arrêt du 14 mai 1856 (Sirey,
1857, 2, 122), a donné son adhésion à la même doctrine.

Cette jurisprudence, toutefois, ne s'était pas établie sans
contradiction : des objections s'étaient élevées contre ce
droit d'appréciation conféré au président du tribunal. — Le
caractère de l'écrit présenté, le caractère du legs contenu
dans le testament, sont autant de questions qui touchent
essentiellement au fond du procès : comment comprendre
dès lors qu'elles soient tranchées par un magistrat, investi
seulement de pouvoirs discrétionnaires, sur l'exposé unique
d'une partie, sans débat et en l'absence des autres intéres-

sés? Si l'ordonnance ne met pas obstacle à une action ultérieure, elle constituera, du moins, un grave préjugé et
emportera, dans tous les cas, des effets provisionnels importants.

C'est à ces objections qu'a répondu avec beaucoup de
fermeté et d'à-propos un arrêt de la Cour de cassation
du 26 novembre 1856 (Sirey, 1857, 1, 113) dont voici le
texte :

« Attendu que les consorts Carraud ont présenté une re-
« requête au président du tribunal d'Issoudun pour être
« envoyés en possession de la succession de la demoiselle
« Bailly, en qualité de ses légataires universels institués par
« son testament olographe; — Attendu que le sieur Béguin de
« Porcheresse, héritier du sang de la testatrice, soutenait au
« contraire que ce testament ne contenait que des legs par-
« ticuliers et contestait, sous ce rapport, la prétention des
« consorts Carraud d'être envoyés en possession de l'héré-
« dité de la demoiselle Bailly; — Attendu qu'en présence de
« ces prétentions opposées le président du tribunal, procé-
« dant en exécution de l'article 1008 du Code civil, devait
« sans doute s'abstenir de juger au fond la qualité contestée
« des consorts Carraud; mais qu'investi par une disposition
« expresse de la loi de l'obligation d'accorder ou de refuser
« l'envoi en possession qui lui était demandé, il devait re-
« chercher dans les dispositions du titre qui lui était pré-
« senté les raisons qui lui paraissaient de nature à justifier sa
« décision; — Attendu que cette décision, essentiellement
« provisoire, n'élève aucun préjugé contre le fond du droit;
« que les raisons de décider, fussent-elles empruntées à la
« qualité même qui est contestée, n'ont de valeur que dans
« l'état et seulement dans leur rappport avec ce qui fait l'ob-
« jet du référé, qu'une fois l'exécution du titre assurée, dans
« les termes des articles 1008 du Code civil et 806 du Code
« de procédure civile; l'ordonnance du président a épuisé
« son droit et les actions qui peuvent être dirigées contre le
« le testament, soit qu'elles aient pour objet la forme du
« titre, soit qu'elles s'adressent à ses dispositions, repren-
« nent leur cours;..... que si l'ordonance et, après elle, l'ar-
« rêt de la Cour de Bourges ont reconnu, dans leurs motifs,
« aux consorts Carraud la qualité de légataires universels qui

« leur était contestée par Béguin de Porcheresse, cette appré-
« ciation n'a d'autre portée que l'envoi en possession et ne
« préjuge en aucune façon le droit du demandeur en cassa-
« tion de contester devant les juges compétents la qualité de
« légataires universels dont les consorts Carraud entendent
« se prévaloir..... »

Telle est la réponse de la jurisprudence à cette question importante.

Nous aurons nous-même, peut-être, à la contredire sur certains points ; mais en ce moment, du moins, nous sommes d'accord avec elle pour reconnaître qu'en principe le président du tribunal est investi d'un droit d'appréciation. C'est maintenant l'étendue et l'application de ce principe qu'il nous faut étudier.

Nous avons, avec les articles 1007 et 1008, parcouru successivement deux hypothèses distinctes par leur objet et par leurs conséquences. Les mêmes pouvoirs d'appréciation n'appartiennent pas au président dans l'une et dans l'autre.

S'agit-il du cas de l'article 1007 ? Le président est sollicité par un légataire d'ouvrir un testament, de le décrire et d'en ordonner le dépôt chez un notaire. Le rôle du magistrat, même dans ces circonstances, avons-nous dit, ne saurait être purement passif : encore faut-il que le décès du testateur soit justifié et que l'écrit présenté soit un testament. Mais, nous l'avons aussi reconnu, sauf l'incertitude du décès et l'évidence d'un écrit qui n'a rien de commun avec un testament, le président ne peut se refuser à ordonner le dépôt chez un notaire. Cette appréciation si limitée s'explique par l'innocuité de la mesure.

Dans le cas de l'article 1008, au contraire, la mesure sollicitée est grave, puisqu'il s'agit de mettre le légataire en possession de la succession : le législateur ne voulant pas qu'une hérédité fût livrée au premier venu, voulant d'autre part que la possession ne demeurât pas incertaine, a chargé le président du tribunal de vérifier, sommairement au moins, la valeur du titre invoqué par le légataire.

La nature même des choses impliquait des pouvoirs et des responsabilités différents : les textes indiquent aussi cette distinction nécessaire. Qu'on compare, en effet, l'article

1007 avec l'article 1008, et l'on reconnaîtra facilement, dans le premier, des dispositions impératives qui ne se retrouvent pas dans le second.

La loi a mis, à l'envoi en possession du légataire, plusieurs conditions : il faut qu'il n'y ait pas d'héritiers à réserve, que le légataire soit institué par un testament olographe ou mystique, que cette institution soit universelle. Or, si le président du tribunal intervient autrement que pour remplir un office ministériel, le moins qu'il doive faire, c'est de vérifier l'existence de cette triple condition. Cette tâche, ainsi qu'on va le voir, ne laisse pas que d'avoir ses difficultés.

Trois points principaux doivent donc tout d'abord fixer l'attention du président : la régularité extérieure du testament, la présence ou l'absence d'héritiers à réserve, l'universalité du legs. Pour faire cet examen, le magistrat devra évidemment recourir aux règles du droit civil : c'est ainsi que nous sommes amené, sans digression, à rappeler quelques principes empruntés à la matière des successions et des testaments.

Le testament olographe doit être écrit en entier, daté et signé de la main du testateur (art. 970).

En dehors des cas dans lesquels la régularité ou l'irrégularité du testament sont manifestes, il en est d'autres qui font naître des doutes, mais faciles à dissiper par un examen attentif, d'autres enfin qui suscitent des difficultés telles qu'elles ne sauraient être résolues que par des débats contradictoires et approfondis.

Le testament présente des dissemblances palpables qui décèlent deux écritures émanées de deux mains différentes ; mais les unes constituent le corps du testament tracé d'un seul contexte, les autres ont été insérées par des interlignes, des renvois sans liaison avec le corps du testament, et la fraude de ces intercalations devient apparente dès qu'on les considère d'un peu près. — Au contraire le testament est écrit d'un seul contexte, mais la main du testateur, qui en a évidemment tracé les premières lignes, paraît s'être arrêtée de fatigue et avoir passé la plume à une main étrangère qui a écrit les lignes suivantes. — Ou bien le testament présente cette singularité d'être écrit au crayon, en caractères sténographiques, en chiffres ; il est tracé péniblement, à l'aide d'un instrument aigu, sur une matière autre que le papier ou le parchemin.

Quant à la date, elle est incomplète, mais d'autres énonciations qui se trouvent dans le testament permettent de la compléter ; ou bien on y relève une inadvertance facile à rectifier. Au contraire, malgré ces rapprochements, la date demeure incertaine, incomplète ou fausse.

La signature, cet autre élément essentiel, se compose d'un sobriquet, d'un nom de terre, d'un titre ecclésiastique, mais depuis longtemps le testateur avait l'habitude de signer ainsi. Au contraire, la signature apposée au bas du testament consiste dans une dénomination qui n'est pas celle du testateur, dans une abréviation, même un simple parafe.

Dans toutes ces hypothèses, et bien d'autres que nous signale la jurisprudence, le président du tribunal appréciera. S'il peut lever ses doutes par son examen personnel, à l'aide des renseignements qu'il possède, il passera outre et accordera l'envoi en possession. Si sa conscience n'est pas suffisamment éclairée, si des soupçons sérieux s'élèvent dans son esprit, il refusera l'envoi en possession. Ce faisant, il sera certainement dans son rôle. Remarquons-le : à ce moment où la pleine lumière d'un débat contradictoire ne peut encore éclairer ces questions délicates, il est bon de faire intervenir, comme arbitre, un magistrat exercé ; il est nécessaire, dans ce but même, de lui confier un pouvoir discrétionnaire.

Le même ordre de questions se présentera pour le testament mystique et le président, dans l'intérêt de tous, au moment où l'on sollicite de lui une mesure grave par ses conséquences, devra apporter à leur examen la même prudence.

Le testateur a déclaré que le testament qu'il présente au notaire et aux témoins a été écrit de la main d'un tiers et, ouverture faite de ce testament, on a constaté qu'il contenait quelques dispositions tracées de la main même du testateur. Ou bien c'est l'inverse : le testateur a déclaré que le testament était de sa main et plusieurs dispositions sont écrites par un autre. — Le testament est clos, mais il n'est pas scellé. — La suscription, au lieu de figurer sur l'enveloppe même du testament, a été consignée sur un acte séparé ; elle est signée du notaire, mais écrite par un autre ; elle ne contient pas toutes les mentions prescrites par la loi. Enfin le testament, nul comme testament mystique, présente toutes les conditions de validité exigées pour un testament olographe.

Toutes ces questions relèvent de la juridiction discrétionnaire, et le président du tribunal, en les appréciant pour en faire dépendre l'envoi en possession, restera dans le domaine de ses attributions.

Telles sont les appréciations qu'entraînera ou que peut entraîner la vérification de la première condition mise à l'envoi en possession, c'est-à-dire l'existence d'un testament olographe ou mystique. Passons à la seconde condition.

L'envoi en possession ne doit être ordonné qu'autant qu'il n'y a pas d'héritiers à réserve.

Sur ce point encore, la mission du président ne consistera pas dans une simple constatation matérielle. Là aussi peuvent se rencontrer des questions sur lesquelles ce magistrat devra se prononcer.

— Le testateur laisse des héritiers à réserve, mais ceux-ci ont renoncé à la succession ou ont été déclarés indignes. — Le testateur laisse après lui des aïeuls et des frères et sœurs, ou seulement un enfant naturel. Ou bien il existe un héritier à réserve, mais c'est cet héritier même qui a été institué légataire universel.

Quant à la troisième condition, c'est-à-dire l'universalité du legs, des difficultés sérieuses peuvent également s'élever que le président devra encore trancher.

Notre législation, on le sait, a répudié en cette matière le formalisme étroit du droit romain et du droit coutumier pour s'attacher toujours et exclusivement à l'expression de la volonté du testateur. Mais l'expression de cette volonté sera peut-être obscure, ambiguë : voilà, par exemple, une libéralité contenue dans un testament, mais les termes en sont équivoques; est-ce un legs ou une donation à cause de mort?

La personne du légataire n'est pas clairement désignée : le testateur s'est servi, à l'égard de son légataire, d'une appellation familière, mais qui lui était habituelle. Le testateur a institué ses *enfants...* et le légataire est un *petit-fils...*; ses *neveux...*, et le légataire est une *nièce...*; ses *cousins germains...*, et le légataire est un *cousin issu de germain.*

Le testament ne contient pas une institution universelle

explicite ; il énumère une série de legs particuliers et se termine par cette mention finale : ces legs seront acquittés par Paul, *mon légataire universel*.

Le legs inscrit dans le testament est qualifié d'universel, mais en même temps le testateur ajoute qu'il consistera dans l'attribution de divers immeubles spécifiés, qui ne composent qu'une partie de la succession. Le legs de l'universalité est fait à plusieurs, avec ou sans assignation de parts. Le testateur a légué l'universalité de la nue propriété, la quotité disponible, le surplus des biens après des legs particuliers, après des legs à titre universel...

Plusieurs testaments existent et diffèrent entre eux : le legs universel a-t-il été révoqué ou converti en un legs à titre universel ou un legs à titre particulier ?

Voilà autant de questions qui se poseront devant la juridiction discrétionnaire, que le président devra résoudre, car l'envoi en possession ne peut être accordé qu'à une personne clairement désignée comme légataire universelle.

Signalons, pour en finir avec cet ordre d'idées, certaines hypothèses exceptionnelles qui nécessiteront, de la part du président du tribunal, un examen tout particulier.

Le testament qui lui est présenté a été fait par un Français, mais en pays étranger.

Plusieurs cas peuvent se produire qui ne comporteront pas évidemment la même solution.

Le testament est olographe et conforme aux prescriptions du Code civil français. — Le testament est reçu dans la forme mystique et suivant les prescriptions de la loi étrangère. — Le testament est reçu par un officier public étranger, dans les formes nécessaires pour lui conférer l'authenticité ; il est reçu dans des formes particulières qui, d'après la loi étrangère, lui donnent encore l'authenticité, mais sans intervention d'un officier public. La jurisprudence contient, sur ce dernier point, deux exemples utiles à rappeler : c'est un Français qui, en Angleterre, dicte son testament à un avocat qui l'écrit en présence de plusieurs témoins ; c'est un israélite français qui teste, à Jérusalem, d'après la loi orale des juifs, devant deux témoins, qui recueillent sa volonté par écrit et la présentent ensuite au tribunal rabbinique, lequel déclare le testament authentique.

Le président du tribunal, dans le premier cas, accordera l'envoi en possession : il devra le refuser dans les autres cas, en laissant au légataire le soin de se pourvoir par voie d'action principale. Je ne saurais admettre en effet, bien que cette opinion ait été exprimée par le savant M. de Belleyme, que le président du tribunal ait compétence pour donner la formule exécutoire à des actes reçus à l'étranger. Les articles 2128 du Code civil et 546 du Code de procédure me paraissent formels et je crois, avec MM. Félix et Demangeat, que le légataire doit demander l'exécution au tribunal.

Le testament a été fait en France, mais par un étranger.

S'il est authentique, l'ordonnance d'envoi en possession est inutile ; s'il est olographe ou mystique, elle sera nécessaire. Dans cette dernière hypothèse, l'opportunité de l'envoi en possession se déterminera par les motifs ordinaires. Deux particularités cependant méritent d'être signalées :

Le testament olographe est conforme à la loi française, mais le statut personnel du testateur, qui était de nationalité hollandaise, ne lui permettait pas l'usage du testament olographe en France. — A l'inverse le testament n'est pas conforme à la loi française, mais il est fait dans les formes prescrites par le statut personnel du testateur, qui était Anglais. Deux difficultés qui ressortissent encore à la juridiction discrétionnaire.

Les développements qui précèdent ont eu pour but de faire apparaître, dans ses applications les plus fréquentes, le pouvoir d'appréciation conféré au président du tribunal. Il est considérable, sans doute, mais ses conséquences pratiques ne s'étendent pas au delà de l'envoi en possession ; surtout il n'a rien d'une décision contentieuse et laisse parfaitement intacts les points mêmes sur lesquels il a porté. Le magistrat n'y a puisé qu'une impression.

Est-il vrai maintenant qu'après avoir ainsi montré l'étendue du pouvoir d'appréciation conféré au président du tribunal, nous en ayons en même temps touché la limite ?

La jurisprudence que nous interrogions tout à l'heure semble, en effet, avoir tracé cette ligne de démarcation. Mais le législateur seul peut faire avec sûreté une pareille délimitation : en l'absence de disposition légale, les frontières, toujours plus ou moins arbitraires, risqueront fort de n'être pas respectées. Je n'en veux d'autre preuve que les hésitations de la jurisprudence elle-même : que l'on compare ses décisions entre elles, et l'on verra bientôt que les unes marquent à la compétence du président un certain point d'arrêt, tandis que les autres vont au delà ou restent en deçà.

Voilà donc, dès l'abord, une incertitude irremédiable qui planera sur les attributions du président.

Cette objection n'est que la première de celles que l'on peut élever contre le système de la jurisprudence.

Elle décide que le président du tribunal devra se borner à vérifier sommairement l'absence d'héritiers réservataires, la régularité extérieure du testament, le caractère du legs. A ne s'en tenir qu'à l'énoncé de cette proposition, la règle paraît simple, mais nous le savons désormais, puisque nous avons signalé quelques-unes des difficultés qui se rattachent à ces trois points, sous cette formule peuvent se placer les questions les plus diverses et les plus graves. Rappelons-les encore :

Il s'agit d'un testament olographe, mais il est écrit en caractères sténographiques; sa date est incomplète, incertaine ou fausse; la signature présente des bizarreries. Le testateur était étranger et il a testé dans une forme qui, pour n'être pas celle de la loi française, est permise par son statut personnel; au contraire le testateur était Français, et son testament olographe, contraire aux prescriptions de la loi française, est conforme à la législation du lieu ou il a été fait.

Il s'agit d'un testament mystique, mais clos, il n'est pas scellé, la suscription est incomplète.

Et quant au legs en lui-même, il est conçu en termes ambigus ; est-ce un legs ou une donation à cause de mort? La personne du légataire est-elle clairement désignée? Le caractère du legs est-il universel, à titre universel, à titre particulier? Plusieurs testaments sont produits : le second révoque-t-il le premier, en tout ou en partie?

Si le président du tribunal a qualité pour examiner les questions qui précèdent et faire dépendre l'envoi en possession de l'opinion qu'il se forme à cet égard, pourquoi ne pourrait-il pas se livrer au même examen sur toute autre question que suscitera le testament?

La distinction que l'on propose a l'inconvénient suprême

de n'être pas écrite dans la loi. Au moins s'impose-t-elle par la force des choses?

Je cherche vainement les motifs sur lesquels on pourrait l'appuyer. Dira-t-on (et on l'a dit) que les vices intrinsèques du testament tiennent essentiellement au fond du procès? Mais est-ce que la régularité du testament, la désignation du légataire, le caractère du legs ne s'y rattachent pas aussi étroitement? D'autre part le président du tribunal ne juge rien et il apprécie seulement, vu les circonstances, s'il convient ou non d'accorder l'envoi en possession : dès lors que son appréciation porte sur tel point ou sur tel autre, sur les vices extrinsèques ou sur les vices intrinséques du testament, qu'importe? si le magistrat, dans l'un et l'autre cas, n'a cherché qu'un moyen d'éclairer sa religion sur l'opportunité d'une mesure provisoire?

Je reconnaîtrai volontiers, si l'on veut, que le président fera sagement de se borner à vérifier l'absence d'héritiers réservataires, la régularité extérieure du testament, la qualité du légataire, et de ne pas aborder témérairement d'autres questions, telles que la sincérité de l'écriture, surtout la liberté du testateur. Mais si c'est là une excellente règle de conduite, une recommandation pleine de prudence, je ne saurais l'élever à la hauteur d'un principe de droit. Il est en effet, comme je le démontrerai dans un instant, certaines circonstances exceptionnelles où il serait fort regrettable qu'on eût enfermé le président dans un cercle infranchissable.

Ma doctrine, si j'ose ainsi parler, est bien simple : elle n'est, sur ce point important, qu'une conséquence logique d'une prémisse que j'ai essayé d'établir ailleurs.

La juridiction du président du tribunal, appelé à prononcer sur l'envoi en possession d'un légataire universel, est une juridiction discrétionnaire. Ce caractère de sa juridiction ressort à la fois et des formes de la procédure, et des résultats qu'elle procure. Le magistrat, en effet, statue sur la requête qui lui est présentée par le légataire; les héritiers ne sont et ne doivent pas être assignés. L'ordonnance ne juge rien, n'a pas l'autorité de la chose jugée; elle accorde ou refuse l'envoi en possession. Si le légataire universel institué par un testament olographe obtient l'envoi en possession, il sera, sous le rapport de la possession, comme s'il était muni d'un testament authentique ; mais il demeurera encore exposé à toutes les contestations que son titre peut soulever.

Si la juridiction est discrétionnaire, comment imposer des limites à l'appréciation du magistrat qui en est investi ? N'est-ce donc pas le propre de cette juridiction de ne faire dépendre la mesure sollicitée que de l'arbitrage consciencieux du juge ? Nous avons ici, pour déterminer les pouvoirs du président, outre le principe général, les paroles si décisives du tribun Jaubert : le président a été placé, par la prudence du législateur, comme un arbitre chargé d'écarter les prétendants illégitimes ; il est là *pour rassurer la société et garantir les droits des absents intéressés.* Est-il une mission plus large que celle-là, et comment songer à la définir quand la loi ne l'a pas fait ? Comment prétendre que ce magistrat, entre les mains duquel on a remis un pouvoir discrétionnaire, devra examiner ceci plutôt que cela ?

Disons-le donc : le président du tribunal, appelé à répondre une requête d'envoi en possession, n'a aucune contestation à trancher ; il apprécie seulement l'opportunité de la mesure sollicitée de lui. Prenons garde en effet que l'envoi en possession n'est jamais un droit absolu pour le légataire universel. Si le magistrat était tenu d'accorder cet envoi, la loi l'eût dit et surtout elle eût indiqué le recours ouvert au légataire pour le cas où ce droit eût été méconnu. La loi est muette, et son silence est significatif.

Ce n'est donc et ce ne peut être jamais, pour le président, qu'une question d'opportunité. A ce point de vue, il vérifiera d'abord les conditions auxquelles la loi attache la saisine : si elles manquent, il refusera l'envoi en possession. Mais si elles se rencontrent, il se peut encore que l'envoi en possession présente des dangers ou de graves inconvénients, et c'est pour ces conjonctures surtout que le législateur a interposé, dans un intérêt social, un magistrat éclairé auquel il a remis des pouvoirs discrétionnaires.

Envisageons en effet, à titre d'exemples, quelques-unes des hypothèses qui peuvent se produire.

Le président est saisi d'une requête à fin d'envoi en possession. Mais les héritiers ligitimes ont été prévenus ; ils accourent et signalent au président qu'ils ont dénié l'écriture ; ils mettent sous ses yeux les pièces de comparaison les plus déterminantes. Le magistrat est profondément impressionné ; la différence des écritures est palpable, saisissante : et, dans ces circonstances, le président, s'en tenant à des apparences qui n'ont plus aucune valeur à ses yeux mêmes, ne pourrait pas refuser l'envoi en possession, sous prétexte d'incompétence.

Je sais bien que la Cour d'Agen incline à penser que, dans ce cas, le président pourra se risquer à cette appréciation, à condition que les choses aient un caractère d'extrême gravité, sinon d'évidence. D'autres Cours hésitent à lui reconnaître ce pouvoir ; d'autres enfin le lui refusent. Quant à moi je le lui concéderais pleinement, en n'y mettant aucune condition.

Mais voici une hypothèse dans laquelle on dénie au président tout pouvoir d'appréciation.

La légataire qui sollicite l'envoi en possession est une concubine, qui a odieusement abusé des faiblesses d'un vieillard qui était notoirement en état d'imbécillité. Est-ce parce qu'elle sera armée d'un testament olographe que le président, malgré le cri de sa conscience, devra, par un envoi en possession, livrer à une femme perdue et sans scrupules le patrimoine d'une famille ?

Ou bien encore : la disposition universelle est faite en faveur du médecin qui a donné ses soins, pendant la dernière maladie, au testateur. Le président devra-t-il donc déférer à la demande d'envoi, parce qu'il ne lui est pas permis d'apprécier les vices intrinsèques du testament ?

On pourrait citer beaucoup d'autres espèces analogues, mais je m'en tiens à celles-là et j'ajoute :

Si le président du tribunal ne peut pas alors barrer passage à des prétentions aussi violemment suspectes, la juridiction qu'il exerce n'est plus discrétionnaire ; la protection que faisait entrevoir le tribun Jaubert est illusoire, et la juridiction présidentielle m'apparaît désormais comme une institution éminemment défectueuse.

A-t-on bien considéré le rôle qu'on réserve ainsi à un magistrat ? Il ne peut pas rendre une décision contentieuse, parce qu'il n'a pas reçu pour cela d'attributions suffisantes ; il ne peut pas non plus s'abstenir de répondre la requête ; il a ou il peut avoir cette obligatiou poignante d'accorder, malgré lui, une autorisation que sa conscience refuse et d'interposer son autorité pour permettre une mesure qu'il pressent pouvoir être la spoliation d'une famille.

De pareils résultats sont impossibles : si, pour les éviter, il faut proclamer le caractère discrétionnaire de la juridiction du président, n'hésitons pas à nous attacher à ce principe et à le suivre avec fermeté dans toutes ses conséquences.

Toute cette discussion peut et doit se résumer dans cette proposition : le président du tribunal, au cas de l'article 1008, exerce une juridiction discrétionnaire. Il a pleins pouvoirs pour accorder ou refuser l'envoi en possession, le législateur s'en est remis à cet égard à sa probité et à son discernement. Sans doute l'erreur est possible de la part du magistrat le mieux intentionné, mais ce mal inévitable ne sera jamais bien grave ; surtout il sera facile à réparer par des moyens que nous indiquerons plus loin. Le système le plus fâcheux, et en même temps le moins juridique, serait celui qui, d'un magistrat à pouvoirs discrétionnaires, ferait un magistrat à pouvoirs limités et soumettrait ses déterminations à des règles qui, n'étant pas écrites dans la loi, ne pourraient être qu'arbitraires.

Demandons-nous maintenaut quel est le président qui, aux termes des articles 1007 et 1008, devra statuer sur la requête du légataire universel ?

Il convient, je crois, comme nous l'avons fait déjà, de distinguer entre le cas prévu par l'article 1007 et celui prévu par l'article 1008.

Quand il s'agit seulement de la présentation du testament, de son ouverture, de sa description et de son dépôt dans l'étude d'un notaire, le président compétent sera, ou celui du tribunal de l'arrondissement dans lequel la succession est ouverte, ou celui de l'arrondissement dans lequel le testament sera découvert. Il est vrai que l'article 1007 paraît désigner exclusivement le premier, mais cette disposition n'a trait qu'à l'hypothèse la plus ordinaire et ce serait, sans aucun doute, en exagérer la portée que d'y attacher une compétence absolue. Les auteurs les plus autorisés en ont fait la remarque : en traçant ces formes, le législateur n'a eu d'autre but que d'assurer la conservation du testament; or, si ce testament est trouvé dans un arrondissement éloigné du lieu de l'ouverture de la succession, n'y aurait-t-il pas une souveraine imprudence à exposer l'acte testamentaire aux risques d'un transport? N'y a-t-il pas un avantage incontestable à présenter le testament au président du tribunal de l'arrondissement dans le ressort duquel il aura été trouvé? Le légataire obtiendra une expédition du notaire dépositaire, et c'est avec cette expédition qu'il poursuivra l'exécution dans le lieu de l'ouverture de la succession. L'article 1007 n'a pas prononcé la nullité pour l'inobservation des formalités qu'il prescrit et, quand on consulte l'esprit de ses dispositions, on ne saurait reconnaître à la désignation du président l'importance d'une forme substantielle. Le Code de procédure, d'ailleurs, fournit la preuve que les choses peuvent se passer autrement que de la manière indiquée par l'article 1007 : au titre de l'Apposition des scellés après décès, dans les articles 916 et 918, on voit en effet qu'un testament peut être présenté au président du tribunal de l'arrondissement dans lequel l'acte testamentaire aura été découvert.

Tout différent est l'objet de l'article 1008. Au lieu de simples précautions réglementaires, destinées seulement à assurer l'intégrité du testament, susceptibles d'être prises indifféremment par tel ou tel magistrat, il s'agit cette fois d'une mesure grave, qui comporte, nous le savons, les appréciations les plus diverses et les plus délicates, qui exige la connaissance exacte des choses et des personnes. Le président du tribunal de l'arrondissement, dans lequel la succession s'est ouverte, est seul placé dans les conditions convenables et aussi il est seul compétent. C'est ce qu'a récemment décidé la Cour de Dijon, en des termes excellents, par un arrêt du 25 mars 1870 (Sirey, 1870, 2, 175) :

« Attendu, en droit, que si, malgré la saisine légale qui
« lui appartient à défaut d'héritier réservataire, le légataire
« universel institué par testament olographe est tenu de se
« faire envoyer en possession par le président, il faut au moins
« que l'ordonnance qui imprime au testament le caractère de
« titre apparent et lui donne la force exécutoire, soit rendue
« par le président du tribunal du lieu de l'ouverture de la
« succession ; que, quels que soient les termes dans lesquels
« il a prononcé, ce n'est qu'au juge du domicile du défunt,

« à celui qui connaît ses relations, sa famille, la composition
« de sa fortune, et peut immédiatement s'entourer de tous
« les renseignements nécessaires, et non à un juge étranger,
« n'offrant ni les mêmes garanties ni la même sécurité contre
« les tentatives possibles de spoliation, que la loi a conféré
« ces attributions..... »

La Cour de Dijon a tiré de cette prémisse une conséquence
particulière que nous examinerons plus tard ; mais, sur le
principe qu'il consacre, son arrêt fera jurisprudence.

Cette citation nous donne aussi l'occasion de remarquer
que ces préoccupations légitimes, qu'on suppose au président du tribunal, témoignent hautement en faveur de son
droit d'appréciation discrétionnaire.

Il est temps d'en venir à la question capitale de la matière.

L'ordonnance d'envoi en possession est-elle ou non sucep-
tible de recours ? Si elle l'est, quelles sont les voies de
recours ouvertes aux parties intéressées ?

Sur ce point si pratique, là où il faudrait une solution
uniforme, les systèmes ont été accumulés. Ce ne sont pas
seulement querelles entre les docteurs ; la jurisprudence
elle-même est mêlée à cette controverse, et, tour à tour, elle
a consacré les décisions les plus contradictoires. C'est assurément un grand inconvénient qui jette les praticiens
dans les plus sérieux embarras. La controverse est bien ancienne, et cependant elle paraît encore aussi animée qu'au
premier jour.

L'examen d'une pareille question est donc plus que jamais
opportun. Mais, avant d'aborder la discussion, il convient
d'en rechercher les divers éléments : nous les trouverons
sûrement dans une étude attentive de la jurisprudence.

Je prie donc qu'on veuille bien me suivre dans la revue
que j'en vais entreprendre. La route à parcourir est un peu
longue, mais j'ose promettre qu'elle nous mènera au but,
c'est-à-dire à une solution rationnelle.

Les arrêts rendus sur la question sont quasi-innombrables ;
aussi, pour se guider dans ce dédale, une classification est
nécessaire.

Parmi les arrêts, les uns reconnaissent à l'ordonnance
d'envoi en possession le caractère d'une décision contentieuse et proclament par suite la nécessité d'un recours ; les

autres, au contraire, attribuent à la même ordonnance le caractère d'une décision gracieuse et proclament par contre sa souveraineté.

Telle est la première distinction qu'il faut faire, celle-là bien nette et bien tranchée.

Mais, quand on considère de plus près les arrêts du premier groupe, on ne tarde pas à constater que, d'accord entre eux sur le principe, ils se divisent sur les conséquences : les uns, en effet, enseignent que la voie de recours doit être l'opposition soit devant le président, soit devant le tribunal ; les autres décident que la seule voie ouverte est l'appel devant la Cour ; quelques autres admettent la tierce opposition.

Après avoir reconnu le terrain, si je puis ainsi dire, nous allons maintenant interroger les arrêts appartenant à la première série et noter successivement les raisons qu'ils donnent à l'appui de leur doctrine.

L'ordonnance d'envoi en possession peut être attaquée, devant le président lui-même, par la voie de l'opposition.

La Cour de Rennes l'a ainsi décidé le 20 janvier 1849 (S., 1849, 2, 575). Son arrêt ne contient aucun développement doctrinal ; il se borne à une simple affirmation et semble avoir eu bien plutôt pour objet de consacrer, en cette matière, la juridiction personnelle du président, auquel il interdit la faculté de renvoyer le débat et les parties, devant le tribunal, en état de référé.

La Cour de Gand a rendu une décision dans le même sens le 28 mars 1856 (Sirey, 1857, 2, 119), mais, à la différence de celui de la Cour de Rennes, son arrêt est longuement motivé et nous devons nous empresser de recueillir l'expression de sa théorie :

« Attendu que, en admettant qu'il puisse exister une voie
« de recours contre l'ordonnance du président, qui envoie
« en possession de la succession le légataire universel institué
« par un testament olographe, conformément à l'article 1008
« du Code civil, il ne saurait néanmoins être permis à ceux
« dont cette ordonnance lèse les intérêts de porter *de plano*,
« et sans avoir au préalable épuisé le moyen de l'opposition,
« leur demande en réformation devant le juge supérieur ; —
« Qu'en effet, bien qu'en thèse générale, celui à qui un juge-
« ment rendu en son absence porte préjudice, ait deux

« moyens pour le faire réformer, à savoir l'opposition et
« l'appel, il n'a cependant pas le choix entre l'un ou l'autre ;
« mais qu'il ne peut recourir à l'appel qu'après avoir sans suc-
« cès tenté la voie de l'opposition, ou lorsque celle-ci n'est plus
« recevable ; que ce principe est consacré par l'article 455
« du Code de procédure civile, qui déclare non recevables
« les appels des jugements susceptibles d'opposition, pen-
« dant la durée du délai pour l'opposition ; — Attendu qu'une
« ordonnance d'envoi en possession, rendue sur simple re-
« quête et sans contradiction, peut d'autant moins faire l'ob-
« jet d'un appel direct que cet acte du président du tribunal
« civil n'est pas un véritable jugement ; que n'y ayant eu
« ni contestation ni litige, il ne peut y avoir eu d'instance
« engagée, ni partant de premier degré de juridiction, et
« qu'enfin il est de principe que, pour pouvoir interjeter
« appel, il faut avoir été partie en cause devant le premier
« juge ; — Attendu que l'opposition pouvant seule faire naître
« un débat et imprimer à l'ordonnance, qui statuera sur cette
« opposition, les caractères d'un jugement, ce n'est évidem-
« ment qu'après que cette voie de réformation aura été inu-
« tilement essayée qu'il pourra y avoir matière à appel de la
« part de quelqu'un, qui alors aura été véritablement partie
« en cause ; — Attendu qu'alors même qu'on dût admettre
« comme vraie la doctrine des appelants soutenant que la
« voie de l'opposition ne peut être ouverte contre ces or-
« donnances, tant parce que la loi n'autorise ce recours que
« contre les jugements par défaut que parce que le président
« qui les rend, et devant qui seul l'opposition pourrait être
« portée, ayant épuisé sa juridiction (*officio functus est*), ne
« peut plus rétracter ce qu'il a accordé par cette ordonnance,
« il n'en résulterait pas que l'appel fût admissible, mais bien
« qu'aucune voie quelconque ne serait ouverte contre ces
« actes du président..... »

Telle est la première partie de l'arrêt, œuvre forte, qui
contient une argumentation solide, dont nous devons soigneusement garder le souvenir. Mais l'arrêt, dans une seconde
partie, a consacré définitivement une autre thèse en ces
termes :

« Attendu, au surplus, que cette doctrine des appelants,
« qui n'a que peu de partisans, n'est nullement fondée ;

« qu'en ce qui concerne le premier des motifs dont elle s'ap-
« puie, si la loi a cru nécessaire de régler la matière des
« oppositions aux jugements par défaut, il ne s'ensuit pas
« qu'elle ait entendu défendre l'opposition aux jugements
« qui ne sont pas rendus par défaut; que bien au contraire,
« par le livre 1ᵉʳ du titre IV du Code de procédure civile, elle
« accorde au tiers la faculté de former opposition à un juge-
« ment qui préjudicie à ses droits, et lors duquel ni lui, ni
« ceux qu'il représente, n'ont été appelés ; et que, dans plu-
« sieurs autres cas, l'opposition contre les jugements ou
« ordonnances rendus d'office ou sur requêtes non commu-
« niquées, est expressément autorisée; que c'est ainsi que
« les articles 191 et 192 du même Code donnent à l'avoué le
« droit de s'opposer à l'ordonnance, rendue sur requête,
« qui le condamne pour retard de rétablir les pièces données
« en communication ; que l'article 263, qui permet au juge-
« commissaire d'une enquête de prononcer des peines contre
« les témoins défaillants, et l'article 417, qui, dans les cas
« qui requièrent célérité, autorise le président du tribunal
« de commerce à permettre d'assigner, même de jour à
« autre et d'heure à heure et de saisir les effets mobiliers,
« en déclarant que leurs ordonnances seront exécutoires
« nonobstant opposition ou appel, supposent nécessairement
« qu'elles sont susceptibles de l'une ou de l'autre de ces
« voies de recours ; — Attendu que vainement on voudrait
« prétendre que le Code de procédure n'ayant pas reproduit
« la disposition de l'article 2 du titre 35 de l'ordonnance de
« 1667, qui permettait de se pourvoir « par simple requête
« à fin d'opposition » contre les arrêts et jugements « et même
« contre ceux donnés sur requête », les exemples ci-dessus
« cités ne sont à considérer que comme des dispositions ex-
« ceptionnelles qui doivent se renfermer dans les limites des
« cas y prévus, puisque cet article de l'ordonnance de 1667,
« basé sur le droit sacré de la défense, n'a fait que consa-
« crer un principe de droit naturel, que certes la loi nou-
« velle ne peut-être censée avoir voulu abroger par son
« silence; de manière que les exemples cités, loin de devoir
« être considérés comme des exceptions, ne sont, au con-
« traire, que des applications de ce principe de droit com-
« mun; — Attendu, quant à l'autre motif qu'on allègue

« pour mettre l'ordonnance du président à l'abri de l'oppo-
« sition, à savoir 'qu'ayant épuisé sa juridiction il ne peut
« revenir sur ce qu'il a statué; que, s'il peut être vrai que sa
« juridiction gracieuse soit épuisée de façon qu'il ne puisse
« plus accorder à un second solliciteur ce que déjà, par son
« ordonnance, il a concédé à un autre, il ne saurait en être
« de même de sa juridiction contentieuse, à l'exercice de
« laquelle donne lieu la contestation que soulève nécessaire-
« ment le recours par opposition ; que du reste le droit du
« président de rétracter, à la demande des héritiers du sang,
« son ordonnance d'envoi en possession, résulte de l'ar-
« ticle 944 du Code de procédure civile portant que si, lors
« de l'inventaire, il s'élève des difficultés ou s'il est formé
« des réquisitions pour l'administration de la communauté
« ou de la succession, ou pour autres objets et qu'il n'y soit
« déféré par les autres parties, les notaires *délaisseront les*
« *parties à se pourvoir en référé devant le président du tribunal*
« *de première instance ;* et qu'enfin il suit de l'exposé des mo-
« tifs des donations et testaments que le but du dépôt du
« testament, ordonné par l'article 1007, a été de fournir aux
« parents appelés par la loi la possibilité de vérifier le tes-
« tament avant que l'héritier institué ou le légataire universel
« pût se mettre en possession, ce qui suppose de leur part
« la faculté de contredire, devant le président, la de-
« mande d'envoi en possession, et partant ainsi, lorsqu'à
« leur insu l'envoi en possession a été obtenu, de s'opposer
« à l'ordonnance qui accorde, afin de mettre le magistrat à
« qui on l'a surprise à même de réparer son erreur..... »

Voilà certes une décision remarquable, qui contient l'exposé d'une doctrine complète : nous l'apprécierons plus tard.

La Cour d'Agen l'a adoptée dans un arrêt du 7 juillet 1869,
mais sans lui prêter une force nouvelle. L'arrêt se borne aux
considérations suivantes :

« Attendu que l'ordonnance d'envoi en possession d'un
« légataire universel, lorsqu'elle est rendue par le président
« en l'absence des héritiers non appelés, est nécessairement
« susceptible d'être attaquée devant ce magistrat par la voie
« de l'opposition, puisque la loi ne défend pas en ce cas un
« recours admis par les principes du droit commun, recours
« d'ailleurs des plus équitables, car l'ordonnance peut avoir

« été surprise à la religion du président et causer, si elle
« était exécutée, un préjudice irréparable ; qu'il est naturel
« que le magistrat qui a rendu l'ordonnance sans avoir en-
« tendu les héritiers naturels, ait le droit de la modifier lui-
« même ou de la réformer, lorsque les deux parties étant
« en présence, il peut statuer alors en pleine connaissance
« de cause..... » (Sirey, 1869, 2, 331.)

Au contraire, dans un arrêt du 29 novembre 1834 (Sirey,
1835, 2, 138), la Cour de Bordeaux décide que l'opposition
devra être portée devant le tribunal.

La Cour de Besançon, dans un arrêt du 26 février 1868
(Sirey, 1868, 2, 252), a admis aussi que l'ordonnance d'envoi
en possession pouvait être frappée d'opposition devant le tribunal. C'est dans le jugement, soumis à l'appréciation de la
Cour, que nous trouvons exposée, en termes explicites, cette
nouvelle solution. Le tribunal de Gray, saisi de la question,
l'avait tranchée de la manière suivante :

« Considérant que l'opposition est régulière et recevable,
« qu'il serait inique de refuser à Sautenet toute voie de re-
« cours contre une décision préjudiciable à ses droits, puis-
« qu'elle aurait pour effet d'investir la défenderesse de la
« saisine légale qu'elle a obtenue, en son absence, et sans
« qu'il ait pu faire valoir ses moyens devant le magistrat qui
« l'a rendue ; qu'en présence du silence de la loi sur la forme
« et la nature du recours contre l'ordonnance d'envoi en pos-
« session du président, on doit admettre celui qui est le plus
« naturel et qui est édicté par l'article 1028 du Code de
« procédure civile pour des ordonnances présentant une
« grande analogie avec celle de l'envoi en possession, c'est-
« à-dire l'opposition devant le tribunal. »

La Cour de Besançon a confirmé cette doctrine en termes
aussi nets qu'affirmatifs :

« Considérant que l'ordonnance d'envoi en possession tient,
« par la nature du litige comme par ses effets légaux, à la
« juridiction contentieuse ; qu'elle est dès lors susceptible de
« recours et que les intimés ont pu l'attaquer régulièrement
« par voie d'opposition..... »

Donnons place ici à une simple réflexion. Que l'opposition à l'ordonnance soit portée, devant le président qui l'a
rendue ou devant le tribunal, on aura lieu de s'étonner, car

cette voie de recours est détournée de son application habituelle. L'opposition, en effet, est un recours ouvert à la partie qui, soit qu'elle ne l'ait pas voulu, soit qu'elle ne l'ait pas pu, n'a pas répondu à une assignation qui lui avait été adressée. Les héritiers légitimes ne sont pas dans ce cas, puisqu'ils n'ont pas été et ne pouvaient pas être appelés devant le magistrat de qui émane l'ordonnance : comment alors les considérer comme des parties défaillantes ?

La Cour de Bourges avait évidemment pressenti l'objection, quand elle a décidé que l'ordonnance d'envoi en possession était susceptible seulement de tierce opposition. Son arrêt, qui est à la date du 18 juin 1855, est ainsi conçu :

« Considérant qu'encore bien que l'ordonnance d'envoi
« en possession provisoire de la succession puisse intervenir,
« sans débat, sur simple requête, on ne saurait l'assimiler à
« ces actes dits de juridiction volontaire et gracieuse, contre
« lesquels aucun recours n'est admis, parce qu'ils ne préju-
« gent rien, ni ne préjudicient aux droits des parties ; que,
« par l'effet de l'envoi en possession, une attribution impor-
« tante et une présomption considérable sont consacrées en
« faveur de l'impétrant ; que la faculté de recours contre
« toute décision du juge, qui fait grief, est de droit commun
« et qu'aucune inhibition ne l'interdit au cas dont s'agit ;
« qu'on n'est donc pas fondé à prétendre que l'ordonnance
« d'envoi en possession est souveraine et inattaquable ; —
« Mais si le recours est facultatif, reste à savoir par quelle
« voie il doit s'exercer ; — Qu'à défaut de règles spéciales à
« la matière, c'est par les principes généraux qu'il faut se
« décider ; — Que, d'une part, l'appel ne saurait être autorisé
« ni se concevoir de la part d'intéressés, qui n'ont pas été
« parties devant le premier juge ; que, d'autre part, en cas
« de recours, c'est, selon le vœu de la loi, par la voie la moins
« despectueuse pour le juge, et comme par appel du juge au
« juge lui-même mieux informé, qu'il convient d'abord de se
« pourvoir ; que l'héritier intéressé à contester l'envoi en
« possesion, n'ayant pas été appelé devant le juge, peut, à
« bon droit, exciper des articles 474 et 475 du Code de pro-
« cédure civile et que, tant qu'il ne s'est pas pourvu à ces
« fins et par cette voie, l'appel ne peut lui être ouvert..... » -
(Sirey, 1856, 2, 204.)

L'embarras est déjà grand, en présence de ces divergences de la jurisprudence ; il ne fait que s'accroître avec les arrêts qui suivent. Ceux que nous allons citer, en effet, décident que l'ordonnance d'envoi en possession doit être attaquée par la voie de l'appel.

C'est, d'abord, un arrêt de la Cour de Riom, du 6 mai 1850 (Sirey, 1850, 2, 454), qui est ainsi conçu :

« Attendu que le président d'un tribunal qui, aux termes
« de l'article 1008 du Code civil, autorise ou ordonne la mise
« en possession d'une succession au profit d'un héritier tes-
« tamentaire ou d'un légataire universel, exerce un droit
« qu'il tient de la loi et pour lequel il a seul pleine juridic-
« tion ; que, dès lors, si des parties intéressées ont à s'en
« plaindre, elles ne doivent le faire que devant des juges
« supérieurs, qui ne peuvent être saisis que par la voie de
« l'appel... »

L'arrêt est bref jusqu'au laconisme ; un arrêt de la Cour de Bourges, du 30 juin 1854 (Sirey, 1855, 2, 16), n'est guère plus développé, mais il est aussi affirmatif dans le même sens :

« Considérant que l'article 1008 du Code civil attribue ju-
« ridiction au président du tribunal pour l'envoi en posses-
« sion du legs universel constitué par testament olographe ;
« que, soit que ce magistrat ordonne ou refuse l'envoi en
« possession, il fait un acte de juridiction, puisqu'il consacre
« ou méconnaît des droits soumis à son appréciation et ré-
« sultant du testament dont l'exécution est demandée ; que,
« dès lors, sa décision est susceptible d'être attaquée par les
« parties lésées ; considérant que ce recours doit être porté
« devant la juridiction supérieure et non devant le tribunal
« dont les pouvoirs ont été délégués au président ; déclare
« l'appel recevable. »

La Cour de Caen essayait de donner, à l'appui de la même solution, un motif nouveau. Son arrêt, du 14 mai 1856 (Sirey, 1857, 2, 122), s'exprime ainsi :

« Considérant que l'appel est de droit commun et ne sau-
« rait être interdit que dans les cas où la loi l'a formellement
« déclaré ; que les ordonnances rendues par les magistrats,
« sur la demande d'une seule partie ou de plusieurs agis-
« sant de concert et dans un intérêt commun, n'en sont point

« affranchies; que si ces parties n'ont pas réussi à faire
« agréer leur demande par le juge du premier degré, on ne
« voit pas par quels motifs et dans quel intérêt elles seraient
« privées du droit de la soumettre, par appel, à la juridic-
« tion supérieure; que ce droit est formellement admis par
« l'article 858 du Code de procédure civile en matière de
« rectification d'actes de l'état civil et qu'il a été constam-
« ment appliqué, dans la pratique, aux ordonnances de
« même nature... »

Nous trouvons là énoncée, pour la première fois, une doctrine générale qui assimile les ordonnances du président aux
décisions de la chambre du conseil. Cette idée, émise par
la Cour de Caen, est demeurée sans écho dans la jurisprudence.

La Cour de Paris notamment s'est bien gardée d'adopter
un point de vue aussi contestable et, le 10 janvier 1857, elle
s'est bornée à déclarer, un peu sommairement peut-être,
« que l'ordonnance d'envoi en possession avait un caractère
contentieux et qu'elle était soumise à l'appel » (Sirey, 1857,
2, 121).

Mais la Cour de Nancy a fait de louables efforts pour fortifier la même thèse. Un arrêt du 18 juin 1869 (Sirey, 1870, 2,
316) contient les développements suivants :

« Attendu qu'en accordant ou en refusant l'envoi en pos-
« session au légataire universel porteur d'un testament olo-
« graphe, le président du tribunal remplit un devoir que lui
« impose l'article 1008 du Code civil; — Que, dès lors, son
« ordonnance n'est pas un acte de juridiction purement vo-
« lontaire et gracieuse; — Que subordonnée à la régularité,
« au moins apparente, du titre produit, à l'institution d'un
« légataire universel et à l'absence d'héritiers à réserve, elle
« suppose un examen sérieux et préalable en même temps
« qu'elle présente tous les caractères d'une véritable déci-
« sion; — Que le droit d'en appeler s'induit de son impor-
« tance même, puisqu'elle modifie la position des intéressés
« et intervertit, en cas de litige, leur rôle respectif devant
« les tribunaux; — Qu'on ne comprendrait pas que le juge
« de première instance pût, sans recours possible au juge
« supérieur, paralyser l'effet de dispositions auxquelles, dans
« son respect pour les dernières volontés de l'homme, le lé-

« gislaleur attribue l'autorité de la loi : *Dicat testator et erit*
« *lex ;* — Qu'on ne comprendrait pas davantage que, sans
« avoir le moyen légal d'y mettre obstacle, les héritiers na-
« turels vissent passer aux mains de l'héritier institué des
« biens dont celui-ci pourra abuser et qui ne leur revien-
« dront, s'ils leur reviennent, qu'amoindris ou dépréciés
« par cet abus ; — Que de semblables conséquences répu-
« gnent à l'esprit général d'une législation pleine de sagesse
« et dans laquelle le droit d'appeler constitue le droit
« commun... »

A quelques jours de là, le 3 février 1870, dans une autre
affaire, par les mêmes motifs, la Cour de Nancy maintenait
cette jurisprudence (Sirey, 1870, 2, 317).

Enfin, par un arrêt du 3 décembre 1870 (Sirey, 1870, 2,
317), la Cour de Montpellier faisait une application nouvelle de la même doctrine, en invoquant purement et simplement les précédents de la jurisprudence :

« Considérant que les ordonnances rendues par les prési-
« dents des tribunaux de première instance sont susceptibles
« d'être réformées par les juges supérieurs et que cette règle,
« posée par la jurisprudence, doit recevoir son application,
« non-seulement pour celles qui interviennent sur référé,
« mais aussi pour celles qui ont été rendues sans contradic-
« tion... »

Voilà bien des voies ouvertes ; mais laquelle prendre ? Le
moindre inconvénient qui résulte de cette contrariété de jurisprudence, c'est une singulière incertitude.

Est-ce pour nous épargner l'embarras du choix que certains arrêts ont décidé qu'il serait loisible aux parties intéressées d'adopter, à leur gré, l'une ou l'autre de ces deux
voies : l'opposition ou l'appel ? Il nous reste à mentionner
ces décisions pour terminer nos citations, en ce qui concerne
les arrêts qui proclament la révocabilité des ordonnances
d'envoi en possession.

Cette option a été reconnue en ces termes par un arrêt,
du 22 mars 1854, de la Cour de Bastia :

« Considérant que les ordonnances d'envoi en possession
« rendues par les présidents des tribunaux de première in-
« stance, aux termes de l'article 1008 du Code civil, ne sont
« pas une vaine formalité ; qu'elles constituent des actes ju-

« ridictionnels, pouvant entraîner en droit de très-graves
« conséquences et en fait d'irréparables préjudices ; que, par
« suite, on ne pourrait les déclarer insusceptibles de tout
« recours, sans méconaître les principes les plus certains du
« droit de la défense ; qu'aussi est-il généralement admis
« que les ordonnances d'envoi en possession peuvent être
« attaquées par la voie de l'opposition, devant les ma-
« gistrats de qui elles émanent, et par la voie de l'appel de-
« vant la juridiction supérieure des Cours impériales... »

Un arrêt de la Cour de Besançon, du 5 mai 1869 (Sirey,
1870, 2, 50), met les parties tout aussi à l'aise ;

« Attendu que le président du tribunal est investi, dans
« l'exécution de la mission qui lui est confiée par l'article 1008,
« des pouvoirs nécessaires pour examiner l'opportunité d'un
« refus d'envoi en possession ; que les intimés sont receva-
« bles à se présenter devant lui par opposition à son ordon-
« nance et au besoin à se pourvoir à une juridiction supé-
« rieure... »

Il faut maintenant mettre en regard de cette jurisprudence,
qui admet, par une voie ou par une autre, la réformation des
ordonnances d'envoi en possession, celle qui proclame leur
souveraineté. On dit trop facilement que cette dernière jurisprudence compte peu d'arrêts : qu'importerait le nombre,
si les raisons étaient meilleures? Mais ceux mêmes qui aiment
à compter plus qu'à peser, verront que les arrêts du second
groupe forment un chiffre respectable.

Nous citerons, en premier lieu, un arrêt de la Cour de
Bruxelles du 3 janvier 1823 (Sirey, à sa date) :

« Considérant que la succession dont il s'agit dans l'es-
« pèce a été léguée en propriété à l'intimée, comme héri-
« tière unique et universelle, par un acte de dernière volonté
« qui doit être tenu pour bon et valable, aussi longtemps
« qu'il n'en aura été autrement décidé en justice ; — Consi-
« dérant qu'il est de principe que la possession doit suivre
« celui qui a en sa faveur un titre de propriété, lors même
« que la propriété serait contestée, d'autant que le droit de
« propriété, sans la possession, n'est guère plus qu'un vain
« son et qu'il ne peut dépendre d'un tiers de paralyser à son
« gré les effets de ce droit...; — Considérant que, bien qu'aux
« termes de l'article 809 du Code de procédure, les ordon-

« nances en référé puissent, selon la nature de la cause, être
« susceptibles d'appel, cette voie néanmoins n'est pas ou-
« verte contre les ordonnances ou dispositions du président
« du tribunal de première instance, intervenues sur des de-
« mandes à lui faites par requête et dont la loi n'autorise
« pas l'appel. »

Cet arrêt, nous le reconnaîtrons volontiers, a le tort de
plus affirmer que prouver ; c'est aussi le défaut d'un arrêt de
la Cour de Nîmes, du 17 février 1824 (Sirey, à sa date), rendu
dans le même sens.

Mais nous appelons toute l'attention de nos lecteurs sur
l'arrêt, du 1er août 1842, de la Cour de Toulouse (Sirey, 1843,
2, 71). Cette décision, en effet, est aussi remarquable dans
le fond que dans la forme : elle a donné, à la théorie qu'elle
consacre, une expression simple et forte :

« Attendu que, pour savoir si une partie est recevable à
« se pourvoir par opposition envers une décision, il faut re-
« chercher si l'acte qu'elle attaque était de ceux que le juge
« ne pouvait faire qu'alors qu'elle aurait été appelée ; que,
« dans le cas de l'affirmative, son absence, qui a pu tenir à
« une impossibilité ou à la nécessité de recueillir ses moyens
« de défense, ne saurait empêcher un recours postérieur
« qui doit lui donner le moyen de se faire entendre et d'é-
« tablir le débat contradictoire qui doit éclairer la justice ;—
« Mais qu'il est des situations où le magistrat, au lieu d'at-
« tendre la contradiction entre des intérêts opposés, doit
« statuer sur la demande d'une seule des parties, parce que
« seule, elle doit être en présence du juge qui accorde ou
« refuse la réclamation qui lui est adressée ; qu'alors la partie
« adverse n'a nul droit d'attaquer une décision dans laquelle
« elle n'a pas dû être appelée, et où celui qui l'a rendue a
« épuisé, en la prononçant, sa juridiction ; — Que c'est ce
« qui arrive lorsqu'aux termes de l'article 1008 du Code civil,
« celui qui est porteur d'un testament olographe a obtenu
« du président du tribunal l'envoi en possession provisoire
« de la succession ; que l'intervention de ce magistrat, inu-
« tile, lorsqu'il s'agit d'un testament public auquel la forme
« donne la force exécutoire, a pour objet de donner la voie
« d'exécution parée au testament olographe qui, n'étant
« qu'un acte sous seing privé, n'a pas l'effet de donner la

« saisine au légataire institué, tant qu'il n'a pas reçu l'au-
« thenticité qu'il reçoit de l'ordonnance du président ; —
« Que, dès qu'elle est rendue, le porteur du testament est,
« il est vrai, envoyé en possession, mais provisoirement seu-
« lement ; que son droit, au fond, n'en est pas moins sujet
« à contestation ; que le débat pouvant s'engager sur la va-
« lidité du testament, sur ses conséquences légales, ce n'est
« point par l'opposition à l'envoi en possession irrévocable-
« ment prononcé que les héritiers doivent attaquer le titre
« qui les dépouille ; — Que de cette situation résulterait sans
« doute un préjudice pour eux, s'il fallait dire que de cela
« que le président a, par mesure provisoire et sans débat,
« ordonné que la possession appartiendrait au porteur du
« testament olographe, celui-ci devait être dispensé de jus-
« tifier de la sincérité de cet acte pour faire tomber la preuve
« de la fausseté à la charge de l'héritier du sang ; — Mais
« qu'indépendamment des sérieuses contradictions aux-
« quelles donne lieu une semblable solution, il faut recon-
« naître que la loi a donné de suffisantes garanties à la régu-
« larité de la transmission des successions ; que, d'un côté, en
« effet, le président peut refuser l'ordonnance qui est sollicitée
« de lui ; que, lorsque la prudence lui fait une obligation de
« n'accorder la saisine qu'à celui que les apparences lui si-
« gnalent comme institué par un testament régulier et sin-
« cère, on peut être assuré que, dans la plupart des cas, ce
« magistrat s'environne de précautions suffisantes pour ne
« pas envoyer en possession celui qui ne présenterait pas un
« titre valable ; que d'ailleurs les héritiers peuvent veiller
« pour empêcher que sa religion ne soit surprise par la
« production d'une pièce indigne de sa confiance ; — Alors
« que, sans qu'il y ait nécessité de les appeler, ils peuvent
« se précautionner contre toute atteinte portée à leurs droits,
« ils ne pourraient pas se plaindre d'un dommage qui tien-
« drait à leur négligence ; — Que, dans la cause, le président
« du tribunal de Castelsarrasin a déclaré, à bon droit, que
« l'article 1008 du Code civil lui prescrivant de statuer sur
« la demande du légataire institué, sans que les héritiers
« dussent être assignés pour y contredire, l'ordonnance qu'il
« avait rendue était définitive ; et que le recours formé par
« les héritiers devant lui, n'ayant pu faire revivre sa juridic-

« tion qu'il avait épuisée, il devait se reconnaître incompé-
« tent... »

Le moment n'est pas venu encore d'appuyer sur ces raisons décisives; mais on en a peut-être déjà fait la remarque:
jusqu'ici le débat existe seulement entre les Cours d'appel.
La Cour de cassation n'a-t-elle donc pas interposé son autorité régulatrice? Si, tout au moins d'une manière implicite.
Mais ce suffrage important a été invoqué en faveur d'une
opinion qui n'avait nul droit de s'en prévaloir : montrons
qu'il appartient exclusivement à celle dont j'essaye de résumer les principaux éléments.

Je pourrais citer d'abord un arrêt du 2 février 1818 (Sirey,
à sa date) duquel il ressort assez clairement que la procédure
de référé est le seul moyen de paralyser, par une mesure
provisoire, l'ordonnance d'envoi en possession. Cette proposition résulte plus nettement d'un arrêt de la chambre des
requêtes, du 24 avril 1844 (Sirey, 1845, 1, 66).

Un président de tribunal avait rendu une ordonnance
d'envoi en possession. Les héritiers légitimes avaient introduit un référé devant le même magistrat à l'effet d'obtenir
la rétractation de l'ordonnance d'envoi en possession et sub-
sidiairement la nomination d'un séquestre. Le président du
tribunal n'avait pas fait droit à la réclamation des héritiers,
mais, sur l'appel, la Cour de Nîmes l'avait accueillie en nommant un séquestre. Un pourvoi fut formé et la Cour de cassation rendit l'arrêt suivant :

« Attendu, en droit, que si l'article 1008 du Code civil
« autorise le président du tribunal de première instance à
« rendre une ordonnance d'envoi en possession, au profit et
« sur la seule requête du légataire universel institué par un
« testament olographe, c'est sans préjudice aucun des droits
« qu'a l'héritier légitime d'attaquer le testament, d'en dénier
« l'écriture et même de contester à cet acte le caractère de
« titre apparent, auquel cas le droit de l'héritier légitime
« peut aller jusqu'à réclamer, soit la possession provisoire
« des biens de l'hérédité, soit leur séquestre, pendant le
« cours de l'instance en vérification;

« Attendu que ces dernières circonstances se réalisant,
« nulle loi ne s'oppose à ce que l'héritier légitime porte son
« opposition à l'ordonnance d'envoi en possession devant le

« magistrat qui l'a rendue, *alors qu'il se borne à réclamer des*
« *mesures provisoires qui n'excèdent pas les limites d'un référé*
« *et que l'ordonnance contradictoire qui intervient en pareil cas*
« *est susceptible d'appel, comme le serait toute autre ordonnance*
« *d'un intérêt indéterminé, rendue sur référé...* »

Qu'on ne se laisse pas égarer ici par cette expression
« d'opposition à l'ordonnance d'envoi en possession » qui se
rencontre dans l'arrêt. La Cour suprême n'a pas dit, comme
l'avait fait la Cour de Nîmes, que l'ordonnance d'envoi en
possession était une décision contentieuse, susceptible,
comme telle, d'être attaquée par la voie de l'opposition ou
de l'appel. Loin de là, elle consacre seulement, au profit des
héritiers légitimes, le droit de s'opposer à l'exécution de l'ordonnance, soit en intentant une action-principale au fond,
soit en introduisant un référé, dans les cas d'urgence, pour
obtenir une mesure provisoire et conservatrice. Le tribunal,
saisi de la question du fond, le président, appelé à statuer sur
le référé, pourront l'un et l'autre ordonner le séquestre de
la succession; mais un éminent magistrat, M. Massé, l'a fait
justement observer, en cela le tribunal et le président ne ré-
formeront pas l'ordonnance d'envoi en possession, pas plus
qu'ils n'annuleraient ou ne réformeraient un testament authentique, en prescrivant le séquestre des biens compris dans
le legs universel qu'il renferme.

Poursuivons maintenant nos citations.

Voici un arrêt de la Cour de Paris, du 25 mars 1854, excellent dans son laconisme (Sircy, 1854, 2, 173) :

« Considérant que l'ordonnance d'envoi en pessession est
« un acte de la juridiction volontaire du président du tri-
« bunal et que le droit de la rendre est exclusivement at-
« tribué à ses fonctions; — Que l'envoi en possession n'est
« que l'application du principe qui, en l'absence d'héritiers
« à réserve, accorde la saisine de la succession du testateur
« au légataire universel; qu'une pareille ordonnance étant
« rendue au bas de la requête qui est présentée au président
« du tribunal, sans contradiction, de la part des héritiers
« qui ne doivent pas être appelés, ne constitue pas une dé-
« cision judiciaire susceptible d'être attaquée par la voie de
« l'appel; déclare l'appel non recevable... »

C'est, presque dans les mêmes termes, que la Cour de

Douai a consacré la même doctrine, dans un arrêt du 21 juillet 1854 (Sirey, 1856, 2, 116) :

« Attendu que l'ordonnance d'envoi en possession rendue
« par le président du tribunal, en vertu des dispositions de
« l'article 1008, n'a pour but que de constater la régularité
« extérieure et la sincérité apparente du testament et de
« donner force exécutoire à un acte sous seing privé ; —
« Que rendue sur simple requête, hors la présence des par-
« ties et sans qu'aucune contradiction ait été élevée, elle
« est un acte de juridiction gracieuse et, à ce titre, non sus-
« ceptible d'appel... »

De son côté la Cour de Bordeaux, dans un arrêt du 4 avril 1855 (Sirey, 1856, 2, 117), disait :

« Attendu qu'à supposer que l'ordonnance rendue par le
« président, conformément à l'article 1008 du Code civil,
« puisse être réformée, elle ne saurait l'être, du moins par
« le président en audience des rétérés ; que l'ordonnance
« d'envoi en possession est un acte de la juridiction gra-
« cieuse, juridiction entièrement distincte de celle que le
« président exerce comme juge des référés ; que bien que
« remises au même magistrat, ces deux juridictions sont in-
« dépendantes l'une de l'autre, et la seconde n'est pas su-
« périeure à la première .. »

Quelques années après, la Cour de Bordeaux, abandonnant définitivement la jurisprudence qu'elle avait inaugurée en 1834, donnait à sa pensée une expression plus complète et plus ferme dans un arrêt remarquable du 6 mai 1863 (Sirey, 1863, 2, 155) :

« Attendu, en ce qui concerne l'appel contre l'ordon-
« nance d'envoi en possession rendue au profit de la ville de
« Bordeaux par le président du tribunal, que les ordon-
« nances rendues dans ces matières ne sont susceptibles
« d'être entreprises ni par la voie de l'opposition, ni par la
« voie de l'appel ; qu'elles n'émanent pas du tribunal, mais
« du président, seul chargé d'imprimer au testament le
« caractère de publicité qui lui manque et l'exécution forcée
« qu'il n'a pas lui-même ; — Que l'envoi en possession n'a
« d'autre effet que d'attribuer à un testament olographe la
« valeur d'un testament authentique, sans préjudicier en
« aucune manière aux droits, actions et exceptions respec-

« tifs des héritiers et des légataires ; — Que de même qu'il
« n'existe aucun recours contre l'autorité d'exécution d'un
« testament authentique, de même il n'y a aucune raison
« d'en admettre un contre la décision du juge auquel la loi
« donne le pouvoir d'attacher au testament olographe les
« effets inhérents au testament authentique ; — Attendu que
« cette espèce de *pareatis*, pour lequel la loi accorde une
« juridiction spéciale au président du tribunal, n'altère en
« rien la faculté que les héritiers ont toujours d'attaquer le
« testament par tous les moyens légaux et de faire prononcer
« par les tribunaux sur les questions de possession provi-
« soire des biens de la succession et même, en cas d'urgence,
« d'introduire un référé sur tous ces points ; — Attendu que
« les héritiers qui se trouvent en présence d'un testament
« olographe qui a reçu l'authenticité par la force de l'or-
« donnance du président, ne peuvent avoir d'autres moyens
« contre ce testament authentique, que ceux qu'ils peuvent
« invoquer à l'égard d'un testament authentique de sa nature ;
« — Attendu que l'ordonnance d'envoi en possession ne
« pouvant faire grief aux héritiers dont tous les droits sont
« réservés, la loi n'a pas eu besoin de prescrire un mode
« spécial d'attaquer une décision dont tous les effets sont
« purement provisionnels et que, par les motifs exprimés
« au jugement qui a statué sur l'opposition, ils ne sont pas
« non plus recevables dans l'appel qu'ils en ont interjeté... »

Par arrêt du 23 janvier 1867 (Sirey, 1869, 2, 108), la Cour
d'Angers, considérant aussi la forme de l'ordonnance d'envoi
en possession et ses effets, décidait qu'elle ne portait sur
aucun litige et n'était pas susceptible d'appel.

Donnons une mention particulière à un arrêt de la Cour
de Pau, du 30 mai 1870, qui contient l'exposé lumineux
d'une théorie générale (Sirey, 1871, 2, 26) :

« Attendu qu'en principe, et sauf quelques cas particu-
« liers réglés par des dispositions de loi exceptionnelles et
« expresses, il n'y a de recours ouvert que contre les déci-
« sions qui présentent le caractère de véritables jugements,
« statuant sur les prétentions rivales de deux ou plusieurs
« parties en cause, ou prononçant une condamnation ; —
« Que telle n'est pas l'ordonnance rendue par le président
« du tribunal, dans le cas de l'article 1008 du Code civil ;

« que cette ordonnance n'a ni la nature ni les formes d'un
« acte de juridiction contentieuse; que, considérée sous le
« rapport de sa nature, elle n'est, en réalité, qu'un acte d'in-
« tervention de la puissance publique pour donner au testa-
« ment olographe la force exécutoire qui lui manque, et au
« légataire, déjà investi de la saisine de droit par l'article 1006,
« la saisine de fait qui n'est que la conséquence de l'autorité
« parée désormais acquise à son titre; que, considérée sous
« le rapport de ses formes, elle est rendue au pied d'une
« simple requête, sans débats, sans que le légataire requé-
« rant soit obligé d'appeler ni même d'avertir les héritiers,
« c'est-à-dire suivant la procédure usitée pour les actes de
« juridiction volontaire; — Qu'à aucun point de vue donc,
« et sans être néanmoins réduite à une vaine formalité n'im-
« pliquant aucun examen préalable, elle ne revêt le carac-
« tère d'une décision contentieuse, d'un jugement propre-
« ment dit; qu'elle n'est, par suite, susceptible d'être
« attaquée, ni par les voies ordinaires de l'opposition ou de
« l'appel, ni par la voie extraordinaire de la tierce opposi-
« tion, sauf le droit des parties intéressées de procéder, par
« action nouvelle, devant le tribunal où le président en
« réfère, pour prévenir, autant que possible, par des mesures
« conservatoires, en attendant le jugement de leurs contes-
« tations au fond, les conséquences d'une ordonnance qui
« ne peut plus être rétractée ni réformée... »

Enfin un arrêt qui est le dernier, qui a pu par conséquent
peser tous les éléments de cette longue controverse, l'arrêt,
du 12 août 1874, de la Cour de Poitiers, a résolûment consacré les mêmes principes (Sirey, 1874, 2, 254):

« Attendu qu'aux termes de l'article 1008 du Code civil,
« le légataire universel, lorsqu'il n'existe pas d'héritiers
« réservataires, est saisi par la mort du testateur sans être
« tenu de demander la délivrance aux héritiers; que la loi
« ne distingue pas à cet égard entre le cas où le testament
« est authentique et celui où il est olographe; qu'elle pres-
« crit seulement pour ce dernier cas l'obtention d'une ordon-
« nance d'envoi en possession; que le président, saisi sur
« simple requête, se borne à apprécier s'il y a lieu d'accor-
« der provision au titre, sans préjuger d'ailleurs aucune des
« questions relatives à la validité du testament et sans pré-

« judice des mesures conservatoires qui pourront être
« requises par les intéressés; que cette mission n'a rien de
« contentieux et n'a d'autre but que de donner à l'acte olo-
« graphe la force exécutoire qu'aurait de plein droit l'acte
« authentique, et au légataire universel la situation légale que
« lui attribue l'article 1006; que les héritiers, auxquels le
« légataire ne peut, ni directement ni indirectement, être
« obligé de demander la délivrance, doivent demeurer étran-
« gers à l'article 1008, et que le seul moyen pour eux de faire
« valoir leurs droits est d'agir, à la suite de l'envoi en pos-
« session, par voie d'action principale, comme ils le feraient
« si le testament était notarié... »

Là se termine l'exposé de la jurisprudence. Nous avons dû
y consacrer un temps assez long, mais qui, je l'espère, n'aura
pas été perdu.

Je n'entreprendrai pas de faire sur la doctrine le même
travail d'analyse : ce serait, en effet, désormais sans utilité.
Mon but était seulement de rechercher les raisons sur lesquelles reposaient les divers systèmes : or la jurisprudence
les contient toutes, et c'est à nous de prendre parti. Je me
bornerai donc, sur ce point, à une simple indication :

Il est vrai que des auteurs considérables ont soutenu que
les ordonnances d'envoi en possession étaient susceptibles
de recours. Parmi eux se trouvent MM. Rolland de Villar-
gues, Marcadé, Talandier, de Belleyme, Naquet. De pareils
noms assurent à l'opinion qu'ils ont embrassée un légitime
crédit et, même en ne la suivant pas, on devra toujours tenir
grand compte de ce grave dissentiment. Dans la liste qui
précède, tout le monde distinguera l'éminent et regrettable
M. de Belleyme, dont l'avis personnel serait de nature à faire
pencher la balance. Mais c'est ici le cas de le faire remarquer : dans son livre, le savant président s'est proposé surtout de donner des enseignements pratiques et, dans cet
ordre d'idées, nulle autorité n'est comparable à la sienne.
Par cela même, il semble qu'il ait mis un soin particulier à
ne pas la compromettre dans les controverses, car, sur les
questions qu'il rencontre, il relève les décisions en sens contraire, indique à peine ses préférences, ne discute jamais,
laissant à chacun de choisir Sur la difficulté qui nous occupe,
il s'est montré singulièrement réservé et discret.

Quoi qu'il en soit, la plupart des jurisconsultes qui ont écrit sur la matière enseignent que l'ordonnance d'envoi en possession appartient à la juridiction gracieuse et, comme telle, n'est pas susceptible de recours. Aux noms que je citais tout à l'heure, on peut opposer ceux de Merlin, Poujol, Troplong, Massé, Devilleneuve, Chauveau, Demolombe.

Maintenant que nous avons rapporté les divers éléments de la discussion, il nous faut conclure et choisir entre les solutions proposées par la doctrine et la jurisprudence. La tâche, pour difficile qu'elle soit encore, est néanmoins simplifiée.

Quand on examine dans son ensemble la jurisprudence que nous avons analysée, on y démêle aisément une thèse générale et une thèse particulière.

L'argumentation, mise en avant pour démontrer l'existence de voies de recours contre l'ordonnance d'envoi en possession, n'est pas uniforme, ainsi qu'on l'a pu voir. Tantôt elle invoque un principe général qu'elle dit commun à toutes les ordonnances sur requête, tantôt elle insiste sur des raisons spéciales à l'ordonnance d'envoi en possession.

Apprécions successivement le mérite de ces deux propositions.

Nous nous sommes déjà amplement expliqué sur la première dans la partie générale de cette étude, mais il est bon d'y revenir encore, au moins sous la forme d'un résumé rapide.

L'ordonnance d'envoi en possession, dit-on, est susceptible d'opposition, ainsi que toutes les ordonnances sur requête, par une application naturelle des règles ordinaires de la procédure.

Le silence du législateur serait d'abord un motif de douter, et ce n'est pas avec le souvenir de l'ordonnance de 1667 qu'on lèvera ce premier doute. Il faudrait, en effet, plus que de la bonne volonté pour étendre aujourd'hui aux ordonnances sur requête l'article 2 du titre 35 de l'ordonnance de 1667.

Pour que le droit commun fût applicable à cette matière spéciale, il serait indispensable de rencontrer ici les conditions habituelles de son application.

Qu'est-ce donc que l'opposition? Une voie de recours qui

permet à une partie absente d'un débat où elle devait nécessairement figurer, d'établir, devant le même juge, une discussion contradictoire, afin d'empêcher une décision préjudiciable à ses intérêts.

Autant de circonstances essentielles et caractéristiques qui manquent aux ordonnances sur requête !

L'opposant se plaint de n'avoir pas été entendu, et il ne devait pas l'être. — Il veut établir un débat contradictoire, et la loi a chargé le magistrat de statuer sans débat. — Il demande qu'on rapporte une décision, et il n'y a pas de décision, mais une simple mesure conservatoire. — Il cherche à se prémunir contre les effets de la chose jugée, et il n'y a rien de jugé. — Enfin il doit revenir devant le même juge, et il ne saurait plus le retrouver. L'ordonnance émane d'une juridiction discrétionnaire; or, le débat que l'opposition soulèverait étant de sa nature contentieux, échappe forcément au magistrat investi seulement d'un pouvoir discrétionnaire.

L'opposant s'adressera-t-il au tribunal pour obtenir la réformation de l'ordonnance? Mais alors ce serait la double violation, et du droit commun qu'on invoque, et de règles d'un ordre supérieur. D'une part, en effet, l'opposition serait vidée par un autre juge, quand elle devait être portée devant le même juge; d'autre part, le tribunal qui, dans la hiérarchie judiciaire, n'a pas été placé au-dessus de son président, réformerait cependant ses décisions comme un juge supérieur. Ce dernier résultat, c'est la Cour de cassation qui le déclare, serait aussi contraire à la dignité de la justice qu'à l'ordre des juridictions.

Les mêmes différences éclatantes se retrouvent pour écarter la voie de la tierce opposition.

On se heurte donc, dans ce système, à une double objection : le silence de la loi et le défaut absolu d'analogie.

Pour introduire, dans cette matière spéciale, le recours de l'opposition, en dehors des règles ordinaires de son application, il ne faudrait rien moins qu'un texte explicite et formel.

Existe-t-il? On a prétendu le trouver dans les articles 191, 192, 263, 417, 1028 du Code de procédure civile; mais cette prétention est inadmissible. Car s'il est vrai, ainsi que nous venons de le prouver, que le droit commun n'est pas applicable aux ordonnances sur requête, les dispositions qui précèdent, en permettant l'opposition dans certains cas, auront consacré une véritable exception.

De deux choses l'une, en effet : ou bien le droit commun doit être suivi pour les ordonnances sur requête, et alors les articles 191, 192, 263, 417, 1028 étaient inutiles, si inutiles même qu'ils auraient pris soin de rappeler une règle générale précisément pour les cas où son application pouvait être le moins douteuse; ou bien ces articles confèrent une faculté exceptionnelle, et alors on ne saurait les étendre à des hypothèses autres que celles qu'ils ont prévues.

Mais il y a mieux, le caractère exceptionnel de ces dispositions apparaît, manifeste, dès qu'on les examine de plus près. Dans le cas des articles 191 et 192, il s'agit peut-être d'une décision rendue par le tribunal, mais certainement d'une décision accompagnée des sanctions les plus rigoureuses; dans le cas de l'article 263, le juge a prononcé une condamnation; dans le cas de l'article 417, c'est un juge commercial qui a pris, à l'égard d'un commerçant, des mesures d'une gravité exceptionnelle; dans le cas de l'article 1028 enfin, l'action en nullité est dirigée, non contre l'ordonnance, mais contre la sentence arbitrale elle-même.

Le système que nous combattons ne repose donc sur aucune base légale : ni sur le droit commun qu'on ne peut plier à des exigences spéciales, ni sur des dispositions exceptionnelles édictées pour les ordonnances sur requête en général.

Ce n'est pas tout : quelque ingénieux que soient les efforts de nos adversaires, ils auront laissé subsister une lacune importante.

Cette opposition qu'ils ouvrent aux tiers, ils ont oublié de nous dire quelles en seront les formes, quels en seront surtout les délais. Et cependant elle ne peut rester, comme une menace, toujours suspendue sur la tête du requérant : quand donc cette voie sera-t-elle fermée? D'autre part, comment fixer le point de départ et le terme du délai, puisque l'ordonnance sur requête n'est pas signifiée et que les tiers peuvent ainsi ne l'avoir pas connue?

Toutes ces questions qui restent sans réponse ne sont-elles pas une preuve nouvelle de l'erreur dans laquelle on est tombé en voulant organiser des voies de recours que le législateur a proscrites? Son silence se comprend à merveille dans l'opinion qui soutient l'impossibilité de l'opposition; il devient de moins en moins explicable dans l'opinion contraire.

Est-on plus heureux quand on parle de la voie de l'appel contre les ordonnances sur requête? Est-ce que les règles les plus certaines du droit commun ne résistent pas à l'extension qu'on en veut faire ici?

La partie qui a figuré en première instance peut, seule, interjeter appel, et le tiers, qui s'adresse au juge supérieur, n'a pas comparu devant le premier juge; il ne pouvait pas comparaître. Il y aurait donc cette chose anormale, entre toutes : un deuxième degré de juridiction qui n'aurait pas été précédé d'un premier. Enfin on n'appelle et l'on ne peut appeler que d'un jugement, et l'acte qu'on veut déférer au juge supérieur n'est pas un jugement, mais une simple mesure provisoire ou conservatoire prise à la requête d'une seule partie.

Il est impossible d'être plus complétement hors du droit commun : comment donc peut-on l'invoquer?

Enfin la lacune, que nous signalions tout à l'heure pour l'opposition, n'existerait pas moins pour l'appel. Cette voie, si elle pouvait être admise, ne saurait être toujours ouverte, et, d'autre part, comment fixer le délai en l'absence de toute signification de l'ordonnance?

Je termine par des considérations qui s'appliquent à la fois à l'opposition et à l'appel.

S'il fallait reconnaître l'existence de ces deux voies de recours contre les ordonnances sur requête, notre législation, sur ce point, offrirait un système bien peu rationnel. Elle commencerait par proscrire tout débat contradictoire devant le président du tribunal et, après son ordonnance rendue, elle autoriserait la discussion de la part de tous les intéressés. Mais alors il fallait débuter par là : mieux vaut prévenir une décision erronée que de donner les moyens de la réparer. Cet inconvénient, grave déjà pour l'opposition, sera bien plus sérieux pour l'appel : alors qu'une assignation préalable eût permis au tiers de soutenir son droit, on le laisse à l'écart, on se refuse à l'entendre, sauf à lui à aller plus tard, à grands frais, solliciter d'un juge éloigné la réformation d'une décision qui lui fait grief.

Telles sont les observations que nous avions présentées déjà : à mesure que nous avançons dans cette étude spéciale, notre conviction ne fait que s'affermir davantage.

Je le répète donc avec confiance : la doctrine, qui soutient que l'ordonnance d'envoi en possession est susceptible de recours, ne peut trouver sa justification dans une thèse générale applicable à toutes les ordonnances sur requête.

Elle encourt d'ailleurs un dernier reproche : c'est que son adoption, au lieu de nous fournir une règle simple et pratique, nous jetterait dans les plus grandes incertitudes. Les partisans de la révocabilité des ordonnances sont profondément divisés entre eux, les uns tenant pour l'opposition, les autres pour la tierce opposition, d'autres enfin pour l'appel. C'est sortir d'une difficulté pour tomber dans une seconde.

Il est vrai que certains arrêts ont cherché à supprimer cet embarras en admettant à la fois l'opposition ou l'appel. C'est encore là une singulière manière d'invoquer le droit commun : n'est-il donc plus de règle que l'on ne saurait cumuler la voie de l'opposition et de l'appel et que l'on ne peut aborder le deuxième degré de juridiction qu'après avoir épuisé le premier ? Ces facilités qu'on nous crée ne sont donc pas acceptables.

La jurisprudence elle-même n'a pas tardé à sentir la faiblesse de cette thèse générale : aussi cherchant un terrain plus solide, elle a fini par consacrer, à l'égard de l'ordonnance d'envoi en possession, une thèse particulière. Forcée dans ses derniers retranchements, elle a résolûment affirmé que l'ordonnance d'envoi en possession était une décision contentieuse. A la bonne heure ! il se concevait dès lors que des voies de recours fussent ouvertes contre une pareille décision.

Mais si la question était ainsi bien posée, cette affirmation de la jurisprudence que l'ordonnance d'envoi en possession était contentieuse, est faite pour nous surprendre.

Que deviennent, après cette qualification, ces définitions traditionnelles qui, du droit romain à notre ancienne jurisprudence et de celles-ci à notre législation moderne, avaient été transmises comme autant d'axiomes juridiques ?

La décision contentieuse, avions nous dit avec Heineccius, Pothier, Henrion de Pansey, est celle qui statue sur des prétentions rivales, contradictoirement débattues, dit droit *inter nolentes*. La décision gracieuse est celle qui s'exerce au contraire *inter volentes*, qui interpose l'autorité du juge, à la demande d'une seule partie ou de plusieurs d'accord entre elles, sans débat (il n'y en a pas), sans qu'aucune contestation soit tranchée, puisqu'il n'a surgi aucun adversaire.

Considérant de plus près encore la juridiction contentieuse, nous avions reconnu que sa compétence, toujours soigneusement délimitée, était soumise à des règles complexes, que son exercice comportait des formes multiples destinées à assurer la libre défense des droits de chaque prétendant; que ses décisions fixaient des faits contestés, leur appliquaient une loi positive, en déduisaient des conséquences en faveur de l'une des parties contre l'autre, entraînaient des effets spéciaux dont le principal était l'autorité de la chose jugée et, en raison même du préjudice définitif qu'elles occasionneraient sans cela à l'une des parties, permettaient le recours à une juridiction supérieure.

Ces conditions typiques n'ont pas cessé d'être vraies et nous n'avons pas à recommencer une démonstration épuisée.

Ces principes incontestables suffisent pour renverser la proposition sur laquelle repose la jurisprudence.

L'ordonnance d'envoi en possession est rendue à la requête exclusive du légataire universel. Et ce serait une décision contentieuse que celle qui aurait statué, non sur des prétentions rivales, mais sur la demande d'une seule partie, non sur un débat contradictoire, mais sur une sollicitation, non après une assignation préalable, mais après une simple requête, qui n'aurait fixé aucun fait contesté, prononcé contre qui que ce fût une condamnation, dont aucune disposition ne serait susceptible d'acquérir l'autorité de la chose jugée et, par suite, de causer à personne ce préjudice spécial qui seul peut légitimer les voies de recours !

Est-ce que nous nous méprenons nous-même sur la nature de l'ordonnance d'envoi en possession? Étudions-en de plus près les formes et les effets.

Quant aux formes, elles sont bien évidemment celles qui caractérisent les actes de la juridiction discrétionnaire, puisqu'elles consistent exclusivement dans une requête présentée par le légataire universel. En cela, elles se distinguent essentiellement de celles de la juridiction contentieuse, qui supposent nécessairement la mise en cause de tiers qui contestent ou peuvent contester la demande.

Quant aux effets, absolument différents de ceux qui s'attachent aux décisions contentieuses, ils offrent, au contraire, la plus complète analogie avec ceux des actes de la juridiction gracieuse.

Les Cours de Toulouse, de Bordeaux et de Pau en ont justement fait la remarque : l'ordonnance d'envoi en possession n'a d'autre but que de donner à un testament olographe ou mystique la force exécutoire dont ils étaient destitués, au légataire, qui avait seulement la saisine de droit, la saisine de fait. L'ordonnance, si l'on veut, assimile, sous le rapport de la possession, le testament olographe ou mystique au testament authentique. Les héritiers, en présence d'un légataire institué par un testament public, n'ont pas de droits particuliers; ils ne peuvent faire opposition à la prise de possession, ni devant le président, ni devant le tribunal, ni devant la Cour. Ils ont seulement la ressource d'une action principale ou d'une action provisoire devant le juge des référés. Pourquoi leur ouvrir ces voies extraordinaires contre le légataire envoyé en possession par ordonnance, puisque le titre de ce dernier est le même par la sanction du juge?

On dit que le président, qui accorde l'envoi en possession, a rendu une décision contentieuse. Mais qu'a-t-il donc jugé? Rien, absolument rien : les héritiers conservent tous leurs moyens, actions et exceptions; toutes les questions que peut soulever le testament, définitives et même provisoires, sont intactes, et il sera loisible aux intéressés de les débattre librement, sans qu'il y ait le moindre préjugé, soit devant les tribunaux saisis du fond, soit devant la juridiction des référés. On parle de décision contentieuse, et je cherche vainement le point sur lequel elle a porté. Quel est donc le résultat définitivement acquis au légataire universel?... La possession de l'hérédité? Mais, dès le début de l'instance principale, elle peut être enlevée au légataire par un jugement provisoire; elle peut même être plus promptement paralysée, en référé, par la nomination d'un séquestre.

Si le président du tribunal exerçait, dans le cas de l'article 1008, une juridiction contentieuse, il procéderait donc suivant d'autres formes; il aurait une compétence assujettie à d'autres règles; sa décision entraînerait d'autres effets, aurait une autre efficacité.

Souvenons-nous encore des paroles du tribun Jaubert : le président du tribunal s'interpose *pour rassurer la Société et garantir les droits des absents intéressés*. Il est placé, par la confiance du législateur, pour écarter les prétendants illégitimes ou suspects. Il lui faut (nous l'avons démontré plus haut), pour remplir cette mission délicate, une grande latitude d'appréciation, un pouvoir discrétionnaire; il les a, précisément parce qu'il ne juge aucun point litigieux et qu'il décide seulement une question d'opportunité. Sa détermination est libre de toute entrave, parce qu'elle n'entreprend sur le domaine d'aucune autre juridiction, surtout parce qu'elle ne constitue pas une décision contentieuse.

Tant qu'on considère l'ordonnance d'envoi en possession comme un acte de la juridiction discrétionnaire, elle apparaît comme une heureuse précaution prise par la sagesse du législateur. Nul n'est mieux en situation que le président du tribunal pour faire cette vérification sommaire : ni le tribunal qui procède avec des formes différentes, avec une lenteur nécessaire, avec des débats inévitables, ni à plus forte raison la Cour, ne sauraient remplir aussi bien la même mission. Si, au contraire, on attachait à l'ordonnance d'envoi en possession la portée d'une décision contentieuse, l'institution serait dénaturée et les plus graves inconvénients découleraient de cette transformation.

Un véritable procès, avec ses délais et ses frais, surgira là où le législateur n'avait prévu que la constatation faite par un seul magistrat : les voies de recours ainsi ouvertes aux parties amèneront infailliblement ce résultat. Et quand je le considère, je suis autorisé à renouveler ici, avec plus d'insistance, les questions que je posais tout à l'heure : l'opposition ou l'appel resteront-ils comme une menace incessante sur la possession attribuée au légataire ? Sinon, pendant combien de temps seront-ils possibles ? Si un délai est nécessaire, comment le fixer ? L'ordonnance ne se signifie pas;

d'autre part, l'exécution peut avoir lieu hors la présence des héritiers, même à leur insu.

La thèse particulière n'est donc pas mieux fondée que la thèse générale, et c'est ainsi que, dans cette matière spéciale, nous sommes ramené à ce principe, le seul vrai : l'ordonnance d'envoi en possession, acte de la juridiction discrétionnaire, est souveraine; elle n'est susceptible ni d'opposition, ni de tierce opposition, ni d'appel. Cette conséquence doit être maintenue à l'égard de tous : d'abord à l'égard du légataire universel, si sa requête a été repoussée, ensuite à l'égard des héritiers du sang, si l'envoi en possession a été accordé.

Telle est la règle à laquelle je ne reconnaîtrais qu'une seule exception.

La juridiction discrétionnaire a, comme toutes les juridictions, sa compétence : nous avons démontré que le président du tribunal du lieu de l'ouverture de la succession avait seul qualité pour statuer sur la demande d'envoi en possession. Si cependant l'ordonnance émanait d'un autre magistrat, c'est-à-dire d'un magistrat incompétent, elle serait susceptible d'appel. L'arrêt de la Cour de Dijon, que nous avons déjà cité en partie, va nous en donner la raison péremptoire :

« Attendu qu'il importe peu de rechercher, dans l'espèce,
« si l'ordonnance mise au bas de la requête du légataire, en
« l'absence de toute contradiction, n'emporte que des effets
« provisionnels et n'est susceptible d'aucun recours, comme
« émanée de la juridiction administrative du président; —
« Que ce qui est en litige, ce n'est ni l'opportunité de l'or-
« donnance, ni l'usage que le juge a fait de son pouvoir spé-
« cial, mais l'existence même de son pouvoir comme juge;
« — Qu'il s'agit ici, non d'un intérêt purement privé ou de
« la mesure d'exécution prescrite par le magistrat en vertu
« de son autorité et de ses appréciations personnelles, mais
« du maintien même des juridictions et d'un intérêt d'ordre
« public; — Que l'illégalité qui frappe l'ordonnance lui en-
« lèverait au besoin le caractère d'acte purement gracieux
« pour lui imprimer un caractère judiciaire proprement dit,
« sur la réclamation même des héritiers naturels; — Que
« l'appel est de droit commun et que sa recevabilité peut

« d'autant moins être contestée, dans la cause, qu'aux termes
« de l'article 454 du Code de procédure, il est toujours rece-
« vable en cas d'incompétence, encore bien que le jugement
« ait été qualifié en dernier ressort... » (Sirey, 1870, 2, 175.)

Ce que la Cour a décidé de l'incompétence personnelle serait évidemment applicable au cas d'incompétence *rotione materiæ*. Sauf cette exception, fondée sur l'intérêt supérieur qui réside dans l'établissement des compétences, le principe de la souveraineté de l'ordonnance d'envoi en possession me paraît absolu.

Je n'ai pas répondu encore à certaines protestations fort vives faites en faveur des héritiers légitimes. Si le légataire universel, dit-on, est envoyé en possession et qu'il soit un dilapidateur, s'il faut attendre l'issue d'une longue contestation sur la validité du testament, un préjudice irréparable pourra être causé aux héritiers du sang : la succession leur reviendra amoindrie, si elle leur revient. C'est l'argument de la Cour de Nancy.

L'objection n'est pas nouvelle : nous l'avons rencontrée dans toutes les ordonnances sur requête.

Quand cet inconvénient serait sans remède, il faudrait peut-être s'y résigner. Portalis l'avait bien entrevu, et cependant il avait écarté cette préoccupation par cette considération décisive : « On craint, avait-il répondu, que l'héritier
« testamentaire ne dissipe la succession et que, si le testa-
« ment est ensuite annulé, l'héritier *ab intestat* ne retrouve
« plus les choses dans leur premier état. *Mais l'inconvénient
« ne serait-il pas le même si l'héritier* ab intestat, *saisi d'abord
« de l'hérédité, la dilapidait et qu'ensuite le testament soit con-
« firmé?...* »

Qu'on se rassure néanmoins : si le danger est vraiment sérieux, il est plus d'un moyen de le conjurer.

Les héritiers légitimes peuvent d'abord se hâter d'intenter l'action principale. Quand ils seront devant les juges compétents, ils demanderont qu'avant la décision du fond il soit pris des mesures conservatoires, telles qu'une apposition de scellés, un inventaire, même la nomination d'un séquestre.

Ce point a pu faire difficulté dans l'origine, mais aujourd'hui il est reconnu par l'unanimité de la doctrine et de la jurisprudence. Pour ne pas nous attarder à une discussion épuisée, bornons-nous à renvoyer au traité des *Donations et testaments*, de M. Demolombe, tome IV, page 476.

Les héritiers peuvent faire mieux encore et, pour peu que le danger soit pressant, ils introduiront un référé. Le savant M. Demolombe dit, en effet, très-sagement au n° 514 du même traité : « Les parties peuvent demander ces mesures « conservatoires, par voie de référé, au président même, qui « a rendu l'ordonnance d'envoi en possession et qui a le « pouvoir, *en vertu de cette compétence tout à fait distincte de* « *l'autre*, d'ordonner toutes les mesures provisoires que l'ur- « gence rendrait nécessaires; de les ordonner, disons-nous, « *provisoirement dans les limites de cette compétence nouvelle et* « *sans qu'il y ait lieu, pour cela, de rapporter l'ordonnance* « *d'envoi en possession dont il se borne, comme juge du référé, à* « *modifier ou à suspendre les effets...* »

Cette opinion, également enseignée par MM. Troplong, Massé et Vergé, a été consacrée par les arrêts suivants : Cass., 24 avril 1844 (Sirey, 1845, 1, 66); Bordeaux, 4 avril 1855 (Sirey, 1856, 2, 117); Bordeaux, 6 mai 1863 (Sirey, 1863, 2, 155); Pau, 30 mai 1870 (Sirey, 1871, 2, 26).

Il est à peine besoin de faire remarquer que cette procédure ne ressemble en rien à l'opposition. La juridiction et le magistrat, les conditions de la compétence, son étendue, ses effets, tout est changé. L'opposition, en ramenant les parties devant le même juge, eût permis, en tout état de cause, d'obtenir la rétractation absolue de la première décision; le référé appellera les parties devant un juge nouveau et spécial qui, puisant son droit dans une urgence constatée, autorisera seulement des mesures provisoires sans pouvoir détruire l'œuvre du magistrat qui l'aura précédé.

L'esprit peut donc se tenir en repos sur des inconvénients qu'on avait faits si graves.

Il est temps de clore ce paragraphe. Si je lui ai donné de si longs développements, c'est que je voulais chercher la confirmation d'une théorie générale dans une de ses applications les plus importantes. D'ailleurs je pourrais ajouter, en me servant des expressions d'un magistrat éminent, que ma conviction étant complète, j'avais toujours la crainte que ma démonstration ne le fût pas.

§ IV. — *De la saisie-arrêt.*

En ouvrant ce nouveau paragraphe, je poursuis toujours la même démonstration.

Je n'ai pas, assurément, l'intention de traiter ici complétement de la saisie-arrêt. Mon but est encore de chercher l'affermissement des principes généraux, relatifs aux ordonnances sur requête, en examinant une de leurs plus fréquentes applications.

Dans ce dessein, je choisirai donc, parmi les nombreuses difficultés que soulève cette matière épineuse, quelques points particuliers qui me permettront de mettre dans tout son jour la doctrine générale sur les ordonnances.

Cette mesure de la saisie-arrêt, quel que soit d'ailleurs son caractère, est grave par ses conséquences; elle intéresse à la fois plusieurs personnes : le saisissant, le saisi, leurs créanciers, le tiers saisi. Aussi M. de Belleyme a-t-il pu dire avec l'autorité de sa haute expérience : « Cette attribution du « juge est d'une grande importance, parce que les valeurs « mobilières sont aujourd'hui considérables, leur mouve- « ment fréquent, leur disponibilité nécessaire au commerce « et à l'industrie; un refus craintif peut compromettre les « droits d'un légitime créancier, en laissant au débiteur le « temps de soustraire le gage, tandis qu'une opposition juste « prévient une perte et un procès, en forçant le débiteur à « se libérer; une permission injuste peut exposer le saisi, « dont elle paralyse les ressources, à suspendre ses paye- « ments et aux chances d'insolvabilité de son débiteur; elle « peut lui causer souvent un préjudice irréparable... »

Ces réflexions si sages montrent toute la prudence et la circonspection qu'il faut attendre du magistrat chargé de régler, par des appréciations discrétionnaires, le conflit d'intérêts opposés.

Bien que nous ne devions pas pénétrer très-avant dans l'étude de cette importante matière, nous aurons cependant à nous poser un certain nombre de questions délicates: Dans quels cas la saisie-arrêt peut-elle intervenir? Quel est le magistrat compétent pour la permettre? Quelle est la nature des pouvoirs qui lui sont conférés par la loi? Quelles sont les conséquences qui s'attacheront à ses ordonnances ? Ces ordonnances sont-elles souveraines, ou au contraire un recours est-il ouvert aux parties intéressées ? C'est, comme on le voit, le même ordre de questions posées ailleurs, qui se reproduit ici.

_ Recherchons d'abord dans quels cas la saisie-arrêt peut avoir lieu.

L'article 557 du Code de procédure civile est ainsi conçu : « Tout créancier peut, en vertu de titres authentiques ou « privés, saisir-arrêter entre les mains d'un tiers les sommes « et effets appartenant à son débiteur ou s'opposer à leur « remise. »

L'article 558 du même Code ajoute : « S'il n'y a pas de « titre, le juge du domicile du débiteur et même celui du « domicile du tiers saisi, pourront sur requête, permettre la « saisie-arrêt ou opposition. »

En résumé, on peut saisir-arrêter en vertu d'un titre authentique ou privé, même sans titre avec la permission du juge.

Ces indications, puisées en quelque sorte à la surface du texte, sont loin de suffire, malgré leur apparente simplicité. La pratique, en effet, n'a pas tardé à faire naître des complications résultant de la combinaison de ces deux articles avec d'autres dispositions du Code de procédure. Signalons-en quelques-unes qui vont être, dans un instant, l'objet de notre examen :

Peut-on pratiquer une saisie-arrêt en vertu d'un jugement, dès qu'il a été rendu et avant qu'il ait été expédié et signifié ? — Le peut-on en vertu d'un jugement par défaut, avant l'expiration de la huitaine qui a suivi sa signification ? — Le peut-on surtout après que le jugement a été frappé d'appel ou d'opposition ? — Enfin une saisie-arrêt est-elle possible en vertu d'un jugement étranger, avant qu'il ait été déclaré exécutoire par un tribunal français ?

Avant de répondre à ces diverses questions, il est indispensable de se fixer sur un principe, qui est comme une prémisse nécessaire. La saisie-arrêt est-elle une mesure conservatoire ou un acte d'exécution ? L'une ou l'autre de ces qualifications, tour à tour adoptée par les auteurs et les arrêts, a presque toujours servi de motif déterminant à la solution des questions mêmes que nous venons de formuler. Il convient donc de nous faire à cet égard des idées justes.

Les précédents, en matière législative, ne doivent jamais être négligés. Or, si je ne m'abuse, la comparaison de l'ancien droit avec le nouveau sera de nature à jeter une vive lumière sur le point qui nous occupe.

Pothier, dans un traité de la procédure civile, distingue deux mesures usitées sous notre ancienne jurisprudence : la *saisie-arrêt* et le *simple arrêt*.

Il définit la saisie-arrêt : « Un acte judiciaire par lequel un « créancier met sous la main de justice les créances qui ap-« partiennent à son débiteur, avec assignation aux débiteurs « de son débiteur, pour déclarer ce qu'ils doivent et être « condamnés à en faire délivrance à l'arrêtant jusqu'à con-« currence de ce qui lui est dû et assignation au débiteur « de l'arrêtant pour consentir l'arrêt. »

Il définit ensuite le simple arrêt : « L'acte par lequel le « créancier se contente de signifier au débiteur de son dé-« biteur qu'il arrête tout ce qu'il doit à son débiteur, sans « assignation pour faire la déclaration de ce qu'il doit et en « faire délivrance entre les mains des créanciers opposants. »

Si, maintenant, nous considérons les conditions mises par les coutumes à l'exercice de l'une ou de l'autre de ces mesures, nous voyons que, pour pratiquer une saisie-arrêt, il fallait être muni d'un titre exécutoire, tandis que, pour procéder par voie de simple arrêt, il n'était besoin que d'un titre privé ou de la permission du juge.

Sous l'empire de cette législation, la qualification à donner aux actes était facile, ce semble. Si la saisie-arrêt, fondée toujours sur un titre exécutoire, pouvait à bon droit être réputée un acte d'exécution, le simple arrêt, basé sur un titre privé ou sur la permission du juge, n'était qu'un acte conservatoire, d'autant qu'il ne dépassait pas les effets d'une prohibition.

Il y avait à cet état de choses des inconvénients très-justement signalés par M. Réal, dans l'exposé des motifs, mais ce n'est pas le moment de nous y appesantir. Constatons seulement les changements apportés par le législateur moderne.

Au lieu de la double procédure de la saisie-arrêt et du

simple arrêt, il organise une procédure unique qui n'a plus, comme condition nécessaire, l'existence d'un titre exécutoire, mais qui peut être suivie sur un titre privé, même sans titre avec la permission du juge, pourvu que le saisissant énonce dans l'exploit le titre en vertu duquel il agit et la somme qui lui est due, qui, à partir de l'exploit de saisie, parcourt des phases successives, espacées par de brefs délais, allant dans ses effets au delà de la prohibition produite par le simple arrêt de l'ancienne jurisprudence, mettant en cause le saisi et le tiers saisi et aboutissant finalement, après des débats contradictoires entre toutes les parties intéressées, au versement aux mains du saisissant de la somme due par le tiers saisi au saisi.

Telle est désormais, dans son unité, sinon dans sa simplicité, la procédure de saisie-arrêt.

Il est aisé néanmoins d'y retrouver, bien qu'ils soient maintenant confondus, les éléments de la pratique ancienne. Au début, la saisie-arrêt, envisagée dans ses conditions et dans ses effets, n'est vraiment que le simple arrêt de notre ancienne jurisprudence, c'est-à-dire un acte conservatoire; le créancier qui a mis arrêt sur la créance de son débiteur est dépourvu de titre exécutoire, peut-être même de tout titre; la mesure qu'il a prise ne va pas, pour le moment, au delà d'une précaution; il n'y a pas d'attribution.

Mais, plus tard, quand le saisissant aura, dans une instance contradictoire, obtenu un titre s'il n'en avait pas, ou bien justifié la régularité de celui qu'il avait seulement énoncé, lorsque après cela le juge compétent, validant la saisie, ordonnera que le tiers saisi vide ses mains entre celles du saisissant, alors il y aura un acte d'exécution, puisque la chose du débiteur sera, même malgré lui, attribuée à son créancier.

Un court passage, emprunté aux travaux préparatoires, sera plus décisif encore. Dans la séance du 5 prairial an XIII, l'archichancelier avait émis l'avis que la saisie-arrêt n'eût lieu qu'en vertu d'un jugement. — M. Treilhard répondit : « Que la saisie-arrêt est un *acte purement conservatoire* pour « lequel, par cette raison, on n'a jamais exigé l'intervention « des tribunaux. » L'observation fut trouvée péremptoire et l'article fut adopté, tel qu'il était proposé.

Ces idées, je le sais, ne sont pas nouvelles, et je n'ai pas la prétention de les donner comme telles. Peut-être seulement les ai-je puisées à leur véritable source ! Encore est-il nécessaire, après les avoir précisées, d'en déduire avec fermeté les conséquences : on n'y-a pas toujours réussi, comme nous le prouverons bientôt.

En résumé, pour reproduire l'opinion de M. Boitard, « nous trouvons dans la procédure de saisie-arrêt un double « caractère, une nature mixte, un acte purement conser- « vatoire, un acte de pure précaution dans sa nature et dans « son principe, un acte d'exécution dans sa tendance et « dans ses résultats. »

C'est là, je le crois, l'exacte mesure des choses, et je crains qu'elle n'ait été dépassée, dans l'expression tout au moins, par un savant jurisconsulte, le dernier qui ait écrit sur la matière : je veux parler de l'honorable M. Bertin, dont je n'avais connu jusqu'ici qu'une remarquable brochure devenue, heureusement pour la science, un traité complet sur les ordonnances.

Aux n°ˢ 175 et suivants de son récent traité, M. Bertin, pour combattre sans doute plus efficacement certaines décisions de la jurisprudence, s'efforce de détacher la saisie-arrêt du livre V, intitulé : *De l'exécution des jugements.* Il présente les articles 557 et 558 comme des dispositions spéciales et exceptionnelles qu'il faut, pour les bien entendre, isoler des règles générales sur l'exécution.

Je n'oserais pas aller aussi loin. Cette proposition me paraît trop absolue : d'abord elle se heurte aux classifications adoptées par le Code de procédure ; ensuite elle est en contradiction avec les travaux préparatoires. Qu'on ouvre, en effet, l'exposé des motifs de M. Réal, et l'on y lira, par exemple, le passage suivant : « Nous allons maintenant examiner les règles générales tracées *pour chaque mode d'exécution. Le premier que la raison et l'humanité indiquent est la saisie-arrêt ou opposition...* »

On ne saurait donc, sans témérité, aller à l'encontre d'une terminologie aussi officielle. Reconnaissons que la saisie-arrêt, considérée dans l'ensemble des éléments qui la composent, constitue vraiment un mode d'exécution ; mais retenons aussi que cette voie d'exécution a, si l'on peut ainsi parler, sa physionomie propre : c'est à marquer ses traits particuliers que l'on doit s'appliquer, sans troubler l'économie générale de la loi. C'est du moins ce que nous avons essayé de faire pour notre part ; les distinctions établies plus haut permettent d'ailleurs, sans qu'il faille briser le lien de la saisie-arrêt avec les voies d'exécution, de justifier toutes les solutions proposées par M. Bertin lui-même et sur lesquelles nous sommes d'accord avec lui ; nous le verrons bientôt.

Quoi qu'il en soit, après avoir défini la nature de la saisie-arrêt, venons maintenant à l'examen des questions que nous avons indiquées. Nous aurons lieu d'être surpris des divergences qu'elles ont fait naître, et, peut-être, aurons nous l'occasion de remarquer qu'il suffisait d'être conséquent, pour arriver à des solutions uniformes.

Peut-on pratiquer une saisie-arrêt en vertu d'un jugement, avant qu'il ait été expédié et signifié ?

M. Roger, au n° 86 de son excellent traité, enseigne résolûment la négative. Il fonde son opinion sur un double motif : un jugement n'est un titre certain dans son exécution qu'autant qu'il est entouré des formes qui le rendent exécutoire ; l'enregistrement et l'expédition sont précisément, à ce point de vue, des formalités substantielles (art. 545).— De plus, un jugement qui prononce une condamnation ne peut être exécuté qu'autant qu'il a été signifié (art. 147).

M. Bioche, sans être aussi explicite, semble suivre la même doctrine.

S'il s'agissait d'une saisie exécutoire ou d'une saisie immobilière, ces raisons seraient décisives, puisqu'aux termes des articles 583 et 673 du Code de procédure, le commandement préalable doit contenir, notamment, copie du titre en vertu duquel la saisie est faite.

Mais les termes mêmes dont on se sert doivent nous mettre en garde : partout on rencontre le mot *exécution*. Or la saisie-arrêt n'a pas le caractère tranché d'un acte d'exécution et, spécialement, aucune disposition du titre VII ne prescrit la notification du titre, en vertu duquel elle est pratiquée. Ce n'est, dans l'origine du moins, qu'un acte conservatoire, de pure précaution, praticable non-seulement par le créancier muni d'un titre exécutoire, mais encore par le créancier qui n'a qu'un titre privé, exposé à toutes les contestations, même par le créancier qui, n'ayant pas de titre, a dû recourir à la permission du juge. Il n'y a donc pas lieu d'exiger, pour un acte conservatoire, des conditions édictées exclusivement pour les actes d'exécution : cette exigence, ainsi étendue à un acte qui ne la comporte pas, compromettrait l'efficacité d'une mesure, dont la rapidité fait le plus souvent tout le mérite. Il viendra plus tard un moment où la saisie-arrêt revêtira le caractère d'un acte d'exécution, c'est lorsqu'elle tendra à faire attribuer au saisissant le bénéfice de la créance de son débiteur : alors, mais alors seulement, il conviendra d'appliquer les règles de l'exécution. Jusque-là il suffit d'un droit apparent, et cette apparence résulte de l'énonciation, dans l'exploit de saisie, d'un titre authentique ou privé, ou de la copie de l'ordonnance du juge.

La meilleure réfutation de la thèse que je combats se trouverait, au besoin, dans le tempérament imaginé par ses doctes auteurs. M. Roger admet, en effet, que, pour ce cas, le créancier, qui n'est pas encore armé de l'expédition du jugement qu'il a obtenu, pourrait saisir-arrêter en vertu de la permission du juge.

M. Bertin a déjà fait observer avec raison que cette doctrine échoue devant le texte formel de l'article 558. Le juge ne doit intervenir que dans le cas où le créancier n'a pas de titre : « *S'il n'y a pas de titre...* » Telles sont les expressions textuelles de l'article 558.

J'ajoute, après le savant jurisconsulte, que ce tempérament ne serait pas autre chose qu'un biais, peu digne d'être accueilli et d'ailleurs fort peu efficace. Ce serait, en effet, un singulier résultat : d'une part, les règles générales, invoquées avec tant d'insistance, tiendraient à peu de chose, puisqu'elles pourraient être si facilement éludées ; d'autre part, si l'on a voulu corriger une doctrine trop rigoureuse et prévenir des inconvénients sérieux, que vaudra le remède proposé, si le juge refuse en renvoyant le créancier à exécuter le jugement dans les conditions ordinaires ?

La jurisprudence, assurément mieux inspirée, mieux placée aussi pour apprécier les nécessités pratiques, a consacré la régularité d'une saisie-arrêt pratiquée avant l'expédition du jugement. On peut citer sur ce point deux décisions fort sages à mon sens.

La première est un arrêt de la Cour de Rouen du 21 novembre 1845 (Sirey, 1846, 2, 522) ainsi conçu :

« Attendu que le jugement obtenu par les époux Chardine
« contre Leroux établissait en leur faveur un titre dont la
« réalité et l'authenticité ne pouvaient être contestées ; —
« Que les saisies-arrêts, pratiquées par eux aux mains des dé-
-« biteurs de Leroux, étaient moins une exécution actuelle
« de ce jugement qu'un acte conservatoire du droit qu'il
« consacrait à leur profit ; — Que la loi, en autorisant, aux
« termes des articles 557 et 558 du Code de procédure, le
« créancier à former des saisies, soit en vertu d'un titre au-
« thentique, soit en vertu de titres privés et même sans titre
« avec la permission du juge, et en n'exigeant par l'article 559
« du même Code, dans l'exploit de saisie, que la simple
« énonciation du titre, a, par cela même, dispensé le créan-
« cier de la discussion contradictoire de son titre ou de son
« droit au moment de la saisie ; — Que le législateur n'a eu
« pour but, en accordant cette facilité de saisie-arrêt au
« créancier, que de garantir provisoirement le droit pré-
« tendu par lui ; — Que ce n'est que, dans l'instance en vali-
« dité de la saisie et quand il poursuit l'exécution de son
« droit, qu'il est tenu de justifier des causes de la saisie et
« de la régularité de ses titres ; — Qu'il suit de ces principes
« que les saisies-arrêts conduites par les époux Chardine,
« en vertu d'un jugement rendu en leur faveur, procédaient
« bien et *que c'est prématurément que, pour la validité de ces*
« *saisies, les premiers juges ont exigé la justification de l'expé-*
« *dition des jugements.* »

On trouve ainsi, résumées dans une forme excellente et avec une autorité qui leur manquait, les idées que nous avons développées nous-même. La saisie-arrêt est une mesure conservatoire jusqu'au jugement de validité : à ce moment seulement elle se transforme en un acte d'exécution et exige des justifications complètes sur le droit du saisissant.

Longtemps après, la Cour de Rennes a consacré la même solution, dans un arrêt du 21 août 1871 (Sirey, 1874, 2, 72) qui s'est approprié purement et simplement la doctrine exprimée par le tribunal de Nantes en ces termes :

« Considérant qu'en principe la saisie-arrêt a le caractère
« d'un acte conservatoire ; qu'en vain objecte-t-on, en s'ap-

« puyant sur l'opinion de certains commentateurs, que la
« saisie-arrêt est en même temps un acte d'exécution et que
« dès lors la notification était indispensable, système qui
« trouve sa réfutation dans cette circonstance, que si le sai-
« sissant n'obtenait pas un jugement de validité, la saisie-
« arrêt ne produirait aucun effet légal, de telle sorte que la
« délivrance des sommes saisies-arrêtées n'est pas la consé-
« quence de la saisie-arrêt elle-même, mais est seulement
« l'effet du jugement de validité, car jusque-là la saisie-arrêt
« est un acte conservatoire et non pas un acte d'exécution... »

Cette opinion, qui prévaut dans la jurisprudence, ne paraît
avoir été contredite que par un arrêt de la Cour de Montpellier en date du 18 décembre 1810.

On peut s'étonner déjà de cette première divergence,
puisque MM. Roger et Bioche avaient reconnu eux-mêmes
que la saisie-arrêt était, dans une certaine mesure, un acte
conservatoire. Comment donc une prémisse, identique à celle
sur laquelle repose la jurisprudence, les a-t-elle amenés à
une conclusion si différente? La logique est certainement du
côté des arrêts de la Cour de Rouen et de la Cour de Rennes.
L'équité, qu'on peut invoquer quand elle est d'accord avec
les principes, ne recommande pas moins la solution de la
jurisprudence. Tout le monde sait qu'un certain délai s'é-
coule forcément, avant que la partie qui a obtenu un jugement soit munie de l'expédition : en mettant obstacle jusque-
là à la saisie-arrêt, que fait-on, sinon laisser à un débiteur
de mauvaise foi le temps de faire disparaître le gage de son
créancier? Dans le système contraire, ce danger est heureusement prévenu : est-ce au prix d'un inconvénient sérieux?
Craint-on donc qu'un créancier opère une saisie-arrêt en
énonçant l'existence d'un jugement qui n'aurait pas été
rendu? Entreprise absurde, puisqu'elle ne pourrait mener
celui qui la tenterait qu'à encourir une responsabilité criminelle ou tout au moins civile; par conséquent il n'y a pas à
s'arrêter à de pareilles chimères.

Une exacte appréciation de la nature de la saisie-arrêt
nous a permis de résoudre la première question : les autres
doivent également trouver leur solution dans le même principe.

Peut-on pratiquer une saisie-arrêt en vertu d'un jugement

contradictoire ou par défaut, avant l'expiration de la huitaine qui a suivi la date du jugement ou sa signification ? Peut-on surtout recourir à la même mesure après l'appel et l'opposition ?

Remarquons d'abord que le créancier qui a obtenu un jugement contradictoire ou par défaut, peut former une saisie-arrêt après l'échéance de la huitaine qui s'est écoulée depuis la date du jugement ou sa signification : l'opposition ou l'appel, survenant après la saisie-arrêt, auront un effet suspensif, mettront provisoirement obstacle au jugement de validité, mais ils ne sauraient annuler rétroactivement l'exploit de saisie-arrêt. Autrement il faudrait aller jusqu'à dire que la saisie-arrêt est impraticable, avant l'expiration du délai d'appel pour les jugements contradictoires et, quant aux jugements par défaut contre partie, l'interdiction n'aurait vraiment plus de limite puisque, dans ce cas, l'opposition est recevable jusqu'à l'exécution. Ce résultat serait d'autant plus étrange que, dans l'hypothèse d'un jugement contradictoire, même rendu en premier ressort, le créancier peut commencer des poursuites de saisie immobilière, c'est-à-dire les actes les plus énergiques d'exécution (art. 2215 C. civ.).

Le doute ne peut donc naître que pour l'intervalle de huitaine à partir de la signification ou de la date du jugement et pour l'époque postérieure à l'opposition ou l'appel.

Sur le premier point on rencontre un monument unique de jurisprudence : c'est un arrêt de la Cour de Paris, du 23 juillet 1840 (Sirey, 1840, 2, 420), qui décide qu'une saisie-arrêt ne peut être valablement formée, avant l'expiration de la huitaine du jour de la signification du jugement par défaut.

La Cour donne de sa décision ce seul motif : c'est que *la saisie-arrêt est un acte d'exécution*. Cette qualification était nécessaire pour faire tomber la saisie-arrêt sous le coup de la prohibition de l'article 155 du Code de procédure civile. Cet article, en effet, dispose : « Que les jugements par défaut *ne seront pas exécutés* avant l'échéance de la huitaine de la signification... »

Mais ce langage n'est-il pas fait pour nous surprendre ? Il est d'abord en contradiction avec la jurisprudence que nous avons rapportée : les Cours de Rouen et de Rennes n'ont-elles pas dit, au contraire, que l'exploit de saisie-arrêt était une *mesure conservatoire?* Il y a en outre cette différence entre les deux jurisprudences : c'est que l'une repose sur une pure affirmation, tandis que l'autre se justifie par des raisons.

Nous avons assez insisté sur ce point, pour qu'il nous soit permis de nous référer aux développements qui précèdent. La tradition, les textes, leur esprit, l'analyse exacte des effets produits par la saisie-arrêt, impriment à cette mesure, dans sa phase originaire, le caractère d'un acte conservatoire. Ce n'est d'abord qu'un simple arrêt mis entre les mains d'un tiers, sur la créance du débiteur. S'il en est ainsi, pourquoi donc élever, contre cette mesure de précaution, une interdiction temporaire que la loi a édictée exclusivement contre les actes d'exécution ?

Les conséquences pratiques de cette doctrine en démontreront plus encore l'inexactitude. Elle n'aboutit, en effet, rien moins qu'à consacrer la plus choquante inégalité !

Voici un créancier qui est sans aucun titre ; il s'adresse donc par requête à la juridiction discrétionnaire du président et obtient, de ce magistrat, sur un simple exposé fait à l'insu de son adversaire, une ordonnance qui lui permettra de pratiquer une saisie-arrêt. Cette mesure conservatoire servira de point de départ à une procédure qui ira, sans obstacle, jusqu'à l'instance de validité. Si, au contraire, ce même créancier a actionné régulièrement son débiteur devant le tribunal et a vu accueillir ses conclusions vérifiées par un jugement, il semble, ce jugement fût-il par défaut, qu'il y ait, en faveur de son droit, des présomptions bien plus fortes, et cependant il sera dans une position plus fâcheuse. Il lui faudra signifier le jugement et puis s'abstenir pendant huitaine, c'est-à-dire peut-être laisser à son débiteur le temps nécessaire, pour qu'il touche la créance et rende ainsi parfaitement illusoire toute saisie-arrêt ultérieure.

Ce n'est pas encore assez et la logique impose une autre conséquence. Si l'article 155 du Code de procédure est applicable aux jugements par défaut, l'article 450 du même Code devra trouver son application pour les jugements contradictoires. Ce dernier texte, en effet, suspend toute exécution pendant la huitaine de la prononciation du jugement. Voilà donc un créancier qui aura vu consacrer sa demande, après de longs débats contradictoires et, nonobstant cette présomption si considérable qui existe en sa faveur, il sera moins avancé que s'il s'était contenté d'obtenir sur requête la permission d'un juge qui n'aurait pu apprécier qu'une simple probabilité !

De pareils résultats seraient de nature à faire protester contre une loi certaine : que sera-ce donc, quand ils ne découlent que d'une théorie contestable, qui assimile à des actes d'exécution, tels que la saisie immobilière ou la saisie-exécution, une mesure qui en diffère profondément et place ainsi, sous l'empire des mêmes prohibitions, des actes distincts par leur nature, leurs conditions et leurs effets, et cela au détriment des intérêts les plus respectables ? Et puis il arrive que cette rigueur hors de propos sera le plus souvent inefficace, car il est un moyen de l'éluder ou plutôt, si elle atteint quelque créancier, ce sera précisément celui qui est dans la situation la plus favorable.

Il n'est pas de lumière plus sûre que celle d'un principe. En demeurant fidèle à la même règle, nous éviterons de tomber dans toutes ces contradictions. Concluons donc que l'exploit de saisie-arrêt, étant une mesure conservatoire, sera valablement signifié au tiers saisi, dès qu'un jugement aura été rendu, que ce jugement soit par défaut ou contradictoire.

Poursuivons notre examen en nous demandant maintenant si une saisie-arrêt peut être pratiquée, en vertu d'un jugement, après que ce jugement a été frappé d'opposition ou d'appel.

Il conviendrait, sans doute, de rechercher d'abord quelle est, en cette matière, l'influence de l'opposition; mais, dans un intérêt qui apparaîtra plus tard, il me faut renverser cet ordre et examiner en premier lieu l'influence de l'appel.

La jurisprudence est encore divisée sur cette question; cependant aujourd'hui elle tend à se fixer dans un sens opposé à celui vers lequel elle inclinait d'abord.

J'ai le regret de ne pouvoir suivre complétement ce mouvement de la jurisprudence, car la plupart des décisions, que cite M. Chauveau, insérées dans le *Journal des avoués*, n'ont pas été publiées dans les recueils généraux.

Je ne trouve dans celui de Sirey, par exemple, qu'un arrêt de la Cour de Bordeaux du 28 août 1827 (voir Sirey à sa date),

qui décide qu'on ne peut saisir-arrêter en vertu d'un jugement frappé d'appel. Cet arrêt a été, il est vrai, rendu sous
la présidence d'un magistrat éminent, M. le président Ravez,
mais ses motifs se réduisent à cette proposition que la saisie-
arrêt est un acte d'exécution et qu'aux termes de l'article 457
du Code de procédure, l'appel suspend et interrompt toutes
poursuites d'exécution.

Les auteurs qui ont enseigné la même doctrine ont bien
essayé de lui donner plus de développement, mais en définitive c'est à cette raison unique qu'aboutit leur argumentation.

Un seul, M. Roger, a tenté de la fortifier par un nouveau
motif. Au n° 64 de son *Traité*, le savant auteur s'exprime
ainsi : « Lorsqu'une créance a été reconnue par jugement,
« la certitude de cette créance ne fait plus question, mais le
« doute renaît si ce jugement est frappé d'opposition ou
« d'appel, la créance alors redevient incertaine et ne sau-
« rait servir de base à une saisie-arrêt... »

Opposons, comme une première réponse à l'arrêt de
Bordeaux et aux auteurs que nous venons de citer, quelques
arrêts rendus en sens contraire.

C'est d'abord un arrêt de la Cour de Paris, du 8 juillet
1808 (voir dans Sirey à sa date), où nous lisons :

« Attendu que le jugement rendu par le tribunal de com-
« merce de Caen, quoique conditionnel et *attaqué par la voie*
« *de l'appel*, formait, entre les mains des frères Lebouteillier,
« un titre suffisant pour autoriser de leur part des *actes con-*
« *servatoires tels que des oppositions...* »

C'est ensuite un arrêt du 14 juin 1828 (voir dans Sirey à
sa date) de la Cour de Rouen, où la même thèse, non plus
seulement affirmée comme dans l'arrêt précédent, est justifiée par les considérations suivantes :

« Attendu qu'une saisie-arrêt a été conduite par la dame
« veuve Delapleignière en vertu d'un jugement; — Qu'une
« saisie-arrêt n'est qu'un acte conservatoire; que seulement
« le créancier ne peut, lorsque le jugement est frappé
« d'appel, faire statuer sur la demande en validité de la
« saisie; — Attendu que le jugement obtenu par la dame
« Delaplaignière a été confirmé sur l'appel et que le pourvoi
« formé par Duboc contre cet arrêt a été rejeté; que dès

« lors le jugement frappé d'appel a repris tout son empire
« et que la saisie-arrêt a recouvré sa validité seulement sus-
« pendue; — Que s'il en était autrement, il dépendrait d'un
« débiteur de mauvaise foi de préjudicier à un créancier lé-
« gitime; — Attendu que si un créancier porteur d'un titre,
« ou si un créancier sans titre peut, en vertu de l'ordon-
« nance du juge obtenue arrière le débiteur, conduire une
« saisie-arrêt, *il peut à plus forte raison la conduire en vertu
« d'un jugement, quoique frappé d'appel, sauf à surseoir sur les
« effets de la saisie-arrêt jusqu'à l'arrêt définitif...* »

C'est enfin un arrêt du 24 mai 1869 (Sirey, 1870, 2, 23),
dans lequel la Cour de Bordeaux, revenant sur sa jurisprudence de 1827, s'exprime ainsi :

« Attendu néanmoins que les actes argués par Grassin
« n'ont point tous ce caractère (d'actes d'exécution); que la
« saisie-arrêt est, en règle générale, par sa nature, principa-
« lement conservatoire et ne prend réellement le caractère
« d'acte d'exécution qu'après le jugement qui en prononce
« la validité; que la demande de validité elle-même, obli-
« gatoire dans la huitaine à peine de nullité de la saisie,
« participe à son caractère et ne peut être considérée comme
« un acte d'exécution proprement dite; qu'il n'y a donc pas
« lieu d'en prononcer la nullité... »

Cette comparaison entre la jurisprudence qui prohibe la
saisie-arrêt et celle qui la permet, en vertu d'un jugement
frappé d'appel, n'est pas, me semble-t-il, à l'avantage de la
première.

Celle-ci, en effet, repose tout entière sur une affirmation
que nous avons déjà plusieurs fois critiquée : *la saisie-arrêt
est un acte d'exécution.*

Complétons, s'il se peut, la réfutation.

L'appel suspend les actes d'exécution, parce que ces actes
ne peuvent procéder que d'un titre exécutoire : or rien de
plus vrai qu'un jugement frappé d'appel n'est pas un titre
exécutoire. Mais ayons soin de remarquer l'étroite et intime
corrélation qui existe entre ces deux termes : l'exécution a
pour condition essentielle un titre exécutoire; — l'appel a
cet effet essentiel d'enlever au jugement qui en est frappé le
caractère de titre exécutoire. Les deux règles s'expliquent
et se complètent l'une par l'autre.

Mais ce lien énergique que nous venons de constater fait ici entièrement défaut. La saisie-arrêt peut être pratiquée en vertu d'un titre privé, qui n'a rien d'exécutoire, même sans titre, avec la permission du juge. Ce n'est donc pas un acte d'exécution que celui qui suppose des conditions, autres que celles qui sont formellement prescrites pour les actes d'exécution, et, s'il en est ainsi, l'effet suspensif de l'appel, qui atteint exclusivement les actes d'exécution, ne saurait atteindre des actes qui n'ont pas ce caractère.

Tout au moins, objecte-t-on, est-il nécessaire que la créance soit certaine? Cela est vrai, mais à quel moment cette condition pourra-t-elle elle-même être constatée avec certitude ? Voilà ce qu'on oublie : or, c'est seulement lorsqu'il s'agira de valider la saisie-arrêt et de transformer, par un jugement d'attribution, l'acte conservatoire en un acte d'exécution. Jusque là il suffit, pour la régularité de la mesure, des vraisemblances qui découlent d'un titre apparent. En effet, il n'est pas douteux qu'une saisie-arrêt puisse être pratiquée en vertu d'un titre privé; et cependant on ne saurait dire que la créance, dans ce cas, soit certaine, car, plus tard, le titre peut être annulé, la libération du débiteur établie, et il sera ainsi démontré qu'au moment de la saisie-arrêt, non-seulement la créance n'était pas certaine, mais qu'elle n'existait pas.

Eh bien ! à ce point de vue, est-ce que l'appel interjeté contre le jugement empêche qu'il n'y ait, en faveur du créancier, au moins un titre apparent ? Le jugement contradictoire, bien que frappé d'appel, est un titre; ce titre pourra être ultérieurement modifié ou détruit, mais jusque-là il existe ; l'effet suspensif de l'appel ne paralyse que sa mise à exécution.

Nous sommes ici dans une matière éminemment pratique. Voyons donc les conséquences de la doctrine que nous combattons : c'est un moyen encore, peut-être le meilleur, d'en apprécier l'exactitude.

Voici, tout d'abord, un résultat étrange :

Le créancier est porteur d'un acte sous seing privé qui constate, en sa faveur, une obligation de 2,000 francs souscrite par Primus : il pourrait, sans autre procédure, pratiquer immédiatement une saisie-arrêt. Mais ne connaissant pas alors la dette du tiers saisi envers son débiteur, le créancier a assigné Primus en payement. Celui-ci, sur l'assignation, a élevé toutes sortes de contestations : il a dénié l'écriture, invoqué la nullité de l'obligation, mais toutes ces mauvaises chicanes ont été écartées, et le créancier a obtenu un jugement qui con-sacre son droit. Primus continuant ses manœuvres, pour gagner du temps, interjette appel.

Qu'y a-t-il de changé dans la situation ? C'est, sans aucun doute, que les apparences résultant déjà de l'acte sous seing privé, sont fortifiées par l'épreuve d'un débat contradictoire qui a tourné à la confusion du débiteur : le créancier n'avait qu'un titre ; désormais on pourrait presque dire qu'il en a deux.

Nonobstant, voyez la bizarrerie : avant l'instance, qui pourtant lui a été si favorable, le créancier pouvait librement pratiquer une saisie-arrêt; il ne le pourra plus depuis le jugement. C'est en vain que le débiteur saisi, protestant contre une saisie-arrêt pratiquée en vertu d'un titre privé, dénierait l'écriture, dirait que l'obligation lui a été arrachée par la violence, surprise par le dol; la saisie-arrêt opérée tiendra provisoirement jusqu'à ce qu'il ait été définitivement statué sur tous ces moyens : mais si un jugement a proclamé la véracité de l'écriture, la sincérité de l'acte et sa parfaite loyauté, un appel dilatoire et de mauvaise foi empêchera toute saisie-arrêt, et cette manœuvre tiendra en échec le droit le plus légitime.

C'est la même considération, déjà présentée par nous, qui se reproduit ici, parce qu'elle s'attaque à une erreur qui est toujours la même. Nous constatons, une fois de plus, entre des créanciers, une inégalité d'autant plus choquante que les rigueurs pèsent exclusivement sur ceux qui sont le plus dignes de faveur.

S'il pouvait en être ainsi, les débiteurs de mauvaise foi seraient bien à l'aise, car ils auraient, dans l'appel, un moyen, facile autant que déplorable, de faire disparaître le gage de leurs créanciers. La contestation fût-elle dérisoire, le jugement fût-il en dernier ressort, l'appel sera formé, sauf à s'en désister plus tard : dans l'intervalle le débiteur se fera rembourser par le tiers.

Je n'ai pas besoin, assurément, d'insister sur le préjudice

irréparable qui peut être infligé ainsi au créancier le plus légitime.

L'opinion contraire échappe à ces conséquences fâcheuses ; c'est un grand avantage. Est-il compensé par d'autres inconvénients que nous n'aurions pas aperçus ? Examinons.

L'appel sera suivi d'une confirmation ou d'une infirmation. S'il y a confirmation, le droit du créancier se trouvera consolidé et l'on aura à regretter seulement qu'il ait pu être si longtemps paralysé par une injuste résistance ; mais, du moins, la saisie-arrêt provisoirement maintenue aura toute son efficacité. Combien n'aurait-on pas à regretter, dans ce cas, qu'une mesure conservatoire empêchée ait laissé au débiteur la possibilité d'enlever tout aliment à une saisie-arrêt désormais si justifiée !

S'il y a infirmation, eh bien ! où sera le mal ? La saisie-arrêt sera annulée et le saisissant pourra même être condamné à des dommages-intérêts. Dira-t-on qu'une insolvabilité peut rendre la réparation illusoire, et que le crédit du saisi aura reçu ainsi une atteinte irremédiable? Pour cette hypothèse et quelques autres analogues, la juridiction des référés nous offrira peut-être des moyens de conjurer ces périls ; mais c'est là un point délicat que nous examinerons plus tard.

En résumé, la doctrine qui prohibe la saisie-arrêt en vertu d'un jugement frappé d'appel, dénature la saisie-arrêt, force le sens des mots et des choses, en faisant d'un acte conservatoire un acte d'exécution, en étendant au premier l'effet suspensif qui ne s'attache qu'au second, en consacrant l'inégalité entre les créanciers ; enfin en favorisant les calculs intéressés de la mauvaise foi.

Telles sont les raisons qui nous déterminent à adopter la doctrine contraire.

Cette solution nous paraît devoir être suivie également dans le cas d'opposition à un jugement par défaut.

M. Chauveau, cependant, distingue entre l'appel et l'opposition, en reconnaissant à celle-ci la singulière vertu de faire tomber même les actes d'exécution antérieurs.

Quant à moi, non-seulement j'estime que l'opposition ne saurait faire tomber une saisie-arrêt déjà pratiquée, mais qu'elle ne fait pas obstacle à ce qu'une saisie-arrêt soit formée en vertu du jugement frappé d'opposition.

Le premier point me semble à l'abri de toute controverse. En effet, l'opposition étant, dans certains cas, recevable jusqu'à l'exécution, si l'opposition annulait les actes d'exécution au lieu de les suspendre, la loi eût tendu un véritable piége aux parties, en les incitant à faire des frais frustratoires.

L'opposition ne fait pas tomber le jugement ; cet effet ne peut s'attacher qu'au jugement sur opposition lorsqu'il rétracte le premier. L'opposition seule, comme l'appel, a un effet suspensif : elle arrête l'exécution.

Dès lors les mêmes raisons, que nous invoquions tout à l'heure, se représentent ici.

Le jugement par défaut, suivi d'opposition, est encore un titre apparent : donc il autorise une saisie-arrêt. L'interdiction n'est mise que sur les actes d'exécution : donc la saisie-arrêt, qui n'est qu'un acte conservatoire, demeure permise.

On comprendra facilement, sans que nous ayons besoin de fournir de nouveaux exemples, que si l'opposition formée devenait un obstacle à toute saisie-arrêt, elle serait, comme l'appel, un moyen de consacrer la plus fâcheuse inégalité entre créanciers, le plus souvent aussi, entre les mains du débiteur, une arme déloyale dont il se servirait pour nuire plus que pour se défendre.

M. Chauveau a cependant essayé de justifier la distinction qu'il propose. La présomption de droit, dit-il, est en faveur de celui qui n'a pu faire entendre sa défense. Est-ce bien sûr, en matière civile ? N'est-il pas plus exact de reconnaître que la présomption est en faveur de la partie dont la demande n'a dû être accueillie qu'après vérification de la part du tribunal ? Je n'en voudrais d'autre preuve que la régularité de certains actes accomplis en vertu d'un jugement par défaut : une inscription d'hypothèque par exemple.

Ces derniers mots appellent ici une comparaison toute naturelle. L'hypothèque judiciaire a plus d'un trait de ressemblance avec la saisie-arrêt, sans que ce parallèle puisse jamais faire oublier les différences qui les séparent. Comme la saisie-arrêt, l'hypothèque est un acte conservatoire ; comme elle aussi, elle atteint dans une grave mesure le crédit du débiteur. Et cependant tout le monde admet que l'inscription hypothécaire peut être requise immédiatement après le jugement, que celui-ci soit contradictoire ou par défaut ;

elle pourra avoir lieu avant l'échéance de la huitaine qui suit la date ou la signification du jugement; elle pourra être prise malgré l'opposition ou l'appel. L'existence d'un recours contre le jugement pourra amener l'extinction de l'hypothèque : il doit en être de même de la saisie-arrêt qui sera, dans ce cas, subordonnée, comme l'hypothèque, au sort du jugement.

M. Chauveau ajoute que le jugement par défaut est peut-être inconnu du débiteur. Quant à la saisie-arrêt, qu'importe cette considération? Ne peut-elle donc pas être pratiquée, en vertu de la permission du juge, sur une requête présentée à l'insu du débiteur? D'ailleurs un jugement par défaut ne s'obtient que sur le fondement d'un rapport de droit quelconque entre le demandeur et le défendeur : ce dernier ne saurait donc être dans une ignorance absolue.

Il nous reste, pour avoir épuisé ces notions préliminaires, à aborder une question qui, si nous ne nous trompons, devra se résoudre par les mêmes principes.

Peut-on pratiquer une saisie-arrêt en vertu d'un jugement étranger, avant que ce jugement ait été déclaré exécutoire par un tribunal français?

Cette difficulté a son intérêt propre, mais elle nous offrira surtout une occasion nouvelle de faire ressortir mieux encore le véritable caractère de la saisie-arrêt.

Voilà une question qu'on a obscurcie en la rattachant trop étroitement à des thèses générales sur l'effet des jugements étrangers, au lieu de la subordonner à quelques idées simples. La suite montrera la justesse de cette réflexion.

Nous venons de supposer un créancier étranger armé d'un jugement émané d'une juridiction étrangère; mais avant de rechercher l'usage qu'il pourra faire de cette décision, demandons-nous comment il pourrait agir s'il était sans aucun titre.

Il s'est adressé par requête au président d'un tribunal français, a obtenu de ce magistrat une ordonnance permettant de saisir-arrêter et, la saisie-arrêt étant pratiquée, il a assigné le débiteur saisi, étranger lui-même, en condamnation et en validité de la saisie-arrêt.

Cette espèce s'est rencontrée dans la jurisprudence.

Le 19 août 1861, le tribunal de la Seine, saisi de la question, statuait en ces termes :

« Attendu que, dans la présente instance, le demandeur
« et le défendeur sont tous deux étrangers; que la demande
« soumise au tribunal tend, d'une part, à faire prononcer
« contre le défendeur une condamnation au payement d'une
« somme de 61,200 francs, d'autre part, à faire valider une
« saisie-arrêt formée par le demandeur pour la garantie de
« ses droits entre les mains des directeur et administrateur
« du Crédit foncier; — Que si le tribunal est incompétent, à
« raison de la qualité d'étranger des deux parties, pour con-
« naître de la demande en condamnation, il peut statuer,
« sans préjuger le fond, sur la légalité des actes conserva-
« toires faits par les parties et apprécier, au point de vue de
« la forme et de la régularité de la procédure, la validité ou
« la nullité de la saisie-arrêt, se déclare incompétent pour
« connaître de la demande en condamnation au payement
« d'une somme de 61,200 francs, renvoie à cet égard les
« parties à se pourvoir ainsi qu'elles aviseront, se déclare
« au contraire compétent pour statuer, au point de vue de la
« forme et de la régularité de la procédure, sur la saisie-
« arrêt dont s'agit... » (Sirey, 1868, 1, 328.)

Voilà, faite par le tribunal, une distinction importante
que nous allons voir s'accentuer davantage.

Le 25 août 1866, dans la même affaire, le tribunal de la
Seine rendait la décision suivante :

« Attendu que le tribunal a aujourd'hui à statuer sur la
« régularité, en la forme, de la saisie-arrêt pratiquée à la
« requête de Tanieswski; — Que cette saisie-arrêt a été auto-
« risée par le président de ce tribunal, lequel était compé-
« tent pour donner cette autorisation sur le vu des pièces
« produites, *desquelles résulte suffisamment, au profit du de-*
« *mandeur, l'existence d'une créance au moins apparente;* que
« la procédure prescrite par lui a été régulièrement suivie;
« *que la saisie-arrêt dont s'agit n'étant qu'une mesure conserva-*
« *toire, peut être maintenue provisoirement comme telle, jusqu'à*
« *ce qu'il ait été statué au fond par le juge compétent; que le*
« *tribunal ne savrait aller au delà, sans entrer dans l'examen*
« *du fond pour lequel il est incompétent...* »

Le 20 septembre 1866, la Cour de Paris consacrait les
mêmes principes :

« Considérant que les tribunaux français sont, il est vrai,

« incompétents pour prononcer des condamnations à la
« requête d'un étranger contre un autre étranger, mais que
» ce principe ne s'oppose pas à ce que des mesures conser-
« vatoires soient prises par le juge du lieu de l'exécution ; —
« Qu'admettre le principe contraire serait refuser à l'étran-
« ger tout moyen de conserver ses droits sur les biens que
« son débiteur étranger peut posséder en France ; — Consi-
« dérant que le tribunal de première instance a pu, sans se
« mettre en contradiction avec la déclaration d'incompé-
« tence sur le fond qu'il avait prononcée, apprécier le mérite
« apparent de la créance revendiquée par Tanieswski contre
« Potocki et qui motivait la saisie-arrêt... »

Un pourvoi fut formé contre cet arrêt, pourvoi à l'aide
duquel on s'efforçait de faire prévaloir le caractère d'acte
d'exécution de la saisie-arrêt et par suite l'incompétence des
juridictions françaises. La question arrivait ainsi pour la
première fois devant la Cour de cassation ; il est intéressant
de voir comment elle a été tranchée.

Le 23 mars 1868, la Cour suprême rendit l'arrêt suivant :
« Attendu, en droit, que les tribunaux français, incompé-
« tents pour connaître des contestations qui s'élèvent entre
« étrangers, à raison des créances dont ceux-ci affirment ou
« dénient l'existence, sont compétents pour autoriser ou
« maintenir, dans l'intérêt des étrangers comme de tous
« autres, les mesures qui doivent être considérées comme
« purement conservatoires et qui, sans atteindre ni compro-
« mettre le fond du droit et en le réservant, ont pour unique
« objet d'empêcher que des biens et deniers, se trouvant en
« France, ne soient détournés au préjudice des ayants droit
« régulièrement reconnus comme tels par les lois et institu-
« tions qui les régissent ; — Attendu que de telles mesures,
« prises dans ces limites et dans un intérêt général de paix
« publique et de justice, appartiennent au droit des gens et
« sont applicables sans distinction de nationalité ; — Attendu
« que l'arrêt attaqué a sainement apprécié le caractère des
« mesures ordonnées et qu'il n'a point enfreint les limites
« de sa compétence... » (Sirey, 1868, 1, 328.)

Ces documents de jurisprudence sont précieux, car ils
jettent une lumière très-vive et sur la question particulière
et sur la question générale de la saisie-arrêt.

Voici donc, justifiées par l'autorité la plus haute, les règles que nous avons indiquées précédemment. La saisie-arrêt, à son origine, est un acte conservatoire qui se distingue essentiellement des actes d'exécution : pour que cette mesure puisse intervenir, il suffit qu'il apparaisse une créance probable. Quand il s'agira de la valider, de lui conférer l'effet attributif, il faudra établir la certitude de la créance, mais jusque-là, simple mesure de précaution, elle ne demande qu'un titre apparent.

Ces propositions, que nous avons souvent énoncées, se placent désormais sous le patronage de la Cour régulatrice.

La question spéciale que nous avons soulevée est bien près maintenant d'être résolue.

Un étranger peut pratiquer une saisie-arrêt, sans titre, mais avec la permission d'un juge français.

Il peut encore pratiquer une saisie-arrêt, sans ordonnance du juge, s'il est muni d'un acte sous seing privé, que cet acte ait été d'ailleurs passé en France ou hors de France. La saisie-arrêt, en effet, est permise aux étrangers, parce qu'elle est une mesure conservatoire; elle appartient, comme l'a dit en termes si élevés et si justes la Cour de cassation, au droit des gens et concourt au maintien de la paix publique et de la justice. Cette voie étant ouverte aux étrangers, ceux-ci ne sauraient être astreints à d'autres formalités que celles de la loi française : or, aux termes de l'article 557, un titre privé peut servir de fondement à une saisie-arrêt.

Pourquoi donc le créancier, muni d'un jugement rendu par un tribunal étranger, ne pourrait-il pas former une saisie-arrêt, avant d'avoir obtenu l'exequatur ? Est-ce par respect pour les droits de souveraineté, qui ne permettent pas l'exécution en France d'une décision émanée de l'autorité étrangère ? Ce scrupule serait exagéré, car il ne s'agit pas de procéder à un acte de véritable exécution, mais bien à une simple mesure conservatoire ; la souveraineté ne reçoit donc aucune atteinte. D'ailleurs, que cette exigence soit admise, et voici une bien grande contradiction : un acte sous seing privé, passé hors de France, autorise une saisie-arrêt, et un jugement étranger, non déclaré exécutoire, ne la permettrait pas ! Mais ce jugement, même non revêtu de la formule exécutoire, ne vaut-il pas un acte sous seing privé ?

Où sera donc l'inconvénient, si l'on a soin, comme cela est juste, de limiter la saisie-arrêt à ses effets conservatoires? La saisie-arrêt ne pourra être validée et emporter attribution avant que le jugement étranger n'ait été déclaré exécutoire. Après l'assignation en validité, nécessaire pour la régularité de la procédure, le tribunal surseoira à prononcer sur la validité jusqu'à l'exequatur, comme il surseoit, après une saisie-arrêt, pratiquée par un étranger sur un étranger, en vertu de l'ordonnance d'un juge français, jusqu'à la condamnation au principal par le tribunal compétent. De cette manière, les droits de souveraineté sont sauvegardés; d'autre part, l'effet provisoire et préventif de la saisie-arrêt empêche la dissipation des deniers.

S'étonnera-t-on de voir prendre une mesure conservatoire, en vertu d'un jugement étranger non déclaré exécutoire? Mais, outre que cette faculté ne blesse aucun principe, est-ce donc la première application qui s'en ferait? La Cour de Paris n'a-t-elle pas admis, par exemple, le syndic d'une faillite, déclarée à l'étranger, à exercer ses pouvoirs en France avant tout exequatur? (Paris, 22 février 1872; Sirey, 1872, 2, 90).

Cependant la Cour de Paris elle-même, abandonnant récemment les saines traditions de sa propre jurisprudence, a décidé, le 31 janvier 1873 (Sirey, 1874, 2, 33), qu'un jugement étranger déclarant la faillite d'un Français ne permet pas au syndic, avant qu'il ait obtenu l'exequatur, de pratiquer une saisie-arrêt en France.

Je ne puis considérer cet arrêt que comme une décision isolée qui, je l'espère, n'est pas destinée à faire jurisprudence. J'en demeure surtout convaincu quand je vois que l'arrêt repose tout entier sur cette proposition, désormais condamnée : *que la saisie-arrêt est un acte d'exécution.*

« Considérant qu'Egger, suivant les articles 557 et 558
« du Code de procédure civile, ne pouvait pocéder à cette
« voie d'exécution qu'en vertu d'un titre et avec permission
« du juge ; — Considérant qu'il attribue à tort la nature
« d'un titre à un jugement du tribunal de commerce de
« Strasbourg, du 23 mai 1871, qui est visé dans les exploits
« de saisie-arrêt ; que ce jugement rendu dans un pays qui
« alors venait de passer sous une souveraineté étrangère

« et ne pouvait fonder en France une voie d'exécution
« qu'après avoir été déclaré exécutoire par un tribunal
« français, selon la disposition des articles 546 du Code de
« procédure civile et 2123, 2128 du Code civil. »

Le motif, croyons-nous, est erroné et, comme il est
difficile d'en donner un autre à la décision qui précède, nous
en conclurons que cette décision elle-même est erronée.

La Cour de Paris confond, dans l'arrêt du 31 janvier 1873,
ce qu'elle avait si nettement distingué dans ses arrêts antérieurs. Elle avait dit, en effet : La saisie-arrêt étant une
mesure conservatoire, les tribunaux français sont compétents
pour connaître de la régularité de celle qui a été pratiquée
par un étranger sur un étranger, bien qu'ils soient incompétents pour connaître du fond du litige. Nous disons avec
elle : Puisque la saisie-arrêt est une mesure conservatoire,
elle peut être pratiquée, à ce titre, en vertu d'un jugement
étranger non déclaré exécutoire. Cette exigence n'existe que
pour les actes d'exécution : elle ressort de l'article 546 du
Code de procédure civile, mais elle ne résulte nullement des
articles 557 et 558 qui sont seuls applicables.

On pourra consulter, sur ce point spécial, une dissertation
fort judicieuse de M. E. Dubois, insérée dans Sirey,
1874, 2, 33.

Les développements qui précèdent ne m'ont pas éloigné,
autant qu'on a pu le penser peut-être, de l'objet plus spécial
de mes recherches. On verra un peu plus tard, en effet,
qu'il importait fort, pour la solution des questions que je
me proposais surtout d'élucider, de m'arrêter à ces notions
préliminaires sur la nature de la saisie-arrêt.

Dans tous les cas, si ç'a été une digression, je ne la ferai
pas plus longue, et j'aborde maintenant le premier des points
que j'ai indiqués en ouvrant ce paragraphe.

Quel est le magistrat compétent pour répondre la
requête tendant à obtenir la permission de saisir-arrêter ?

Le président du tribunal civil est, sans aucun doute, pour
la plupart des cas, investi de cette mission. Mais est-il le
seul ? — Le président du tribunal de commerce, par
exemple, n'exerce-t-il pas la même juridiction dans l'ordre
des affaires commerciales ? — Le juge de paix n'a-t-il pas,
lui aussi, dans les limites de sa modeste et utile juridiction,

les mêmes pouvoirs ? — D'autre part, si ces derniers magistrats que je viens de nommer ont reçu pareille mission du législateur, leur compétence limite-t-elle celle du président du tribunal civil, ou faut-il dire que celui-ci, àyant la plénitude de juridiction, partage avec le président du tribunal de commerce et le juge de paix cette compétence exceptionnelle?

Telles sont les questions que nous devons examiner, et cela avec d'autant plus de soin qu'elles ont fait naître de graves dissentiments, soit dans la doctrine, soit dans la jurisprudence.

Un premier système consiste à soutenir que le président du tribunal civil, *seul*, a le pouvoir d'autoriser une saisie-arrêt. Il compte, il est vrai, un petit nombre de suffrages, mais très-convaincus : enseigné par MM. Favard et Rodière, il a été consacré par un jugement du tribunal de Châlons-sur-Marne, en date du 8 mars 1860 (Sirey, 1861, 2, 273).

Cette décision, fortement motivée, mérite d'arrêter l'attention.

Le tribunal fait remarquer, d'abord, la place occupée par le titre de la saisie-arrêt dans le Code de procédure civile. Il est rangé, en effet, sous cette rubrique générale du livre V : *De l'exécution des jugements*. Peu importe qu'on reconnaisse, à certains égards, le caractère de mesure conservatoire à la saisie-arrêt ; il s'agit, après tout, d'une procédure une et indivisible, dont tous les actes s'enchaînent les uns aux autres, et l'incompétence des magistrats consulaires, pour prononcer sur la validité de la saisie-arrêt, atteste en même temps leur incompétence pour la permettre. Cette expression de *juge*, qui se lit dans l'article 558, doit être renfermée dans le cadre où elle se trouve placée, et ce cadre est celui d'une procédure d'exécution. — La compétence du président du tribunal de commerce, exceptionnelle de sa nature, ne peut s'appuyer que sur des textes : cette base nécessaire fait défaut dans le titre de la saisie-arrêt et le silence de la loi est ici d'autant plus significatif qu'ailleurs, dans l'article 417, elle a donné à ce magistrat des pouvoirs spéciaux. On ne saurait invoquer l'analogie pour étendre à la saisie-arrêt les dispositions édictées pour la saisie conservatoire, car ces deux procédures n'ont rien de commun. — Enfin on veut, et il n'en saurait guère être autrement, que, pour les matières commerciales, le président du tribunal de commerce partage cette attribution avec le président du tribunal civil. Mais alors cette double compétence va offrir les plus sérieux inconvénients : il s'établira donc, en fait et en dehors de la loi, un véritable appel de l'un de ces magistrats à l'autre. Comme ils statuent à l'insu l'un de l'autre, dans une entière indépendance, on verra la partie dont la requête aura été repoussée par le président du tribunal de commerce, s'adresser derechef au président du tribunal civil dans l'espoir d'une meilleure chance.

Si maintenant on ajoute à ces considérations cet autre motif donné par quelques auteurs : que le tribunal avait entendu dans ce sens l'article 558, on ne peut manquer d'être frappé de la gravité d'une doctrine qui repose sur de pareilles raisons.

Il n'est pas permis de traiter légèrement cette opinion en lui opposant seulement le nombre de ses contradicteurs : elle veut être discutée.

Je commencerai par examiner la valeur de l'argument emprunté aux travaux préparatoires. Il est certain que la pensée du tribunat appartient à cette opinion ; elle s'était traduite, en effet, par cette formule expressive et parfaitement claire : « *La permission pourra être accordée par tout président du tribunal de première instance.* »

Ce texte, j'en conviens, s'il fût demeuré définitif, eût coupé court à toute controverse. Mais, au lieu de cette désignation exclusive du président du tribunal de première instance, l'article 558 a adopté l'expression de *juge*, c'est-à-dire l'expression la plus compréhensive. Cette variante a une importance extrême et, après les observations du tribunal surtout, l'abandon d'une rédaction qui rendait si clairement sa pensée, le choix d'une rédaction qui la rendait si peu, ne sont-ils pas vraiment décisifs ?

Comme il arrive souvent, l'arme s'est retournée contre ceux qui l'avaient employée et, s'il m'est permis de continuer cette métaphore, elle leur a fait une blessure mortelle. Le texte et l'historique de sa rédaction élèvent, contre la compétence exclusive du président du tribunal civil, une objection insurmontable.

Mais poursuivons encore :

Le tribunal de Châlons fait grand état de l'indivisibilité de la procédure de saisie-arrêt : de l'incompétence du tribunal de commerce pour statuer sur la validité de la saisie, il conclut à l'incompétence de son président pour la permettre.

Est-ce bien logique ? N'avons-nous pas démontré, au contraire, avec la majorité des auteurs et des arrêts, qu'il fallait soigneusement distinguer les phases successives de la saisie-arrêt ? Mesure conservatoire à l'origine, elle se transforme en un acte d'exécution avec le jugement de validité ; aussi les conditions exigées au début ne sont pas les mêmes que celles qui seront exigées plus tard. Il y a plus : régulièment formée, la saisie-arrêt s'achemine jusqu'à l'instance en validité, et alors on voit souvent intervenir un sursis jusqu'à ce qu'il ait été statué sur l'existence de la créance par une juridiction d'un autre ordre. Permettre une saisie-arrêt ou la valider sont choses entièrement différentes.

Concluons donc que ce n'est pas dans le texte de l'article 558 qu'on rencontre l'indication d'une compétence exclusive de celle du président du tribunal de commerce : tout au contraire, la généralité de l'expression de *juge*, la substitution de cette expression à d'autres qui étaient nettement restrictives, semblent justifier les attributions de ce dernier magistrat.

Surtout l'incompétence du tribunal de commerce, pour connaître de la validité de la saisie-arrêt, c'est-à-dire d'un acte d'exécution, n'implique en aucune façon l'incompétence du président, pour permettre la saisie, c'est-à-dire une mesure conservatoire.

On invoque l'article 417 ; est-ce avec plus de raison ?

Nous savons déjà qu'on a beaucoup abusé de cette disposition. On a d'abord voulu s'en servir pour étendre, à toutes les ordonnances sur requête, le droit d'appel ou d'opposition qu'elle consacre exceptionnellement dans une hypothèse particulière ; cette fois, et à l'inverse, elle servirait à limiter les attributions du président du tribunal de commerce.

L'argument me paraît peu déterminant. De ce que le président du tribunal de commerce aura reçu de la loi le pouvoir exclusif d'autoriser une mesure spéciale aux matières commerciales, la saisie conservatoire de marchandises dans des conditions exceptionnelles, est-ce un motif pour lui refuser la faculté de permettre, dans les conditions ordinaires et conformément au droit commun, une saisie-arrêt ? S'il y avait à tirer une conclusion légitime de ce texte, ce serait plutôt la conclusion contraire.

La vérité est que l'article 417 n'avait ni à concéder, ni à refuser au président du tribunal de commerce le droit d'autoriser la saisie-arrêt, puisqu'il ne dispose pas en vue de la saisie-arrêt. La règle, à cet égard, est contenue dans l'article 558, et nous avons essayé de démontrer que ce texte ne renfermait aucune restriction.

Du reste, après avoir respectueusement consulté la lettre de la loi, il faut, s'il subsiste quelque doute, en interroger l'esprit.

Quelle est donc la mission du juge appelé à permettre une saisie-arrêt ? En l'absence de tout titre authentique ou privé, le législateur a confié à la prudence d'un magistrat le soin d'examiner les vraisemblances qui ressortent de certaines situations de fait, de rechercher, à défaut d'une créance constatée par un titre, s'il y a une créance rendue probable par les circonstances. Eh bien ! à ce point de vue, qui donc sera mieux placé, pour faire cette appréciation, que le président du tribunal de commerce, s'il s'agit d'une matière commerciale où les usages, la notoriété, la connaissance des choses du commerce et des commerçants doivent exercer une si grande influence ?

Le tribunal de Châlons insiste, en dernier lieu, sur les inconvénients qui découleront d'une dualité de compétence entre le président du tribunal de commerce et le président du tribunal civil. Cette objection s'adresse à un système que je n'ai pas encore exposé : j'ajourne donc ma réponse.

En ce moment je me borne à conclure que le président du tribunal civil n'a pas exclusivement compétence pour autoriser la saisie-arrêt en toute matière. C'est en ce sens que se prononce, avec fermeté, la jurisprudence. On peut citer, en effet, les arrêts suivants : Turin, 17 janvier 1810 ; Turin, 31 mars 1813 (voir dans Sirey à leurs dates) ; Colmar, 29 mai 1848 (Sirey, 1849, 2, 607) ; Paris, 26 janvier 1861 (Sirey, 1861, 2, 273).

D'après un second système, il faut distinguer : si la matière est commerciale, le président du tribunal de commerce a *seul* compétence pour délivrer la permission de saisir-arrêter. C'est à ce système que, dans son récent traité, M. Bertin donne nettement la préférence.

En cela le savant jurisconsulte se sépare de la majorité des auteurs et des Cours qui, tout en reconnaissant, dans ce cas, compétence au tribunal de commerce, décident que le même pouvoir appartient au président du tribunal civil.

L'honorable M. Bertin s'est évidemment inspiré, pour sa solution, des principes généraux sur la compétence et, comme il le dit lui-même au n° 206, l'article 558 attribue compétence, en matière de saisie-arrêt, au juge qui doit connaître du litige en cas de contestation sur le fond du droit.

On pourrait peut-être contester l'exactitude de cette assimilation lorsqu'il s'agit de simples mesures conservatoires. Mais à coup sûr, en admettant qu'il faille appliquer ici les règles générales de la compétence, on ne saurait le faire avec plus de rigueur pour les mesures conservatoires que pour le fond du droit. Or, si les tribunaux de commerce ne doivent jamais connaître des affaires civiles, les tribunaux civils connaissent souvent des affaires commerciales ; il suffit pour cela que leur juridiction, choisie par le demandeur, ne soit pas déclinée par le défendeur. Les tribunaux civils ont, en effet, la plénitude de juridiction. Dans le domaine de la juridiction discrétionnaire, cette règle nous conduit à une conséquence nécessaire. Cette juridiction étant toujours saisie, sur requête, par une partie qui n'a pas de contradicteur, le choix fait par le requérant du président du tribunal civil, même dans une affaire commerciale, déterminera la compétence de ce magistrat. D'une part, en effet, il n'existe pas de défendeur qui puisse la décliner ; d'autre part, le président lui-même ne saurait déclarer d'office son incompétence. puisqu'elle n'est que relative. Autrement il faudrait dire que l'incompétence du président du tribunal civil, en cette matière, a un caractère plus absolu que celle du tribunal lui-même, ce qui probablement paraîtrait à tous excessif. Certes, si le principe de la plénitude de juridiction, dont on a quelquefois abusé, est vrai, c'est, en matière d'ordonnances sur requête, pour le président du tribunal civil. Qu'on se souvienne, en effet, de l'article 54 du décret du 30 mars 1808 qui a investi ce ma-gistrat des plus larges attributions.

Les principes généraux sur la compétence, bien compris, doivent donc faire écarter l'opinion de M. Bertin.

C'est alors que revient l'objection du tribunal de Châlons.

Là double compétence du président du tribunal civil et du président du tribunal de commerce, a-t-il dit, va engen-drer les plus graves inconvénients ; il s'établira d'un prési-dent à l'autre, à l'insu même de ces magistrats, une sorte de recours, et s'ils sont réciproquement informés, une sorte de conflit, ce qui sera pire encore.

L'objection a son importance que je ne méconnais pas. Cependant il ne faut rien exagérer, et il est permis de croire que celui qui s'est vu refuser l'autorisation de saisir, parce que sa créance prétendue n'avait aucune espèce d'apparence ni de probabilité, ne sera pas plus heureux dans la nouvelle tentative qu'il essayera auprès d'un autre magistrat.

Quoi qu'il en soit, avouons qu'il n'est guère d'institution sans inconvénient, malgré les louables efforts du législateur. Cette remarque faite, j'ajouterai que les rédacteurs du Code de procédure se sont résignés à celui qu'on signale, sans doute parce qu'il n'était pas aussi redoutable qu'on voulait le faire. Ne peut-on pas, en effet, présenter requête, soit au pré-sident du tribunal du domicile du saisi, soit au président du tribunal du domicile du tiers saisi ? La possibilité d'un recours de l'un à l'autre de ces deux magistrats, la crainte d'un con-flit n'ont cependant pas arrêté le législateur.

Ici on oublie de sérieuses préoccupations pour n'envisager, peut-être, que des inconvénients chimériques. Les saisies-arrêts n'ont d'efficacité qu'à la condition d'être rapides : il fallait donc les faciliter sous peine de les rendre souvent illu-soires. Eh bien ! l'opinion que je critique en ce moment sème les obstacles en une matière où de grandes facilités sont nécessaires. L'affaire est-elle civile ou commerciale ? C'est souvent une question fort délicate. Il faudra donc qu'au début, alors qu'il est pressé par le temps, le saisissant se fixe sur ce point préalable pour savoir s'il doit s'adresser au président du tribunal civil ou au président du tribunal de commerce. C'est là une première entrave. En cas d'évidence commerciale, il peut arriver que le saisissant et le saisi demeurent dans une ville où siége un tribunal civil, et que le siége du tribunal de commerce du même arrondissement soit fixé dans une autre ville : le saisissant serait obligé à des frais, et surtout à des pertes de temps qui pourraient compromettre ses intérêts. C'est là un deuxième embarras.

Ces difficultés pratiques, nettement entrevues par le législateur, l'auront sans doute déterminé à instituer la double compétence. Dans tous les cas elles justifient, par des avantages incontestables, l'interprétation adoptée par la jurisprudence.

Enfin un dernier système enseigne que l'autorisation de saisir-arrêter peut être donnée, en toute matière, par le président du tribunal civil ; en matière commerciale, par le président du tribunal de commerce. C'est aujourd'hui l'opinion dominante que nous acceptons pleinement : elle repose à la fois sur le texte et l'esprit de la loi. Nous pouvons maintenant nous en tenir à cette formule laconique, puisqu'en discutant les deux autres systèmes nous avons par avance démontré l'exactitude de celui-ci.

Le président du tribunal civil et le président du tribunal de commerce sont-ils les seuls magistrats qui puissent autoriser la saisie-arrêt? Le juge de paix n'a-t-il pas, lui aussi, pour les affaires de sa compétence, le même pouvoir ?

La jurisprudence a été rarement appelée à se prononcer sur cette question et les seules décisions que nous connaissions ne sont pas favorables à la compétence du juge de paix. On peut citer, en ce sens, un jugement du tribunal de la Seine du 21 novembre 1838, et un jugement du tribunal d'Agen du 25 avril 1857, rapportés dans le *Journal de procédure*, n° 5542 et 6447.

Deux motifs sont donnés à l'appui de cette solution.

L'article 558 du Code de procédure étant placé au livre V qui traite de l'exécution des jugements, l'expression de *juge* qui s'y trouve doit nécessairement s'entendre d'un juge appartenant à une juridiction pouvant connaître de l'exécution des jugements. C'est la première raison.

Voici la seconde : l'article 10 de la loi du 25 mai 1838, ayant conféré au juge de paix le pouvoir de permettre une saisie-gagerie, témoigne par cela même que ce magistrat n'avait pas de pouvoirs généraux et qu'il n'a reçu, que pour ce cas particulier, des attributions qui ne sauraient être étendues au delà de cette compétence limitée.

Le premier argument doit tomber devant une simple comparaison. N'avons-nous pas reconnu au président du tribunal de commerce, bien qu'il n'eût pas compétence pour statuer sur la validité de la saisie-arrêt, c'est-à-dire sur l'exécution, le pouvoir de permettre cette mesure? La jurisprudence elle-même a ainsi largement interprété l'article 558. L'expression de *juge*, contenue dans cette disposition, ne saurait avoir deux acceptions, suivant qu'il s'agira du président du tribunal de commerce ou du juge de paix.

Le second argument, plus spécieux, demande une plus grande attention.

L'article 10 de la loi du 25 mai 1838 est-il donc venu préciser, dans un sens restrictif, les termes trop compréhensifs de l'article 558 du Code de procédure civile? A-t-il eu pour but de conférer au juge de paix le pouvoir d'autoriser une seule mesure conservatoire, qui serait la saisie-gagerie?

Qu'on le remarque d'abord : quand même cette loi n'attribuerait au juge de paix que le droit de permettre une saisie-gagerie, on pourrait se demander si cette disposition est une application particulière d'un principe plus général, ou bien la création d'un droit nouveau et exceptionnel.

Pour accréditer cette dernière interprétation, on dit que, si le juge de paix était compétent, comme tout autre juge, pour autoriser des mesures conservatoires dans les limites de sa compétence, l'article 10 de la loi de 1838 était alors parfaitement inutile. C'est là une erreur qu'il importe de relever : en supposant au juge de paix une compétence générale basée sur l'article 558 du Code de procédure civile, l'article 10 de la loi de 1838 conserverait encore tout son à-propos. Il était nécessaire en présence de l'article 819 qui n'avait parlé que du président du tribunal; il était nécessaire aussi pour attribuer compétence au juge de paix du lieu de la saisie, puisque l'article 558 n'avait désigné que le juge du domicile du saisi et du tiers saisi.

Mais ce ne sont là, après tout, que des observations secondaires, et l'article 10 de la loi du 25 mai 1838 a une portée bien autrement considérable. Il élargit notablement la compétence établie par l'article 558 du Code de procédure civile, et, à ce titre, il est indispensable. Le juge de paix, en effet, dans les limites de sa compétence, a qualité pour statuer sur la validité de la saisie-gagerie et, dans aucun cas, le juge qui autorise une saisie-arrêt, ne pourra statuer sur sa validité. Voilà la différence essentielle qui sépare les deux compétences et voilà la raison d'être de l'article 10 de la loi de 1838.

Tel est le commentaire officiel qu'en a donné le garde des sceaux en ces termes :

« La saisie-arrêt met toujours en cause une troisième « partie, outre le saisissant et le débiteur ; la suite de cette « procédure nécessite une distribution entre plusieurs inté- « ressés lorsqu'il survient des oppositions. *Statuer sur ces* « *oppositions, prononcer sur la déclaration du tiers saisi* contre « lequel est formée une demande véritablement indéter- « minée, ce seraient là autant d'attributions qui entraîne- « raient le magistrat hors des limites ordinaires de sa « compétence et qui l'appelleraient à décider des questions « souvent trop difficiles... »

N'est-il pas clair, après ces paroles, qu'on a voulu seule- ment exclure de la compétence du juge de paix l'apprécia- tion de la validité de la saisie-arrêt, question qui pouvait naître de la compétence qu'on lui conférait pour statuer sur la validité de la saisie-gagerie dans certains cas ?

En résumé, quel est le magistrat compétent pour permettre une saisie-arrêt, en l'absence de titre ? Il faut répondre : En toute matière, le président du tribunal civil ; en matière commerciale, le président du tribunal de commerce ; pour les affaires du ressort de la justice de paix, le juge de paix.

C'est là en quelque sorte la compétence *ratione materiæ*; il en est une autre *ratione personæ*. L'autorisation, dit l'ar- ticle 558, doit être donnée par le juge du domicile du saisi ou par le juge du domicile du tiers saisi.

Nous abordons maintenant la question capitale de notre sujet : quelle est la nature de l'ordonnance du juge, soit qu'elle accorde ou qu'elle refuse la permission de saisir- arrêter ? Est-elle souveraine, irréfragable, ou bien est-elle soumise à des voies de recours et quelles sont ces voies de recours ?

A n'en juger que par cet énoncé, on pourrait croire qu'à l'occasion d'une question toujours la même nous allons être exposé à retomber dans le cercle d'une argumentation épuisée. Mais nous verrons bientôt que, pour la saisie-arrêt, les ressources ingénieuses de la doctrine et de la jurisprudence ont créé des distinctions nombreuses, qui donnent au même problème un aspect nouveau.

Quelques auteurs ont admis, d'une manière absolue, la possibilité d'un recours, contre l'ordonnance du juge, de la part de toute partie intéressée. Ils ont soutenu, en conséquence, que le créancier, après avoir éprouvé un refus auprès du président du tribunal, pouvait s'adresser à une autre juridiction pour obtenir la permission de pratiquer la saisie-arrêt. M. Fr. Roger, notamment, au n° 147 de son traité, enseigne que le créancier pourra successivement produire sa demande devant le président, puis devant le tribunal en cas de refus du président, même devant la Cour, si le tribunal a réitéré le refus injuste du président.

Le judicieux annotateur du livre de M. Fr. Roger a repoussé cette opinion qui, n'ayant jamais été consacrée par la jurisprudence, n'a pas tardé à être délaissée par la doctrine elle-même.

Le discrédit dans lequel est tombée cette opinion nous dispense d'une réfutation plus complète.

Je me bornerai seulement à faire remarquer, en passant, l'inexactitude du principe sur lequel on avait essayé de l'appuyer : « Il faut pourtant, disait M. Fr. Roger, que le créancier puisse faire une saisie-arrêt, *quand la loi lui donne le droit de la pratiquer...* »

La méprise est ici grave autant qu'évidente. Le créancier qui est sans titre constatant sa créance, à la différence de celui qui est muni d'un titre authentique ou privé, n'a pas le *droit* de pratiquer une saisie-arrêt. Ce droit ne s'ouvre pour lui que par la permission du juge : lors donc qu'il éprouve un refus, il ne peut prétendre que son *droit* a été violé et recourir, pour la consécration de ce droit, à un juge supérieur.

C'est déjà une faveur très-grande que la loi a faite au créancier que de lui permettre, avec l'autorisation du juge, de pratiquer une saisie-arrêt sans titre. Or, le juge a reçu du législateur un pouvoir discrétionnaire : la nature même des choses, les formes de la procédure, le silence gardé sur toute voie de recours, indiquent hautement que le juge est ici, à l'égard du saisissant tout au moins, un arbitre souverain.

La situation du saisi ne parut pas la même et, quant à lui, on crut devoir distinguer. La Cour de Bordeaux et, avec elle quelques autres Cours, s'efforcèrent d'introduire un recours par voie d'opposition devant le tribunal. Dans un arrêt du 16 août 1817 (voir dans Sirey, à sa date), la Cour de Bordeaux invoquait, à l'appui de sa décision, les considérations suivantes :

« Attendu que, soit qu'une partie ait été assignée ou « qu'elle ne l'ait pas été, la faculté de l'opposition est de « droit, si elle n'est formellement prohibée ; — Que notre « législation serait incomplète si un acte quelconque, émané « de l'autorité judiciaire, pouvait devenir un perpétuel « obstacle à l'exercice des droits de celui qui n'aurait été ni « entendu, ni appelé pour se défendre... »

On peut citer dans le même sens deux autres arrêts de Bruxelles, 23 octobre 1816, et de Metz, 24 novembre 1819. (Voir dans Sirey, à leurs dates.)

C'est la Cour de Bordeaux elle-même qui s'est chargée de réfuter sa propre doctrine dans un arrêt postérieur du 24 août 1829 (voir dans Sirey, à sa date) :

« Attendu qu'une telle ordonnance, rendue en conformité « de l'article 558 du Code de procédure civile, n'a ni les « formes, ni le caractère, ni les effets d'un jugement ; — « Que le pouvoir discrétionnaire dont elle émane est exclu- « sivement délégué au président, qui ne l'exerce pas sous la « surveillance et l'autorité de ses collègues ; — Que ce n'est « donc pas au tribunal qu'il appartient d'apprécier l'usage « qu'il en fait et qu'aucune disposition législative n'autorise « à lui déférer ladite ordonnance, soit par la voie de l'oppo- « sition, soit directement et sous prétexte de l'incompé- « tence du magistrat qui l'a rendue... »

La Cour de Bordeaux effaçait ainsi, avec beaucoup de sagesse, une distinction vraiment arbitraire, établie entre le saisissant et le saisi, distinction qu'elle avait trop facilement accueillie. Si, en effet, le juge chargé, aux termes de l'article 558, d'apprécier l'opportunité d'une saisie-arrêt, exerce en ce point une juridiction discrétionnaire, sa décision doit avoir le même caractère vis-à-vis de toutes parties. Souveraine à l'égard du saisissant en cas de refus, elle doit demeurer souveraine à l'égard du saisi en cas d'autorisation : réformable à la demande de l'un, elle devrait l'être également à l'égard de l'autre.

Cette corrélation nécessaire ne pouvait échapper longtemps à l'esprit attentif des jurisconsultes : aussi bien, comme on s'était décidé à fermer toute voie de recours au saisissant contre l'ordonnance qui avait refusé la permission de saisie-arrêt, on admit la même conséquence à l'égard du saisi, pour l'ordonnance qui avait autorisé la saisie-arrêt. C'est désormais une jurisprudence constante dont les nombreux monuments sont rapportés dans les tables générales des grands recueils.

C'est alors que, sous l'influence de certaines nécessités pratiques et pour parer à des inconvénients qui comportaient un autre remède (nous le démontrerons), on s'est ingénié à tourner la difficulté. L'éminent M. de Belleyme a ouvert cette voie nouvelle dans laquelle la jurisprudence s'est engagée après lui.

La combinaison consiste uniquement dans une précaution à prendre par le juge qui répondra la requête : il devra insérer, dans l'ordonnance qui permettra la saisie-arrêt, cette réserve *qu'il lui en sera référé en cas de difficultés.* De cette façon, le juge ne sera dessaisi que conditionnellement et pour le cas où la saisie-arrêt ne susciterait aucune réclamation; si au contraire des protestations s'élèvent, le même magistrat se ressaisira de la contestation, et cette fois, dans de meilleures conditions que la première, en présence de toutes les parties intéressées, après un débat contradictoire, il statuera définitivement et en pleine connaissance de cause, pouvant maintenir, modifier ou même rapporter son ordonnance.

Cette procédure se recommandait par une utilité, au moins apparente, qui a immédiatement assuré son succès. Le président éprouvait moins d'hésitation et de scrupule à permettre la saisie-arrêt, puisqu'il ouvrait lui-même la voie à une révision. Si la mesure était légitime, elle intervenait ainsi avec toute la rapidité désirable; si elle n'était pas fondée ou si elle était excessive, la réclamation immédiate de la partie intéressée, portée devant l'auteur de l'ordonnance, se faisait entendre de suite et pouvait, presque sans frais, surtout sans délai, avant que les choses ne fussent poussées plus loin, prévenir un préjudice imminent.

Nous essayerons de prouver plus tard que la pratique, en acceptant avec tant d'empressement le biais qu'on lui offrait, se faisait de grandes illusions : néanmoins les avantages seuls apparurent, et ils semblèrent assez frappants pour expliquer la fortune du système qui les procurait.

Cette doctrine, si simple au premier abord, est cependant de nature à faire naître bien des doutes à la réflexion et, de fait, elle suscite dans l'application bien des embarras.

En effet, pour si avantageux que soit un système, encore est-il nécessaire de se soucier de son exactitude doctrinale. Si l'on faisait bon marché des principes, les praticiens auraient beau jeu et leur esprit, fécond en ressources, n'aurait pas de peine à corriger la loi. Il faut donc y regarder de plus près.

La réserve de référé introduite, dans son ordonnance, par le juge qui permet la saisie-arrêt, est-elle autorisée par la loi, conforme à la nature de la juridiction discrétionnaire? C'est là une interrogation nécessaire, qui ne provient pas d'un purisme exagéré : la jurisprudence elle-même a posé la question et elle s'est profondément divisée, à l'origine du moins, sur la solution.

La légitimité de la réserve étant admise, toute difficulté n'a pas cessé : au contraire, c'est le commencement d'embarras nouveaux et presque inextricables.

Jusqu'à quel moment ce référé pourra-t-il être porté devant le juge? Est-ce seulement tant que la saisie-arrêt n'a pas été pratiquée? Est-ce après? — Si l'on dépasse cette limite, du moins l'assignation en validité n'enlève-t-elle pas toute compétence au magistrat qui a permis la saisie? Faut-il, au contraire, proroger cette compétence jusqu'à ce que le tribunal ait été régulièrement saisi de l'instance en validité? — Mais comment le tribunal, dans ce dernier cas, est-il saisi? Est-ce par la constitution d'avoué faite par le débiteur sur l'assignation en validité? est-ce seulement par la

signification de conclusions en défense? Toutes ces nuances
ont donné lieu à autant d'opinions différentes.

Ce n'est pas tout : quel sera le caractère de l'ordonnance
rendue sur le référé? Faudra-t-il la considérer comme étant
le complément de la première et par suite non susceptible
d'appel?—Devra-t-on, au contraire, reconnaître que, rendue
sur assignation et après un débat contradictoire, elle constitue une décision contentieuse, bien que provisoire, et que,
comme toutes les ordonnances de référé, elle est soumise à
l'appel? Les divergences les plus vives ont éclaté sur ce
point.

Avant de prendre parti sur toutes ces questions, il est
intéressant autant qu'opportun de consulter la jurisprudence
qui nous présentera successivement, avec une très-grande
richesse d'argumentation, les diverses solutions entre lesquelles nous aurons à choisir.

Cette étude a une importance capitale : aussi je ne veux
pas m'en tenir à une sèche analyse et je prie qu'on me permette des citations étendues, dût-il en résulter quelques
longueurs.

. Un arrêt de la Cour de Bordeaux, en date du 19 mars 1855
(Sirey, 1855, 2, 405), a consacré la légitimité de la réserve
de référé. Cette décision, motivée avec un très-grand soin,
est ainsi conçue :

« Attendu que le président, qui peut ne pas accorder
« l'autorisation, peut aussi ne l'accorder que conditionnel-
« lement et sous la réserve de s'éclairer, par un débat con-
« tradictoire, sur le mérite d'une créance dont il n'a fait
« qu'une évaluation provisoire sur les allégations intéressées
« d'une seule partie; — Que cette réserve, qui se trouve en
« effet formulée dans l'ordonnance, présente, dans l'intérêt
« d'une bonne justice, des avantages qui ne sauraient être
« contestés; qu'elle n'a rien de contraire aux dispositions
« expresses de la loi; qu'elle a été d'ailleurs acceptée par le
« créancier qui n'a pu faire sa saisie-arrêt que dans les
« termes et les conditions de l'ordonnance qui l'autorisait
« et en vertu de laquelle il a procédé; — Attendu que l'as-
« signation en validité ne porte, devant le tribunal qui en
« est nanti, autre chose que l'appréciation d'une saisie faite
« dans les termes et les conditions de l'ordonnance qui l'au-

« torisait, avec la réserve qui y a été insérée ; — Que cette
« réserve a été légitime et que si, avant que le tribunal ait
« été appelé à statuer, le président a usé de la faculté qu'il
« s'était réservée _et restreint, comme - dans l'espèce, la
« somme pour laquelle la saisie-arrêt doit subsister, c'est
« comme si, dès le principe, la saisie-arrêt, qui n'a d'autre
« base que l'ordonnance même, n'eût été faite que pour
« cette somme ainsi restreinte, et la demande en validité ne
« peut s'agiter que dans ces limites et avec cette portée... »

Quant à l'appel, la Cour considère que c'est, dans ce cas,
une faculté quasi-indiscutable :

« Attendu, avait-elle dit, que le président ayant statué en
« référé et sur une assignation à comparaître devant lui,
« l'appel de son ordonnance est *essentiellement* recevable aux
« termes généraux du droit... »

Il faut mettre immédiatement en regard de cet arrêt celui
du 25 avril 1856, de la Cour de Lyon, motivé avec non moins
de soin, plus doctrinal encore et qui s'élevant aux plus hautes
considérations, consacre une thèse diamétralement opposée.
(Sirey, 1856, 2, 466) :

« Considérant que l'attribution, conférée par l'article 558
« du Code de procédure civile au président du tribunal de
« première instance, consiste uniquement dans le droit de
« refuser ou d'accorder la permission de saisie-arrêt ; —
« Considérant que vainement on objecte que le président,
« pouvant ne pas autoriser la saisie, peut à plus forte raison
« ne l'autoriser que d'une manière conditionnelle ; — Con-
« sidérant que l'argument des inclusions ne trouve pas ici
« son application logique, en ce qu'il ne s'agit pas du moins
« qui serait renfermé dans le plus ; — Que la permission de
« saisir-arrêter, qui ne serait que conditionnelle et que le
« président se réserverait de pouvoir modifier ou anéantir,
« altérerait complétement le caractère de l'acte que la loi a
« placé dans les attributions de ce magistrat ; — Considé-
« rant qu'on ne saurait admettre, en effet, quand la saisie-
« arrêt a été autorisée, quand la procédure a suivi son
« cours, quand le tribunal a été investi de la mission de
« statuer, qu'il puisse dépendre de la volonté du président
« de ruiner toute une procédure faite sur son autorisation et
« d'opérer le dessaisissement forcé du tribunal, en retirant

« la permission qui a servi de base à la saisie ; — Que des
« effets si exorbitants dénatureraient complétement la per-
« mission de saisir, telle que par l'article 558 la loi a entendu
« la décréter ; — Que la permission du magistrat, dans le
« cas de l'article 558, équivaut au titre dans le cas de l'ar-
« ticle 557 ; — Que, dans ces deux cas, la procédure de
« saisie est également régulière et valable et que, pas plus
« dans l'un que dans l'autre, le président du tribunal n'a le
« pouvoir d'intervenir pour restreindre la portée de la saisie
« ou en supprimer le point de départ ; — Considérant, en
« démonstration des mêmes principes, que la permission de
« saisie est un acte de la juridiction gracieuse ou volontaire ;
« que tous les actes de juridiction doivent s'accomplir de la
« manière dont ils ont été institués par le législateur, en
« sorte que le pouvoir conféré par l'article 558 de refuser
« la permission de saisie, n'entraîne pas celui de donner
« une permission conditionnelle ; — Qu'il est dans la nature
« des actes de juridiction, à moins que le législateur n'en ait
« décidé autrement, de ne pouvoir être changés, modifiés
« ou révoqués par leurs auteurs ; que la juridiction se con-
« somme par l'acte dans lequel le magistrat en a fait l'exer-
« cice ; — Considérant que le président du tribunal peut
« d'autant moins se réserver de modifier ou détruire en
« référé ce qu'il a fait hors jugement, que les ordres de juri-
« diction sont distincts et qu'il ne lui appartient pas de con-
« fondre, dans leur exercice, la juridiction gracieuse ou
« volontaire et la juridiction contentieuse ; — Considérant
« que s'il pouvait donner une permission de saisir purement
« conditionnelle, provisoire, sous la réserve du droit de la
« révoquer par une décision de référé, il pourrait même se
« retenir le droit de la rétracter et de la détruire, sans statuer
« en référé, sans prononcer par forme de jugement ; — Qu'a-
« lors son acte, non susceptible d'appel, échapperait à toute
« censure, quoique ayant eu pour effet de faire tomber une
« procédure de saisie donnant lieu à une instance engagée
« devant le tribunal ; — *Que de pareilles conséquences, abso-*
« *lument inadmissibles et qui feraient injure à la sagesse de la*
« *loi, révèlent surabondamment l'erreur de la doctrine d'où elles*
« *découlent...* »

On sera frappé, assurément, de l'énergie de ces dernières

expressions qui attestent une conviction profonde. Et cependant l'arrêt de la Cour de Bordeaux n'est pas moins affirmatif dans le sens opposé. Ces décisions, si graves et pourtant si contraires, montrent toute la difficulté du problème que nous avons à résoudre. Ne nous hâtons donc pas, et recueillons patiemment tous les éléments qui peuvent aider à sa solution.

Je mentionne seulement, en raison de son laconisme, un arrêt de la Cour de Paris, du 15 mars 1856 (Sirey, 1856, 2, 204), qui admet la légitimité de la réserve de référé, mais qui, à l'inverse de la Cour de Bordeaux, décide que la seconde ordonnance, pas plus que la première, n'est susceptible d'appel.

La Cour de Lyon qui, ainsi qu'on le verra, a été appelée à développer, en cette matière, toute une jurisprudence, a eu à se prononcer de nouveau sur la question en 1857. Son arrêt, qui est du 29 juin 1857 (Sirey, 1858, 2, 209), marque une certaine hésitation à l'égard de la régularité de la réserve de référé ; néanmoins il se résigne à accepter la doctrine dominante, mais en même temps il admet la faculté d'appel contre la seconde ordonnance :

« Attendu qu'en admettant avec la Cour de Paris, contrai« rement à la jurisprudence de plusieurs autres Cours, que
« le président ait ainsi le droit de n'accorder que des per« missions de saisie conditionnelle et à la charge de lui en
« référer, et qu'il puisse de cette manière, à toutes les pé« riodes de la saisie-arrêt, retirer la permission ayant servi
« de base à cette saisie, *on ne saurait sérieusement disconvenir*
« que le référé introduit dans ce cas, par la partie saisie, ne
« soit un véritable référé assujetti, par conséquent, à toutes
« les conditions, formes et délais du titre XVI du Code de
« procédure ; — Attendu que, d'après le texte et l'esprit des
« articles 806 et 809, il est de l'essence d'une ordonnance
« de référé de ne pouvoir jamais nuire ni préjudicier au
« principal, de ne pouvoir statuer que provisoirement ; de
« ne pas être susceptible d'opposition, mais de pouvoir être
« attaquée par la voie de l'appel.... »

Voici, maintenant, la Cour de Bastia qui n'éprouve aucun scrupule sur la régularité de la réserve de référé, mais qui, comme la Cour de Paris, dénie résolûment le droit d'appel

que la Cour de Lyon déclare ne pouvoir être *sérieusement* contesté.

Je ne fais encore que l'office d'un rapporteur, mais déjà,
avant que j'aborde la discussion à mon tour, une réflexion
m'échappe. Comment ne serait-on pas perplexe en présence
de contradictions si flagrantes, qui s'accentuent de part et
d'autre en expressions si tranchantes? Comment, surtout, ne
pas remarquer l'embarras qu'elles causent en une matière
où, plus que dans toute autre, les justiciables auraient besoin
de règles certaines, puisqu'il ne s'agit, après tout, que de
mesures conservatoires?

Quoi qu'il en soit, le 12 février 1859 (Sirey, 1859, 2, 253),
la Cour de Bastia statuait en ces termes :

« Considérant que la restriction apportée par le président
« à l'autorisation accordée est généralement admise dans la
« pratique de tous les tribunaux de l'Empire; — Que cette
« adhésion unanime suffit, à elle seule, pour démontrer que
« la réserve dont il s'agit n'est pas de nature à apporter,
« dans le titre de la Saisie-arrêt, la grave perturbation qui a
« été signalée; — Qu'elle présente, au contraire, soit pour les
« créanciers, soit pour les débiteurs, des avantages qui ne
« peuvent être contestés; — Considérant que la demande en
« validité ne porte devant le tribunal que l'appréciation
« d'une saisie faite sous les conditions de l'ordonnance qui
« l'autorisait; — Que cette demande ne peut donc faire ob-
« stacle à l'exercice du pouvoir réservé tant que la saisie con-
« serve son caractère provisoire, c'est-à-dire tant que la va-
« lidité n'en a pas été prononcée par le tribunal... »

Quant à la recevabilité de l'appel, la Cour de Bastia
s'exprime ainsi :

« Considérant que la seconde ordonnance du président,
« rendue en vertu de pouvoirs réservés, participe de la nature de la première ordonnance; que la juridiction gra-
« cieuse du président ne peut perdre son caractère propre
« par l'unique motif que le magistrat en aurait différé
l'exercice; — Considérant *que la raison résiste* à admettre
« que la première ordonnance, rendue sur la demande d'une
« seule partie sans examen contradictoire de la légitimité
« de sa prétention, soit souveraine et irrévocable, tandis que
la seconde ordonnance émanant de la religion mieux in-

« formée du président serait, au contraire, soumise à l'ap-
« pel; — Considérant que les adversaires du système de la
« souveraineté du pouvoir du président, statuant en vertu du
« pouvoir réservé, se fondent principalement sur le caractère
« litigieux du débat contradictoire sur lequel il prononce;
« qu'ils reconnaissent, toutefois, que si le saisissant et le
« saisi se bornent à de simples observations, l'ordonnance
« sera définitive et inattaquable, mais que si, au contraire,
« leurs prétentions se sont manifestées sous la forme de con-
« clusions, la sentence du juge du référé constitue alors un
« véritable jugement soumis à l'appel; — Considérant qu'une
« semblable théorie ne saurait être admise, puisqu'elle subor-
« donne la nature du pouvoir juridictionnel du magistrat au
« caprice ou à la volonté des parties; — Considérant que le
« pouvoir du juge est déterminé par la loi elle-même, et que
« le langage des parties, qui comparaissent devant lui, ne peut
« ni le transformer ni en altérer l'essence; — Considérant que
« l'ordonnance, compétemment rendue en vertu du pouvoir
« réservé, s'identifie avec la première dont elle est le com-
« plément, et qu'il y a lieu de décider que l'une et l'autre
« sont souveraines et inattaquables... »

Les mêmes questions se posèrent de nouveau devant la
Cour de Lyon en 1861. Le souvenir du remarquable arrêt de
1856 n'était pas effacé : il avait visiblement impressionné la
Cour, lorsqu'en 1857 elle avait rendu un arrêt qui, tout en
se rangeant à la jurisprudence contraire de la Cour de Paris,
portait encore les traces de son hésitation, sur la régularité
d'une réserve de référé introduite dans l'ordonnance permettant la saisie-arrêt. L'arrêt du 6 mai 1861 (Sirey, 1861,
2, 487), que nous allons rapporter, semble, par ses développements exceptionnels, avoir pris à tâche de réfuter la doctrine de 1856 et de justifier, par un dernier effort, une thèse
encore vivement contestée. Dans tous les cas, c'est une décision très-réfléchie, assurément celle qui présente l'argumentation la plus complète et la plus forte en faveur de la
théorie qu'elle consacre. Il est donc nécessaire de la citer en
entier :

« Sur l'illégalité prétendue des ordonnances des 5 et
« 18 janvier dernier : — Considérant qu'en l'absence de titre,
« l'article 558 du Code de procédure criminelle confère au

« président du tribunal le droit absolu d'accorder ou de re-
« fuser la permission de saisir-arrêter ; — Considérant que
« ce droit renferme virtuellement celui de n'accorder la per-
« mission que restrictivement ou conditionnellement ;—Qu'il
« appartient au président de régler l'usage du pouvoir qui
« lui est confié ; qu'on ne saurait d'ailleurs comprendre que
« le moins ne fût pas contenu dans le plus, et que le prési-
« dent, qui peut refuser la permission d'une manière abso-
« lue, ne pût pas ne l'accorder que sous les conditions qu'il
« détermine ; — Considérant que la condition de lui en réfé-
« rer n'est contraire ni à l'ordre public ni à aucune disposi-
« tion de la loi ; qu'elle est souvent commandée par les plus
« impérieuses nécessités de l'administration de la justice ;
« qu'en effet, forcé de prononcer seul, sans délai et sans
« débat, entre un refus qui, en laissant échapper le gage du
« créancier, peut avoir pour conséquence la perte de la
« créance même et une permission qui, en paralysant, même
« momentanément, les ressources du débiteur, peut le con-
« duire à la faillite et à la ruine, le président n'a souvent
« d'autre moyen pour rassurer sa conscience et éclairer sa
« justice que la réserve du référé ; que la faculté d'user de
« cette réserve importe au créancier lui-même ; que dans le
« doute, en effet, le juge souvent refuserait la permission
« s'il ne pouvait l'accorder révocable; — Considérant que ce
« mode de procéder, admis dans la pratique de la plupart
« des tribunaux de France, ne rencontre dans la théorie que
« des objections impuissantes ; — Qu'en effet, ces objections
« peuvent se résumer ainsi :—En premier lieu, le président
« n'a pas reçu de la loi un pouvoir de réformation sur ses
« propres ordonnances; — En second lieu, quand il y a de-
« mande en validité, il ne peut appartenir au président d'en
« dessaisir le tribunal et d'y statuer lui-même; — En troi-
« sième lieu, la permission du président remplace le titre et
« doit valoir comme le titre; — En quatrième lieu, la pre-
« mière ordonnance appartenant à la juridiction volontaire,
« et la deuxième à la juridiction contentieuse, l'exercice de
« ces deux ordres de juridiction se trouverait mêlé et con-
« fondu, ce qui est contraire aux principes ; — Considérant,
« sur la première objection, qu'il n'est pas exact de dire que
« le président, au cas dont il s'agit, se réforme lui-même;

« que la première ordonnance réservant la faculté de modi

« fier la permission provisoirement accordée, le président,

« en faisant ce qu'il s'est réservé de faire, loin de se réformer,

« se conforme à sa propre décision ; — Considérant, sur la

« deuxième objection, que sans doute, quand il y a demande

« en validité, le président sortirait des limites de sa compé-

« tence s'il prétendait en dessaisir le tribunal et y statuer

« lui-même, mais qu'il ne fait ni l'un ni l'autre ; qu'il reste

« exactement, au contraire, dans la sphère de ses attribu-

« tions puisque, dans la seconde comme dans la première

« ordonnance, il ne s'occupe que d'une chose, de la permis-

« sion de saisie à accorder ou à refuser, matière qui lui est

« expressément et exclusivement dévolue par l'article pré-

« cité du Code de procédure civile ; qu'il est vrai que la per-

« mission du président étant la base nécessaire de la saisie, le

« fait de modifier ou de retirer cette base aura pour consé-

« quence, non de dessaisir le tribunal, mais d'infirmer ou de

« modifier l'effet de la demande en validité portée devant lui ;

« mais que, d'une part, la demande en validité n'a porté, au

« tribunal, que l'appréciation de la saisie telle qu'elle a été

« faite par la permission du président, c'est-à-dire avec le

« caractère de révocabilité qu'elle lui a imprimé ; que,

« d'autre part, un acte légalement accompli par le président,

« dans la plénitude de son pouvoir, ne saurait devenir

« illégal, parce qu'il peut avoir pour conséquence de réagir

« sur une action pendante devant une autre juridiction ; que

« ce qui se passe ici est analogue à ce qui arriverait dans le

« cas, par exemple, où la saisie et la demande en validité

« étant fondées sur un jugement de défaut rendu par le

« juge de paix, celui-ci viendrait, sur opposition, à rétracter

« son jugement et, par suite, à faire tomber la demande en

« validité ; qu'on ne saurait reprocher comme un excès de

« pouvoir au juge de paix dans ce cas, non plus qu'au

« président dans l'autre, ce qui n'est que la conséquence

« d'un acte légalement accompli par eux dans les limites de

« leur juridiction ; — Considérant, sur la troisième objec-

« tion, qu'il est vrai que la permission du président a pour

« objet de remplacer le titre ; que ce qu'il faut conclure de

« là c'est que la permission, étant stipulée révocable, il doit

« arriver, sous son empire, ce qui arriverait sous l'empire

« d'un titre révocable ; qu'on ne prétend pas autre chose
« et qu'ainsi l'assimilation objectée, loin de contredire la
« doctrine qu'on expose, lui fournit un nouvel argument ; —
« Considérant, sur la quatrième objection, qu'il est inexact
« de prétendre que l'acte par lequel le Président accorde la
« permission de saisir et celui par lequel il retire ou modifie
« cette permission, émaneraient de deux juridictions diffé-
« rentes ; que ces deux actes procèdent de la même source,
« de l'article 558, et du même pouvoir, celui institué par cet
« article ; que l'un n'est que le complément et la continua-
« tion de l'autre ; que tous deux, par conséquent, appar-
« tiennent à la même juridiction, la juridiction volontaire et
« discrétionnaire ; qu'il importe peu que, lors de la deuxième
« ordonnance, les parties aient été appelées à fournir con-
« tradictoirement leurs explications ; qu'un acte de la
« juridiction volontaire ne perd pas son caractère par cela
« seul que le magistrat a voulu l'entourer des renseignements
« propres à éclairer sa conscience ; que des explications
« demandées et fournies ne changent pas la nature de la
« question à juger et ne peuvent changer, par conséquent,
« la compétence à laquelle elle appartient ; que d'ailleurs la
« détermination des juridictions étant d'ordre public, le
« magistrat, le voulût-il, ne pourrait y déroger en imposant
« aux parties quelques formes particulières de procéder ;
« qu'ainsi le reproche de mêler et de confondre les
« deux juridictions sur une même question manque de
« fondement... »

Il eût été regrettable de ne citer que par fragments un
document aussi considérable qui contient une dissertation
vraiment magistrale.

Quant à la recevabilité de l'appel, elle était en quelque
sorte préjugée par les considérants qui précèdent : aussi
l'arrêt se montre très-sobre sur ce point :

« Considérant, d'une part, qu'il est de principe que l'or-
« donnance qui permet la saisie-arrêt, émanant du pouvoir
« discrétionnaire du président, n'est pas sujette à l'appel ;
« qu'il suit de là que la deuxième ordonnance, modificative
« de la première, participant de sa nature et ne formant
« avec elle qu'un seul et même tout, en est également
« affranchie ; — Considérant, d'autre part, que la permis-

« sion de saisie n'ayant été accordée que sous la réserve du
« référé, le créancier, en acceptant la permission ainsi formu-
« lée et en s'en servant, a accepté la réserve qui en était
« la condition et s'est ainsi rendu non recevable à s'en
« plaindre ; qu'ainsi, soit par sa nature même, soit par le
« fait de la partie, l'ordonnance du 18 janvier dernier, au
« chef qui restreint la permission de saisir, ne pouvait être
« soumise à l'appel ;..... »

Depuis cet arrêt rendu par la Cour de Lyon, la thèse de la
légitimité de la réserve de référé s'affermit de plus en plus
dans la jurisprudence, où elle tend à prendre la portée d'un
principe incontestable ; mais la controverse, éteinte sur ce
point, continue aussi vive. sur tous les autres.

Le *Recueil* Sirey, année 1867, partie deuxième, page 189,
enregistre successivement cinq nouveaux arrêts de la Cour
de Paris.

Tous ces arrêts reconnaissent la régularité d'une réserve
de référé introduite dans l'ordonnance permettant la saisie-
arrêt : tous s'accordent également à proclamer la compétence du président, qui a rendu l'ordonnance, pour statuer
en référé sur les difficultés qui surgiront.

Mais cette unanimité est troublée par des divergences sur
les questions mêmes que soulève la théorie qu'on vient de
consacrer. En sorte que, à vrai dire, on n'est sorti d'un
embarras que pour tomber dans d'autres plus nombreux,
sinon plus graves.

Et d'abord, quant au droit d'appel, trois de ces arrêts
l'admettent contre la seconde ordonnance ; les deux autres
le repoussent.

Ce n'est pas tout : ces arrêts tranchent diversement des
difficultés inévitables, qui naissent de ces complications dans
lesquelles on s'est jeté si témérairement.

Le premier décide que, si le président a le droit d'accorder ou de refuser la permission de saisie-arrêt, d'en limiter
les effets, il n'a cependant pas le pouvoir de donner mainlevée de la saisie après qu'elle a été pratiquée.

Le second, contredisant immédiatement le premier, accorde
au président le droit de donner mainlevée de la saisie-arrêt
pratiquée, même après l'assignation en validité, tant que sur

cette assignation le saisi n'a pas constitué avoué. Mais, après cette constitution, les pouvoirs du président cessent.

Le troisième de ces arrêts va plus loin : le président peut donner mainlevée de la saisie-arrêt, tant que le débiteur assigné n'a pas signifié de conclusions en défense à la demande en validité.

Voilà, avec toutes ses incertitudes, la doctrine de la jurisprudence. Assurément ce n'est ni par sa simplicité, ni par la sûreté de sa marche, que cette procédure se recommande.

Pour en avoir retracé fidèlement toutes les conditions essentielles, il faut signaler encore un point important avec un arrêt de la Cour de Paris du 11 février 1868 (Sirey, 1869, 2, 112).

Les choses ne suivront le cours que nous venons d'indiquer qu'autant que la réserve de référé aura été *expressément* insérée dans l'ordonnance permettant la saisie-arrêt : si le juge a accordé une permission pure et simple, il aura épuisé sa juridiction.

La Cour de Paris, en effet, s'exprime ainsi dans l'arrêt qui précède :

« Attendu que cette stipulation a été à bon droit regardée
« comme une condition spéciale imposée par le juge, la-
« quelle, acceptée par le requérant, constituait de sa part un
« engagement de soumettre de nouveau sa demande, s'il en
« était requis, au même magistrat statuant en état de
« référé... »

Stipulation un peu extraordinaire que celle-là qui émane *d'un juge imposant à la partie une prorogation de juridiction !*

Relevons encore, dans l'ordre chronologique, trois autres arrêts qui admettent la légitimité de la réserve de référé, le pouvoir du président de rétracter son ordonnance après l'assignation en validité, la souveraineté de la seconde ordonnance. Ce sont les arrêts suivants : Paris, 31 juillet et 7 août 1871 (Sirey, 1872, 2, 24 et 195) ; Bordeaux, 16 juillet 1872 (Sirey, 1872, 2, 291).

On pourrait croire, après cela, que le débat est définitivement clos. Il n'en est rien, et les échos de toutes ces controverses se prolongent même dans la jurisprudence : j'en trouve la preuve dans quelques décisions que je veux citer en dernier lieu.

C'est d'abord un arrêt de la Cour de Montpellier, du 26 décembre 1870 (Sirey, 1872, 2, 195), qui décide qu'après une ordonnance permettant une saisie-arrêt, lorsque les parties comparaissent devant le juge sur une assignation et échangent des conclusions contradictoires, la juridiction devient contentieuse, car le juge prononce sur un véritable litige et rend un véritable jugement.

C'est ensuite un arrêt de la Cour d'Alger, du 29 avril 1872 (Sirey, 1872, 2, 195), qui, en des termes singulièrement énergiques, déclare dans la même hypothèse : « *que c'est abuser de la signification des mots et recourir à une inadmissible fiction que de dire de la seconde décision qu'elle n'a été que la continuation et le complément de la première... »*

Le même arrêt élève des doutes sur la légitimité des droits attribués au président par la jurisprudence et dans tous les cas sur leur extension :

« Attendu, dit-il, qu'en admettant qu'un président de « tribunal puisse rétracter l'ordonnance par laquelle il a « autorisé une saisie-arrêt, il faut admettre aussi que ce « pouvoir a des limites et qu'il cesse d'exister lorsque l'or- « donnance a produit son effet et que la saisie a été inter- « posée... »

Pour avoir achevé ce tableau de la jurisprudence, il ne me reste plus qu'à rapporter un précédent arrêt de la Cour d'Alger, du 19 novembre 1870 (Sirey, 1872, 2, 195), arrêt fort remarquable à mon sens et qui mérite d'être mis très en vue. Au milieu des complications que nous venons de parcourir, la doctrine qu'il consacre apparaît comme une idée simple et juste. Je m'étonne pour ma part que cette décision soit passée inaperçue et je me permets d'appeler sur elle toute l'attention de mes lecteurs. En voici le texte :

« Attendu que, par une première ordonnance, en date du « 4 août 1869, le président du tribunal de première instance « de Constantine a, sur requête à lui adressée, autorisé les « consorts Chamaouni à pratiquer diverses saisies-arrêts au « préjudice de Ben Kassem, Ben Mekri et Ben Nasser, et « que cette ordonnance se termine par ces mots : « *Disons*

« *qu'il nous en sera référé en cas de difficultés* » ; — Que, par
« une deuxième ordonnance, en date du 12 novembre 1869,
« le même magistrat, statuant en audience de référé, a fait
« mainlevée de cette saisie ; — Que, sur l'appel interjeté
« par les consorts Chamaouni, il a été répondu que cette
« deuxième décision n'était que le complément de la pre-
« mière, émanait de la même juridiction, tendait aux mêmes
« fins, subissait les mêmes règles et que, comme celle-ci
« n'était point sujette à appel, celle-là jouissait d'un pareil
« bénéfice ; — Mais attendu qu'il ne peut en être ainsi ; —
« Que. d'une part, le magistrat, pour s'éclairer sur le mérite
« d'une requête, n'a besoin d'autoriser aucun référé, pou-
« vant lui-même exiger de la partie requérante comparution
« ou justification préalable et que, d'autre part, en fait de
« juridiction gracieuse non plus qu'en matière contentieuse,
« il ne peut appartenir au juge de réformer lui-même sa
« propre décision ; — *Que la réserve susmentionnée n'est point*
« *d'ailleurs contraire à ces principes ; qu'introduite et qu'ac-*
« *créditée par l'usage, elle a pour objet, non sans doute de créer*
« *une exception, une dérogation à la loi, mais bien d'appeler*
« *l'attention de la partie frappée en son absence et à son insu, de*
« *la prévenir que l'article 806 du Code de procédure lui vient*
« *en aide, alors qu'elle est sous le coup d'un titre exécutoire ou*
« *dans un cas d'urgente nécessité ; — Qu'il suit de là que la*
« *décision du 12 novembre 1869 n'est et ne saurait être qu'une*
« *ordonnance de référé, une ordonnance qui peut bien, de fait et*
« *par voie de conséquence, paralyser l'ordonnance sur requête*
« *précédemment rendue, mais qui a pour objet principal, essen-*
« *tiel, de fixer un obstacle à poursuites...* »

Tout le mérite de l'arrêt se trouve dans cette dernière
partie, à laquelle il ne manque qu'un développement doctrinal que nous essayerons de lui donner.

L'exposé complet que je viens de faire facilitera (et c'était
là mon but) la discussion à laquelle je vais maintenant me
livrer.

Une observation préliminaire doit ici trouver sa place :

La jurisprudence proclame aujourd'hui, avec autant de
fermeté que d'unanimité, que l'ordonnance, permettant une
saisie-arrêt, appartient à la juridiction discrétionnaire. Il
faut en conclure que cette ordonnance, semblable à toutes

celles de même nature, est gouvernée aussi par les mêmes
règles. Et cependant, sans que cette distinction résulte d'aucun texte, la jurisprudence, suppléant hardiment le législateur, imagine, pour cette seule ordonnance sur requête, une
procédure particulière ! On enseigne généralement que le
magistrat, investi de la juridiction discrétionnaire, statue
dans les conditions spéciales indiquées par la loi et qu'après
avoir ainsi rendu son ordonnance, il a épuisé ses pouvoirs :
il ne saurait appartenir qu'à une autre juridiction de modifier, provisoirement ou définitivement, la situation créée par
l'ordonnance. C'est là, avons-nous dit nous-même, un principe fondamental, qui touche à l'ordre public, qui, en maintenant chaque juridiction dans sa sphère, contribue puis-
samment à donner à la justice une action régulière et
harmonieuse. Et voici que, par une exception inexplicable,
à l'égard de l'ordonnance permettant une saisie-arrêt et à
l'égard de cette ordonnance seule, la marche ordinaire des
choses est profondément modifiée : le juge donne une autorisation et la retient, statue et se réserve de statuer autrement, proroge de lui-même sa juridiction par la vertu d'une
simple formule.

Il se peut que cette théorie ingénieuse présente des avantages pratiques (nous savons déjà à quoi nous en tenir sur
ce point), mais l'utilité n'a jamais été un titre légal. Où est
donc celui de l'opinion que je combats?

Qu'on veuille bien excuser la franchise de mon langage !
Malgré le crédit que cette thèse a rencontré dans le monde
judiciaire, je n'hésite pourtant pas à dire qu'elle me semble
aussi contraire au texte qu'à l'esprit de la loi. Je vais m'ef-
forcer de le prouver.

La jurisprudence, qui a consacré la légitimité d'une réserve de référé dans l'ordonnance qui permet la saisie-arrêt,
n'a pas suivi, quant aux conséquences, un système uniforme.
On le sait : parmi les arrêts qui ont admis ce principe, les
uns considèrent que la seconde ordonnance, rendue sur le
référé, a un caractère absolument différent de la première,
qu'elle constitue vraiment une décision contentieuse et que,
comme telle, elle est susceptible d'appel. — Les autres déclarent, au contraire, que la seconde ordonnance, participant de la nature de la première dont elle n'est que la con-

tinuation et le complément, appartient encore à la juridiction discrétionnaire et qu'elle n'est pas soumise à l'appel.

. Pour que ma réfutation soit claire et complète, il me faut donc entrer avec la jurisprudence dans les distinctions mêmes qu'elle a établies.

S'il est vrai que la seconde ordonnance ait un caractère contentieux et soit ainsi susceptible d'appel, il me paraît difficile que l'opinion, qui enseigne cette doctrine, puisse échapper à une objection décisive. — La matière, on le reconnaît, appartient à la juridiction discrétionnaire : le juge, chargé d'apprécier l'opportunité de la saisie-arrêt. devait statuer, sur simple requête, sans débat; sa décision devait être à l'abri de tout recours. Or voici cependant que le même magistrat, saisi de la même affaire, et cette fois sur assignation, en présence de toutes les parties intéressées, après une discussion contradictoire, rend un jugement qui peut être frappé d'appel. Tout est changé, sauf le juge : la procédure, la juridiction, la décision et ses effets. Eh bien ! je le demande, de pareilles interversions peuvent-elles dépendre d'une formule, à l'aide de laquelle le magistrat, élargissant le cercle de ses attributions, modifierait, dans leur essence même, les pouvoirs qui lui ont été conférés par la loi ?

Pour ma part, je ne sais pas de réponse satisfaisante à cette objection.

Assurément on ne saurait se contenter de celle qui a été fournie par plusieurs arrêts : que le moins est contenu dans le plus et que le juge, qui a la faculté de refuser absolument la permission de saisir, peut ne l'accorder que sous condition. Il est par trop clair que la juridiction contentieuse n'est pas contenue dans la juridiction discrétionnaire et qu'ainsi la condition, mise par le juge à l'autorisation qu'il accorde, dépasse ses pouvoirs, puisqu'elle a pour résultat de les dénaturer.

Il importe d'insister encore et de montrer toute l'étendue de la dérogation que cette opinion apporte aux principes.

Dans les espèces soumises aux Cours d'appel, il s'agit toujours d'ordonnances rendues par le président du tribunal civil. On s'étonne moins alors de voir porter un référé devant ce magistrat qui est le juge ordinaire en cette matière. C'est néanmoins une confusion, car le président du tribunal, autorisant une saisie-arrêt et statuant en référé, exerce deux juridictions parfaitement distinctes. Mais l'immixtion deviendra plus flagrante, si nous supposons que la permission de saisir-arrêter émane, comme cela peut arriver, soit d'un président de tribunal de commerce, soit d'un juge de paix. Sous peine d'accumuler à plaisir les distinctions, vraisemblablement on reconnaîtra à ces derniers magistrats, agissant en vertu du même article 558, la faculté qu'on attribue au président du tribunal civil. Mais alors voici le président du tribunal de commerce et le juge de paix devenus des juges de référés. La conséquence, pour ces deux magistrats et pour le juge de paix tout au moins, ne laissera pas que de surprendre : de plus, il faudra qu'on nous dise la juridiction qui devra connaître de l'appel interjeté contre la seconde ordonnance du juge de paix.

La jurisprudence, qui enseigne que la deuxième ordonnance participe de la nature de la première, que l'une et l'autre émanant de la juridiction discrétionnaire sont souveraines, est incontestablement plus logique. Contre cette opinion, l'objection que nous élevions tout à l'heure n'a plus autant de prise : cependant elle subsiste en partie. De plus, les conséquences qui découlent de ce système absolu sont si regrettables, que la majorité des Cours, hésitant à les consacrer, a préféré à cette solution radicale celle que nous avons essayé de réfuter.

Mais examinons-la à son tour, en nous plaçant toujours au point de vue de la légalité.

Cette doctrine, elle aussi, quoique moins ouvertement, trouble l'ordre des juridictions. C'est en vain que ses partisans se récrient et déclarent qu'avant comme après le référé, la juridiction demeure discrétionnaire. Il ne suffit pas qu'ils le disent, si la perturbation qu'ils nient existe réellement.

La juridiction discrétionnaire est celle qui permet, dans des cas d'une extrême urgence, avec l'autorisation du juge, de prendre des mesures conservatoires. Les formes sont aussi simples et aussi rapides que le commandent les circonstances ; une requête est le seul acte nécessaire ; point d'assignation surtout qui mette en éveil l'adversaire qu'on veut légitimement surprendre, afin de déjouer tout calcul de fraude. Si la mesure est inopportune ou lèse un intérêt respectable, d'autres juridictions y pourvoiront : celle du juge des référés si le préjudice est imminent, celle du tribunal saisi du litige principal lorsqu'il n'y aura pas péril en la demeure.

Telles sont les règles essentielles qui gouvernent la juridiction discrétionnaire. Ne sommes-nous pas complétement en dehors de ces conditions ? Le saisi a assigné le saisissant devant le juge qui avait autorisé la saisie-arrêt ; il prétend qu'il n'est pas débiteur ou qu'il s'est libéré, et, sur ce débat, le même magistrat statue en maintenant, modifiant ou rétractant la permission qu'il avait donnée. Mais, comme l'a si bien dit la Cour d'Alger, écartons les fictions pour envisager la réalité des choses : c'est là un litige, puisqu'il y a contestation entre deux parties dont l'une affirme et l'autre dénie l'existence de la dette ; la décision qui interviendra sera contentieuse, puisqu'elle consacrera la prétention de l'une en repoussant celle de l'autre. Dans tous les cas, ni la procédure, qui se déroule après une assignation, en présence de deux adversaires, après un débat contradictoire, ne ressemble à celle des ordonnances discrétionnaires, toujours rendues à la requête d'une seule partie et sans débat ; ni surtout la décision, intervenant sur des conclusions opposées, modifiant ou rétractant une mesure exécutée, ne ressemble à la simple autorisation d'un acte conservatoire qui n'est pas encore accompli.

Quand donc, sans s'arrêter à des qualifications plus ou moins commodes, on va au fond des choses, on s'aperçoit que le juge discrétionnaire, en connaissant d'un référé qu'il s'est réservé, franchit certainement les limites de sa compétence.

Le mot *même*, qu'il faut incessamment répéter, est la preuve non équivoque de cette violation des principes. Car enfin c'est d'un *référé* qu'il s'agit : or toute ordonnance de référé, précédée d'une assignation et d'un débat contradictoire, constitue une décision contentieuse.

L'esprit de la loi consulté ne proteste pas moins contre la confusion des pouvoirs qu'on établit. Le législateur a voulu qu'en cette matière on procédât avec célérité et, dans ce but, il a proscrit toute procédure, tout débat : il arrivera, au contraire, qu'une assignation sera nécessaire et qu'on plaidera devant un juge qui devait fermer l'oreille à toute discussion.

On a dit avec raison que l'application était la pierre de touche des principes. Voyons donc les résultats de celui qu'on propose :

Le juge, que l'article 558 du Code de procédure avait investi d'un pouvoir discrétionnaire, mais restreint, est armé par la jurisprudence d'attributions vraiment exorbitantes. Il avait permis une saisie-arrêt ; confiant dans son ordonnance, le créancier a pratiqué la saisie, l'a dénoncée, contre-dénoncée et a assigné en validité. Sur la réclamation du saisi, le même juge, défaisant ce qu'il avait fait, retirant l'autorisation accordée, ruinera toute cette procédure et sa dernière décision, intervenue malgré la résistance du saisissant, sera souveraine et sans appel ! Et cependant si le juge s'est trompé, il faudra donc que le créancier subisse, sans recours possible, un préjudice irréparable peut-être ! Voilà l'éventualité qui a justement effrayé une partie de la jurisprudence et lui a fait admettre, contre la logique, la faculté d'appel !

Qu'on ne croie pas amoindrir la portée de cette considération en lui opposant une considération contraire : le juge avait pu aussi se tromper en autorisant la saisie-arrêt. Dans cette hypothèse, le préjudice, s'il existe, sera toujours et facilement réparable : deux juridictions, celle du président jugeant en référé et celle du tribunal statuant sur la validité de la saisie-arrêt, pourront venir efficacement en aide à l'intérêt menacé.

La doctrine que je discute n'a pas encore été amenée à sa dernière conséquence, il faut la signaler :

S'il est vrai que le juge, en permettant la saisie-arrêt, puisse y mettre des conditions, parce que qui peut le plus peut le moins, je ne vois pas comment on l'empêchera de se retenir aussi le droit de rétracter, d'office ou à la requête d'un tiers, l'autorisation qu'il avait accordée. Que serait alors, je le demande, une juridiction fonctionnant de cette manière, sinon l'omnipotence et le caprice du juge érigés en système ? C'est là, je m'empresse de le reconnaître, une déduction poussée jusqu'à l'extrême, et la sagesse de nos magistrats nous prémunit à coup sûr contre un pareil danger : mais cette conséquence, tout invraisemblable qu'elle soit, se peut rationnellement rattacher au principe posé, et dès lors elle permet de juger de son exactitude doctrinale.

En restant même dans le champ des applications faites par la jurisprudence, quelques observations importantes doivent encore trouver place :

Je ne nie pas l'opportunité d'un référé en cette matière et, dans un instant, je montrerai qu'il constitue une précieuse ressource. Mais, au moins, faut-il lui laisser son véritable caractère et le porter devant le magistrat compétent. Or la jurisprudence, à son insu, a ouvert une nouvelle source de dérogations aux règles les plus certaines. Dans le système qu'elle a consacré, deux juridictions sont à la fois dénaturées : la juridiction discrétionnaire et la juridiction contentieuse des référés.

Le référé qu'on a imaginé sera dévolu à un juge qui n'est pas le juge ordinaire des référés, si l'autorisation de saisir émane du président du tribunal de commerce ou du juge de paix.

— Ce référé aura en outre cet effet particulier que l'ordonnance qui l'aura suivi ne sera pas susceptible d'appel, bien que toutes les ordonnances de référé soient soumises à l'appel.

— Cette procédure exceptionnelle, qui n'est ni celle de la juridiction discrétionnaire, ni celle de la juridiction contentieuse, dépendra d'une simple formule. Suivant que le juge, en permettant la saisie-arrêt, aura dit *qu'il lui en sera référé* ou qu'il ne l'aura pas dit, ce recours qu'on proclame si nécessaire existera ou n'existera pas. Il y a là d'abord une singulière inégalité entre parties dignes cependant du même intérêt, mais ensuite et surtout une conséquence exorbitante et demeurée inaperçue : c'est qu'un pareil système, en fondant un recours anormal, en dehors de toutes les règles, aura le plus souvent pour effet de fermer aux parties la voie du référé ordinaire.

— Je suppose que la permission de saisie-arrêt a été accordée par un président du tribunal de commerce, ou par un juge de paix, ou même par le président du tribunal civil du domicile du tiers saisi, alors que le saisissant et le saisi sont domiciliés dans un autre arrondissement. Dans ces diverses hypothèses, le juge qui a accordé la permission de saisie-arrêt et le juge ordinaire des référés ne sont pas les mêmes : les magistrats, aussi bien que les juridictions, diffèrent. Qu'arrivera-t-il si le juge, qui a autorisé la saisie, s'est réservé de connaître des difficultés qui surgiront ?

De deux choses l'une : ou bien, sur la réclamation du saisi, le juge retirera l'autorisation qu'il avait accordée et tout sera fini ; la procédure de saisie-arrêt, si avancée qu'elle fût, tombera : dans ce cas, pas de référé possible après la seconde ordonnance. — Ou bien, sur l'assignation du saisi, après un débat contradictoire, le même juge, statuant en référé, maintiendra la permission qu'il avait donnée et, alors, le saisi, qui a déjà été en référé devant l'auteur de l'ordonnance, ne pourra plus introduire un référé devant le juge ordinaire, à moins qu'on admette qu'un premier référé porté devant un magistrat ne soit suivi d'un second devant un autre magistrat ! ·

Est-ce assez de complications dans une matière où le législateur, voulant satisfaire à des intérêts pressants, avait institué une juridiction discrétionnaire statuant rapidement et presque sans procédure ?

La doctrine, consacrée par la jurisprudence, me paraît donc contraire aux principes généraux, aux règles qui gouvernent l'ordre des juridictions, et finalement mêlant des attributions essentiellement distinctes, elle produit, dans le cours régulier de la justice, une véritable perturbation ! Si ce désaccord existe, cette doctrine doit succomber sous ce reproche, et son utilité même, quand elle serait certaine, ne saurait l'en relever.

Mais est-il donc vrai qu'elle présente des avantages pratiques tels qu'ils doivent triompher de nos scrupules ?

Je le nie : et d'abord à ne considérer que les résultats, sont-ils si favorables ?

Quant au saisi, obligé de porter ses réclamations devant un magistrat qui a déjà statué contre lui, il a peu de chances d'obtenir une rétractation. A cette nouvelle épreuve, il n'aura rien gagné et il aura perdu, au contraire, la ressource du référé dans les conditions ordinaires.

Quant au saisissant, il est exposé à voir tomber la saisie-arrêt, après des frais avancés sur la foi de l'ordonnance du juge, et contre cette décision imprévue, qui supprime son droit, il n'a pas de recours possible.

Une procédure utile est celle qui trace des règles sûres et protectrices de tous les intérêts. Celle qu'on nous propose sème, si je puis ainsi parler, les obstacles sur les pas des justiciables. Nous n'avons qu'à rappeler nos souvenirs.

La réserve d'un référé par le juge qui autorise une saisie-arrêt est-elle légale ? — Quels en sont les effets ? — La décision, intervenue sur ce référé, est-elle ou non susceptible d'appel ? — Jusqu'à quel moment ce recours du référé est-il ouvert aux parties et comment se conciliera-t-il avec la compétence du tribunal chargé de statuer sur la validité de la saisie-arrêt ? — Le juge, qui a accordé l'autorisation de saisir, peut-il la retirer après l'interposition de la saisie ? — Après l'assignation en validité ? — Si oui, le peut-il après que le saisi a constitué avoué ? — Si oui encore, le peut-il après la signification des conclusions en défense ?

Autant de questions, autant de solutions différentes. Sur tous ces points, la jurisprudence est divisée et chaque opinion compte pour elle un certain nombre d'arrêts.

Cette procédure n'a donc fait qu'ouvrir la carrière aux controverses les plus délicates, alors qu'il ne s'agit encore que d'une mesure conservatoire. En vérité, quel service rendu aux parties !

Qu'on supprime, au contraire, cette réserve mise dans l'ordonnance, qu'on applique au juge permettant une saisie-arrêt cette règle de toutes les juridictions : *que le juge, en statuant dans les conditions prescrites par la loi, épuise ses pouvoirs*, et tout rentre dans l'ordre. Tous les obstacles disparaissent ; chaque juridiction est maintenue dans la sphère de ses attributions, les choses suivent un cours régulier et normal et les parties arrivent, sans encombre, devant le tribunal chargé de prononcer sur le fond du droit. Voilà la procédure vraiment utile.

L'honorable M. Bertin a eu le mérite de réagir, le premier, contre ces fâcheux errements de la jurisprudence. J'ai voulu joindre mes efforts aux siens et essayer (y ai-je réussi ?) de fortifier par des arguments nouveaux une opinion qui nous est commune.

Tout en rendant hommage à son heureuse initiative, en faisant aussi une part à cet arrêt de la Cour d'Alger cité plus haut, que le savant jurisconsulte me permette de lui faire remarquer encore, à cette occasion surtout, l'importance d'un principe qu'il avait méconnu dans sa brochure et qu'il n'a pas rétabli dans son traité.

Le magistrat, qui statue sur requête, celui qui permet une saisie-arrêt, fait office de *juge*, non d'*administrateur*, il exerce la juridiction discrétionnaire. C'est à cette condition seulement qu'on pourra lui imposer cette règle : *que le juge qui a statué a épuisé sa juridiction*. Si le magistrat, autorisant une saisie-arrêt, ne faisait qu'un acte d'administration, je ne vois plus comment on pourrait lui dénier la faculté d'y mettre des conditions, de retirer ce qu'il avait accordé, en un mot d'effacer un acte d'administration par un acte contraire.

. Il est vrai que Pascal a dit que rien n'était si libre que les mots; mais gardons-nous d'user de cette liberté dans la langue du droit où les mots, s'ils ne conservaient leur signification précise, deviendraient autant de signes d'erreur sur les choses.

J'ai maintenant à défendre la doctrine que je viens d'établir, contre des objections qui lui sont ou lui peuvent être adressées.

Une critique consciencieuse de la jurisprudence n'est pas faite pour diminuer le respect qui est dû à son œuvre si grande : il est si rare d'avoir raison contre elle. Dans tous les cas, celle que j'ai combattue avait été déterminée, après tout, par les motifs les plus louables : on cherchait à parer à un inconvénient qui est sérieux. La saisie-arrêt, en effet, a, dès le début, une conséquence grave : elle porte immédiatement atteinte au crédit du saisi qui, s'il est commerçant surtout, peut subir un dommage considérable. Or le juge, qui n'a entendu que le saisissant, peut s'être trompé ou avoir été trompé : il importe donc que cette erreur si préjudiciable soit réparée au plus vite. C'est dans la réserve de référé et la possibilité donnée ainsi au juge de retirer son autorisation, que la jurisprudence a cru trouver le remède.

La doctrine que nous soutenons va-t-elle donc laisser subsister ce danger?

Mais non : le moyen existe, et il est simple. Le saisi pourra, s'il ne veut pas attendre l'instance en validité, introduire un référé.

Mais alors, dira-t-on, n'est-ce pas une subtilité pure que la discussion qui précède? Non, certes.

Le référé dont je vais parler est le référé ordinaire, suivi dans les formes et conditions prescrites par les articles 806 et suivants du Code de procédure civile. Ici, qu'on le remarque, tout diffère. D'abord, ce sera quelquefois la personne même du magistrat : en effet, si la permission de saisie émane d'un président du tribunal de commerce ou d'un juge de paix, le référé sera porté devant le président du tribunal civil. Ensuite, et lors même que l'autorisation de saisie aura été donnée par le président du tribunal civil, le référé, porté devant le même magistrat, trouvera un juge, procédant avec des attributions distinctes, ayant des pouvoirs spéciaux; la décision qu'il rendra sera précédée de certaines formes, surtout elle aura un caractère contentieux et sera susceptible d'appel.

Ces observations me paraissent péremptoires et me dispensent d'insister sur une distinction, qui repose sur des effets juridiques si peu contestables.

C'est alors que je rencontre des objections nouvelles que je ne dois pas omettre :

Le juge de référé, qui n'a compétence que pour ordonner des mesures provisoires, dans les cas d'urgence, qui doit s'abstenir scrupuleusement de jamais préjuger le fond, pourra-t-il modifier, suspendre ou retirer la permission de saisie-arrêt? N'y a-t-il pas même ici une interdiction particulière basée sur l'article 567 du Code de procédure civile, puisqu'aux termes de cette disposition le tribunal seul peut statuer sur la mainlevée de la saisie-arrêt?

J'entre ainsi prématurément dans les développements qui devront faire l'objet du second chapitre de cette étude. Mais ce serait évidemment un excès de méthode, ou plutôt une absence de méthode, que d'ajourner une réponse aussi urgente à l'objection qui précède.

M. Bertin en a justement fait la remarque : la difficulté qu'on suscite doit surprendre de la part d'adversaires qui, tout à l'heure, accordaient si libéralement à un magistrat, investi de pouvoirs discrétionnaires seulement, une faculté qu'ils dénient au juge des référés. Serait-il donc si extraordinaire de faire apprécier par un magistrat, dont la compétence est plus étendue, des réclamations qu'on n'hésitait pas à déférer à un magistrat dont les attributions sont plus restreintes ?

Quelques exemples empruntés à la pratique montreront de suite l'opportunité de ce recours.

Une saisie-arrêt peut avoir été pratiquée sans titre ou sans permission du juge; elle peut ne contenir aucune évaluation de la créance... Veut-on que, dans ce cas, le juge des référés, malgré l'évidence de la nullité, se déclare incompétent et renvoie au principal la question de savoir si la mainlevée peut être ordonnée ?

D'autres hypothèses, également signalées par M. Bertin, se peuvent rencontrer; l'acte en vertu duquel on procède n'existe pas; l'acte ne contient aucune obligation de la part de celui auquel on prétend l'opposer; il constate une obligation à terme ou conditionnelle; c'est un contrat synallagmatique, et il n'a pas été fait double; le jugement est périmé; une quittance est produite, une compensation légale est invoquée...

C'est précisément pour ces cas et autres analogues, alors qu'il est certain qu'il n'existe pas de titre opposable au réclamant, que la juridiction des référés a été instituée, pour affranchir immédiatement des poursuites celui qui les subit en dehors des conditions prescrites par la loi.

Le législateur, il est vrai, a consacré des dispositions trop laconiques à la détermination de la compétence du juge des référés, et sa réserve à cet égard est la source des plus grands embarras. Je ne ferai, en ce moment, qu'effleurer une matière que je développerai plus tard; mais, à ne consulter que le texte même de l'article 806 du Code de procédure civile, on y voit suffisamment indiquée une distinction qu'il faut mettre plus en lumière.

Le juge des référés a compétence pour ordonner, dans tous les cas d'urgence, des mesures provisoires qui, sans préjudicier au principal, règlent un premier conflit, qui s'élève entre les parties, et fixent les conditions dans lesquelles elles devront aborder la juridiction saisie du fond du litige. L'article 806 lui confère en outre, et en des termes différents, le pouvoir de *statuer sur les difficultés relatives à l'exécution.*

Sur le second point, la compétence du juge des référés est évidemment plus étendue que sur le premier, autrement le législateur se fût borné à donner à ce magistrat le pouvoir de prescrire des mesures provisoires dans les cas d'urgence. Quand donc il a dit que le juge des référés *statuerait provisoirement* sur les difficultés relatives à l'exécution des titres, il faut nécessairement admettre qu'il a élargi le cercle de la compétence établie par les premiers mots de l'article 806, autrement le législateur eût parlé pour ne rien dire. D'autre part, si, pour les difficultés d'exécution, le juge devait s'abstenir toujours de préjuger les questions principales, autant vaudrait reconnaître qu'il n'a aucune compétence sur ce point. L'obstacle opposé à l'exécution proviendra toujours d'une prétention élevée par le débiteur, qui touchera nécessairement au fond du droit, le débiteur soutenant qu'il ne doit pas ou qu'il ne doit plus, que le titre est irrégulier, nul, ou invoquant une libération. M. de Belleyme l'a fait observer avec raison : la question alors est la même au provisoire qu'au principal et la seule différence, qui caractérisera la juridiction des référés et la juridiction ordinaire, c'est que la première donnera à la difficulté une solution provisoire et la seconde une solution définitive.

Ces principes généraux justifient la compétence du juge des référés, en matière de saisie-arrêt, et le pouvoir attribué à ce magistrat de maintenir, restreindre la saisie ou d'en donner mainlevée. Ce faisant (et voilà ce qui importe) le magistrat n'aura statué que *provisoirement.* C'est au tribunal seul qu'il appartiendra de donner *définitivement* mainlevée de la saisie-arrêt. Ainsi se trouveront conciliés, dans une juste mesure, les pouvoirs du juge des référés et ceux du tribunal; ainsi sera respectée aussi la disposition de l'article 567 du Code de procédure civile.

C'est ici qu'il convient de relever, au n° 239 du traité de M. Bertin, une proposition grave qui me semble une erreur échappée à la sagacité du savant jurisconsulte. M. Bertin dit, en effet : « *Il est évident* que si, soit le président qui a rendu l'ordonnance, soit le juge des référés, prononce la mainlevée de la saisie, *la demande en validité ne saurait être formée...* »

Mais d'abord cette ordonnance de mainlevée, rendue par le juge des référés, peut être attaquée par la voie de l'appel et, si la Cour la réforme pour maintenir la saisie-arrêt, il faudra bien sans doute que la procédure de saisie-arrêt reprenne son cours interrompu. Dans tous les cas, les décisions de référé ne sont et ne peuvent jamais être que *provisoires* et, avec cette doctrine, elles emporteraient, au contraire, le fond du droit et produiraient immédiatement un effet définitif qui pourrait être désastreux. De plus, que devient, dans ce système, l'article 567 du Code de procédure civile? Le juge des référés absorbera la compétence du tribunal que le législateur a cependant chargé exclusivement de prononcer une mainlevée définitive

L'honorable auteur avait été mieux inspiré au n° 189 du même traité, où nous lisons :

« Nous estimons que, dans tous les cas que nous avons
« indiqués (nullité du titre, libération prétendue, etc.), le
« juge des référés est compétent pour statuer *provisoirement*
« sur le droit qui est la base des actes d'exécution ou des
« mesures conservatoires et que, lorsqu'il est constaté par
« lui qu'il n'y a pas de titre, que le titre qui existe est nul
« ou impuissant à légitimer les actes auxquels il a été
« procédé, il doit déclarer *provisoirement* inefficaces les actes
« auxquels il a été procédé et, en matière de saisie-arrêt,
« faire mainlevée de cette saisie... »

Cette dernière doctrine est irréprochable; mais alors je demande pourquoi l'ordonnance de mainlevée, au cas où la saisie-arrêt aura été pratiquée en vertu de la permission du juge, aurait des effets définitifs. Le juge des référés n'est pas le réformateur de l'ordonnance de saisie : il n'agit pas comme un juge du second degré, infirmant ou confirmant la décision du magistrat qui a autorisé la saisie. Il statue, en vertu de pouvoirs distincts et en premier ressort, non sur l'ordonnance, mais sur une difficulté d'exécution ; surtout il statue *provisoirement*, et l'ordonnance du magistrat qui avait permis la saisie, suspendue ou paralysée dans son exécution seulement, demeure, jusqu'à ce qu'il intervienne un jugement définitif de la part du tribunal, saisi de la question du fond.

Les termes de M. Bertin sont si affirmatifs qu'ils me font hésiter, mais, en vérité, sans cette contradiction, j'aurais été tenté de dire que la proposition contraire que j'énonce était évidente.

On fera remarquer peut-être que la compétence réservée au tribunal sera le plus souvent illusoire, car, après la mainlevée prononcée par le juge des référés, le saisi pourra toucher la créance et, en ce cas, la demande en validité portée devant le tribunal frappera dans le vide.

Ce résultat est possible, mais doit-il beaucoup nous surprendre ? N'est-ce pas, après tout, une conséquence identique à celles qui s'attachent à toutes les décisions du juge des référés ? On peut abuser de tout, même des ordonnances sur référé. — Quand le juge des référés surseoit aux actes d'exécution (et qui lui conteste ce pouvoir ?), le débiteur peut aussi utiliser le temps qu'il a obtenu pour faire disparaître le gage. Le législateur cependant ne s'est pas arrêté à cette considération.

L'inconvénient que l'on redoute, pour la saisie-arrêt, n'est donc, ni plus grave, ni autre, que celui qui peut se produire en toute matière de la compétence du juge des référés. D'ailleurs, ce danger, qui n'existera pas pour les créances à terme, qui, dans les autres cas, sera écarté ou par la prudence du tiers saisi, ou par l'appel interjeté contre l'ordonnance de mainlevée, ou par la mise au rôle et la prompte expédition de l'instance en validité, pourra aussi et plus directement être prévenu par l'exigence d'une caution à laquelle le juge des référés subordonnera l'exécution provisoire de son ordonnance.

Comparons maintenant, dans un dernier rapprochement, les deux systèmes que nous venons d'exposer.

Une saisie-arrêt a été pratiquée en vertu d'une ordonnance du juge qui contient la réserve expresse *qu'il lui en sera référé en cas de difficultés.* Sur les réclamations du saisi, après assignation et débat contradictoire, le juge, qui a rendu l'ordonnance, pourra retirer la permission qu'il avait accordée. Cette décision, si grave, sera souveraine : non-seulement elle échappera au contrôle ordinaire de la Cour, juge de référé au second degré, mais elle empêchera que la question principale puisse jamais arriver devant le tribunal compétent. Cette omnipotence dépend d'une simple formule, œuvre de la volonté du juge ; les conséquences qu'elle entraîne contrastent étrangement avec les résultats de la saisie-arrêt dans les autres hypothèses. En effet, si l'ordonnance, qui a permis la saisie-arrêt, est pure et simple, si la saisie-arrêt a été pratiquée en vertu d'un titre, aucun référé n'est possible, même pour obtenir une décision provisoire, susceptible d'appel, quelles que soient d'ailleurs les irrégularités de la procédure ou du titre, quelque préjudice que puisse éprouver le saisi : il faudra attendre l'instance en validité.

C'est-à-dire que la procédure de saisie-arrêt aboutit à des distinctions inattendues, et que le saisissant et le saisi, dont les intérêts demeurent toujours les mêmes, ont des droits différents et qui dépendent d'éventualités que le législateur n'a pas prévues.

Tel est, dans ses effets pratiques, en dehors des objections doctrinales qu'il soulève et des divergences qu'il fait naître, le système que nous avons cru devoir repousser.

Une saisie-arrêt est pratiquée. Que ce soit en vertu de l'ordonnance du juge ou en vertu d'un titre, au tribunal seul appartiendra de prononcer définitivement sur sa validité ou sur sa mainlevée. Dans l'intervalle, sur les réclamations du saisi, le juge ordinaire des référés, usant de ses pouvoirs habituels, sans qu'il soit besoin d'aucune réserve dans l'autorisation de saisie, statuera sur les difficultés qui surgiront. Sa compétence est facultative et sa décision, d'ailleurs susceptible d'appel, ne sera jamais que *provisoire* et ne dessaisira aucune autre juridiction. L'ordonnance de référé préviendra un préjudice imminent, mais ne confisquera le droit de personne et laissera arriver régulièrement la contestation du fond devant ses juges naturels. La procédure de saisie-arrêt conserve ainsi son unité, les intérêts de tous sont protégés efficacement, et chaque juridiction se meut dans la sphère de ses attributions.

Tel est le système auquel nous avons donné nos préférences.

Arrivé à la fin de ce long paragraphe, il ne me reste plus qu'à consigner ici quelques observations dernières.

Le juge, qui est chargé par la loi d'autoriser une saisie-arrêt en l'absence de titre, est investi d'une mission grave et délicate : il lui faut, pour le sage exercice de ce pouvoir discrétionnaire, beaucoup de prudence et de sagacité. Il est difficile de lui tracer des règles, mais voici des conseils tout au moins que j'emprunte à un auteur autorisé :

« On conçoit qu'il y a en cela beaucoup d'arbitraire et
« que le législateur a dû s'en rapporter à la prudence des
« magistrats... Quoique le législateur ait dû s'en rapporter à
« la prudence du juge pour accorder ou refuser la permis-
« sion dont il s'agit, il y a cependant des principes généraux
« qui, dans cette matière, doivent diriger le magistrat et
« desquels il serait dangereux qu'il s'écartât. Ces principes
« sont relatifs, ou à la personne de la partie saisie, ou à la
« nature et à l'importance de la créance pour sûreté de
« laquelle on demande à former opposition. Il est rare
« qu'une créance qui n'est pas fondée sur un titre soit d'une
« somme considérable; d'un autre côté, la requête que l'on
« présente pour obtenir la permission, doit signaler la per-
« sonne sur laquelle on veut former l'opposition. Ces deux
« circonstances sont d'ordinaire d'un grand poids pour
« déterminer le juge, quand il n'a pas d'ailleurs des motifs
« de décider. Il est évident que si la créance alléguée est
« peu importante et que le débiteur que l'on signale ait une
« apparence de solvabilité, on devra renvoyer le requérant
« à se pourvoir, c'est-à-dire à former une demande ordinaire
« en condamnation de la somme qu'il annonce lui être due.
« S'il réussit dans sa demande, il pourra exécuter le juge-
« ment non-seulement par des saisies-arrêts, mais encore
« par les autres voies de droit. Au surplus, pour que le juge
« accorde permission de former des oppositions pour raison
« d'une créance qui n'est pas fondée en titre, il faut non-
« seulement que les présomptions en faveur de la vérité de
« la créance soient extrêmement fortes, mais encore que les
« bases de la quotité soient fixées... »

De son côté, M. de Belleyme constate avec l'autorité de sa position et de son expérience : « Qu'en général, on ne
« permet pas une opposition pour une somme inférieure à
« 120 et 150 francs, afin qu'un jugement par défaut et un
« jugement de débouté d'opposition ne quadruplent pas la
« dette. — Le juge ne permettra également que le nombre

« d'oppositions nécessaire pour conserver la créance, sur-
« tout entre les mains de locataires, afin de ne pas grever le
« débiteur des frais ruineux des demandes en validité et en
« déclaration affirmative, sur chaque opposition et à l'égard
« de chaque tiers saisi... »

Signalons enfin, pour en terminer, un procédé très-ingé-
nieux qui, en respectant les principes, prévient le préjudice
qu'occasionnerait une saisie-arrêt d'un intérêt minime pour
des sommes considérables. C'est, si je puis dire ainsi, le
cantonnement de la saisie-arrêt; voici en quoi il consiste :

La partie saisie cite le saisissant et le tiers saisi en référé
devant le président du tribunal. Elle demande à ce magistrat
à être autorisée à toucher le montant de la somme saisie,
mais en laissant à la caisse des dépôts et consignations des
valeurs suffisantes pour assurer le payement des causes de la
saisie. Et pour empêcher que de nouvelles oppositions,
venant à frapper ces valeurs, n'amènent une contribution
entre le saisissant actuel et les nouveaux saisissants, elle
consent, dès à présent, transport et saisine au saisissant de la
somme, qui sera reconnue lui être due par le jugement de
validité. Le président rend une ordonnance conforme qui
équivaut à une cession, et le saisi peut alors toucher, sans
dommage pour le saisissant, tout ce qui excède la somme
consignée.

Observations générales et résumé.

Je puis clore maintenant ce chapitre. Je ne m'étais pas
proposé d'écrire un traité complet des ordonnances sur
requête : j'ai voulu seulement poser les principes qui doivent
servir de guide dans cette matière délicate.

Dans un premier paragraphe, embrassant les difficultés à
un point de vue général, j'ai essayé de définir avec exactitude la nature de la juridiction du président statuant sur
requête, de tracer les règles qui la gouvernent, de déterminer les effets qui s'attachent à ces ordonnances. Le magistrat, qui a reçu de la loi cette attribution importante, n'est
pas un administrateur, mais un juge investi de pouvoirs discrétionnaires. Il a été placé par la prudence du législateur,

comme un arbitre souverain, pour venir en aide à des intérêts menacés, par des mesures rapides mais toutes conservatoires. Il ne prononce pas sur un litige et ne préjuge aucun
droit; aussi, devant ce magistrat, nulle procédure, nul
débat; aussi encore la mesure prescrite par lui est-elle souveraine, car un recours quelconque, en provoquant une discussion contradictoire et par suite une décision contentieuse,
dénaturerait le caractère de cette utile institution et jetterait le trouble dans notre organisation judiciaire.

Cette souveraineté a ses inconvénients : qui les nie et
quelle est l'institution qui n'en a pas? Mais aucun droit
légitime ne sera sacrifié et, à côté de la juridiction discrétionnaire, se trouvent placées et la juridiction des référés et
la juridiction ordinaire qui, se mouvant dans la sphère distincte de leurs attributions, corrigeront, s'il y a lieu, par des
décisions provisoires ou définitives, suivant l'urgence des
cas, le résultat plus ou moins fâcheux de la mesure ordonnée
par le magistrat discrétionnaire.

C'est dans l'action régulière de ces juridictions, indépen-
dantes les unes des autres, que résident les meilleures garanties du droit de chacun.

Après avoir établi les principes généraux, j'en ai cherché
la confirmation dans quelques-unes des applications les plus
importantes des ordonnances sur requête. Dans ce but j'ai
choisi, comme types, l'ordonnance d'envoi en possession du
légataire universel et l'ordonnance permettant la saisie-
arrêt. Cette étude particulière, aussi bien que l'étude générale qui l'avait précédée, m'ont conduit aux mêmes conclusions. Ce travail pourrait être continué sur toutes les matières
qui ressortissent de la juridiction discrétionnaire et il amènerait aux mêmes conséquences, mais je serais exposé à
des redites inévitables, que je dois épargner à mes lecteurs,
après avoir si largement usé, abusé peut-être de leur bienveillance : leur sagacité fera le reste.

CHAPITRE II.

DES ORDONNANCES DE RÉFÉRÉ [1].

Considérations générales.

L'étude des ordonnances sur référé succède logiquement à celle des ordonnances sur requête.

C'est en effet, le second mode, et de beaucoup le plus important, suivant lequel s'exerce la juridiction du président du tribunal. Des règles certaines, une détermination exacte de la compétence, étaient ici particulièrement désirables. Malheureusement le législateur s'est borné à un petit nombre de dispositions qui, en marquant d'un trait superficiel le caractère de cette juridiction, ont laissé presque tout à faire à l'interprétation.

Ces lacunes sont regrettables, car elles ont engendré de grandes difficultés, fait naître des questions sans nombre, imprimé à la pratique une marche incertaine, et c'est ainsi que, faute d'une réglementation suffisante, une institution excellente dans son principe, n'a pas rendu tous les services qu'on en pouvait attendre. Au lieu de ce cours régulier et

[1] Cette brochure était en cours d'impression lorsqu'a paru le livre de M. Bertin sur les ordonnances de référé. Ainsi s'explique le silence gardé par moi sur un ouvrage, destiné à prendre desormais un rang considérable dans la science.

J'ai d'ailleurs prouvé, dans la première partie, en discutant avec le plus grand soin les opinions de M. Bertin, en quelle estime je tenais les travaux de ce savant jurisconsulte. J'ai donc le regret de n'avoir pu faire, pour la deuxième partie, l'examen auquel je m'étais livré pour la première : tout au plus, et c'est loin de suffire, pourrai-je jeter quelques notes sommaires au bas des pages.

Cette publication simultanée, sur une matière essentiellement pratique, offrira d'ailleurs un certain intérêt. Si elle diminue l'utilité de mon modeste travail, elle ne lui enlève pas toute opportunité. Sur le plus grand nombre de points, je me rencontre avec M. Bertin, et je m'en félicite ; mais les mêmes raisons ne m'ont pas toujours déterminé, et notre communauté d'opinions comporte souvent des nuances qui ont leur importance. Sur d'autres points, je me sépare plus ouvertement de M. Bertin ; mais, si c'est pour les thèses que j'ai soutenues une cause de défaveur, le lecteur aura, du moins, dans ces opinions diverses, les éléments d'une discussion plus complète.

uniforme, qui se remarque dans les autres parties de notre organisation judiciaire, on a vu cette juridiction des référés, tantôt pratiquée jusqu'à l'abus, tantôt délaissée jusqu'à l'oubli, à la fois timide et envahissante, suivant les inspirations personnelles des magistrats appelés à l'exercer.

Un auteur, qui a consacré à ce grand problème de l'administration de la justice un livre remarquable, M. Bordeaux, a fait à cet égard des observations qui ont conservé tout leur à-propos. Il signale, d'une part, l'extension donnée à la juridiction des référés par l'initiative, heureuse souvent, téméraire quelquefois, des présidents de grandes villes, marchant dans la voie qui leur avait été ouverte par M. de Belleyme. Quand les limites d'une juridiction se peuvent étendre ainsi sous la main du juge, les garanties s'affaiblissent, car, au lieu de résider dans la loi, elles dépendent de la conscience et des lumières d'un homme : c'est ainsi que, sous le prétexte de l'urgence, on a pu attirer, devant ce tribunal d'un juge unique, les affaires les plus graves et autorisé, à titre provisoire, des mesures définitives. — A l'inverse, et par des scrupules mal entendus, le sprésidents de petites villes renvoient devant le tribunal bon nombre de procès qu'ils eussent pu trancher eux-mêmes rapidement et à peu de frais.

Le même auteur termine par cette réflexion fort sage : « Entre le zèle des uns et l'apathie des autres, il y aurait « peut-être un milieu à prendre.... Nous croyons qu'il y a « une idée féconde à faire fructifier et qu'en renfermant « l'emploi de cette procédure expéditive dans des limites « bien tracées, on pourrait éviter souvent aux justiciables « les lenteurs et les frais d'un procès véritable. Le référé « deviendrait ainsi un excellent moyen d'expédition de la « justice. »

Je ne veux pas moi-même tirer d'autre conclusion. Déjà j'ai eu l'occasion d'en faire la remarque pour les ordonnances sur requête : il faut des règles à un juge car, sans ce frein salutaire, son pouvoir devient arbitraire et je ne sais rien de plus fâcheux que l'arbitraire du juge. Cette fois encore, puisque l'œuvre du législateur est demeurée obscure et incomplète, il convient de chercher, dans la doctrine et la jurisprudence, des principes qui soient comme un supplément de la loi elle-même. Si le président, investi de la juridiction discrétionnaire, en a besoin pour sa gouverne, à combien plus forte raison ce secours est-il nécessaire au président jugeant en état de référé ? Ce magistrat exerce alors une juridiction contentieuse ; il tranche provisoirement une contestation ; il rend une décision qui emporte des effets importants, qui est susceptible de recours. Aucun de ces points ne peut être abandonné aux divergences d'une appréciation personnelle : des règles précises, qui tracent à la fois, et les devoirs du juge et les droits des justiciables, sont ici plus qu'ailleurs indispensables.

Cette tâche est depuis longtemps entreprise. Des magistrats expérimentés, un surtout, éminent entre tous, M. de Belleyme, avec lui de savants jurisconsultes, ont consacré à cette partie de notre législation des traités spéciaux ou, dans des traités généraux, des développements étendus. Mais c'est le sort particulier des livres de droit qu'ils vieillissent vite et sont bientôt dépassés par le mouvement persévérant de la jurisprudence. Celle-ci, en effet, continuant à enregistrer chaque jour des décisions nouvelles, est le seul commentateur, dont l'œuvre soit toujours au courant des progrès de la science.

Aujourd'hui les documents abondent, et leur richesse même est un embarras. Les controverses ont surgi, nombreuses autant que vives, donnant naissance aux opinions les plus diverses, aux systèmes les plus divergents. L'esprit hésite et a peine à trouver sa voie au milieu de toutes ces dissidences.

C'est alors qu'il devient opportun de faire une sorte de révision périodique pour opérer, dans ces matériaux incessamment apportés par la jurisprudence, un classement nécessaire, pour chercher le lien qui unit les décisions successives, pour dégager enfin de cette mêlée, un peu confuse, les principes qui, seuls, constituent la science.

L'œuvre que je conçois formerait aisément la matière d'un livre sous la plume d'un auteur plus autorisé. Mon ambition, qui ne saurait être aussi grande, ne va pas au delà d'une modeste dissertation. C'est assez dire que je dois me restreindre. — Ainsi que je l'ai fait déjà pour les ordonnances sur requête, j'essayerai seulement d'appliquer cette méthode à l'examen des points principaux de ce vaste sujet, qu'on peut étudier utilement encore, sans l'embrasser tout entier.

Dans une suite de paragraphes distincts, je recchercherai donc : quelle est la nature de la juridiction de référé, quel est le magistrat appelé à l'exercer, quelle est l'étendue de sa compétence en même temps que ses limites, quelles sont les formes de la procédure, les effets des ordonnances de référé, les recours dont elles sont susceptibles.

Si chacun de ces paragraphes était exactement rempli, le commentaire serait bien près d'être complet. Mais je n'adopte cette division que pour soumettre mes développements à un ordre logique : c'est un cadre dans lequel je laisserai forcément bien des vides, mais où, du moins, pourront figurer, à leur place, les principes que je veux exposer sur les points les plus essentiels [1].

§ 1er.

DE LA NATURE DE LA JURIDICTION DE RÉFÉRÉ.

Les articles 806 et suivants du Code de procédure civile n'ont pas introduit, dans notre législation, une procédure absolument nouvelle et sans précédents. Il importe de rappeler, à cet égard, quelques dispositions empruntées à notre ancienne jurisprudence. Elles n'ont pas seulement un intérêt historique : la comparaison des anciens textes avec les textes nouveaux fournit, même pour l'interprétation de ceux-ci, des éclaircissements qui ne doivent pas être négligés.

Il serait plus curieux qu'utile de remonter jusqu'à la coutume de Normandie, pour y retrouver cette clameur de *haro* qu'on a présentée comme la forme la plus ancienne, en même temps que la plus originale, du référé.

Allons de suite à un document qui a plus directement in-

---

[1] L'idée générale, développée dans les lignes qui précèdent, n'a pas l'approbation de M. Bertin. Dans son introduction, et plusieurs fois dans le cours de son traité, le savant auteur s'élève contre le reproche d'*insuffisance* adressé au titre des Référés. On verra plus tard combien de questions eussent pu être prévenues par des dispositions législatives plus précises ou plus complètes. Le livre de M. Bertin, élaboré avec tant de soin, venant après tant d'autres, prouve une fois de plus que l'œuvre, qui a nécessité de si nombreux commentaires, est loin d'être parfaite.

spiré le législateur moderne : l'édit du 22 janvier 1685 sur l'administration de la justice au Châtelet de Paris.

Des trente-deux articles qui composent cet écrit, il convient d'en reproduire cinq qui montreront, à côté de la juridiction ordinaire, la place assez restreinte faite à celle des référés :

Art. 5. — « Le lieutenant civil répondra toutes les requêtes qui seront présentées en matière civile dans les affaires qui ne seront point appointées et distribuées ; et les assignations qui seront données en conséquence de ses ordonnances, ne pourront être données qu'en l'une des audiences, selon la qualité différente des affaires, *si ce n'est dans les cas exprimés dans l'article suivant.* »

Viennent ensuite les articles 6 et 9 qui sont particulièrement à remarquer, car ils organisent la procédure du référé.

Art. 6. — « Quand il s'agira de la liberté de personnes qualifiées ou constituées en charge, de celle des marchands et négociants emprisonnés à la veille de plusieurs fêtes consécutives ou des jours auxquels on n'entre pas au Châtelet ; lorsqu'on demandera la mainlevée de marchandises prêtes à être envoyées et dont les voituriers seront chargés ou qui peuvent dépérir ; du payement que des hôteliers ou des ouvriers demandent à des étrangers pour des nourritures et fournitures d'habits, ou autres choses nécessaires ; lorsqu'on réclamera des dépôts, gages, papiers ou autres effets divertis : *si le lieutenant civil le juge ainsi à propos pour le bien de la justice, il pourra ordonner que les parties comparaîtront le jour même dans son hôtel pour y être entendues et être par lui ordonné par provision ce qu'il estimera juste, sans aucunes vacations ni frais à son égard.* »

Art. 9. — « Lorsque dans les appositions et levées de scellés et dans les confections d'inventaires, les parties formeront des constestations, les commissaires, notaires et procureurs qui y assisteront, *pourront, si les parties le requièrent, se transporter en la maison du lieutenant civil, pour y être pourvu ainsi qu'il avisera bon être,* sans aucuns frais ni vacations pour lui, quand même il se transporterait dans les lieux où les scellés sont apposés et où l'on travaille aux inventaires, et sans que lesdits officiers en puissent prétendre pour eux, lorsque le dit lieutenant civil n'estimera pas nécessaire de rendre aucune ordonnance sur les rapports qu'ils auront faits. Et sera tenu notre procureur audit siége de comparoir aux dits scellés ès cas où il sera nécessaire par l'un de ses substituts. »

L'article 7 du même édit indique une autre catégorie d'affaires pour lesquelles il y aura lieu seulement à abréviation des délais de l'assignation.

Art. 7. — « Lorsqu'il s'agira de la liberté des prisonniers, arrêtés pour dettes, hors les cas portés par l'article précédent, de la mainlevée des meubles, chevaux et bestiaux saisis et autres matières qui requièrent célérité, le lieutenant civil pourra permettre d'assigner les parties à un délai plus bref que ceux portés par le troisième titre de notre ordonnance du mois d'avril 1667, à laquelle nous avons dérogé pour ce regard; et ceux qui feront arrêter prisonniers leurs débiteurs ou qui les feront recommander pour dettes dans notre bonne ville de Paris, ou qui y feront saisir des carrosses, chevaux, bestiaux et autres meubles en conséquence de jugements rendus dans l'une des Cours et juridictions qui y sont établies, ou d'autres actes, seront tenus d'y constituer procureur et d'élire domicile dans la dite ville par les écrous d'emprisonnement, recommandations, saisies ou oppositions et en conséquence ils pourront être assignés aux domiciles qu'ils auront ainsi élus..... »

L'article 13 détermine la juridiction ordinaire du lieutenant civil.

Art. 13. — Le lieutenant civil, ou en son absence l'un des lieutenants particuliers, tiendra les mercredis et samedis l'audience de la chambre civile pour l'expédition des causes où il s'agira de vider les lieux; du payement des loyers, des saisies et exécutions de meubles faites en conséquence des établissements et des charges de gardiens et des commissaires; des réparations des bâtiments; des salaires des régents, précepteurs et maîtres d'écoles; de ceux des médecins, apothicaires, chirurgiens, huissiers, sergents et autres officiers de cette qualité; des gages des domestiques et serviteurs; des pensions et nourritures, ventes faites pour provision de maison en grains, farine, pain, vin, viande, foin, bois et autres choses nécessaires; salaires et peines d'ouvriers et artisans, quand il n'y a point de marché fait par écrit; ports de hardes et paquets, vente, louage et nourriture de chevaux; vente de marchandises faite par les marchands forains et autres sans jour, sans terme et sans écrit et des autres matières sommaires et provisoires qui ont accoutumé d'y être portées, pourvu que les demandes tant principales qu'incidentes n'excèdent la somme de mille livres. »

La simple lectnre des textes suffit pour faire ressortir l'influence de la tradition. Parmi les attributions du lieutenant civil, quelques-unes ont été recueillies plus tard par les juges de paix, mais les autres sont demeurées dans le domaine propre des présidents de tribunaux. C'est à ces derniers magistrats qu'il appartient, dans les cas qui requerront célérité, d'autoriser l'abréviation des délais ordinaires de l'assignation : c'est à eux qu'est conféré le pouvoir de statuer, dans les cas d'urgence, avec des formes rapides, sur les mesures provisoires que commandent les circonstances. En cela surtout, ils sont les véritables héritiers du lieutenant civil au Châtelet; mais leur mission, sous ce rapport, s'est agrandie; elle embrasse d'abord un plus grand nombre d'affaires et ensuite étend à toute la France le bienfait d'une institution, qui autrefois constituait un privilége pour cette grande cité que nos rois appelaient leur bonne ville de Paris.

Pour bien indiquer la transition, il faut se reporter au langage tenu par l'orateur du gouvernement, langage qui n'est pas, nous l'avons dit ailleurs, exempt d'illusions, mais qui atteste l'esprit dans lequel a été créée la juridiction des référés.

Après avoir rappelé les précédents, M. Réal s'exprimait en ces termes :

« Ce qui pouvait, en 1685, n'être qu'utile, doit être sans
« contredit reconnu indispensable en 1806. Il ne s'agit plus
« que de coordonner cette institution au système général
« et d'empêcher qu'on ne puisse en abuser.

« D'après l'article 806, on ne doit prendre la voie du
« référé que *dans les cas d'urgence ou lorsqu'il s'agira de sta-*
« *tuer provisoirement sur les difficultés relatives à l'exécution*
« *d'un titre exécutoire ou d'un jugement.*

. « Les lignes tracées par la seconde partie de cette dispo-
« sition sont assez fortement prononcées pour qu'on ne
« puisse les franchir sans une évidente mauvaise foi.

« Quelques personnes ont paru craindre qu'il ne fût plus
« facile d'abuser *des cas d'urgence* dont parle la première
« partie et de faire porter, sous cette dénomination, à l'hôtel
« du président ou à l'audience des référés dont parle l'ar-
« ticle 807, des contestations qui devraient être portées à
« l'audience ordinaire du tribunal.

. « Nous croyons que cette inquiétude n'est pas fondée et
« que, sans rappeler la longue nomenclature des cas prévus
« par l'édit de 1685, la loi s'explique assez clairement en
« n'attribuant à l'audience des référés que les cas d'urgence.
« Le discernement et la probité du président ou du juge
« délégué feront le reste. Renvoyant à l'audience les contes-
« tations qui ne seraient portées en l'hôtel que par une in-
« discrète et avide précipitation, il n'hésitera pas à pro-
« noncer sur celles auxquelles le moindre retard, ne fût-il
« que de quelques heures, peut porter un préjudice irré-
« parable.

« L'article 809, qui ordonne l'exécution provisoire de ces
« ordonnances et qui les soustrait à l'opposition, empêche
« en même temps les abus qui pourraient en résulter en
« prononçant que ces ordonnances ne font aucun préjudice
« au principal ; que par conséquent elles sont essentielle-
« ment provisoires et ne pourront jamais devenir définitives
« que par un jugement d'audience.

« En sanctionnant ce principe, vous ferez sans doute,
« Messieurs, avec nous le vœu que l'audience soit cepen-
« dant rarement saisie de la contestation sur laquelle le juge
« aura prononcé provisoirement en son hôtel. Vous dési-
« rerez que, pour le bonheur des justiciables, les jugements
« sur référé soient dans les départements ce qu'ils sont
« encore aujourd'hui dans la capitale, c'est-à-dire l'extinc-
« tion totale et définitive d'une immense quantité de con-
« testations qui, aux yeux de la loi, ne sont jugées que
« provisoirement. Puissent les présidents de tribunaux se
« pénétrer de tout le bien qu'ils pourront opérer, en faisant
« ainsi de leur hôtel, par des jugements équitables, le
« temple de la conciliation ! Puissent-ils imiter, faire revivre

« en leur personne et en exerçant ces augustes et pater-
« nelles fonctions, ces magistrats célèbres, les Dargouges,
« les Dufour, les Angran d'Alleray qui, chaque soir, envi-
« ronnés de jeunes légistes, dont ils fécondaient les talents,
« dont ils éclairaient le zèle, anéantissaient, par des juge-
« ments provisoires rendus en leur hôtel, plus de procès
« qu'ils n'en avaient terminé par les jugements définitifs
« rendus le même jour à l'audience du matin ! »

M. Réal marquait ainsi, pour cette institution des référés,
plus que de la confiance, presque de l'enthousiasme. Législateur, il avait eu un tort cependant : c'était de laisser sa
tâche inachevée, en ne déterminant pas avec assez de précision les limites de la juridiction nouvelle et en s'en remettant sur ce point à la prudence des magistrats. Ce n'est
jamais en vain que les responsabilités se déplacent, et je ne
veux d'autre preuve de ce grave inconvénient que l'exemple
même des magistrats d'élite, sur lesquels on avait compté.
Le nom du plus célèbre d'entre eux, du président de Belleyme, est à cet égard tout un enseignement. Qu'on en juge
par ces quelques lignes d'un portrait que j'emprunte à l'un
de ses brillants panégyristes : « La jurisprudence des référés
« est l'œuvre personnelle de M. de Belleyme. Là est le
« triomphe de ses éminentes qualités ; là en est aussi l'écueil.
« Économie du temps et des frais, expédition des affaires,
« justice prompte, à la portée de tous et merveilleusement
« appropriée aux habitudes parisiennes, dont elle avait le
« mouvement et l'activité : tel était le but que se proposait
« et qu'atteignait M. de Belleyme. C'était une merveille de
« le voir si net, si rapide, l'esprit toujours présent, suffire
« sans effort à une si lourde tâche qu'il se réservait tout
« entière ; mais, sans qu'il soit besoin de discuter des ques-
« tions susceptibles de controverse, on peut dire que la
« conscience même du bien qu'il faisait, le sentiment de
« l'utilité pratique de ses décisions, l'entraînait quelquefois
« au delà des sages limites de la loi, que l'habileté de l'admi-
« nistrateur nuisait à la réserve prudente du magistrat, et
« que plusieurs de ses exemples sont plus à admirer qu'à
« suivre..... »

Voilà l'effet inévitable de l'absence de règles et, quand on
voit de grandes intelligences ne pouvoir éviter cet écueil,

que n'aurait-on pas à craindre pour les autres, si, en présence d'une loi incomplète, les magistrats ne sentaient la nécessité de se diriger par des principes bien établis.

Il nous est facile maintenant de répondre à la question posée en tête de ce paragraphe. Quelle est la nature de la juridiction des référés? C'est évidemment une juridiction *contentieuse,* car le juge ne se borne pas à donner une autorisation à une partie qui lui a présenté requête; il a devant lui deux contradicteurs qui formulent des prétentions opposées et, sur cette contestation, le magistrat statue provisoirement, *dit droit* entre les parties; sa décision est exécutoire et susceptible de recours.

L'ordonnance de référé est donc, sur le provisoire, un véritable jugement. Ce jugement, grave souvent par ses conséquences, émane d'un juge unique : est-ce un bien, est-ce un mal?

On a beaucoup disserté, on le sait, sur ce problème d'organisation judiciaire ; mais si, pour les tribunaux, le système de la pluralité et celui de l'unité de juge ont eu, chacun, leurs partisans, tout le monde est d'accord pour reconnaître qu'on ne pouvait confier qu'à un seul magistrat le soin de statuer sur les référés.

Deux citations, entre plusieurs, suffiront à mettre cette vérité dans tout son jour. M. Lerminier, qui a soutenu avec éclat le système général d'un juge unique, invoque à l'appui de sa thèse l'organisation des référés, et il trace de cette juridiction ce tableau toujours vrai :

« On ne saurait avoir passé quelques mois dans une étude
« d'avoué sans connaître la fréquence et l'importance de
« ces causes de référé. Elles exigent de la part du magistrat,
« devant lequel elles sont portées, une compréhension vive
« et rapide, la connaissance fort nette, tant de tous les prin-
« cipes que de la jurisprudence, une mémoire toujours pré-
« sente, un esprit prompt qui lui suggère sur-le-champ une
« solution juste et une rédaction courte et claire. La juri-
« diction des référés est, pour un juge, une épreuve décisive.
« Seul, entouré de tous les praticiens du palais, obligé de
« rendre et de motiver sur-le-champ ses ordonnances, il
« donne la mesure de son aptitude et il est jugé lui-même au
« moment où il juge... »

Avec plus d'autorité encore, M. de Belleyme a dit de son côté :

« Cette juridiction, l'une des plus importantes attributions
« des présidents, ne pouvait, par sa nature et ses attribu-
« tions, être confiée qu'à un seul magistrat. La justice, ren-
« due par un seul magistrat, offre des garanties et des avan-
« tages que l'on appréciera mieux chaque jour et, d'ailleurs,
« les Cours d'appel exercent leur autorité régulatrice et
« souveraine sur l'ordonnance d'un président comme sur le
« jugement de trois juges. Les hommes de pratique regardent
« comme un avantage, dont chacun profite à son tour, la
« faculté de terminer ou d'instruire une affaire par un référé
« qui prévient bien des procès... »

La juridiction des référés est facultative et il me paraît impossible qu'il en soit autrement. J'ai peine à comprendre, je l'avoue, le vœu exprimé à cet égard par M. Darnaud, lorsqu'il demande qu'on en fasse une institution obligatoire. Les justiciables, qui sont les meilleurs juges de leurs intérêts, doivent demeurer maîtres de choisir l'action qui leur compète pour la défense de leurs droits. Imagine-t-on qu'on oblige une partie à poursuivre seulement, par voie de référé, une mesure provisoire qui la laissera encore exposée à un second procès, au lieu de lui permettre d'obtenir, par voie d'action principale, une décision définitive qui la mettra désormais à l'abri de toute contestation? Autant vaudrait interdire, à un propriétaire dépossédé, de recourir à l'instance pétitoire avant d'avoir passé par l'instance possessoire. Qui y a jamais songé?

Cette réforme, dont la formule d'ailleurs est difficile à concevoir, n'est donc pas souhaitable. Il ne faut pas plus forcer la nature des institutions que celle des gens. Si avantageuse que soit une juridiction, encore doit-on se garder de la rendre tyrannique; ce défaut gâterait tout. C'est assez d'avoir ouvert aux justiciables une voie simple et rapide : soyons assurés que, s'ils ont un intérêt véritable à la prendre, ils y entreront d'eux-mêmes sans qu'il soit besoin de les y contraindre.

Bannissant toute exagération, ne retenons que l'idée juste : celle des avantages que présente la juridiction de référé. Ils sont nombreux, en effet.

En introduisant un référé, le justiciable échappe aux lenteurs de la procédure ordinaire ; il peut obtenir satisfaction le jour même et, s'il le faut, sur l'heure.

C'est déjà une grande économie que celle du temps. Ce ne sera pas la seule : il n'est pas de procès qui, dans les conditions ordinaires, n'entraîne de frais considérables. En référé : pas d'avocat, pas d'avoué, si la partie veut comparaître et se défendre elle-même ; pas d'écritures ; une simple citation, suivie d'une ordonnance exécutoire par provision et au besoin sur minute.

La comparution des parties devant le juge des référés permettra souvent à ce magistrat d'opérer entre elles une conciliation.

Si la conciliation échoue, la décision, du moins, ne se fera pas attendre et l'ordonnance, sanctionnant immédiatement le droit menacé, s'exécutera nonobstant opposition.

La sentence du président, bien que provisoire, éteindra le plus souvent la contestation. D'abord le plaideur, condamné en référé, se trouvera éclairé sur le peu de fondement de sa prétention ; de plus, après l'exécution de l'ordonnance, il sera en présence d'un fait accompli ; enfin, sachant qu'il aurait, s'il persiste, au nombre de ses juges le président qui l'a déjà condamné, il renoncera vraisemblablement à exercer une action principale présentant peu de chances de succès.

Voilà l'utilité pratique qui recommandera suffisamment la juridiction des référés, sans qu'il faille la rendre obligatoire.

§ II.

QUEL EST LE JUGE DES RÉFÉRÉS ?

Cette question, qui paraît simple, est en réalité fort complexe.

Remarquons que, pour indiquer exactement le juge des référés, il faut d'abord désigner, dans le personnel judiciaire, le magistrat qui est, en principe, investi de cette attribution ; puis, parmi les magistrats du même ordre, déterminer celui qui sera plus spécialement compétent suivant les circonstances.

« il est impossible de recourir à cette juridiction pour lever
« la difficulté dont s'agit; — Que, dans ces circonstances et
« en l'absence de toute disposition de loi donnant pouvoir
« au président du tribunal de commerce pour statuer sur la
« difficulté, il n'y a que le président du tribunal civil qui
« puisse être compétent, puisqu'il réunit la plénitude de
« juridiction et qu'il puise son droit dans l'article 806 du
« Code de procédure civil pour statuer sur tous les cas d'ur-
« gence et par conséquent sur la difficulté qui divise les
« parties... »

La solution était irréprochable, mais elle pouvait paraître
tenir à des circonstances d'espèce et, notamment, à l'absence
d'une juridiction constituée pour connaître de l'action principale.

Mais, devant la Cour de Nancy, un avocat général, M. Garnier, ayant soin de donner à son opinion une base plus large,
affirmait en termes plus absolus la compétence exclusive du
président civil. Je suis heureux de reproduire les conclusions
de ce magistrat, qui contiennent un commentaire à la fois
simple et lumineux :

« Il est certain, disait M. Garnier, que toutes les règles
« de procédure applicables aux affaires commerciales ne se
« trouvent point comprises dans le titre XXV, livre II, du
« Code de procédure civile. Le titre des *Référés*, livre V,
« vient à la suite des trois premiers livres qui concernent
« toutes les juridictions, savoir : livre I, *de la justice de paix ;*
« livre II, *des tribunaux inférieurs, tant civils que commerciaux;*
« livre III, *des Cours d'appel.* Il suit de là que la juridiction
« des référés, créée pour statuer provisoirement sur tous les
« cas d'extrême urgence, s'applique à toutes les juridictions.
« Ainsi, que la difficulté s'élève sur une question dont la
« connaissance appartient, au fond, soit au juge de paix, soit
« au tribunal civil, soit au tribunal de commerce, soit à des
« arbitres, soit même à la Cour d'appel, le président du
« tribunal civil, seul, est compétent pour statuer provisoire-
« ment en référé, et le référé est ouvert dans tous les cas
« indistinctement, car l'article 806 porte expressément et
« sans aucune distinction : « Dans tous les cas d'urgence, il
« sera procédé ainsi qu'il va être réglé ci-après. » Pourquoi ?
« C'est qu'il y a des cas tellement urgents qu'on n'aurait pas

« même le temps de réunir, à bref délai, les juges composant
« le tribunal compétent, ou de se rendre au siége de ce tri-
« bunal, par exemple, devant la Cour qui a rendu l'arrêt sur
« l'exécution duquel une difficulté s'est élevée tout à coup.
« — On distingue, en effet, suivant Pigeau, trois degrés d'ur-
« gence. Le premier degré comprend les affaires que l'on
« porte devant le juge en son hôtel ; le second, celles que
« l'on porte à l'audience des référés ; le troisième, celles que
« l'on porte à l'audience ordinaire du tribunal à bref délai.
« Les audiences du tribunal, à bref délai, ne pouvaient donc
« pas remplacer dans tous les cas le référé. Or, quand il y a
« lieu à référé, en quelque matière que ce soit, le président
« du tribunal civil, qui a la plénitude de juridiction, est seul
« compétent. C'est ce qui résulte des principes généraux, du
« texte de l'article 807 du Code de procédure et de l'article 57
« du décret du 30 mars 1808. Si donc, dans certains cas, le
« référé a été jugé indispensable en matière civile, à plus
« forte raison doit-il être considéré comme nécessaire en
« matière commerciale, où la rapidité des formes est encore
« plus importante qu'en matière civile. Les dispositions des
« articles 416 et 417 du Code de procédure ne pourvoiraient
« pas suffisamment aux nécessités d'une justice prompte et
« provisoire ; ces articles s'appliquent exclusivement au fond
« du procès et, d'ailleurs, il sera toujours plus difficile de réu-
« nir, de jour à jour et d'heure à heure, trois magistrats au
« moins, que d'obtenir la décision d'un seul. Le président du
« tribunal civil de Verdun était donc compétent pour statuer
« sur le référé porté devant lui... »

Ces raisons étaient de nature à faire impression.

Aussi, le 20 janvier 1852 (Sirey, 1852, 2, 238) la Cour de
Douai consacrait, sans aucune réserve cette fois, et dans une
espèce moins favorable que la précédente, la compétence du
président du tribunal civil. Il s'agissait encore de difficultés
entre associés, mais le tribunal arbitral était constitué.
L'arrêt s'exprime ainsi :

« Attendu que, d'après la généralité des termes de l'ar-
« ticle 806 du Code de procédure civile, le juge des référés
« peut statuer, au provisoire, sur les difficultés qui s'élèvent
« sur des matières dont le principal appartient même à des
« juges d'exception et notamment à des arbitres forcés ; —

« Attendu qu'il n'importe, dans l'espèce, qu'un tribunal arbi-
« tral ait été, par jugement du tribunal de commerce de
« Dunkerque, en date du 30 juillet 1851, constitué entre les
« membres de l'ex-société Delrue, Portier et C⁰ ; — Que cette
« circonstance ne peut, par elle-même, faire plus d'obstacle
« au recours au juge de référé que n'en fait l'institution
« légale des juridictions permanentes dans les affaires de
« droit commun... »

Certaines erreurs sont tenaces et difficiles à déraciner.
Cette thèse, déjà si bien réfutée, tentait encore de se faire
jour devant la Cour de Rouen, mais elle y subissait cette
fois un échec définitif.

L'arrêt de cette Cour, en date du 3 décembre 1867 (Sirey,
1868, 2, 226), est ainsi conçu :

« Attendu que les tribunaux civils sont les juges du droit
« commun dans les contestations d'intérêt privé, tandis que
« les tribunaux de commerce sont des juges d'exception,
« pour les seules matières commerciales et dans les limites
« expressément tracées par la loi ; — Attendu que de cette
« distinction il suit naturellement que tout ce qui n'a pas été
« placé sous la juridiction de ces tribunaux appartient à celle
« des tribunaux civils ; — Attendu que c'est dans cet esprit
« qu'ont été conçus les articles 806 et 807 du Code de pro-
« cédure, au titre des Référés, qui ont constitué le président
« du tribunal de première instance juge provisoire des diffi-
« cultés élevées entre les parties, *dans tous les cas d'urgence,*
« sans aucune distinction entre les matières civiles et com-
« merciales ; — Qu'il n'est pas permis de distinguer là où la
« loi ne distingue pas ; — Attendu, d'ailleurs, qu'aucune dis-
« position analogue ne confère une semblable juridiction au
« président du tribunal de commere, dont tout le pouvoir,
« aux termes des articles 417 et 418, se borne à rendre des
« ordonnances portant permission, soit d'assigner à bref
« délai, soit de pratiquer la saisie d'effets mobiliers, avec ou
« sans caution ou sur justification de solvabilité suffisante ;
« — Qu'un pouvoir aussi limité est loin de répondre aux
« nécessités de l'urgence, l'assignation à bref délai devant
« un tribunal consulaire n'assurant pas une décision im-
« médiate comme la citation en référé ; — Qu'on ne saurait
« donc admettre que, dans les matières commerciales plus

« urgentes de leur nature que les matières civiles, le référé
« fût interdit ; — Que la conséquence en est que le président
« du tribunal de première instance, seul investi de cette
« juridiction, est compétent pour statuer dans tous les cas
« d'urgence que les affaires commerciales peuvent présenter ;
« — Qu'en outre les articles 807 et 808, placés à la fin de
« cette première partie du Code qui concerne la procédure
« devant les tribunaux, couvrent évidemment l'ensemble de
« la législation qui les précède et achèvent de le com-
« pléter... »

Le président du tribunal civil est donc juge de référé pour
les affaires commerciales. Exerce-t-il la même juridiction
pour les affaires qui ressortissent, pour le fond, à la justice
de paix ?

La question est embarrassante, car jusqu'ici elle n'avait
guère été approfondie. Les auteurs l'avaient seulement
effleurée. MM. Bilhard et Bioche tenant pour la compétence
du président du tribunal civil, MM. de Belleyme, Rodière et
Chauveau inclinant vers l'opinion contraire[1]. Quant à la
jurisprudence, elle n'offrait, sur ce point, que deux décisions
contradictoires, l'une de la Cour de Douai, en date du
25 mai 1851, et l'autre de la Cour de Lyon, en date du
26 juillet 1851.

Un arrêt de la Cour de cassation est récemment intervenu
(le 18 décembre 1872, Sirey, 1873, 1, 153) qui donne à cette
difficulté une solution très-nette et très-ferme, en déniant
toute compétence au juge des référés. Cette solution prévau-
dra-t-elle ? Je l'ignore, mais elle me laisse des doutes que je
demande la permission d'exprimer en toute liberté.

Il convient d'abord de reproduire l'arrêt de la Cour suprême.
Il est ainsi conçu :

« Vu les articles 806 et 807 du Code de procédure civile ;
« Attendu que ces articles, placés sous la rubrique des
« Référés, au titre XVI, livre V, du Code de procédure, ne
« sauraient s'appliquer aux matières dont les juges de paix
« doivent connaître, suivant la loi de leur institution ; — Que
« pour ces matières, en effet, il a été particulièrement pourvu

---

[1] A l'opinion de ces derniers auteurs, il faut joindre désormais celle de
M. Bertin, n°s 224 et suivants de son *Traité des référés*.

« aux cas d'urgence par l'article 6 du même Code, au titre Iᵉʳ
« du livre Iᵉʳ, concernant les justices de paix ; — Que c'est cet
« article seul qui régit la procédure à suivre en pareil cas et
« qu'il se borne à permettre alors une abréviation de délais ;
« — Que le législateur n'a pas voulu ouvrir la voie du référé
« pour des contestations qui, ressortissant aux justices de
« paix, peuvent être vidées immédiatement et presque sans
« frais par le juge du fond... »

Le recueil Sirey contient une dissertation de M. Boullanger,
qui ajoute à la doctrine un peu laconique de l'arrêt un judicieux commentaire.

Suivant cet honorable jurisconsulte, la juridiction des
référés est une juridiction de pure nécessité, et, là où elle
cesse d'être nécessaire, elle manque absolument de raison
d'être. On ne peut se dissimuler, en effet, qu'il y a entre le
provisoire et le principal un lien très-étroit, et ce n'est pas
sans inconvénient qu'on donne à un juge le droit de prescrire
des mesures provisoires, en réservant à un autre le soin de
trancher définitivement le litige. Ce dernier pourra être singulièrement gêné parfois par les mesures qui auront été ordonnées. La nécessité seule justifie ce partage d'attributions
et, s'il arrive que le juge du fond puisse, au cas d'urgence,
agir aussi rapidement que le juge des référés, il n'existe plus
aucun motif de dédoubler l'instance et d'instituer, un juge
pour le provisoire, et un autre pour le principal. Or c'est
précisément la situation dans les affaires qui ressortissent aux
justices de paix : le juge de paix est à proximité des parties ;
il peut (art. 6 C. pr. civ.) permettre de citer sur l'heure,
même les jours fériés ; de plus, il a la faculté de se transporter
immédiatement sur les lieux et de vider ainsi le différend,
s'il ne parvient pas à concilier les plaideurs. Tous ces avantages seront supprimés ou amoindris, si le président du tribunal civil est saisi par voie de référé. L'intervention de ce
magistrat aura en outre cet inconvénient d'exercer une sorte
de contrainte morale sur les appréciations d'un juge inférieur.
Aussi M. Boullanger croit pouvoir résumer sa discussion par
ces paroles énergiques : « Maintenir l'existence de deux
juridictions dont l'une commencera ce que l'autre sera
chargée de terminer, c'est évidemment aller contre le but de
la loi, contre l'intérêt des parties, en les soumettant forcé-

ment aux frais d'une double procédure et risquer de nuire à la bonne administration de la justice. »

Certes je suis loin de méconnaître la force de ces raisons : aussi bien, c'est parce que j'avais été frappé de leur gravité, que j'ai dit que la question me paraissait fort délicate.

Voici maintenant mes observations :

Dans l'argumentation qui précède, une considération domine, si elle ne fait pas le fondement unique du raisonnement : c'est l'inutilité du référé dans les matières qui sont de la compétence des juges de paix. Par là on a cru, sans doute, faire ressortir vivement l'esprit de la loi.

Mais, dans cette recherche, n'a-t-on pas négligé, un peu trop négligé la lettre de la loi qui est, après tout, le signe le plus certain de son esprit? L'article 806 contient ces expressions caractéristiques : *dans* TOUS *les cas d'urgence*... Toutes les hypothèses sont donc embrassées sans distinction aucune. La généralité de ces termes est d'autant plus saisissante que les mots qui suivent : *difficultés relatives à l'exécution d'un jugement*, s'appliquent, sans conteste, aux jugements rendus par les juges de paix. L'article 806 vient après le titre consacré à l'organisation des justices de paix, notamment après cet article 6 auquel on assigne une portée si considérable. La Cour de Rouen en a fait la remarque pleine de justesse : cette disposition couvre l'ensemble de la législation et achève de le compléter. Comment admettre, si les référés devaient exclure les matières de justice de paix, que le législateur se fût servi d'expressions aussi compréhensives et que, par un mot tout au moins, il n'ait pas fait allusion à une restriction aussi importante?

La brèche qu'on ouvre ainsi dans le titre des Référés est plus grande qu'on ne l'imagine : en effet, si l'on s'écarte une fois de l'article 806, il faut bientôt s'en éloigner davantage. La logique a de des exigences impérieuses. — L'article 6 du Code de procédure, dit-on, a réglé les cas d'urgence pour les justices de paix, car il permet une citation sur l'heure. — Si ce motif est décisif, il est impossible de ne pas remarquer que l'article 417 du même Code autorise aussi, en matière de commerce, une assignation de jour à jour, même d'heure à heure. Alors, sous peine d'inconséquence, voici une nouvelle catégorie d'affaires, les affaires commerciales, qu'il va falloir soustraire à la juridiction des référés. Ce sera le renversement d'une jurisprudence dont nous proclamions tout à l'heure la sagesse.

Après avoir ainsi mesuré les conséquences nécessaires d'une pareille doctrine, c'est le cas de considérer, de nouveau et de plus près, la violence qui est faite au texte de l'article 806. Le président du tribunal civil, statuant en référé, ne connaîtrait donc, au provisoire, que des affaires qui seraient, pour le fond, de la compétence des tribunaux civils. Reconnaissons alors que la rédaction de l'article 806 serait plus que singulière : il devait dire que le président statuerait, en référé sur *certaines* affaires seulement, et il déclare néanmoins qu'il statuera sur *toutes*.

Cette interprétation heurte de front la disposition de la loi. Pour qui a le respect des textes, cela devrait suffire pour la faire rejeter.

La réfutation toutefois serait inefficace, si elle s'arrêtait là. L'inutilité d'une procédure, sa lenteur relative, les frais qu'elle occasionne, seraient autant de considérations qu'on ferait facilement prévaloir sur un argument littéral. Il faut donc y répondre :

Est-il vrai que la procédure de référé ne présente, pour les matières de justice de paix, que des inconvénients sans avantage aucun ?

C'est peu que d'avoir constaté que le juge de paix pourra être saisi aussi rapidement que le juge de référé : il convient surtout d'envisager le résultat des deux actions.

On oublie d'abord un point capital : c'est que le référé est une voie de recours facultative. Or les parties iront d'ellesmêmes à la juridiction qui leur permettra d'arriver, le plus vite et à moins de frais, à une solution. Les intérêts ont à cet égard, si je puis ainsi parler, un instinct plus sûr que toutes les doctrines. Si donc la contestation est simple, quel sera le demandeur assez malavisé pour la compliquer d'un référé inutile et pour aller, au loin, demander provisoirement ce qu'il peut obtenir définitivement d'un juge, qui se trouve sur les lieux ?

Mais il n'en sera pas toujours ainsi et il se peut que l'affaire, importante et difficile, nécessite, pour le jugement du fond, des débats, des mesures d'instruction, des enquêtes et que, par suite, la solution définitive doive se faire attendre assez longtemps. C'est, dans cette hypothèse seulement (car il ne faut pas établir une doctrine sur des espèces chimériques), qu'il deviendra opportun de provoquer une décision sur le provisoire.

Eh bien! examinons, dans ce cas, ce qui va se passer, si l'on ferme la voie du référé. Le juge de paix, nanti par une assignation à bref délai de la question du fond, pourra, il est vrai, statuer sur la demande provisoire, mais alors c'est un jugement qu'il rendra. Par suite, les règles ordinaires de l'opposition, de l'appel et de l'exécution provisoire seront applicables à cette décision. Or, sous ce triple rapport, le référé offre des avantages aussi précieux qu'incontestables; — les ordonnances de référé ne sont pas susceptibles d'opposition; les jugements par défaut y sont soumis. —Les délais de l'appel sont de quinzaine contre les ordonnances de référé, d'un mois contre les jugements de justice de paix; de plus, l'appel, dans le premier cas, peut-être interjeté immédiatement; il ne peut, dans le second cas, être formé avant l'expiration des trois jours qui suivront la prononciation du jugement. — Surtout, les ordonnances de référé sont toujours exécutoires par provision, tandis que les jugements des juges de paix ne le sont jamais nonobstant opposition, et ne le sont, nonobstant appel, que dans certains cas et suivant certaines conditions.

Voilà l'utilité très-réelle qui s'attache au référé, même dans cette matière, et, comme il ne s'agit ici de rien imposer aux parties, mais de maintenir à leur profit une simple faculté, pourquoi ne pas s'en remettre à elles du soin de choisir la voie qui, suivant les circonstances, conviendra le mieux à leurs intérêts?

Puisqu'on hasarde, en dehors du texte de la loi, des conjectures sur son esprit, j'en soumettrai une qui me paraît plus sûre, étant en harmonie avec les textes. Si le législateur n'avait voulu charger le président du tribunal civil de prononcer, en état de référé, que sur les matières ressortissant au tribunal civil, il n'eût pas manqué, sans doute, de faire du président du tribunal de commerce et du juge de paix, des juges spéciaux de référé, pour les matières commerciales et les matières de justice de paix. Il ne se fût pas contenté, pour cette double catégorie d'affaires, les plus urgentes de toutes, d'abréger seulement les délais d'assignation, alors que, pour les affaires civiles ordinaires, il organisait, en même temps qu'une abréviation analogue, la juridiction des référés; il n'eût pas placé sous l'empire des mêmes règles les décisions provisoires et définitives, mais il eût permis au président du tribunal de commerce et au juge de paix, de statuer par ordonnances; il eût proscrit l'opposition, or-donné l'exécution provisoire dans tous les cas, imparti des délais spéciaux pour l'appel. S'il n'a rien fait de tout cela, c'est pour moi la preuve qu'il a étendu la juridiction du président du tribunal civil à tous les cas d'urgence, quelle que fût la nature de l'affaire et la juridiction juridique dont elle ressortît au fond.

Ajouterai-je que cette appréciation du provisoire est en soi extrêmement délicate puisque, tout en faisant la part de l'urgence, il faut prendre garde de jamais préjudicier au principal? Cette mission exige beaucoup de lumières, un tact particulier et, sans vouloir diminuer le mérite de nos juges de paix, ne pourrait-on pas craindre qu'ils ne sussent pas toujours observer une exacte mesure?

L'arrêt du 18 décembre 1872 rendait mon insistance né-cessaire. Après les développements qui précèdent, je paraî-trai peut être moins téméraire, en accusant mes préférences pour la doctrine de la Cour d'Amiens, malgré la cassation encourue par son arrêt. Il me reste à faire connaître ce do-cument, qui résumera la discussion à laquelle je viens de me livrer (Sirey, *loco citato*) :

« Considérant qu'une disposition de la loi, générale et
« absolue, donne au président du tribunal de première
« instance le droit de statuer, sur tous les cas d'urgence,
« par des ordonnances dont le caractère essentiel est de ne
« faire aucun préjudice au principal; — Qu'en dehors des
« matières administratives, auxquelles les principes de la
« séparation des pouvoirs la rend inapplicable, la procédure
« des référés a, dans son domaine, tous les intérêts civils
« nécessitant provisoirement une décision urgente, quelle
« que soit, d'ailleurs, la juridiction compétente pour statuer
« au fond; — Que ni le texte, ni l'esprit de la loi, ne per-
« mettant, en effet, d'établir une distinction entre les litiges

« du ressort de la justice de paix et les litiges du ressort des
« tribunaux civils, les nécessités dont le législateur a tenu
« compte, en ouvrant aux parties la voie du référé, se révé-
« lant également dans les deux classes de contestations ; —
« Considérant que, pour ce qui concerne particulièrement
« les dommages aux champs et récoltes, on chercherait vai-
« nement une dérogation au droit commun, soit dans la
« loi du 25 mai 1838, qui détermine la compétence des
« juges de paix comme juges du fond, soit dans les ar-
« ticles 41 et 42 du Code de procédure civile, qui tracent
« des règles de nature à hâter la solution du débat ; — Que
« ces diverses prescriptions légales, motivées par des situa-
« tions différentes de celles que prévoit l'article 806 du Code
« de procédure, inspirées par des considérations d'un autre
« ordre, édictées en vue d'un autre résultat, laissent intacte
« la faculté pour la partie qui se prétend lésée de provoquer
« une des mesures provisoires et urgentes, dont l'apprécia-
« tion appartient au président du tribunal de première in-
« stance... »

Toutefois une observation importante doit trouver ici sa
place. Il est, en effet, telles mesures provisoires pour lesquelles le législateur a fait attribution de juridiction ; la matière du bail nous en offre un exemple dans les expulsions de
lieux ; mais c'est là un point sur lequel nous aurons à revenir.

Le principe que je viens de poser pourra recevoir une application assez fréquente dans les actions possessoires. En
cas de nouvel œuvre, lorsqu'il y aura urgence, le président
du tribunal, statuant en référé, ordonnera par provision la
discontinuation des travaux. Cette mesure, destinée seulement à prévenir un préjudice imminent, ne fera nul obstacle
soit à l'action possessoire, soit à l'action pétitoire. La Cour
de Rouen, dans un arrêt du 25 avril 1826 (voir dans Sirey à
sa date), avait, il est vrai, étendu au delà de cette limite la
compétence du juge de référé, en permettant à ce magistrat
de prescrire la démolition des travaux et le rétablissement
des lieux dans leur état primitif. M. Troplong a justement
critiqué cette décision, mais l'éminent jurisconsulte reconnaît, du moins, au juge de référé la faculté de suspendre
les travaux.

C'est donc avec raison, et par une heureuse formule, que la même Cour de Rouen, dans un arrêt postérieur du 3 décembre 1867 que nous avons cité, a dit que la juridiction du président du tribunal civil comme juge de référé, embrassait, sous la condition de l'urgence, *toutes les contestations d'intérêt privé*.

Est-ce là maintenant la limite à laquelle expirent ses pouvoirs? En d'autres termes, le président du tribunal civil peut-il connaître, en état de référé, des matières administratives?

A la différence des deux questions qui précédent, celle-ci a été examinée sous toutes ses faces, et je doute que la discussion puisse aujourd'hui apporter des éléments nouveaux d'appréciation. Il s'est établi dès l'abord une lutte fort vive entre la doctrine et la jurisprudence: la première, incertaine, enseignant les systèmes les plus divers; la seconde consacrant avec une remarquable fermeté une théorie qui a fini par prévaloir.

Les Cours d'appel ont eu bien souvent à se prononcer sur la question et elles lui ont toujours donné une solution identique; c'est à tort, ainsi que nous le démontrerons bientôt, qu'on a essayé de relever dans leurs décisions une certaine divergence. Le Conseil d'État, si bien placé pour défendre l'intégrité du domaine administratif, est demeuré d'accord avec les Cours sur l'établissement de la ligne de démarcation. Enfin la Cour de cassation elle-même a donné à cette jurisprudence l'appui de son autorité suprême : on a quelquefois énoncé le contraire, mais on oubliait alors un arrêt de 1847 que nous rappellerons, et, d'ailleurs, un arrêt de 1872, que nous citerons également, ne saurait plus laisser sur ce point aucune espèce de doute.

La controverse peut donc, à bon droit, être considérée comme épuisée. Il y a cependant une grande utilité encore à en résumer les phases principales, ne fût-ce que pour mieux préciser désormais, à la lumière de principes constants, l'application d'une doctrine capitale.

Parmi les auteurs, M. Thiercelin (*Revue pratique*, t. III, p. 433, et t. IV, p. 92) s'est distingué au premier rang, soutenant vaillamment que le juge des référés pouvait exercer sa juridiction dans toute sa plénitude, même dans les matières administratives.

M. Chauveau (Adolphe) s'était vivement récrié en protestant contre une sorte de violation de frontières.

L'honorable M. Bertin, dans le journal *le Droit*, avait présenté une opinion intermédiaire, n'osant pas revendiquer pour le juge de référé le plein exercice de sa juridiction habituelle, mais réclamant seulement pour lui la faculté de prescrire certaines constatations urgentes et indispensables[1].

Il faut bien le reconnaître : il n'y avait pas place, dans ce débat, pour un moyen terme, et force était de choisir entre les deux solutions absolues qui seules étaient conséquentes. De deux choses l'une, en effet : — ou bien les articles 806 et suivants du Code de procédure civile étaient applicables aux matières administratives, et alors le juge des référés devait conserver sès pouvoirs ordinaires ; — ou bien ces dispositions étaient inapplicables aux matières administratives, et alors le juge des référés était sans pouvoir aucun. L'opinion de M. Bertin avait cet inconvénient d'être en dehors de tous les textes, de ne reposer ni sur le Code de procédure, ni sur les lois administratives, d'aboutir ainsi à une distinction arbitraire, d'instituer enfin un juge de référé spécial pour les affaires administratives. Aussi M. Thiercelin, plus vif que je ne voudrais l'être, reprochait-il à son contradicteur de n'avoir pas eu le courage de son opinion ; il était dans la logique, sinon dans la vérité, lorsqu'il disait :

« L'intervention du juge des référés ne peut être réclamée
« par les uns, combattue par les autres, avec un véritable
« intérêt, qu'en reconnaissant ou déniant à ce magistrat le
« pouvoir efficace de prévenir le mal là où M. Bertin se
« borne à le convier comme spectateur... »

M. Thiercelin avait eu au moins le mérite de bien poser la question. Examinons maintenant de plus près la solution du savant jurisconsulte, ainsi que les motifs sur lesquels il la fondait :

Le juge des référés est un juge à part ; *sa juridiction n'occupe aucune place dans l'ordre hiérarchique.* (Cette dernière proposition peut paraître hardie, mais elle est textuelle.) Ce magistrat ne décide rien définitivement ; il s'interpose seulement

---

[1] M. Bertin a fait de cette question un nouvel examen dans son *Traité des référés*, nᵒˢ 232 et suivants. Avec une loyauté qui l'honore, il rétracte sa première opinion et se range à celle de la jurisprudence.

dans le conflit que fait naître une contestation urgente et, par une mesure provisoire, qui ne préjudicie pas au principal, il prévient le désordre d'une voie de fait que pourrait susciter un intérêt trop pressant, s'il ne trouvait un juge prêt à lui venir promptement en aide. Sa compétence, toute de nécessité, ne saurait tenir aux règles qui gouvernent le fond du litige, puisqu'en aucun cas il n'est appelé à le juger définitivement : aussi voit-on le juge des référés intervenir dans les matières commerciales et les matières de justice de paix, bien que ces affaires ressortissent, pour la décision du fond, à des juridictions autres que le tribunal civil.

D'où pourrait donc venir la restriction des pouvoirs du juge de référé en matière administrative? — Du principe de la séparation des pouvoirs? Cette objection n'est, après tout, que de la *fantasmagorie* (l'expression n'est pas de moi); le principe de la séparation des pouvoirs ne demeure-t-il pas sauf, aussi bien que celui de la compétence des tribunaux de commerce et des justices de paix, du moment où l'on réserve aux tribunaux administratifs l'appréciation définitive du litige ? — Qu'on ne dise pas qu'il y une différence essentielle entre les deux incompétences: l'incompétence n'a pas de degrés, car un juge de paix est tout aussi incompétent pour prononcer la peine de mort que pourrait l'être un préfet.

La thèse contraire, suivant M. Thiercelin, devait succomber sous le poids des inconvénients qu'elle entraînait. Comme il n'y a pas de référé spécial organisé en matière administrative, il faudrait donc souscrire à toutes les entreprises violentes ou injustes de l'administration, laisser s'accomplir sans mot dire tous les abus, supporter patiemment tous les envahissements, jusqu'à ce qu'une décision longue et coûteuse à obtenir vînt constater souvent un mal irréparable. Les justiciables, ainsi molestés, auront-ils toujours cette vertu stoïque et est-il d'une bonne organisation de les abandonner aux mouvements de leurs passions ?

Le plaidoyer, dont je n'offre ici qu'une sèche analyse, n'était, certes, ni sans force, ni sans chaleur : il n'a cependant pas suffi à gagner la cause devant la jurisprudence.

Déjà, en 1847, la Cour de cassation, dans un arrêt, du 6 juillet (Sirey, 1848, 1, 223), avait dit sans hésitation :

« Attendu que le juge du référé était évidemment incom-

« pétent pour statuer sur la contestation, puisqu'il s'agissait
« de travaux faits par ordre de l'administration et dans les
« limites déterminées et fixées par l'arrêté du préfet de Lot-
« et-Garonne, comme faisant partie du lit de la rivière ; —
« Que, par suite, l'ordonnance de référé, qui a ordonné le
« sursis des opérations de l'administration, a manifestement
« violé les règles qui interdisent à l'autorité judiciaire de
« porter atteinte à l'autorité administrative... »

Cette décision paraît-elle trop sommaire et un peu superficielle ?

Ouvrons les recueils de jurisprudence et nous allons rencontrer, entre plusieurs, des arrêts qui ne sauraient encourir
ce reproche, car ils contiennent une discussion approfondie.

Voici d'abord un arrêt de la Cour de Montpellier, en date
du 11 mars 1862 (Sirey, 1862, 2, 340), qui jette sur la question
un jour très-lumineux :

« Attendu qu'il n'est pas contesté que la connaissance du
« litige, au fond, appartient aux tribunaux administratifs et
« qu'il s'agit uniquement de savoir si, par voie d'urgence, la
« constatation des dommages, qui font l'objet du litige, peut
« être faite d'autorité du juge de référé ; — Que, si l'article 806
« du Code de procédure civile et l'article 57 du décret du
« 30 mars 1808 confèrent au président du tribunal civil,
« statuant en référé, les attributions les plus générales, cela
« ne peut s'entendre que des matières qui tombent dans les
« attributions de la juridiction à laquelle il appartient ; —
« Qu'en admettant que la juridiction du référé ne soit pas
« une délégation de la juridiction ordinaire des tribunaux et
« constitue une juridiction propre et spéciale au président,
« celui-ci est au moins, quand il statue en référé, le repré-
« sentant de l'autorité judiciaire et ne peut, à ce titre, sous
« aucun rapport, connaître des causes qui tombent dans les
« attributions de l'autorité administrative ; — Qu'il n'y a pas
« à se méprendre sur le caractère de sa juridiction, puisque
« les décisions qu'il rend comme juge du référé sont déférées,
« par voie d'appel, à la Cour, qui les infirme ou se les appro-
« prie, et qui est bien l'autorité judiciaire dans l'une de ses
« personnifications les moins équivoques et les plus élevées ;
« — Qu'il importe peu que, pour rendre moins sensible la
« confusion des pouvoirs administratif et judiciaire, le

« demandeur en référé ait borné ses prétentions actuelles
« à une simple constatation de l'état des lieux, quand il dis-
« trait son adversaire de son juge naturel en l'appelant par
« assignation devant l'autorité judiciaire, tandis qu'il n'est
« justiciable que de l'autorité administrative ; — Que cette
« atteinte portée aux droits de la défense et au principe de
« séparation des pouvoirs n'est nullement justifiée par des
« nécessités pressantes et absolues, car, dans l'impossibilité
« de recourir à la juridiction du référé, qui n'a pas de simi-
« laire dans l'organisation administrative, le plaignant con-
« serve le droit d'employer tous autres modes de constatation
« par experts, par témoins, par procès-verbal d'un officier
« de police judiciaire-et il n'est privé que d'une constatation
« contradictoire qui n'exclut pas les exceptions ou les déné-
« gations du défendeur, très-usitées dans la pratique contre
« tous les modes de constatation ; — Par ces motifs, donne
« acte à M. le procureur général du déclinatoire déposé au
« nom de M. le préfet de l'Hérault, et statuant sur l'appel de
« l'ordonnance par laquelle le juge du référé s'est déclaré
« incompétent, met ledit appel à néant, ordonne de plus fort
« l'exécution de la sentence attaquée... »

Quelques années plus tard, la Cour de Nancy, par un arrêt
du 19 mars 1870 (Sirey, 1870, 2, 68), consacrait les mêmes
principes dans les termes suivants :

« Attendu que l'ordonnance du président du tribunal de
« Toul, aujourd'hui déférée à la Cour, confie à trois experts
« nommés d'office le soin de constater le dommage causé à
« l'usine de Guérard par l'exécution de travaux publics, et
« que l'intimé reconnaît lui-même que l'expertise à laquelle
« il s'agissait de procéder devait être la base d'une réclama-
« tion ou demande dont l'article 4 de la loi du 28 pluviôse
« an VIII attribue expressément la connaissance au conseil de
« préfecture ; — Attendu que le juge de référé représente, en
« vertu d'une délégation temporaire le tribunal entier et ne
« peut, dès lors, avoir une autre compétence et d'autres droits ;
« — Que, si l'article 806 du Code de procédure semble, par
« la généralité de ses termes, se référer à *tous les cas d'urgence*,
« il ne s'applique en réalité qu'aux matières dont le Code de
« procédure s'occupe et qu'il entend réglementer ; — Que
« l'étendre aux matières administratives serait violer le grand

« principe de la séparation des pouvoirs et cette règle élé-
« mentaire que le juge du principal peut seul ordonner les
« mesures préparatoires et d'instruction ; — Que l'incompé-
« tence du juge civil apparaît ici avec d'autant plus d'évidence
« qu'une loi administrative, celle du 16 septembre 1807,
- « article 56, prescrit un mode spécial d'expertise pour la
« constatation des dommages causés par l'exécution de tra-
« vaux publics, sans que, d'après la jurisprudence du Conseil
« d'État, une expertise faite dans les conditions et les formes
« ordinaires puisse jamais y suppléer ; — Qu'une expertise
« ordonnée en référé constituerait donc une mesure inutile
« et de laquelle le conseil de préfecture aurait le droit et
« même le devoir de ne tenir aucun compte ; — Que, dans
« cet état de notre législation, il importe de ne point créer
« à la justice une position qui blesserait les convenances en
« même temps que les plus légitimes susceptibilités ; — Qu'il
« vaut mieux, en regrettant que la loi ait omis d'organiser
« la juridiction du référé administratif comme elle a organisé
« celle du référé judiciaire, ne pas craindre de signaler une
« fois de plus une omission que les Cours et tribunaux ne
« répareraient que par un empiétement manifeste sur le
« domaine administratif ; — Que, du reste, la lacune, quel-
« que regrettable qu'elle soit, ne place pas cependant les
« parties, comme on le suppose, dans l'impossibilité absolue
« de sauvegarder leurs intérêts par des constatations con-
« temporaines des faits dommageables ; — Que rien ne s'op-
« pose, en effet, que les constatations soient demandées à un
« maire, à un garde champêtre, à un cantonnier, à un gen-
« darme, à des hommes de l'art et même à de simples par-
« ticuliers dont plus tard, à titre de renseignements ou de
« témoignages, on interrogera les procès-verbaux, les appré-
« ciations et les souvenirs... »

Je veux citer encore un arrêt de la Cour de Chambéry, en
date du 11 décembre 1871 (Sirey, 1872, 2, 206), qui, dans une
espèce fort délicate, a adopté la même doctrine en lui donnant peut-être une formule plus rigoureusement juridique.

Il s'agissait d'un référé introduit par des Frères de la Doctrine chrétienne qui, en vertu de décisions d'une administration peu scrupuleuse, avaient été expulsés de la maison
d'école. La Cour de Chambéry, faisant de l'équité un sacrifice

méritoire, par respect pour des principes d'un ordre supérieur,
s'est ainsi exprimée sur le point qui nous occupe :

« Attendu que les appelants soutiennent, en premier lieu,
« que la compétence du magistrat, statuant en référé, est
« absolue et que sa juridiction, ne s'exerçant jamais que par
« des mesures provisoires, a, du moins, dans cette sphère
« particulière, un caractère de plénitude ; — Que, suivant
« eux, cette latitude s'explique par la nécessité de prévenir
« de graves inconvénients souvent irréparables et qu'elle ne
« compromet, d'ailleurs, aucun droit, puisqu'elle réserve
« aux juridictions compétentes les solutions définitives... »

C'était, comme on le voit, rappeler dans sa partie essentielle
l'argumentation de M. Thiercelin. Après avoir précisé l'objection, la Cour y répond en ces termes :

« Attendu que la défense faite aux autorités judiciaires de
« s'immiscer dans les actes administratifs a été élevée par le
« législateur à la hauteur d'un principe constitutionnel ; —
« Que le magistrat, jugeant en référé, est essentiellement une
« autorité judiciaire et qu'il serait au moins étrange que le
« président du tribunal ne fût pas soumis à une règle qui
« gouverne, non-seulement le tribunal dont il fait partie,
« mais encore toutes les juridictions de l'ordre judiciaire,
« même la plus élevée ; — Qu'une pareille omnipotence,
« loin de s'appuyer sur la loi, serait en contradiction avec
« l'ensemble de toute notre législation ; — Que vainement,
« pour justifier cette extension de pouvoirs conférés au juge
« des référés, on insiste sur le caractère provisoire de ses
« décisions ; — Qu'il n'est pas douteux, en effet, que le
« tribunal entier, saisi d'une instance dans laquelle on pour-
« rait invoquer la règle de la séparation des pouvoirs, devrait
« proclamer son incompétence, même pour ordonner de
« simples mesures provisoires ; — Que c'est donc avec raison
« que, dans l'ordonnance dont est appel, le président du
« tribunal s'est déclaré incompétent pour surseoir à l'exécu-
« tion d'actes adminitratifs... »

Enfin, par un arrêt du 27 février 1872 (Sirey, 1872, 1, 72),
la Cour de cassation donnait pour la seconde fois à cette opinion l'appui de sa haute autorité :

Sur la réclamation d'un propriétaire qui se prétendait lésé
par l'exécution de travaux publics, le président du tribunal

civil, statuant en référé, avait ordonné la cessation des travaux et le rétablissement des lieux dans leur état primitif.

Sur l'appel, la Cour d'Alger avait infirmé l'ordonnance par les motifs suivants :

« Attendu que les travaux dont s'agit au procès avaient un
« but incontestable d'utilité générale ; qu'ils étaient autorisés
« par le préfet ; que, dès lors, bien qu'exécutés par la com-
« mune dans un intérêt communal, ils avaient le caractère
« de travaux publics prévu par la loi du 28 pluviôse an VIII ;
« — Que, par conséquent, le juge de référé était incompé-
« tent pour statuer sur la contestation et surtout pour or-
« donner la discontinuation ou la suppression desdits tra-
« vaux... »

Un pourvoi fut formé, mais la Cour suprême jugeant inutile désormais de développer une doctrine si bien affermie dans la jurisprudence, s'est bornée à ce laconique considérant :

« Attendu que la Cour d'Alger, en déclarant en cet état des
« faits qu'elle était incompétente pour connaître des récla-
« mations des demandeurs, n'a fait qu'une juste application
« à la cause de la loi du 28 pluviôse an VIII et n'a violé au-
« cune disposition de loi... »

Si l'on ajoute aux décisions qui précèdent les suivantes : Lyon, 19 mai 1857 ; Paris, 26 décembre 1857, 16 janvier et 11 juin 1858 (Sirey, 1858, 2, 305) ; Rennes, 5 janvier 1858, Aix, 12 février 1858 ; Lyon, 27 mai 1858 (Sirey 1859, 2, 375) ; arrêté du Conseil d'État du 18 novembre 1869 (Sirey, 1870, 2, 302) ; Limoges, 13 juillet 1869 (Sirey, 1870, 2, 104) ; Pau, 20 décembre 1871 (Sirey, 1871, 2, 219) ; Lyon, 13 juin 1872 (Sirey, 1872, 2, 124) ; Chambéry, 27 janvier 1873 (*Recueil spécial de la Cour*, 1873, p. 144), on aura sur la question le tableau à peu près complet de la jurisprudence.

Dans ce conflit d'opinions divergentes, dans cette lutte établie entre la doctrine et la jurisprudence, je n'hésite pas à prendre parti pour la jurisprudence. Elle seule, en effet, a su, tout en assurant la légitime indépendance de l'autorité judiciaire, respecter l'indépendance nécessaire de l'administration et maintenir les règles essentielles de notre droit public.

La Cour de Chambéry surtout (on me pardonnera cette prédilection) me semble, dans cette discussion, s'être placée sur le meilleur terrain.

Elle s'est gardée de dire, à l'exemple de certaines Cours, que le président, simple délégué du tribunal, n'avait d'autre compétence que celle du tribunal lui-même. Cette proposition n'avait pas seulement pour résultat d'amoindrir la juridiction du juge des référés, mais en soi elle était vraiment inexacte. Le tribunal civil, en effet, n'est pas compétent, en principe, pour connaître des affaires commerciales et des affaires de justice de paix ; le président du tribunal, au contraire, est compétent pour statuer, en cas d'urgence et dans la mesure du provisoire, sur cette double catégorie d'affaires.

La juridiction du président, juge des référés, n'est donc pas une pure émanation de celle du tribunal auquel il appartient; c'est une juridiction spéciale, ayant son caractère propre, sa compétence et ses attributions distinctes.

Quant à cette prétention de M. Thiercelin « *que la juridiction de référé n'occupe aucune place dans l'ordre hiérarchique* », on ne peut que s'étonner d'une pareille erreur échappée à un auteur si distingué. La discussion a parfois ses entraînements, et je ne puis considérer autrement une telle proposition. Le juge de référé institué par la loi, à côté et en dehors du tribunal, avec des pouvoirs propres, une compétence définie, procédant suivant des formes spéciales, rendant des ordonnances exécutoires, subordonné directement à la Cour d'appel, voilà, ou je me trompe fort, une juridiction bien hiérarchisée.

Puisque la juridiction des référés est une institution de l'ordre judiciaire, pourquoi ne devrait-elle pas, comme toutes les autres, même les plus élevées, s'incliner devant le principe de la séparation des pouvoirs? Suffit-il, pour lui créer ce privilége considérable, de la généralité des termes de l'article 806 du Code de procédure?

C'est avec à-propos que, dans l'arrêt précité, la Cour de Chambéry a rappelé que cette règle de la séparation des pouvoirs avait été élevée par le législateur à la hauteur d'un principe constitutionnel. Les constitutions, si fragiles qu'elles puissent être, dominent tous nos Codes, et j e doute qu'on admette facilement qu'il suffise d'un article du Code de procédure pour y déroger.

Qu'on ne se méprenne pas, en effet : M. Thiercelin a beau

s'en défendre, sa doctrine porte une atteinte flagrante à ce principe fondamental. Le juge de référé, entrant dans ce domaine, doit y exercer sa juridiction dans les conditions ordinaires : M. Thiercelin lui-même, rejetant les timides tempéraments de M. Bertin, veut que l'intervention de ce magistrat soit efficace. Il ne faut pas qu'il soit appelé simplement comme spectateur, et, s'il y a un dommage constaté, il doit avoir le pouvoir d'y porter un remède provisoire. Il pourra donc, s'il s'agit de travaux publics, en ordonner la discontinuation, peut-être même la suppression. Les administrations publiques, entravées dans leur action, devront s'arrêter devant les injonctions du juge des référés. Est-ce donc là de la *fantasmagorie ?* N'est-ce pas, au contraire, l'acte le plus clair et le plus net d'immixtion dans les actes administratifs?

C'est vainement qu'on insiste sur le caractère provisoire des ordonnances de référé : elles ont un effet immédiat, bien que provisoire, et elles paralyseraient, dans cette mesure qui pourrait être fort préjudiciable aux intérêts publics, les mouvements de l'administration.

Mais, dit-on encore, le juge des référés, juge du provisoire, n'est pas assujetti aux règles qui gouvernent les juridictions appelées à connaître du fond de la contestation, et la preuve, c'est qu'il statue en matière commerciale et dans les affaires de justice de paix. Or toutes les incompétences se valent et ne comportent pas de degrés; on est compétent ou on ne l'est pas; on n'est pas plus ou moins incompétent.

Cette comparaison des matières administratives avec les matières commerciales et les matières de justice de paix, manque d'exactitude. Et la preuve, dirai-je à mon tour, c'est que les tribunaux civils peuvent, si les parties y consentent, connaître des affaires de commerce et de justice de paix. Leur incompétence n'est pas *ratione materiæ*, car les tribunaux de commerce et les justices de paix sont des démembrements de la justice civile; elle peut être couverte. L'incompétence des tribunaux civils, pour connaître des matières administratives, est absolue, d'ordre public; le consentement des parties est impuissant à effacer la ligne de démarcation et, devant tous les degrés de juridiction, on peut invoquer l'incompétence.

Quelque effort qu'on fasse, à quelque subtilité qu'on ait

recours, le principe de la séparation des pouvoirs élèvera toujours une barrière infranchissable devant le juge des référés, pour ce qui concerne les matières administratives.

Restent maintenant les objections tirées des inconvénients pratiques de cette doctrine : l'omnipotence de l'administration, qui aura désormais libre carrière, qui non-seulement ne pourra pas être arrêtée dans ses entreprises les plus violentes, mais qui ne permettra pas même que l'on puisse constater contradictoirement les dommages qu'elle aura causés !

Quand ces conséquences seraient certaines, il faudrait, avec la Cour de Nancy, exprimer ses regrets et se résigner plutôt que de violer la loi, car de tous les maux le plus grand c'est que la loi cesse d'être respectée.

Mais est-il donc vrai que les justiciables soient ainsi à la merci de l'administration ?

Sans vouloir admettre toutes ces violences administratives dont on abuse pour noircir le tableau, je supposerai seulement l'existence de dommages occasionnés par l'exécution de travaux publics. Eh bien ! est-ce que, dans ce cas, le propriétaire lésé sera laissé sans secours ?

Un auteur autorisé, un maître, M. Serrigny, dont le libéralisme n'a fait défaut à la défense d'aucun droit, va bientôt nous rassurer. Dans son livre classique sur la compétence (tome II, n° 797), il démontre que le droit administratif n'a pas été aussi oublieux qu'on le prétend des intérêts des justiciables.

D'abord les conseils de préfecture pourront être saisis. Le temps manque-t-il ? Y a-t-il urgence ? Des lois spéciales y ont pourvu dans un certain nombre de cas.

L'article 3 de la loi du 29 floréal an X sur les contraventions de grande voirie est ainsi conçu : « Les procès-verbaux « seront adressés au sous-préfet qui ordonnera, *par provi-* « *sion, ce que de droit, pour faire cesser les dommages.* »

L'article 50 de la loi sur les mines porte : « Si l'exploita- « tion compromet la sûreté publique, la conservation des « puits, la solidité des travaux, la sûreté des ouvriers mi- « neurs ou des habitations de la surface, il y sera pourvu par « le préfet, ainsi qu'il est pratiqué en matière de grande « voirie », c'est-à-dire conformément à l'article 3 de la loi du 29 floréal an X.

Le décret du 27 décembre 1851, article 12, sur les lignes télégraphiques, la loi du 15 juillet 1845 sur la police des chemins de fer, article 15, contiennent des dispositions analogues. Les articles 56 et 57 de la loi du 16 septembre 1807 ouvrent aux parties un moyen prompt et facile de faire ordonner une expertise.

Enfin, à défaut de ces ressources et en cas de refus de la part des administrateurs, les justiciables peuvent faire procéder eux-mêmes, par des officiers de police judiciaire, par des officiers publics, même par des témoins, aux constatations les plus urgentes.

Ce système, tout en parant aux inconvénients les plus graves, est assurément loin de la perfection et, pour ma part, je m'associe pleinement au vœu exprimé par MM. Aucoc et Reverchon, qui souhaiteraient de voir confier au vice-président du conseil de préfecture des attributions analogues à celles que les articles 806 et suivants confèrent au président du tribunal civil. Mais, en attendant que cette réforme désirable s'accomplisse, sachons accepter la loi existante avec ses imperfections.

Le principe posé, il faut l'appliquer avec discernement.

M. Serrigny, au n° 976 de son traité, a fait à cet égard une distinction fort juste : Toutes les fois, a dit le savant professeur, que l'autorité judiciaire sera compétente, pour statuer sur le fond d'une contestation se rattachant à des travaux publics ou autres actes de l'administration, le président pourra, en cas d'urgence, prononcer provisoirement sur la difficulté ; il devra s'abstenir, si le fond de la contestation appartient à l'autorité administrative.

Cette règle, pour être bien comprise, demande à être éclairée par des exemples. Jetons donc un coup d'œil rapide sur ceux que nous fournit la jurisprudence.

Il est arrivé quelquefois que l'administration ou ses ayants cause ont essayé d'incorporer au domaine public national, départemental ou communal des propriétés privées, sans avoir rempli les formalités préalables de l'expropriation. Longtemps le Conseil d'État a voulu écarter, même dans ce cas, l'ingérence des tribunaux ordinaires, et, de ces abus si évidents de l'administration, il ne reconnaissait d'autres juges que les tribunaux administratifs. Mais cette doctrine qui, sous prétexte de séparation des pouvoirs, portait une atteinte si directe au droit de propriété ainsi qu'aux attributions de l'autorité judiciaire, est aujourd'hui heureusement abandonnée depuis l'arrêt du Conseil d'État du 7 juillet 1853 (Sirey, 1854, 2, 213). Il est universellement admis que, dans le cas d'envahissement de la propriété privée, les tribunaux civils sont compétents pour statuer au fond et, par suite, le président du tribunal civil pour statuer sur les mesures d'urgence.

Cette compétence du juge des référés a été formellement proclamée par les arrêts suivants : Lyon, 19 mai 1857 (Sirey, 1858, 2, 305); Dijon, 10 août 1858 (Sirey, 1859, 2, 375); Conseil d'État, 15 décembre 1858 (Sirey, 1859, 2, 462).

Hier encore, dans une ordonnance rapportée par la *Gazette des Tribunaux* du 25 juin 1875, le président du tribunal de la Seine faisait une nouvelle application de ce principe dans les circonstances suivantes :

« Attendu que, dans sa séance du 19 mai 1875, le conseil
« municipal de la ville de Paris a décidé l'établissement
« d'un égout destiné à raccorder le dépotoir de la Villette
« avec le collecteur départemental et à permettre ainsi de
« conduire les eaux vannes dans la plaine de Gennevilliers,
« où elles seraient utilisées pour les irrigations;

« Attendu que la demande de la commune de Gennevilliers
« tend à ce qu'il soit fait défense à la ville de Paris d'exé-
« cuter les travaux dont s'agit et même à ce que le maire de
« Gennevilliers soit autorisé à s'opposer à cette exécution et
« au déversement des eaux en question sur le territoire de
« sa commune;

« Attendu que les juges civils ne sont compétents, pour
« suspendre l'exécution des travaux ordonnés par l'autorité
« administrative, que lorsque les formalités exigées par la
« loi du 3 mai 1841 et les ordonnances des 18 février 1834
« et 23 août 1835 n'ont pas été remplies, et que des propriétés
« privées ou communales ont été envahies ou sont sous le
« coup d'un envahissement imminent... »

C'est ici qu'il convient de relever l'erreur commise par quelques auteurs qui, sur la question générale de la compétence du juge des référés en matière administrative, avaient invoqué l'autorité de l'arrêt du 19 mai 1857 de la Cour de

Lyon. Cette décision ainsi comprise eût été une dissonance dans la jurisprudence : elle n'existe pas, car l'arrêt de Lyon n'a attribué juridiction au juge des référés qu'en raison de la violation des formes de l'expropriation.

Dans un ordre d'idées fort voisin, signalons des règles analogues. Les entrepreneurs de travaux publics, qui veulent occuper des terrains pour y opérer des fouilles et extractions de matériaux, doivent remplir préalablement certaines formalités indiquées par le décret du 8 février 1868. Si ces entrepreneurs ne se sont pas conformés aux prescriptions légales, quelle sera la juridiction compétente pour statuer sur les dommages ?

M. de Belbeuf le déclarait nettement devant le Conseil d'État : « La sanction de l'inaccomplissement des formalités légales, c'est la déchéance immédiate de la qualité d'entrepreneur, par suite c'est le retrait du bénéfice de la juridiction administrative; en cas d'inobservation du règlement, l'occupation ne constitue qu'une voie de fait, prévue par l'article 1382 du Code civil et dont les conséquences ne peuvent être appréciées que par l'autorité judiciaire... »

Par sa décision du 17 février 1869 (Sirey, 1870, 2, 164), le Conseil d'État n'hésitait pas à consacrer ces principes.

Là encore, en cas d'urgence, le juge des référés aura qualité pour intervenir par des mesures provisoires, pour enjoindre notamment la discontinuation des travaux.

Dans ce livre de la jurisprudence que je parcours en ce moment, je rencontre une espèce fameuse, trop marquée du caractère politique pour que je la veuille toucher autrement que par une allusion discrète. Une famille, tombée du trône, avait vu frapper les biens, qu'elle possédait en France, par un acte du pouvoir souverain, qui les attribuait à l'État. L'autorité judiciaire était-elle compétente pour prononcer sur les questions soulevées par les décrets du 22 janvier 1852?

Tout le monde a conservé la mémoire du débat mémorable qui s'engagea alors. (Voir le mémoire à consulter, au bas duquel se trouvent les signatures des plus grands noms du barreau de Paris et, au premier rang, celle de M. Dufaure, que la magistrature est heureuse d'avoir aujourd'hui à sa tête ; le jugement du 23 avril 1852, rendu par le tribunal de la Seine; l'arrêt du Conseil d'État, en date du 18 juin 1852.)

Il y aurait plus que de l'outrecuidance à vouloir trancher incidemment des questions aussi hautes. Je me bornerai donc à cette remarque, qui seule a trait à mon sujet : c'est que, si l'autorité judiciaire était compétente pour connaître du fond, le juge des référés l'était aussi pour prescrire, en cas d'urgence, des mesures provisoires.

Quittons ce terrain encore brûlant, pour aborder d'autres espèces plus pratiques et moins compromettantes.

Les contestations, nées de l'exécution de travaux publics, laisseront plus souvent place à la compétence des tribunaux civils et, à côté d'eux, à celle du président du tribunal.

On abuse quelquefois de cette qualification de *travaux publics* et, quand il s'agit de travaux opérés par de grandes compagnies concessionnaires de l'État, la confusion est facile. Il faut y prendre garde pour ne pas restreindre le domaine judiciaire. Les décisions suivantes pourront servir de guide :

L'autorité judiciaire est compétente pour statuer sur les dommages réclamés contre les concessionnaires d'une entreprise de voie publique, si les travaux ont été opérés, non pour l'établissement de la voie publique, mais pour la mise en valeur de terrains en bordure qui appartenaient à ces concessionnaires (Cassation, 17 novembre 1868 [Sirey, 1869, 1, 61]).

L'autorité judiciaire est compétente encore pour apprécier les dommages, réclamés par un propriétaire, pour réparation du préjudice, occasionné à ses récoltes, par la fumée de fours à briques établis par une compagnie de chemins de fer, même avec l'autorisation du préfet, et bien que les matériaux fussent destinés à la confection de travaux publics sur la voie (Conseil d'État, 11 juin 1868 [Sirey 1869, 2, 189]).

C'est dans le même sens que la Cour de cassation a proclamé la compétence de l'autorité judicaire, pour apprécier les dommages résultant de travaux opérés par une compagnie de chemin de fer, dans son intérêt, même avec l'autorisation de l'administration (Cassation 12 février 1873 [Sirey, 1873, 1, 210]).

La Cour suprême a également décidé que l'autorité judiciaire avait compétence pour ordonner la suppression de travaux autorisés par l'administration, alors que l'arrêté avait été pris sur la demande et dans l'intérêt purement privé du riverain d'un cours d'eau non navigable (Cassation, 16 avril 1873 [Sirey, 1873, 1, 130]).

Bien que je ne donne ici qu'une rapide nomenclature, je veux cependant reproduire une distinction lumineuse em--pruntée aux remarquables conclusions de M. l'avocat général Reverchon :

« Lorsque l'administration, disait cet éminent magistrat, « empêchée par des raisons financières, économiques ou « autres, de pourvoir immédiatement par elle-même à un « travail public, le concède à un particulier ou à une com- « pagnie, elle ne délivre pas une simple permission de « police : elle remplit, sous une autre forme, le devoir légal « qui lui incombe d'assurer les travaux de ce genre, elle se « substitue un représentant pour l'accomplissement de ce « devoir, et elle ne se borne pas à lui accorder l'autorisa- « tion d'effectuer le travail concédé ; elle lui en impose l'o- « bligation formelle sous diverses sanctions qui peuvent « aller jusqu'à la déchéance de la concession ; c'est si bien « elle-même qui agit alors, par l'intermédiaire de son « concessionnaire, que celui-ci est armé du droit d'ex- « propriation pour cause d'utilité publique, du droit « de faire des fouilles et de prendre des matériaux dans « les propriétés soumises à cette servitude, en un mot, des « droits que les lois et les règlements confèrent à l'ad- « ministration pour l'exécution de travaux publics. — Il n'y « a rien de semblable quant aux simples permissions ou « autorisations de police ; le permissionnaire agit pour son « compte, non pour celui de l'administration ; aussi est-il « pleinement libre d'user ou de ne pas user de la permis- « sion, et s'il n'en use pas, l'administration n'a ni intérêt ni « qualité pour le contraindre à en user ; aussi n'est-il pas « non plus investi du droit d'expropriation. La distinction « entre les travaux privés et les travaux publics, soit exécu- « tés directement, soit concédés, subsiste donc tout entière ; « l'administration, lorsqu'elle permet ceux-là, ne fait que « constater que l'intérêt public n'aura pas à en souffrir et « elle réserve virtuellement, même sans le dire, tous les « droits des tiers, y compris par conséquent celui de deman-

« der au tribunaux la suppression de ces travaux s'ils por-
« tent, en effet, atteinte à un droit. »

Dans tous ces cas que nous venons d'énumérer, le juge des
référés, sous la condition de l'urgence, peut exercer efficacement sa juridiction, par des mesures provisoires, en
attendant que les tribunaux compétents soient appelés à
connaître du fond du litige.

Signalons maintenant quelques hypothèses plus délicates :

Quand il s'agit vraiment de travaux publics, même alors
l'autorité judiciaire demeure compétente, pour fixer le sens
et l'exécution des clauses du marché, si le procès s'élève
entre l'entrepreneur et la compagnie concessionnaire à forfait du chemin de fer (Cassation, 23 juin 1873 [Sirey, 1873,
1, 330]).

L'autorité judiciaire est compétente pour statuer sur les
dommages résultant de travaux publics, lorsqu'il existe une
convention entre les intéressés et l'administration ou ceux
qui la représentent (Cassation, 20 janvier 1873 [Sirey, 1873,
1, 197]).

Le tribunal des conflits a également décidé, le 11 janvier
1873 (Sirey, 1874, 2, 325), que l'autorité judiciaire est seule
compétente pour statuer sur le sens et l'exécution des contrats de droit commun, même quand ces contrats se rattachent à l'exécution de travaux publics. Cette dernière décision est particulièrement remarquable en ce qu'elle déclare
que, dans ce cas, il appartient au juge des référés de statuer
sur l'urgence et l'opportunité de mesures provisoires.

Mais il convient de faire ici une observation importante :

Le Conseil d'État, en admettant la compétence de l'autorité judiciaire à l'égard de travaux publics illégalement opérés, persiste néanmoins à refuser aux tribunaux le droit
d'ordonner *la destruction des travaux*. Cette opinion est parfaitement acceptable, bien qu'elle semble ne pas aller jusqu'au bout des conséquences de son principe. Il y a, en effet,
une différence profonde entre la suspension et la destruction
des travaux illégalement entrepris. La suspension permet à
l'administration de remplir les formalités qu'elle avait négli-
gées et de sauvegarder tous les intérêts, ceux de l'administration et ceux du propriétaire. La destruction, au contraire,
anéantirait en pure perte des travaux qu'il faudrait recom-

mencer après les formalités accomplies. Ajoutons d'ailleurs
que l'article 15 de la loi du 8 mars 1810 et l'article 74 de la
loi du 3 mai 1841 ne mentionnent que le *sursis* et la *discontinuation*.

Si j'ai rappelé cette restriction apportée au pouvoir de
l'autorité judiciaire, c'est pour faire remarquer qu'elle s'impose à plus forte raison au juge des référés.

Je citerai, à cette place, un arrêt de la Cour d'Angers qui,
dans une espèce remarquable, a consacré les mêmes principes, mais en marquant une nuance assez délicate. L'arrêt
du 30 mars 1871 (Sirey, 1871, 2, 262) est ainsi conçu :

« Attendu que Lebreton a fait assigner en référé, devant
« le président du tribunal civil de Laval, le préfet de la
« Mayenne, comme représentant du gouvernement, pour
« voir nommer trois experts à l'effet de constater les dégâts,
« malversations et dommages de toute nature résultant du
« séjour des troupes françaises et des travaux de défense
« exécutés sur les propriétés du demandeur ; — Attendu que
« le préfet a opposé à cette citation un déclinatoire fondé
« sur la séparation des pouvoirs et l'incompétence de la jus-
« tice ordinaire ; — Attendu que le président du tribunal a
« rendu, le 24 février 1871, une ordonnance par laquelle il
« rejette le déclinatoire, donne défaut du préfet au fond et
« nomme des experts, avec mission de constater la cause,
« la nature et l'importance des dommages dont se plaint
« Lebreton ; — Attendu que le préfet a interjeté appel de
« cette ordonnance et qu'il fonde son appel sur l'incompé-
« tence du tribunal à prononcer une mesure, même provi-
« soire, dans une contestation qui échappe à la juridiction
« civile ; — Attendu que les dommages résultant de l'exé-
« cution des travaux publics appartiennent à la juridiction
« administrative, pour les mesures préparatoires comme
« pour les décisions définitives, et que le déclinatoire du
« préfet serait bien fondé si Lebreton demandait seulement
« la réparation de dommages résultant de travaux publics ;
« — Mais attendu que Lebreton demande non-seulement la
« constatation des dommages causés par les travaux du génie
« militaire, lesquels sont des travaux publics, mais aussi la
« constatation des dommages provenant du séjour et des
« malversations des troupes françaises et que la réparation

« de ces derniers dommages peut, selon leur cause et leur
« nature, appartenir à la juridiction ordinaire ou à la juri-
« diction administrative ; — Attendu que l'ordonnance de
« référé charge les experts de constater ces diverses sortes
« de dommages avec leurs causes et leur importance, et que
« ce n'est qu'après l'accomplissement de la mission donnée,
« sous toutes réserves, aux experts que la question de com-
« pétence pourra être examinée en parfaite connaissance de
« cause... »

Indiquons aussi une décision du tribunal des conflits, du
19 décembre 1873 (Sirey, 1874, 2, 261), qui tranche définitivement une question longtemps controversée. L'autorité
administrative est seule compétente pour prononcer sur les
dommages causés aux personnes par l'exécution de travaux
publics. Cependant il faut, sur ce point même, se tenir dans
une juste mesure : l'autorité judiciaire demeurera compétente lorsque les dommages causés aux personnes, bien
qu'ayant eu lieu au cours de travaux publics, ne se ratta-
cheront pas d'une manière intime à leur exécution.

Mentionnons en dernier lieu une question, née des événements politiques, et qui a été diversement résolue. Après
un immense désastre, qui aurait dû ne laisser d'autre préoccupation que celle de la défense nationale, des administrations locales, obéissant à de déplorables entraînements,
trouvèrent plus urgent de substituer l'enseignement laïque
à l'enseignement congréganiste, et, sans souci des règles de
la matière non plus que des droits acquis, après quelques
actes administratifs qui couvraient à peine la violence du
procédé, elles s'empressèrent de faire expulser les frères de
la doctrine chrétienne des locaux qu'ils occupaient.

L'autorité judiciaire, et particulièrement le juge des référés, furent appelés à statuer sur les réclamations des congrégations ainsi molestées.

La juridiction des référés était-elle compétente ?

La jurisprudence a rendu, sur ce point, plusieurs décisions
que les recueils ont enregistrées : tribunal de Toulouse,
11 janvier 1871, Cour de Chambéry, 11 décembre 1871 (Sirey,
1872, 2, 206) ; Aix, 9 janvier 1872 (Sirey, 1872, 2, 150) ;
Bourges, 19 juin 1872 ; Dijon, 10 avril 1873 (Sirey, 1873,
2, 207).

Ces décisions, à l'exception de celle du tribunal de Toulouse, consacrent une doctrine uniforme et que, pour ma part, je trouve parfaitement juridique.

Les arrêts qui précèdent s'accordent à reconnaître que les juridictions de l'ordre judiciaire ne sauraient apprécier la légalité des actes administratifs, tels que les délibérations des conseils municipaux et les arrêts préfectoraux. C'est l'hommage rendu au principe de la séparation des pouvoirs.

Mais la question n'est pas encore tranchée par cette considération. De deux choses l'une : ou bien les congrégations produisent des traités leur conférant un droit de propriété ou de location sur les locaux occupés, ou bien elles ne produisent aucun titre. Dans le premier cas, l'autorité judiciaire est compétente pour interpréter les contrats de droit commun et assurer leur exécution; le juge des référés est compétent, par suite, en présence d'un droit bien défini par des actes précis, pour ordonner, en cas d'urgence, des mesures provisoires : c'est ce qu'ont décidé les Cours d'Aix et de Dijon. Dans le second cas, la compétence de l'autorité judiciaire et celle du juge des référés ne peuvent s'appuyer sur une base légitime : n'ayant plus à défendre un droit de propriété ou un droit établi par un contrat de droit commun, elles se heurteraient directement à des actes administratifs qui échappent à l'appréciation des tribunaux ordinaires : c'est ce qu'ont décidé les Cours de Bourges et de Chambéry.

Voici, plus spécialement en ce qui concerne le juge des référés, les motifs donnés par la Cour de Chambéry :

« Attendu que les frères de la doctrine chrétienne ne
« produisent pas de convention écrite et que la commune
« dénie toute convention verbale; — Que, sous ce rapport,
« il y avait un premier obstacle à la juridiction du juge du
« référé, qui ne peut admettre de simples présomptions
« dans une matière où la preuve testimoniale ne serait pas
« admissible; — Attendu, en outre et surtout, qu'en l'ab-
« sence de convention écrite, le magistrat jugeant en référé
« eût été dans la nécessité, avant d'ordonner toute mesure,
« de se livrer à la recherche délicate de la nature de la con-
« vention verbale intervenue entre les parties, de préciser
« s'il s'agissait d'un bail, d'un louage de services, d'un man-
« dat, d'une société innommée; — Que ce sont là autant

« de points qui appartiennent exclusivement à la juridiction
« compétente pour connaître de l'action principale et que le
« juge de référé, devant éviter avec soin de rien préjuger au
« fond, trouvait ainsi dans la cause une nouvelle et décisive
« raison de s'abstenir... »

On doit maintenant apercevoir plus nettement la frontière qui sépare le domaine judiciaire du domaine administratif.

Cette frontière, on l'a vu, n'est pas toujours respectée, et
souvent le juge des référés a tenté de la franchir. Il faut que
l'administration soit armée des moyens ordinaires pour
prévenir ou faire cesser cet empiétement : elle doit donc
être admise à proposer un déclinatoire et, au besoin, à élever
le conflit devant le juge des référés. C'est ce qu'a décidé le
Conseil d'État par un arrêt du 22 janvier 1867 (Sirey, 1868,
2. 125). Cette solution entraîne, au point de vue des formes
et de la procédure, des conséquences que nous indiquerons
dans un autre paragraphe[1].

Concluons donc que le président du tribunal civil est le
juge exclusif des référés et qu'il est investi, *en matière civile*,
de la plénitude de juridiction. Il statue provisoirement sur
tous les cas d'urgence, quelle que soit la nature de la contestation, quelle que soit aussi la juridiction appelée à connaître ultérieurement de l'action principale. Ses attributions,
cependant, comme celles de toutes les autres juridictions de
l'ordre judiciaire, trouvent leur limite dans le principe de la
séparation des pouvoirs : il est donc sans juridiction sur les
matières administratives.

Telle est, du moins, la règle générale, car elle souffre
quelques rares exceptions que je vais maintenant indiquer.

Le législateur, en effet, dans certains cas particuliers,
d'ailleurs précisés par les textes, a conféré, soit aux présidents des tribunaux de commerce, soit aux juges-commissaires, soit aux juges de paix, quelques attributions spéciales,
qui ont plus ou moins d'analogie avec celles du juge des
référés.

Le président du tribunal de commerce prononce :

[1] Voir dans le même sens M. Bertin, *Traité des référés*, n°s 394 et 395.

1° Sur les difficultés relatives à la réception des marchandises expédiées à des négociants (art. 106 C. com.);

2° Sur les saisies conservatoires (art. 172 C. com. et 417 C. pr. civ.).

Il n'est pas inutile de faire remarquer que, dans le premier cas tout au moins, le président du tribunal de commerce, statuant sur requête, exerce, à vrai dire, la juridiction discrétionnaire plutôt que la juridiction contentieuse. Nous aurons occasion de revenir plus tard sur le cas de la saisie conservatoire, qui exige des explications particulières.

M. Bilhard ouvre un plus large horizon aux attributions du président du tribunal de commerce et étend la compétence de ce magistrat à d'autres hypothèses, qui appellent quelques observations.

— Ainsi il veut que ce soit le président du tribunal consulaire qui statue, en matière commerciale, sur la demande d'expédition d'un jugement non exécutoire, d'un acte non enregistré ou resté imparfait, sur le collationnement d'un acte ou d'un jugement. — C'est là, à mon sens, une erreur du savant auteur, car, dès qu'aucun texte n'a conféré un pouvoir spécial au président du tribunal de commerce (et c'est ici le cas), il faut s'en tenir aux attributions générales dévolues au président du tribunal civil. Cette conséquence me paraît d'autant plus nécessaire que les articles 841, 842, 843, 852 du Code de procédure ont partout désigné le président du tribunal de première instance, sans distinguer jamais entre les matières civiles et commerciales.

— C'est tout aussi inexactement, je le crois, que M. Bilhard attribue juridiction, au président du tribunal de commerce, pour statuer sur les difficultés relatives à l'apposition ou à la levée de scellés ainsi qu'à l'inventaire, tant en matière de faillite que de société commerciale. Aucune disposition, en effet (et il en faudrait une très-précise), n'a conféré cette attribution au président du tribunal de commerce. Loin de là, le Code de procédure a doublement consacré, en cette matière, la compétence générale du président du tribunal civil : d'abord au titre de l'Apposition et de la levée des scellés, ensuite au titre des Référés. L'apposition des scellés étant prescrite par le jugement déclaratif de faillite (art. 455

C. com.), les incidents qui se produiront constitueront des difficultés relatives à l'exécution d'un jugement, et alors ce cas rentrera nécessairement dans les prévisions de l'article 806.

— Enfin le savant jurisconsulte appelle le président du tribunal de commerce à connaître des difficultés occasionnées par la vente du mobilier après déclaration de faillite. L'erreur, ici, me semble évidente : sans doute il y a une attribution spéciale, mais elle appartient au juge-commissaire, non au président du tribunal de commerce. Les articles 486 et suivants du Code de commerce ne peuvent guère laisser de doute à cet égard. Deux citations, empruntées à la jurisprudence, démontreront à la fois et la spécialité et l'énergie de ces attributions [1].

Le 4 janvier 1849 (Sirey, 1849, 2, 155), la Cour de Paris écartait, en ces termes, l'intervention du juge ordinaire des référés :

« Considérant que la faillite dessaisit entièrement le débi-
« teur et que ses droits, tant actifs que passifs, sont commis
« à l'administration des syndics sous la surveillance du juge-
« commissaire; que c'est par suite de ce système que l'ar-
« ticle 486 du Code de commerce donne au juge-commis-
« saire *seul* le droit d'autoriser les syndics à procéder à la
« vente des effets mobiliers et marchandises et de régler le
« mode de vente; — Considérant, dès lors, que le juge-
« commissaire avait compétence et qualité pour rendre
« l'ordonnance du 23 décembre dernier; — Que cependant
« le président du tribunal civil, statuant en référé, est inter-
« venu dans les opérations de la faillite pour prescrire des
« mesures différentes, nommer un séquestre et même para-
« lyser l'exécution de l'ordonnance précitée du juge-com-
« missaire ; — Que cette immixtion est contraire à l'esprit
« de la loi des faillites qui veut que la marche des opérations
« soit conduite avec ensemble et unité sous la surveillance
« du juge-commissaire. »

Le même principe a été, de nouveau, consacré par la Cour de Paris dans un arrêt du 6 mai 1867 (Sirey, 1868, 2, 53).

---

[1] Voir, dans le *Traité* de M. Bertin, nᵒˢ 55 et 223, l'expression d'une opinion conforme à la nôtre.

En excluant sur ce point, l'intervention du président du tribunal de commerce, retenons donc qu'il y a en même temps une dérogation aux pouvoirs généraux du juge des référés et attribution de pouvoirs spéciaux aux juges-commissaires préposés à la surveillance des faillites. Quelle est maintenant la nature de la juridiction dévolue à ces derniers magistrats, discrétionnaire ou contentieuse ? Y a-t-il des voies de recours ouvertes contre leurs ordonnances et quelles sont ces voies de recours ? C'est là une question qui a ses difficultés et que je ne saurais traiter ici : je me bornerai à renvoyer, à cet égard, à un excellent article de M. Zeys, dans la *Revue pratique de droit français*, t. XXXIX, p. 340 et suiv.

Les juges-commissaires des distributions par contribution tiennent aussi de l'article 661 du Code de procédure une attribution spéciale importante. Ils peuvent statuer, en référé, sur le privilége réclamé par le propriétaire pour le payement de ses loyers. Disposition bien exceptionnelle celle-là, puisque, à la différence du juge ordinaire des référés, le juge-commissaire rend une décision définitive et qui préjudicie au principal ! Disons de suite que si, dans le cas prévu par l'article 661, le juge-commissaire est investi d'un pouvoir anormal, c'est que la procédure organisée par cet article présente, en raison de la mise en cause de toutes les parties intéressées, des garanties que n'offre pas celle des référés. Quoi qu'il en soit, dans l'hypothèse prévue par cette disposition, le juge des référés, c'est-à-dire le président du tribunal civil, est incompétent. Ce point a été reconnu par un arrêt du 6 mai 1864 (Sirey, 1864, 2, 291) de la Cour de Caen, dont nous aurons à parler encore.

Enfin, au dernier rang de la hiérarchie judiciaire, le juge de paix a aussi reçu de la loi, pour certains cas déterminés, quelques attributions spéciales :

1° En cas de saisie d'animaux ou d'ustensiles servant à l'exploitation des terres, le juge de paix, sur la demande du saisissant, le propriétaire et le saisi appelés ou entendus, peut établir un gérant à l'exploitation (art. 594 C. pr.).

2° Tout créancier, même sans titre, peut, sans commandement préalable, mais avec l'autorisation du juge de paix, faire saisir les effets trouvés en la commune qu'il habite appartenant à son débiteur forain (art. 822 C. pr.).

3° Si les portes sont fermées, où s'il s'élève des obstacles à l'apposition des scellés ou des difficultés pendant leur apposition. le juge de paix peut établir garnison extérieure ou intérieure et, s'il y a péril dans le retard, statuer par provision, sauf a en référer ensuite au président du tribunal, (art. 921 C. pr.).

4° En cas de contestation ou de refus sur la réception de marchandises expédiées, à défaut du président du tribunal de commerce, la nomination d'experts ou autres mesures conservatoires sont prescrites par le juge de paix (art. 106 C. com.).

5° Suivant l'importance de la location, le juge de paix connaît, en dehors de la question de résiliation du bail, des demandes d'expulsion du locataire (art. 3 de la loi du 25 mai 1838.

Ces diverses exceptions ne font, d'ailleurs, que confirmer la règle de la compétence générale et exclusive du président du tribunal civil, comme juge ordinaire des référés. Il importe d'ajouter que ces exceptions sont les seules que reconnaisse notre législation.

Les textes sont si clairs qu'il semble à peine nécessaire de faire remarquer que les présidents de Cours, par exemple, ne sauraient jamais être appelés à statuer en référé. Les praticiens s'y sont cependant trompés, et nous trouvons la trace de cette erreur, dans un arrêt de la Cour d'Agen, du 11 janvier 1842. La Cour a dû redresser une procédure en ces termes péremptoires : « Attendu que l'article 807 du Code « de procédure n'attribue les référés qu'aux présidents des « tribunaux de première instance ; que, par conséquent, « on n'a pu assigner, en référé, devant le président de la « Cour. »

Cette règle, si certaine pourtant, s'oublie encore quelquefois. Il y a quelques jours, après un arrêt de la Cour de Chambéry qui ordonnait une expertise, on portait devant moi, comme président de la chambre, un référé pour faire surseoir aux opérations de l'expert et prescrire des mesures provisoires qu'on prétendait nécessitées par des circonstances urgentes, Je n'ai pas hésité à déclarer mon incompétence.

Cette confusion n'a pu provenir que d'un texte mal compris : l'article 54 du décret du 30 mars 1808. Cette disposition porte : «... Néanmoins les requêtes présentées, après « la distribution de la cause et dans le cours de l'instruc-« tion, seront répondues par le vice-président de la chambre « à la quelle la cause aura été distribuée. » Il me paraît évident que ce texte ne s'applique qu'à la juridiction discrétionnaire, qui s'exerce par des ordonnances sur requête. S'il pouvait rester un doute, il serait vite levé par le rapprochement de l'article 54 du décret de 1808 avec l'article 57.

Le président du tribunal peut être empêché et, comme le cours de la justice ne doit jamais être interrompu, la juridiction des référés sera exercée par le magistrat qui remplace le président. Cette proposition pouvait-être aisément sous-entendue, tant elle est nécessaire ; elle a été formellement énoncée par l'article 807.

Le remplacement aura lieu suivant les règles habituelles de notre organisation judiciaire : le président sera suppléé, soit par le plus ancien vice-président, soit par le plus ancien juge, dans l'ordre du tableau.

Cette éventualité du remplacement du président, a fait naître une question, diversement résolue par la jurisprudence, qui, par cela même, doit arrêter notre attention.

L'ordonnance de référé, rendue dans ce cas par le magistrat qui remplace le président, doit-elle, à peine de nullité, mentionner l'empêchement du président?

L'affirmative résulte de plusieurs arrêts : Colmar, 11 novembre 1831 (Sirey, 1834, 2, 353); Bourges, 7 avril 1832 (Sirey, 1833, 2, 79); Toulouse, 31 août 1839 (Sirey, 1840, 2, 442); Montpellier, 20 juillet 1844 (Sirey, 1845, 2, 197); Caen, 12 juin 1854 (Sirey, 1855, 2, 86). M. de Belleyme, pour ne citer que le plus autorisé des auteurs, enseigne aussi la même doctrine [1].

---

[1] M. Bertin, aux n°ˢ 273 et 274 de son *Traité*, n'a pas tranché, explicitement du moins, cette question. Je ne saurais donc dire s'il est favorable ou contraire à l'opinion que j'ai exprimée.

Un seul arrêt de la Cour de Caen, en date du 17 juin 1854 (Sirey, 1855, 2, 86), s'est prononcé pour la négative.

Bien que cette décision soit isolée, je la préfère néanmoins aux précédentes, dont la rigueur est peu d'accord avec les nécessités de la pratique et le système général de notre organisation judiciaire. Sans vouloir consacrer à ce point accessoire une discussion étendue, je me contenterai de mettre en regard les raisons, qui sont invoquées de part et d'autre, et que je trouve très-exactement résumées dans les arrêts des deux chambres de la Cour de Caen.

Le premier est ainsi conçu :

« Attendu que cette juridiction (celle des référés) a été
« confiée spécialement au président du tribunal de première
« instance, et qu'elle ne peut être exercée qu'à son défaut,
« et pour cause d'empêchement régulièrement constaté, par
« les magistrats qui le suivent dans l'ordre du tableau ; —
« Que la déclaration d'empêchement contre laquelle les par-
« ties auraient, en cas de fraude, le droit de se pourvoir par
« les voies de droit, est la seule garantie donnée aux citoyens
« que le magistrat, qui prononce sur le référé, en l'absence
« du président, est bien véritablement le magistrat compé-
« tent ; — Considérant qu'en fait l'ordonnance de référé,
« dont est appel, a été rendue par le vice-président du tri-
« bunal civil de Caen, sans qu'il y soit fait mention de l'ab-
« sence ou de l'empêchement du président, d'où il suit
« qu'elle est nulle pour vice d'incompétence... »

Le second arrêt, rendu par une autre chambre de la même Cour, est un peu long peut-être, mais il convient cependant de le citer en entier, ne fût-ce que pour séparer la thèse parfaitement juste qu'il consacre de certaines erreurs qui s'y trouvent mêlées. Cette citation, d'ailleurs, nous fournira l'occasion d'une remarque importante et pratique sur l'organisation du service des référés :

« Considérant que, dans les cas d'urgence, et lorsqu'il s'a-
« git de statuer provisoirement sur les difficultés relatives à
« l'exécution d'un titre ou d'un jugement, la loi a cru
« devoir, au lieu d'exiger, comme dans toutes les affaires
« ordinaires, la réunion d'un tribunal, autoriser un seul de
« ses membres à prononcer, et qu'alors, conformément à
« l'ordre hiérarchique, c'est le président qu'elle a dû natu-

« rellement désigner, mais que ce n'est pas là une compé-
« tence personnelle et exclusive qu'elle a entendu lui con-
« fier ; — Que ce n'est point un privilége attaché au titre,
« mais un devoir résultant de la fonction ; que le président
« n'agit en ce cas que comme représentant le tribunal, dont
« le pouvoir est alors concentré en sa personne, comme en
« celle d'un juge-commissaire ; — Que cette vérité, qui res-
« sort suffisamment de la nature de l'acte judiciaire qu'il
« accomplit, est d'ailleurs écrite dans les articles 807 et 808
« du Code de procédure, qui lui permettent de se faire
« remplacer par un autre membre du tribunal, et qui char-
« gent, non le président, mais le tribunal d'indiquer les
« jours et heures des audiences de référé ; — Considérant
« qu'en exécution de cette dernière prescription de la loi, et
« dans l'intérêt bien entendu des justiciables, à qui l'on
« doit, surtout en cette matière, une justice prompte et peu
« dispendieuse, le tribunal de Caen a admis comme règle,
« consacrée par un très-long usage, que les parties, qui ont
« des référés à faire juger, peuvent se présenter au palais
« tous les jours de la semaine, pour obtenir une décision,
« soit au commencement, soit à la fin de l'audience ordi-
« naire : et, comme le président qui siége à la tête de la
« première chambre les lundi, mardi et mercredi, est em-
« pêché de siéger les trois derniers jours, à cause de la né-
« cessité de rédiger ses jugements et d'accomplir toutes les
« autres fonctions qui lui sont imposées, c'est le président
« de la deuxième chambre qui, durant ces trois derniers
« jours, est chargé de le remplacer ; que ce mode de pro-
« céder est parfaitement conforme au texte et à l'esprit de
« l'article 807 du Code de procédure ; que l'article 786 du
« même Code suppose nécessairement qu'il en doit être ainsi ;
« qu'il en résulte, en effet, que, si un débiteur, arrêté pen-
« dant les heures de l'audience, requiert qu'il en soit référé,
« c'est devant le président tenant cette audience qu'il doit
« être conduit sur-le-champ, et qu'il ne serait vraiment pas
« raisonnable, au lieu de s'adresser à ce magistrat qu'on a
« sous la main, de traîner le débiteur à travers la ville, à la
« recherche du président en titre ; qu'en fait il est constant
« que l'ordonnance du 26 mai dernier a été rendue au
« palais de justice, où la deuxième chambre du tribunal

« siégeait seule ce jour-là, et que, par conséquent, le prési-
« dent de cette chambre qui, ce jour-là, représentait le pré-
« sident du tribunal entier, avait qualité pour la rendre... »

Ce n'est pas cette partie de l'arrêt que j'approuve ; tant
s'en faut.

Que le président du tribunal, juge de référé, représente le
tribunal, dont il concentre les pouvoirs, comme le fait un
juge-commissaire, c'est là une proposition dont l'erreur est
certaine. La juridiction des référés est une juridiction spéciale,
qui ne représente qu'elle-même ; le magistrat qui l'exerce a
des pouvoirs complétement différents de ceux du tribunal ; il
se meut dans une sphère parfaitement indépendante et ne
relève que de la Cour d'appel. L'argumentation de l'arrêt se
trouve donc viciée dans son principe même.

Ensuite (et c'est la remarque que je voulais faire) l'usage,
établi au tribunal de Caen me semble une violation manifeste
du texte et de l'esprit de la loi. En effet, est-ce qu'il n'a pas
pour résultat d'instituer au même tribunal, en quelque sorte
parallélement, deux juges de référés, fonctionnant alternati-
vement, le président pendant les trois premiers jours de la
semaine, le vice-président pendant les trois derniers ? Ce n'est
pas par accident que le vice-président connaîtra des référés,
mais d'une manière normale, en vertu d'un ordre de service
établi par le tribunal. Cette dualité est à peine déguisée, et
cette considération que, pendant les trois derniers jours de
la semaine, le président est empêché, est un motif qui ne
saurait faire illusion. Qu'est-ce autre chose que l'effacement
du principe de la désignation exclusive du président comme
juge des référés, que cet empêchement, prévu à l'avance, qui
se produira régulièrement, toute l'année, pendant les trois
derniers jours de chaque semaine ? Si ce système était admis,
je ne vois pas qu'il ne puisse alors être poussé à une conséquence plus extrême encore. Dans ces grands tribunaux de
Lyon et de Bordeaux, par exemple, le président, absorbé par
les soins d'une vaste administration, ne siége guère qu'un
jour par semaine, à l'audience où sont portées les affaires les
plus importantes : un ordre de service, conçu dans le même
esprit, pourrait donc confier les référés aux vice-présidents
des deux chambres civiles ! Que deviendrait alors la disposition si précise de l'article 807 ? C'est évidemment, par une

interprétatien abusive de l'article 786, qu'on a cherché, dans cette disposition, un argument à l'appui du système précédent.

Restituons donc aux textes leur portée véritable et disons que le président du tribunal seul est le juge des référés : ce n'est qu'au cas d'un réel empêchement que ces fonctions spéciales passent à un autre magistrat. Dans le silence de l'ordonnance rendue par un magistrat, autre que le président, cet empêchement devra-t-il être présumé ? Telle paraît être vraiment la question.

Sur ce point, la deuxième chambre de la Cour de Caen a été mieux inspirée :

« Considérant qu'au surplus, quel que soit le caractère
« qu'on attribue au pouvoir, conféré au président, de statuer
« sur les référés, il est incontestable, ainsi que le déclarent
« les articles 807 et 808 du Code de procédure et l'article 47
« du décret du 30 mars 1808 lui-même, que ce pouvoir peut
« être exercé par un autre membre du tribunal en rempla-
« cement du président; — Que seulement on soutient qu'il
« faut alors que l'empêchement du président soit constaté ;
« — Mais que, d'une part, aucun texte de la loi n'exige
« cette constatation et que, d'autre part, il est de jurispru-
« dence certaine, consacrée par un grand nombre d'arrêts
« de la Cour de cassation, que chaque fois qu'un président
« ou un autre membre d'une Cour ou d'un tribunal est rem-
« placé, par un de ses collègues, dans l'exercice de ses fonc-
« tions judiciaires, il y a présomption légale d'empêchement
« légitime; — Qu'ainsi il est hors de doute que, quand l'au-
« dience habituellement présidée par le président du tri-
« bunal se trouve présidée par un autre membre du tribunal,
« les jugements sont très-régulièrement rendus, encore bien
« qu'on n'ait pas constaté l'empêchement du président
« ordinaire; — Qu'il serait bien étrange que, si un référé
« se présente ce jour à l'audience, le juge qui a légalement
« représenté le président, à l'effet de rendre, au nom du
« tribunal, les décisions définitives les plus importantes, ne
« le représentât plus à l'effet de prononcer, en référé, sur
« quelques mesures provisoires; — Que ce serait se montrer
« plus exigeant pour les petits intérêts que pour les grands ;
« que le motif, qui a déterminé la jurisprudence qui vient

« d'être rappelée, existe d'ailleurs dans un cas comme dans
« l'autre; qu'on a bien compris que, si l'on n'exigeait qu'une
« mention vague d'empêchement, cette mention deviendrait
« une formule banale, de style, qui n'offrirait par elle-même
« aucune garantie, et que, si l'on voulait, pour arriver à
« quelque chose de sérieux, accorder, à la partie mécontente
« d'avoir perdu son procès, le droit de contrôler et de con-
« tester l'empêchement allégué, ce serait ouvrir la porte à
« des débats déplorables, qui porteraient nécessairement
« atteinte à la dignité des magistrats. »

Voilà, à mon sens, la bonne partie de l'arrêt, celle qui
consacre une opinion à la fois juridique et pratique. En se
bornant à présumer l'empêchement du président, le principe de la juridiction personnelle de ce magistrat ne recevra
aucune atteinte et beaucoup d'ordonnances seront sauvées.
Cette présomption, en harmonie avec les règles de notre
organisation judiciaire, remplira ce rôle utile de ne pas
laisser les ordonnances de référé à la merci d'une formule.

Quoi qu'il en soit, les magistrats qui doivent être soucieux
de faire toujours correctement les choses, doivent veiller à
cette constatation. Il est mieux de constater l'empêchement
que de le laisser présumer.

Après avoir signalé, dans le personnel judiciaire, le président du tribunal civil, comme le magistrat investi de la
juridiction des référés, nous avons maintenant à désigner,
parmi les magistrats du même ordre, celui qui sera plus
spécialement compétent, suivant les circonstances, c'est-à-
dire à déterminer les règles de la compétence *ratione personæ* [1].

Le titre XVIe du livre V du Code de procédure civile ne
contient, sur ce point, aucune disposition particulière.

Les auteurs ont conclu de ce silence que le législateur
s'était nécessairement référé aux principes généraux de la
compétence. Cette conclusion est juste : car, d'une part, il
était impossible de laisser au demandeur la faculté abusive

---

[1] On trouve aux n°s 241 et suiv. du *Traité* de M. Berlin des développements fort judicieux sur la compétence du juge du lieu de l'exécution. Mais
la question n'est ainsi envisagée que sous l'une de ses faces. J'ai cru devoir
l'aborder d'une manière plus générale et essayer de systématiser l'ensemble
des règles applicables à la matière.

de choisir son juge et, d'autre part, la procédure de référé débutant par une assignation, il était naturel d'appliquer à celle-ci les règles édictées pour les ajournements. A s'en tenir à cette seule indication, il faudrait reconnaître que le président compétent serait :

1° En matière personnelle et mobilière, celui du tribunal du domicile du défendeur;

2° En matière réelle immobilière, celui du tribunal de la situation de l'immeuble litigieux;

3° En matière mixte, celui du tribunal de la situation ou du domicile du défendeur;

4° En matière de société, celui du tribunal où est établi le siége de la société;

5° En matière de succession, celui du tribunal de l'ouverture de la succession;

6° En matière de faillite, celui du tribunal du domicile du failli;

7° En cas d'élection de domicile, celui du tribunal du domicile élu ou du domicile réel du défendeur.

Ces règles, néanmoins, souffrent de très-nombreuses exceptions, si nombreuses qu'on pourrait presque dire que les règles sont ici déplacées. Quand on envisage, en effet, sous ce rapport, la détermination de la compétence, il serait peut-être plus exact de considérer le juge *du lieu* comme étant le juge ordinairement compétent. Mais qu'importe, après tout, cette terminologie, pourvu que, dans chaque espèce, les justiciables sachent quel est le président auquel ils doivent s'adresser?

Conservons donc, malgré son peu de rigueur scientifique, langage habituel.

Une première catégorie d'exceptions résulte de certaines dispositions spéciales qui ont nommément désigné le président *du lieu* à l'exclusion du président du domicile du défendeur.

Les articles 606 et 607, en matière de saisie-exécution, indiquent, comme devant statuer en référé, sur la demande en décharge du gardien et autres difficultés, *le juge du lieu de la saisie.*

L'article 786 désigne, comme juge du référé, au cas d'arréstation du débiteur, le président du tribunal de première instance·*du lieu de l'arrestation.*

L'article 829 dispose, en matière de saisie-revendication, qu'il én sera référé au juge. La combinaison des articles qui précèdent et qui suivent démontre clairement, bien que le mot ne s'y trouve pas, qu'il ne peut s'agir, dans le cas de l'article 829, que du juge *du lieu de la saisie.*

Les articles 843, 845 et 852, en matière de délivrance de grosses ou d'expéditions d'actes, ne sont pas moins précis pour fixer la compétence du président *du lieu du dépôt.*

Les articles 921 et 944, en matière d'apposition et de levée de scellés, l'article 948, en matière de vente de mobilier, déterminent aussi, sinon explicitement, du moins implicitement, la compétence du président du tribunal *du lieu où se fait l'opération.*

Dans ces diverses hypothèses, aucune difficulté sérieuse ne peut s'élever sur la compétence ; il y a, en effet, attribution spéciale de juridiction par la loi elle-même ; or, *specialia generalibus derogant.*

La jurisprudence offre fort peu de décisions sur le point que j'examine. Je n'en trouve qu'une seule dans le recueil Sirey, et encore me paraît-elle susceptible de critique : c'est un arrêt de la Cour de Pau, en date du 31 août 1837 (Sirey, 1839, 2, 468).

Il est ainsi conçu :

« Attendu, sur le moyen d'incompétence pris de ce que la « demande aurait dû être portée devant le président du tri-« bunal du lieu de la résidence du notaire dépositaire de « l'acte dont la seconde grosse était demandée, que, dans « le silence de la loi sur ce cas particulier et hors le cas « d'une exception motivée sur la nécessité, les règles géné-« rales sur la compétence doivent être suivies et que le dé-« fendeur a pu être cité devant le tribunal de son domi-« cile... »

C'est en vain que M. Dalloz s'efforce de concilier cette jurisprudence avec le texte et l'esprit de l'article 844. Le président de Belleyme ne s'y est pas trompé, et il enseigne que le juge compétent est celui du domicile du dépositaire. Cette solution est excellente, dit-on, lorsque la difficulté s'é-lève seulement entre le réclamant et le notaire, mais lorsque le débat surgit entre le créancier, le débiteur et le notaire, comme au cas de demande d'une seconde grosse, le juge compétent doit être celui du domicile du défendeur d'après la règle générale de l'article 59.

Pourquoi donc distinguer? L'article 844 n'autorise aucune distinction. Il y a deux raisons également décisives pour la compétence du président du domicile du notaire : d'abord une disposition de la loi qui est formelle, ensuite la nécessité. Ne sera-t-il pas le plus souvent indispensable que le notaire soit entendu, que la minute soit représentée? Et alors n'y aurait-il pas plus d'inconvénient au déplacement du notaire et de la minute qu'à celui du défendeur?

Une autre exception, fort importante en ce qu'elle embrasse un grand nombre de cas, mérite une mention toute particulière.

Lorsqu'une difficulté surgit à l'occasion de l'exécution d'un jugement ou d'un acte, l'article 554 du Code de procédure dispose que le *tribunal du lieu* y statuera provisoirement et renverra la connaissance du fond au tribunal d'exécution.

Certes l'interprétation des articles 553 et 554 du Code de procédure soulève, au point de vue de la compétence, des questions fort délicates, et il est assez malaisé de déterminer avec exactitude les attributions des diverses juridictions, suivant que le jugement émane d'un tribunal d'exception ou d'un tribunal ordinaire, suivant qu'il s'agit de l'exécution judiciaire ou de l'exécution extrajudiciaire, selon que les moyens d'opposition se rattachent au fond du droit ou à la forme. J'éviterai de me jeter dans une digression en me bornant à renvoyer à cet égard à de judicieuses observations de M. Bertauld, dans un article de la *Revue critique*, tome X, pages 354 et suivantes.

Ne me préoccupant donc que de la juridiction des référés, qui sera souvent appelée à connaître de ces contestations urgentes, je ferai remarquer que, dans la mesure où il peut en connaître, le juge compétent sera certainement alors le juge *du lieu de l'exécution.* Pour investir de la compétence ce dernier magistrat, on peut invoquer avec assurance l'article 554 du Code de procédure. En admettant que ces expressions « le tribunal du lieu » n'aient pas eu pour but de désigner le juge des référés, tout au moins il faut reconnaître qu'elles impliquent à plus forte raison, pour ce magistrat, s'il a attribution, la compétence assignée au tribunal. Devant le juge des référés, il s'agit, en effet, de prévenir, par des mesures provisoires, un préjudice imminent, irréparable peut-être. Comment ce but serait-il rempli, si l'on devait s'adresser à un juge éloigné, celui du domicile du défendeur, qui ne serait à même ni d'apprécier la situation, ni surtout d'y porter un remède assez prompt?

Cette solution, si sage et si nécessaire, a été adoptée notamment par le tribunal de la Seine, dans un jugement du 5 septembre 1872 (Sirey, 1872, 2, 312) :

« Attendu que le juge des référés a qualité pour suspendre « ou ordonner. la continuation des poursuites exercées en « vertu d'un jugement frappé de tierce opposition; — Qu'en « effet, par cette expression « le tribunal » on doit com- « prendre les juges devant lesquels le jugement est produit « suivant l'ordre de juridiction; qu'en cas d'inexécution ou « d'urgence, le président des référés remplace le tribunal; « que c'est ainsi que l'on interprète les dispositions de l'ar- « ticle 554 du Code de procédure qui sont capitales en cette « matière; que cet article porte que le tribunal du lieu sta- « tuera provisoirement sur les difficultés élevées sur l'exé- « cution des jugements et actes requérant célérité; que par « ces mots « le tribunal du lieu » on doit entendre non- « seulement le tribunal de première instance, mais aussi le « président statuant comme juge des référés. »

Toutes les exceptions qui précèdent, fondées sur des textes plus ou moins explicites, seront facilement admises. Mais il en est d'autres plus contestables : ce sont celles que la Cour de Pau, suivant une expression remarquable, déclare résulter *de la nécessité.*

L'expression, j'en conviens, est un peu vague et elle a le tort, en ouvrant une grande latitude d'appréciation. de rendre incertaines des limites qui devraient être très-précises. Mais qu'y faire, puisque le législateur a laissé son œuvre ici si visiblement incomplète? Mieux vaut encore, avec cet inconvénient, souscrire à ces exigences de la force des choses que de maintenir, dans un intérêt purement théorique, des règles incompatibles avec l'objet même des référés.

M. Bilhard, qui pratique un grand respect des textes, a

reconnu lui-même cette nécessité en ces termes : « Il est
« une infinité de cas qui doivent, *par la force des choses,*
« être appréciés et jugés par le président du tribunal dans
« le territoire duquel se trouvent les choses qui font la ma-
« tière du référé. »

On conçoit, par cela même, qu'une énumération est impossible : tout au plus peut-on, à l'aide de quelques exemples, caractériser cette nouvelle catégorie d'exceptions.

S'il s'agit de dommages résultant de l'exécution de travaux, bien que l'action soit personnelle et ressortisse pour
le fond au tribunal du domicile du défendeur, le président
du tribunal du lieu, où l'accident s'est produit, sera compétent pour prescrire les mesures préventives, les constatations
par experts, la visite des lieux, etc. Quel autre que ce magistrat serait à même de procéder, non-seulement en connaissance de cause, mais surtout avec la célérité que commandent
les circonstances? Où serait l'utilité du référé, s'il fallait
aller s'adresser au juge du domicile du défendeur, qui peut
être très-éloigné? Ne comprend-on pas que le temps nécessaire à toutes ces démarches pourrait entraîner un préjudice
irréparable?

La même observation s'applique à toutes ces contestations
urgentes auxquelles peut donner lieu la location d'un immeuble appartenant à un bailleur domicilié dans un arrondissement éloigné.

Dans un ordre d'idées plus élevé, les mêmes considérations
encore devront motiver une dérogation à la compétence du
juge du domicile du défendeur. — C'est une femme qui,
oubliant tous ses devoirs, a quitté le domicile conjugal
avec un complice qui l'entraîne; elle se dispose à passer la
frontière. Le mari accourt et rejoint les coupables; il ne veut
pas du scandale d'un procès correctionnel et, pour l'honneur
de son nom, dans l'intérêt de ses enfants; il se résigne à
n'employer que les voies civiles. Ne serait-ce pas le condamner à une véritable impuissance, que de ne pas lui permettre
de s'adresser au juge de la localité, sous prétexte qu'il n'est
pas celui du domicile?

Ou bien c'est un mari qui, délaissant le foyer conjugal,
enlève à sa femme outragée de jeunes enfants qu'il va expatrier. Cette malheureuse mère de famille est arrivée, au mo-

ment où chauffe le paquebot qui va mettre l'Océan entre ses enfants et elle : se heurtera-t-elle donc à une exception d'incompétence si elle s'adresse au juge du lieu, et la renverra-t-on à porter inutilement ce douloureux débat devant le juge du domicile?

En matière de testament, des nécessités analogues se peuvent produire. Le testateur a légué à un tiers l'usufruit d'un immeuble situé dans un lieu, qui n'est ni celui de l'ouverture de la succession, ni celui du domicile de l'usufruitier. Ce dernier est dans l'impossibilité de fournir caution et il faut nommer un séquestre. Qui le nommera? Évidemment le juge de la situation de l'immeuble qui, seul, peut apprécier l'opportunité de la mesure et choisir le séquestre en connaissance de cause.

Bien d'autres hypothèses pourraient être signalées : celles-ci suffisent pour mesurer la portée et l'étendue de l'exception.

Résumons en quelques mots le dernier point qui vient de nous occuper.

La compétence du président du tribunal civil, comme juge des référés, est déterminée, en principe, par les règles ordinaires édictées dans les articles 59 et suivants du Code de procédure.

A cette compétence normale deux ordres d'exceptions :

— Celles qui, résultant des dispositions spéciales, attribuent juridiction à un président, autre que celui indiqué par les principes généraux;

— Celles qui, fondées sur la nécessité et la force même des choses, impliquent la compétence du président de l'arrondissement dans lequel se trouvent les choses et les personnes qui font la matière du référé.

Cette doctrine, considérée à un point de vue systématique, est loin d'être irréprochable : mais la faute n'en est pas aux interprètes, qui ne pouvaient créer un système de toutes pièces.

§ 3. — *Des attributions du juge des référés et des cas dans lesquels il y lieu à référé.*

J'ai dû, pour plus de clarté, diviser le sujet que je traite en un certain nombre de paragraphes ; mais ces divisions,

si je puis ainsi parler, ne constituent pas autant de compartitiments distincts et isolés. Tout au contraire, ces paragraphes, parties d'un même tout, se touchent par plus d'un
point, et c'est ainsi que celui-ci se rattache étroitement à
des développements présentés ailleurs.

Rappelons un principe précédemment établi.

Le juge des référés connaît, sous certaines conditions et
particulièrement sous celle de l'urgence, de toutes les matières civiles, non-seulement des affaires qui, pour le fond,
ressortissent aux juridictions ordinaires, mais encore de
celles qui ressortissent aux juridictions d'exception, telles
que les tribunaux de commerce et les justices de paix.

Le domaine de la juridiction des référés, à n'en considérer que la surface (et c'est ce que nous avons fait jusqu'ici),
est donc fort étendu : il faut maintenant en mesurer la profondeur; c'est ce qui nous reste à faire. En d'autres termes,
après avoir indiqué d'une manière générale les matières
sur lesquelles le juge des référés est appelé à statuer, il convient de déterminer avec précision les limites dans lesquelles
s'exerce son pouvoir de juridiction.

Cette tâche est délicate entre toutes : car, d'une part, il
faut appliquer, à tous les cas qui la comportent, une procédure expéditive qui, en donnant satisfaction à des intérêts
urgents, aura peut-être encore l'avantage d'éteindre définitivement la contestation; d'autre part, il faut prendre garde
que, dans son zèle, le juge des référés n'empiète sur les attributions des autres juridictions et que, dans le but d'aller
plus vite, on n'aboutisse qu'à provoquer, sans profit, une
double instance sur le provisoire et sur le principal.

Les arrêtistes du *Journal de Bruxelles* (voir dans Sirey la
note au bas de l'arrêt de Rome du 6 juillet 1811) ont fait, à
cet égard, une observation pleine de sens : « Le Code de pro
« cédure, ont-ils dit, nous a donné un titre particulier *des*
« *Référés*, ce qui est propre à nous persuader que l'avantage
« de cette mesure a été justifié par l'expérience ; mais les
« règlements les plus sages ne sont pas toujours entendus et
« exécutés selon les vues du législateur; et cette nouvelle
« disposition du Code de procédure a déjà produit tant de
« procès sur la compétence du juge en référé qu'il faudrait
« en déplorer l'usage, s'il n'était pas possible de fixer les

« idées sur l'objet de cette procédure. — La difficulté est
« de savoir dans quels cas il y a matière à référé... »

C'est bien là, en effet, la question qu'il s'agit de résoudre,
mais les honorables jurisconsultes que je viens de citer, en
obéissant à une légitime préoccupation. ne sont-ils pas tom-
bés dans une véritable exagération?

Ils rappellent les dispositions de l'article 6 de l'édit de
1685, font remarquer qu'une partie des attributions, conférées autrefois au lieutenant civil, est passée aujourd'hui
dans le domaine des juges de paix, que le Code de procédure a énuméré un certain nombre de cas particuliers, dans
lesquels il y a lieu à référé, et qu'en dehors de ces cas nettement spécifiés, les expressions plus générales de l'article 806
n'indiquent que les hypothèses dans lesquelles il y a simili-
tude dans les faits et même raison de décider.

De là une théorie générale que les savants annotateurs ont
formulée plus loin en ces termes :

« En peu de mots, cessation d'entraves, levée d'obstacles,
« aplanissement de difficultés sur l'exécution, sur des sai-
« sies, conservation d'un fait ou d'une chose sans lesquels
« l'action n'a plus d'intérêt; voilà ce qui peut faire l'objet
« d'une ordonnance de référé dans les matières qui ne sont
« pas réservées à la connaissance du juge de paix.

« Dans tous les cas. autres que ceux qui sont déterminés
« par la loi, et où il s'agit de l'exercice d'un droit litigieux
« fondé sur des faits permanents, quelque célérité qu'exige
« la décision, c'est au tribunal à statuer sur assignation à
« bref délai.

« N'est-il pas évident qu'en prenant la voie du référé, hors
« des circonstances qui prescrivent une mesure conserva-
« toire ou la levée d'un obstacle au cours de la justice, on
« aurait deux instances pour une, puisque le lendemain de
« l'ordonnance en référé on jugerait la cause au principal
« et que le tribunal se trouverait en état d'accorder, s'il y
« avait lieu, le provisoire sur lequel il aurait été inutile de
« prononcer la veille?

« Si, sous prétexte d'urgence ou de provisoire, le prési-
« dent était juge en référé, il y a peu d'affaires qu'on ne
« trouvât moyen de commencer ainsi et bientôt nous tom-
« berions dans une confusion de pouvoirs, sur lesquels on ne

« verrait plus que des appels d'incompétence sur les ordon-
« nances en référé.

« Il paraît donc résulter de ces diverses observations que
« le premier membre de l'article 806 n'a pas laissé un pou-
« voir discrétionnaire au magistrat qui statue en référé, et.
«, que ces expressions : *dans tous les cas d'urgence*, se réfè-
« rent aux cas qui sont prévus dans les anciens et nouveaux
« règlements ou qui sont dans la même catégorie... »

Presque tous les auteurs ont reproduit ce passage en donnant, aux idées qui y sont exprimées, une entière approbation : quant à moi, je crois devoir faire quelques réserves.

Il y a, sans doute, dans les considérations qui précèdent,
des idées dont je ne prétends pas méconnaître la justesse
relative, mais ce que je conteste, c'est leur valeur systématique. Cette doctrine, en effet, se caractérise par cette proposition : que le législateur, en énumérant *passim*, dans le
Code de procédure, un certain nombre de cas dans lesquels
il y a lieu à référé, aurait ainsi créé un type auquel il n'aurait fait que se rapporter dans l'article 806, type nécessaire,
s'imposant à la conscience du juge, qui, en dehors des hypothèses spécialement prévues, n'aurait d'autre faculté que
de rechercher les analogies présentées par les faits qui lui
sont soumis avec une sorte d'exemplaire légal. L'urgence
aurait ainsi reçu une qualification, faisant obstacle à la libre
appréciation du juge et, sans doute, on sous-entendait que
la Cour de cassation, juge souverain des qualifications
légales, exercerait sur ce point son contrôle régulateur.

Si c'était là la règle, il faudrait constater que la pratique
s'en est depuis longtemps affranchie et que cette émancipa-
tion a été ratifiée par la jurisprudence.

Le domaine de la juridiction des référés, qui nous appa-
raissait si vaste tout à l'heure, se trouverait singulièrement
restreint, car le juge des référés. n'ayant reçu d'attributions
que dans des hypothèses expressément prévues par le législ-
lateur, n'aurait de compétence, en dehors de ces cas, que
sur des faits analogues.

Il ne faut pas s'y tromper : voilà quelle est la portée du
système des jurisconsultes belges. Je ne saurais, pour ma
part, souscrire à de pareilles conséquences qui établiraient
le principe de la compétence, non dans l'article 806, placé

cependant au sein même de la matière, mais dans d'autres textes dispersés du Code de procédure et qui feraient de l'urgence une véritable question de droit.

L'urgence n'est et ne saurait être qu'une question de fait, et le législateur, ne voulant pas tenter l'impossible, a fort sagement évité une définition légale qui eût enchaîné la liberté du juge. Il s'en est remis à la prudence des magistrats et, en organisant l'appel, il a ainsi corrigé, autant qu'il le pouvait faire, les inconvénients d'une appréciation erronée. Cette latitude laissée au juge est une nécessité, dont il y a plus d'un exemple dans notre droit. Ne sait-on pas que ce pouvoir considérable a été confié aux tribunaux quelquefois, même pour la décision des questions principales? Ne nous étonnons donc pas de le voir attribuer au juge des référés, qui n'est appelé à rendre que des ordonnances provisoires.

Est-ce à dire maintenant que le juge des référés aura reçu ainsi une sorte de blanc seing, qui lui permettra de se saisir de toutes les contestations, sous prétexte d'urgence? Non vraiment: l'article 809 y a pourvu en prescrivant à ce magistrat de ne jamais préjudicier par ses ordonnances au principal. C'est là qu'est réellement et seulement la limite posée à sa juridiction par le législateur.

Le juge des référés constatera l'urgence et la Cour d'appel contrôlera, après lui, sous ce rapport, le caractère des circonstances qui ont motivé son intervention. Voilà un système rationnel, car, si l'on ne permettait pas au juge du fait de constater souverainement l'urgence, il faudrait donc porter jusqu'à la Cour suprême des questions qu'elle n'a pas mission de trancher, des appréciations qu'elle n'a pas le pouvoir de reviser [1].

J'ai parlé tout à l'heure de la jurisprudence; elle est très-arrêtée dans le sens de cette interprétation. Je me bornerai, à cet égard, à citer un arrêt ancien, dont la formule très-nette est encore aujourd'hui l'expression de la doctrine générale.

Le 25 avril 1826 (voir dans Sirey, à sa date), la Cour de Rouen s'exprimait ainsi ;

« Vu l'article 806 du Code de procédure civile ; — Attendu

______

[1] Voir dans le même sens M. Bertin, *loc. cit.*, n° 49.

que la loi n'ayant pas énuméré tous les cas d'urgence, elle a laissé au discernement et à la conscience des magistrats le soin d'en faire la distinction... »

Après ces réflexions préliminaires, étudions maintenant les textes :

Art. 806 C. pr. — « Dans tous les cas d'urgence, ou lors- « qu'il s'agira de statuer provisoirement sur les difficultés « relatives à l'exécution d'un titre exécutoire ou d'un juge- « ment, il sera procédé ainsi qu'il va être réglé ci-après. »

Voilà la disposition capitale dont je rapproche immédia- tement l'article 57 du décret du 30 mars 1808 qui en est, sous un certain rapport, le premier et le plus autorisé des commentaires.

Art. 57. — « Le président du tribunal tiendra l'audience des référés, à laquelle seront portés tous référés, *pour quel- que cause que ce soit.* »

Ces dernières expressions ont une portée qui n'échappera à personne et qui vient encore renforcer la généralité déjà si significative de ces mots de l'article 806 : *dans tous les cas d'urgence.*

En dehors de ces dispositions, se trouvent répandus dans le Code de procédure et dans des matières spéciales, des articles qui mentionnent des cas particuliers de référé.

On voit encore, par cette simple citation, combien il était étrange de chercher le principe général de la compétence du juge des référés dans ces dispositions accessoires, auxquelles on subordonnait en quelque sorte l'article 806. C'était vrai- ment, si je puis ainsi parler, le renversement de la hiérar- chie des textes.

Enfin plaçons, à côté des articles qui précèdent, le pre- mier paragraphe de l'article 809, qui en est comme le cor- rectif indispensable : « Les ordonnances sur référés ne feront aucun préjudice au principal... »

Les textes, examinés dans leur simplicité, nous indiquent donc trois sources de référés :

1° Les cas d'urgence;

2° Les difficultés relatives à l'exécution d'un titre exécu- toire ou d'un jugement;

3° Certains cas particuliers prévus par des dispositions spé- ciales.

Une division toute naturelle s'offre ainsi pour les développements dans lesquels nous devons entrer.

Article Ier. — Des cas d'urgence.

Je l'ai dit plus haut : le législateur a renoncé à donner de l'urgence une définition légale ; encore moins a-t-il pu songer à faire des cas d'urgence une énumération qui, si étendue qu'elle eût été, fût demeurée nécessairement incomplète. Il n'y avait, sur ce point, qu'une solution possible et pratique : c'était de s'en remettre à l'appréciation consciencieuse du juge des référés en la soumettant, au besoin, au contrôle d'un juge supérieur.

Aussi le président de Belleyme, avec ce sens profond qui le distinguait, a-t-il fait la remarque suivante : « Les cas « d'urgence sont abandonnés à la prudence et à l'expé- « rience du juge. La loi lui a confié un grand pouvoir ; la « rectitude de son jugement et son ardent amour pour la « justice peuvent seuls le mettre à l'abri de l'abus qu'il « pourrait en faire. Il doit éviter de prendre des mesures « irréparables et ordonner celles dont le refus causerait un « préjudice en définitive. »

Cette appréciation discrétionnaire, comme toutes celles qui sont, dans maintes hypothèses, confiées aux magistrats, est d'ailleurs subordonnée, sinon à une loi précise, du moins à des principes rationnels, fondés à la fois sur le sens naturel des termes, le but même de l'institution des référés et l'esprit qui a animé le législateur. La doctrine et la jurisprudence, à défaut de la loi, en formulant avec soin de très-nombreuses applications, ont fixé à cet égard, pour le juge, ce qu'on pourrait appeler des règles de conduite.

Et tout d'abord, il faut éviter de confondre deux choses distinctes auxquelles correspondent des effets différents : la *célérité* et *l'urgence*.

La célérité n'autorise qu'une abréviation de délais ; elle laisse à l'instance, sauf l'assignation à bref délai, ses formes habituelles, à l'action son caractère principal, à la juridiction ordinaire sa compétence, à la décision son effet définitif.

L'urgence, au contraire, détermine une procédure particulière, un juge spécial, une décision qui n'entraîne que des effets provisoires.

Les contestations judiciaires comportent des situations variées jusqu'à l'infini. Souvent il importera, en raison de la nature du litige, de la position même des plaideurs, de se départir des lenteurs de l'assignation et d'imprimer ainsi au début de la procédure une marche plus rapide : dans ces cas, qui n'impliquent que la célébrité, l'abréviation des délais sera un moyen suffisant pour donner satisfaction aux intérêts engagés.

Mais, lors même qu'une assignation à bref délai permet d'aborder plus vite l'audience, un temps s'écoulera, trop long encore pour répondre aux exigences de toutes les situations. En présence de certaines entreprises, il se produit telles circonstances qui ne sauraient souffrir le moindre retard : sans l'intervention d'une mesure rapide, quelquefois même immédiate, le droit menacé serait irrévocablement perdu et, plus tard, la justice, en prononçant sur la contestation, aurait le regret de constater son impuissance en face d'un préjudice désormais consommé. Cette situation particulière, qui commande ces prompts remèdes destinés à prévenir un dommage irréparable, s'appelle l'urgence.

C'est alors qu'apparaît le juge des référés, venant au secours d'un intérêt pressant, par une mesure provisoire qui, dictée par la nécessité, ne doit jamais aller au delà de ce qu'elle réclame et, surtout, doit laisser intacte la question principale que fait naître le litige. Dans quelque matière que ce soit (civile du moins), cette situation peut se produire, et voilà pourquoi l'article 806 contient ces expressions générales qui n'excluent aucune hypothèse : *dans tous les cas d'urgence*. Mais d'autres expressions, non moins significatives de l'article 809 ont marqué la limite des pouvoirs du juge des référés appelé à connaître des cas d'urgence : « Les ordonnances sur référés ne feront aucun préjudice au principal. »

Une urgence bien constatée, une mesure n'ayant qu'un caractère provisoire, une décision ne portant jamais atteinte au principal dont la solution sera scrupuleusement réservée au tribunal compétent, voilà les traits essentiels qui doivent distinguer les ordonnances de référé. Cette nuance entre le provisoire et le principal est particulièrement délicate et il faut beaucoup de tact pour la sentir exactement : afin de rester dans de justes limites, le juge ne doit se montrer ni timide ni téméraire. L'excès se rencontre aussi bien dans l'abstention que dans l'action : soit qu'il refuse une mesure qu'il avait le droit d'ordonner, soit qu'il accorde celle qu'il n'avait pas le droit de prescrire, le juge des référés ne remplit pas sa mission et, dans les deux cas, il excède ses pouvoirs[1].

Cette généralisation est exacte, je le crois, mais je serai le premier à en reconnaître l'insuffisance. On ne saurait avoir la claire intelligence des principes, en cette matière, que par une étude attentive des nombreuses applications que fournit la doctrine et la jurisprudence. C'est le cas, en effet, de reproduire ici cette observation profonde de d'Aguesseau : « Tel est le caractère de la plupart des hommes, que « les exemples les affectent davantage et font sur eux plus « d'impression que les préceptes. »

Abordons donc cet examen instructif : les grands recueils de jurisprudence, voués à des questions plus hautes, n'offrent malheureusement, en cette partie, qu'un petit nombre de décisions; mais nous pourrons suppléer à leurs lacunes par la *Gazette des tribunaux*, qui contient des documents abondants. Ce sera un chapitre intéressant à plus d'un titre, presque un tableau de nos mœurs contemporaines : nous verrons ainsi, au milieu de la variété des intérêts que crée la civilisation moderne, les services inappréciables que peut rendre la juridiction des référés.

Tous les contrats peuvent donner lieu à des contestations urgentes; mais, parmi les contrats en usage, le bail est peut-être celui qui fait naître le plus de contestations de ce genre. C'est donc du louage que nous nous occuperons en premier lieu.

---

[1] Ces expressions : « ne pas faire préjudice au principal », n'impliquent pas que l'ordonnance de référé ne devra jamais préjudicier à aucun intérêt. Si elle devait être aussi inoffensive, l'ordonnance cesserait d'être efficace. Voir à cet égard les observations très-justes de M. Bertin, *loc. cit.*, n°s 162 et suiv.

A. *Du louage* [1].

Un jurisconsulte, M. Darnaud, en consacrant à ce point des observations fort judicieuses, rappelle avec raison quelques paroles de l'orateur du gouvernement, que nous voulons citer à notre tour :

« C'est par le louage, disait le tribun Mouricault, que la « plupart des hommes acquièrent un asile pour leur famille, « un dépôt pour leur fortune mobilière, un domicile fixe « pour eux-mêmes; c'est par lui que s'établissent tant d'ate- « liers d'agriculture, d'industrie et de commerce; c'est par « lui enfin que la classe laborieuse attire à soi le superflu de « la classe opulente en lui donnant temporairement à loyer « son travail, ses services et ses soins... »

Le contrat de louage, qui a dans notre organisation sociale une si grande importance, peut engendrer des difficultés sans nombre, soit au moment de l'entrée en jouissance du locataire, soit au cours du bail, soit à son expiration. Voyons donc, dans chacune de ces situations, quelle est la part faite à la juridiction des référés.

Le livre du président de Belleyme contient sur ce point de précieux développements. Mais, si l'ouvrage de l'éminent magistrat doit toujours être consulté, il ne saurait cependant suffire. Quelques-unes des solutions de M. de Belleyme sont contestables et de plus, depuis la publication de son traité, de nouvelles décisions judiciaires sont intervenues qui ont quelquefois modifié la jurisprudence antérieure.

Nous allons successivement parcourir plusieurs hypothèses et, d'abord, celles qui, se rapportant à l'entrée en jouissance, impliquent plus ou moins la question de l'existence du bail.

Un locataire peut éprouver une résistance de la part du propriétaire à son entrée en possession des lieux loués. —

[1] Cette matière est féconde en difficultés : on lira avec le plus grand fruit les développements que lui consacre M. Bertin, nᵒˢ 705 et suiv. Je ne puis relever une à une toutes les questions pour établir la concordance ou la divergence de mes solutions avec celles de l'honorable auteur. D'ailleurs, j'ai laissé de côté des difficultés qu'il résout, j'en ai examiné d'autres sur lesquelles il ne s'explique pas.

Un propriétaire, après avoir autorisé un individu à occuper momentanément son immeuble, peut être exposé à voir celui-ci abuser de sa bienveillance, en essayant de transformer une simple tolérance en un droit de location. — Enfin un conflit peut s'élever entre plusieurs personnes qui toutes prétendront avoir droit au bail.

Ces diverses demandes présenteront le plus souvent un caractère d'urgence. Le locataire, qui a quitté son logement précédent et qui est ainsi menacé de se trouver sans abri, réclamera avec instance l'entrée des lieux loués ; le propriétaire, qui vient de consentir un bail, sera pressé de retirer l'occupation de tolérance qu'il avait concédée, pour remplir ses engagements vis-à-vis du preneur. On comprend sans peine que de pareils intérêts ne sauraient s'accommoder des lenteurs d'une action principale, et c'est précisément pour ces situations que la juridiction des référés a été instituée.

Que devra faire le juge des référés ?

Si le locataire est porteur d'un bail écrit, nul doute qu'il ne puisse forcer le mauvais vouloir du propriétaire et ordonner provisoirement la mise en possession du locataire. Mais il se peut que ce dernier ne puisse produire d'acte écrit et qu'il invoque seulement des conventions verbales, déniées par son adversaire ; alors le juge des référés devra s'abstenir de faire droit à la demande du prétendu locataire, car autrement il statuerait sur l'existence d'un bail contesté, ce qui constitue une question principale excédant sa compétence.

Cette double situation ne saurait créer d'embarras bien sérieux, mais en voici une qui paraît plus difficile :

Un individu se trouve en possession des lieux et le propriétaire demande son expulsion ; le détenteur se prétend locataire et le propriétaire soutient, au contraire, qu'il n'occupe les lieux qu'à titre de simple tolérance. Il semble que ce soit là encore une question principale et que le juge des référés n'ait pas à intervenir. Nous constatons ici, par un exemple saisissant, qu'il faut éviter d'exagérer jamais même les règles les plus sages : car, si le juge des référés était sans pouvoir dans cette circonstance, un propriétaire se verrait ainsi exposé, par un service rendu, à devenir victime de sa bienveillance.

Une allégation pure et simple ne peut pas suffire à fonder

un droit respectable; encore faut-il qu'il y ait, à l'appui de cette allégation, quelques vraisemblances; autrement la mauvaise foi audacieuse aurait trop beau jeu. Si donc le possesseur ne produit ni bail, ni quittances, ni documents sérieux qui donnent à sa prétention quelque créance, il devra être expulsé. Le droit incontestable de propriété est un titre auquel provision est due. Si, au contraire, le possesseur produit des quittances de loyers ou tous autres documents qui caractérisent sa possession comme un droit, alors il devra être provisoirement maintenu dans les lieux, sauf au propriétaire à se pourvoir au principal.

Il en est de cette hypothèse comme du cas où une exception préjudicielle de propriété est soulevée devant la juridiction correctionnelle. Là aussi se rencontre une incompétence, tout aussi absolue que celle du juge des référés pour les questions principales. Cependant il ne suffit pas à un prévenu d'alléguer vaguement un prétendu droit de propriété et, s'il ne fait pas une articulation précise ou s'il la hasarde contre l'évidence, le tribunal correctionnel passe outre, sans s'arrêter aux calculs de sa mauvaise foi.

Cette distinction si rationnelle a été maintes fois consacrée par la jurisprudence dont on trouvera de nombreux monuments dans l'ouvrage de M. de Belleyme.

La situation n'est pas toujours aussi simple et voici, par exemple, une espèce qui a été soumise au président du tribunal de la Seine (*Gazette des Tribunaux* du 8 avril 1872) :

Un sieur Nicard, propriétaire, avait loué un immeuble au sieur Premier, pharmacien, avec interdiction de céder le bail à tout autre que le successeur dans la pharmacie. Premier décède : le propriétaire, auquel deux termes étaient dus, fait pratiquer une saisie-exécution sur les meubles. C'est alors qu'un sieur Moncel, se disant successeur de Premier, intervient et demande la discontinuation des poursuites en réclamant le droit au bail.

Le juge des référés rendit l'ordonnance suivante :

« Attendu que le propriétaire n'est pas fondé à prétendre « qu'il n'existe aucun lien de droit entre lui et le cession-« naire, dont il a reçu plusieurs termes de loyers et auquel « il a donné quittance; — Que, dans ces circonstances de la

« cause, un sursis peut être accordé au débiteur pour faci-
« liter sa libération; qu'au surplus des offres ont été faites;
   « Disons que les poursuites seront discontinuées... »
Par arrêt du 27 janvier 1872, la Cour de Paris a infirmé
l'ordonnance en ces termes :
   « Considérant qu'au cours des poursuites de saisie-exécu-
« tion intentées pour payement de loyers échus, à la requête
« de Nicard, propriétaire, en vertu d'un bail et d'une proro-
« gation de bail authentiques, dûment en forme exécutoire,
« contre le sieur Premier, son locataire direct, et ensuite
« contre l'héritier de celui-ci, sur les meubles, effets mobi-
« liers et marchandises garnissant les lieux loués, rue Saint-
« Honoré, 276, le sieur Moncel se prétendant cessionnaire
« du droit au bail dont s'agit et légitime propriétaire des
« objets saisis, a demandé contre le poursuivant et obtenu
« en référé, avant même d'avoir intenté une action au
« principal, la discontinuation pure et simple des pour-
« suites;
   « Considérant cependant que les qualités et les droits in-
« voqués par Moncel, que celui-ci entend faire résulter de
« l'une des clauses du bail et de la prorogation de bail sus-
« énoncées, de l'occupation par lui des lieux, de divers do-
« cuments de la cause, *étaient et sont encore déniés par*
« *Nicard;*
   « Considérant que le juge des référés, en admettant cette
« intervention de Moncel et en y faisant droit, a résolu des
« questions de qualités, de titres et de revendication;
   « Considérant qu'il est de l'essence des attributions du
« juge de référé de ne pouvoir rendre que des décisions au
« provisoire et sans préjudicier au principal;
   « Considérant, en outre, que ce magistrat est tenu de
« respecter l'entière autorité d'un titre revêtu de la force
« exécutoire, lorsque les poursuites intentées en vertu de ce
« titre n'ont été l'objet d'aucune opposition portée à la con-
« naissance de la juridiction compétente;
   « Qu'à tous ces points de vue, la demande était en dehors
« de la compétence du juge des référés; infirme. »
La doctrine de l'arrêt me paraît seule conforme aux
principes.
Le conflit de prétentions rivales, qui peut s'élever entre

plusieurs ayants droit au bail, fera naître le plus souvent une question principale et commandera aussi l'abstention du juge des référés.

Je citerai, dans cet ordre d'idées, une ordonnance du président du tribunal de la Seine, rapportée dans la *Gazette des tribunaux* du 21 décembre 1871.

Un sieur Bona était porteur d'un bail sous seing privé, enregistré le 4 septembre 1871, qui lui avait été consenti par le propriétaire Bradier. Au moment où il se préparait à prendre possession des lieux, Bona trouve, installée dans l'immeuble, qu'elle occupait depuis 1867, une demoiselle Sanit qui invoque un bail sous seing privé, émané du même propriétaire, mais enregistré seulement à la date du 23 octobre 1871.

Bona introduit un référé et demande l'expulsion de la demoiselle Sanit, qui se récrie en faisant observer qu'elle est en possession et vient encore de payer deux termes d'avance au sieur Bradier.

Sur ce débat, l'ordonnance suivante fut rendue :

« Attendu qu'à la différence de la vente, le bail a pour
« effet de créer, non un droit réel, mais un droit personnel
« sur la chose qui en fait l'objet;

« Qu'en matière de louage, l'antériorité de la mise en pos-
« session prévaut sur l'antériorité du titre;

« Attendu qu'en vertu de la maxime que nul ne peut
« transmettre plus de droits qu'il n'en a lui-même, Bradier
« ne pouvait transmettre à Bona un droit de jouissance dont
« il avait antérieurement disposé;

« Qu'en cet état, et quant à présent, Bona n'est point
« fondé à demander l'expulsion de la demoiselle Sanit, sauf
« recours, s'il y échet, contre Bradier pour cause de pré-
« judice causé;

« Disons n'y avoir lieu à référé. »

Cette décision me semble fort sage. Peut-être trouvera-t-on que le juge des référés est entré trop avant, par ses motifs, dans la contestation du fond; mais il devait expliquer pourquoi il n'accordait pas provision au titre antérieur. Son ordonnance, ne faisant que maintenir le *statu quo*, ne fait en réalité aucun préjudice au principal.

Cet ordre de questions, qui peuvent surgir au moment de l'entrée en jouissance, n'est ni le plus grave, ni le plus difficile : les espèces que nous avons rapportées et les solutions qu'elles ont reçues, donnent une idée suffisante de la compétence du juge des référés dans les circonstances analogues.

Nous supposons maintenant que le locataire a pris possession des lieux. Au cours du bail, bien des contestations sont possibles, au sujet desquelles nous devons entrer dans quelques explications.

Citons d'abord le président de Belleyme qui, dans son livre, a consigné sur ce point quelques-unes de ces observations, qui sont comme autant de maximes pleines de sens pratique :

« L'exécution des baux et des locations verbales donne
« lieu à de nombreuses difficultés entre les propriétaires et
« les locataires, sur lesquelles on peut statuer en référé,
« parce qu'il s'agit d'exécution d'actes authentiques ou de
« cas d'urgence. Il y aurait perturbation et déni de justice,
« à Paris surtout, si, avec des locations nombreures, des
« mutations fréquentes, des constructions ou réparations
« urgentes, on ne statuait pas provisoirement sur les diffi-
« cultés qui s'élèvent lors de la prise de possession, pendant
« l'occupation et à la fin de la jouissance... »

Un peu plus loin, l'éminent magistrat, embrassant d'un coup d'œil d'ensemble cette matière si féconde en procès, s'exprime avec plus de netteté encore :

« Les difficultés relatives au mode de jouissance des lieux
« sont très-variées. Règle générale : s'il existe dans le bail
« une clause expresse, on ordonne son exécution ; si la dif-
« ficulté n'est pas prévue ou si la location est verbale, en
« cas d'urgence, on statue et l'on ordonne une mesure provi-
« soire, après expertise si elle est nécessaire. »

Les développements qui suivent, les espèces qui s'y encadrent, les décisions de la jurisprudence qui les confirment, font de cette partie du livre de M. de Belleyme le meilleur et le plus sûr des commentaires, un modèle en un mot, auquel il faut renoncer d'ajouter quelque chose. J'essayerai seulement, par un résumé rapide, de faire ressortir, au milieu de ces documents un peu touffus, les principes toujours les mêmes qui doivent diriger l'appréciation du juge des référés.

Le propriétaire est obligé de procurer au locataire la jouissance des lieux loués, suivant les conventions arrêtées entre eux, la nature des choses, la destination de l'immeuble, les usages établis.

Le placement des enseignes, la jouissance de la cour commune, des escaliers, des caves et greniers, le service du concierge, les prétentions des colocataires, voilà autant d'occasions fréquentes de conflit.

Si le point en litige est clairement réglé par une clause du bail ou, à défaut de stipulation, par un usage constant, le juge des référés, en cas d'urgence, ordonnera provisoirement que l'on se conforme, soit au bail, soit à l'usage. Il consultera, pour ce règlement, les nécessités du moment, les besoins de l'industrie du locataire, les exigences de sa profession, Si, au contraire, on est en présence d'une clause douteuse, donnant matière à interprétation, la question étant principale, le juge des référés devra renvoyer les parties devant le tribunal compétent,

Des mesures provisoires, prises dans cet esprit, triompheront aisément des résistances injustes du propriétaire, ou préviendront les abus de jouissance du locataire. C'est cette règle qu'appliquait récemment le président du tribunal de la Seine dans l'espèce suivante (*Gazette des tribunaux* des 9-10 février 1873) :

Un locataire réunissait, dans une cour commune, à une heure plus que matinale, un certain nombre de chevaux pour le pansage. Ces chevaux, par leurs piaffements, troublaient le repos des autres locataires. Après avoir ordonné un constat, le juge des référés, considérant que ce mode de jouissance n'était autorisé ni par le bail, ni par l'usage, mit fin à cet abus de jouissance.

D'autres débats peuvent s'élever relativement à des ouvrages faits ou à faire. — Ainsi des travaux sont exécutés par le locataire dans l'immeuble : le propriétaire soutient qu'ils changent la destination des lieux; le locataire prétend qu'ils constituent seulement une amélioration permise. Le juge des référés ne peut, sans doute, trancher définitivement une pareille question qui est principale, mais, après vérification par experts, s'il y a urgence, ce magistrat pourra provisoirement ordonner la continuation ou la discontinuation des travaux, afin de prévenir pour l'une ou l'autre partie le préjudice dont elle est menacée. Cette décision, purement provisoire, ne compromettra en rien le fond du droit.

A l'inverse, le propriétaire peut vouloir faire opérer dans les lieux loués des réparations urgentes et le locataire s'y opposer par le motif qu'elles peuvent être ajournées sans inconvénient à la fin du bail. Le juge des référés, après une vérification préalable, devra, si l'homme de l'art déclare l'urgence des réparations, ordonner provisoirement la continuation des travaux. Les lenteurs d'une action principale pourraient, dans l'intervalle, amener la dégradation de l'immeuble, peut-être sa chute : le propriétaire ne saurait être à la merci de l'obstination ou de l'indifférence du locataire. C'est là manifestement un cas d'urgence.

Enfin le locataire peut demander au propriétaire des réparations que celui-ci refuse. Le juge des référés ne peut condamner le bailleur à faire des travaux, c'est une question principale ; mais il sera compétent pour ordonner, par provision, les réparations dont le retard occasionnerait un préjudice imminent. On comprend, en effet, que l'exercice de l'industrie du locataire, quelquefois même sa sûreté personnelle, pourraient être gravement menacés par les longueurs d'une instance principale. Il faut à de pareilles situations un remède prompt pour être efficace.

Je trouve dans la *Gazette des tribunaux* du 2 décembre 1871, une sage application de ce principe. Je cite d'autant plus volontiers cet exemple qu'il me fournira l'occasion d'une remarque importante.

Une maison ayant été, pendant le siége de Paris, dévastée par les Prussiens, les locataires assignèrent les propriétaires devant le tribunal de la Seine, pour les contraindre à effectuer les réparations. Ceux-ci résistèrent à la demande, en soutenant que c'était le cas d'appliquer l'article 1722 du Code civil et que les locataires devaient, en présence d'une destruction partielle, opter entre la résiliation du bail ou une diminution du prix du loyer. Un expert fut nommé, qui constata l'urgence de certains travaux.

C'est alors *qu'au cours de l'instance principale* les locataires assignèrent les propriétaires en référé pour voir ordonner l'exécution des travaux urgents sous la surveillance de l'expert. Il fut soutenu que le juge des référés était incompétent, mais une ordonnance intervint qui fit droit à la réclamation des locataires.

Un appel fut interjeté et, le 25 novembre 1871, la Cour de Paris rendit l'arrêt suivant :

. « Considérant qu'après une expertise ordonnée par le « tribunal et ayant pour objet de déterminer le caractère et « l'étendue des dégradations, ainsi que la nature et l'im- « portance des travaux qui seraient à exécuter, les époux « Collinet se sont pourvus en référé pour faire ordonner « l'exécution immédiate desdits travaux sous la surveillance « de l'expert commis ; — Que les époux Leneveu contes- « tent la compétence du juge des référés et prétendent « que la mesure sollicitée aurait un caractère définitif et « statuerait sur le fond même du litige ; — Mais considé- « rant que les travaux dont il s'agit consistent notamment « dans la réfection des portes et fenêtres des bâtiments, dans « le rétablissement des clôtures qui protégeaient l'industrie « exercée par les locataires ; — Qu'ils ont un caractère « d'urgence et de nécessité qui ne peut être contesté ; — « Qu'en mettant les avances des frais de réparation à la « charge des époux Collinet, demandeurs en référé, et en « réservant les droits et moyens des parties, l'ordonnance « attaquée n'a pourvu qu'au provisoire et n'a pas fait pré- « judice au principal ; — Qu'ainsi les limites de la compé- « tence du juge, statuant en référé, n'ont pas été excédées ; « confirme... »

N'oublions pas (c'est la remarque que je voulais faire) que la Cour de Paris reconnaît ainsi formellement la légiti- mité d'un référé introduit au cours d'une instance princi- pale pendante devant le tribunal.

Les difficultés les plus sérieuses, qui se rencontreront en cette matière, sont celles qui, se rattachant à la cessation dn bail, motiveront des demandes d'expulsion ou autres mesures fondées sur la perte totale ou partielle de l'immeu- ble loué, son aliénation, l'expiration du bail, les congés, l'inexécution des conditions, spécialement le non-payement des loyers ou le défaut de meubles suffisants pour garnir les lieux. Tantôt, et le plus souvent, ce sera le propriétaire qui réclamera le déguerpissement du locataire ; tantôt, ce sera le locataire lui-même qui demandera à quitter les lieux.

Il nous faut examiner, dans ces diverses hypothèses, les attributions du juge des référés.

Voici une espèce qui nous rappelle de bien douloureux souvenirs. Au milieu de l'abominable sédition qui a éclaté, à Paris, après le siége, de riches magasins du faubourg Saint-Honoré avaient été incendiés par les furieux de la Commune. Le propriétaire, qui espérait peut-être trouver une location plus avantageuse, soutenait que le bail avait cessé par la perte de la chose louée ; le preneur, qui tenait à conserver le bénéfice d'un long bail, prétendait que la location devait continuer.

Ce dernier introduisit un référé pour se faire maintenir en possession.

Le président du tribunal de la Seine rendit sur cette contestation l'ordonnance suivante (*Gazette des tribunaux* du 25 août 1871) :

« Attendu que, des documents produits, il résulte que la « boutique et les dépendances données à bail, par Texier à « Henry, ont été complétement dévorées par l'incendie au « cours de la sédition des fédérés ; — Que Henry demande à « être gardé en possession jusqu'à ce qu'il ait été statué sur « la question de savoir si le bail doit être maintenu ou rési- « lié ; — Attendu qu'aux termes de l'article 1722 du Code « civil, si, pendant la durée du bail, la chose louée est « détruite en totalité par cas fortuit, le bail est résilié de « plein droit ; que la résiliation s'accomplit immédiatement, « instantanément, par la seule force de la loi, sans qu'il soit « besoin d'aucune intervention de la justice ; — Qu'elle a « pour objet nécessaire et forcé de faire cesser toute obli- « gation du bailleur et du preneur et de faire finir le bail, « absolument comme si le temps pour lequel il avait été « convenu était expiré ; — Qu'en cet état on ne saurait com- « prendre la maintenue en possession du preneur, une sorte « de continuation de jouissance alors que le contrat est « anéanti et que l'objet du bail a cessé d'exister ; — Attendu « que si, d'après une jurisprudence constante, provision est « due à la condition résolutoire de plein droit, lorsqu'elle « a été stipulée dans la convention des parties, il n'en doit « pas être autrement lorsqu'elle est édictée dans un texte de « loi exprès et formel ; — Disons qu'il n'y a lieu à référé... »

Cette décision est irréprochable et il est bien évident qu'elle ne préjudicie pas au principal, puisqu'elle ne fait que maintenir, sans y rien changer, une situation née de la force même des choses.

Mais le sinistre, qui a atteint l'immeuble, peut n'avoir été que partiel. Dans ce cas, aux termes de l'article 1722, le locataire peut, suivant les circonstances, demander ou une diminution du prix de bail ou la résiliation. C'est là une question principale qui n'appartient pas à la juridiction des référés, mais, en attendant sa solution, il peut devenir indispensable de prendre certaines mesures, dictées par l'urgence et la nécessité ; le juge des référés aura qualité pour les ordonner. Ainsi le propriétaire, pour relever une partie de la maison incendiée, a besoin que l'autre soit provisoirement évacuée ; le locataire, qui n'est plus clos ni couvert, est obligé de chercher un abri plus sûr pour sa famille. Le juge des référés, en parant à ces exigences pressantes, restera dans les limites de sa compétence et n'empiétera nullement sur les attributions d'une autre juridiction.

Venons à d'autres hypothèses :

Le bail est fait par écrit, et il est arrivé à son terme ; le bail, fait sans écrit, a été précédé d'un congé régulier ; l'immeuble loué a été vendu, et le locataire n'est pas muni d'un bail authentique ou ayant date certaine, ou bien, s'il y a bail authentique, une clause expresse a réservé le droit d'expulsion.

Malgré la certitude du droit du propriétaire, le locataire se maintient cependant dans les lieux. Il faut que cette résistance soit vaincue et qu'elle le soit promptement. Le propriétaire, qui a compté sur la fidèle exécution des engagements, a loué, sur la foi du terme ou du congé, à un nouveau locataire qui s'est lui-même dégagé des liens d'un bail précédent. Voilà des intérêts complexes et urgents, qui veulent une solution rapide et qui, sans le plus grave préjudice, ne sauraient subir les lenteurs d'une action principale.

La demande d'expulsion, dans tous ces cas, est une mesure provisoire et urgente, qui rentre dans la compétence du juge des référés. Elle n'est, après tout, que la provision assurée au titre.

Le juge des référés ne peut refuser, au propriétaire qui

l'invoque, cette conséquence nécessaire du droit le plus certain. Il ne pourrait notamment l'ajourner par la concession d'un délai. Ne poussons rien à l'extrême : l'humanité, qui est aussi un droit d'urgence, justifierait, dans des circonstances exceptionnelles, un répit de quelques jours. Si le locataire est surpris par la maladie, si sa femme est en couches, il ne saurait, à l'heure dite, être jeté sur le pavé.

Dans des circonstances normales même, la juridiction du juge des référés rencontrera quelquefois des obstacles qu'elle sera tenue de respecter.

Le locataire invoque une prorogation de bail par tacite réconduction ; il soutient que le congé est irrégulier ; il réclame des dommages-intérêts et se prévaut du droit de rétention.

Certes, et nous en avons déjà fait l'observation qu'il nous faudra renouveler encore, le juge des référés ne doit pas s'arrêter devant une prétention quelconque, opposée quand même et sans apparence de fondement, par un plaideur de mauvaise foi, mais il ne doit pas passer outre devant une contestation sérieuse, en se faisant juge d'une question principale qui excède ses pouvoirs.

C'est ce qu'a notamment décidé la Cour de Paris dans trois arrêts, qui font bien sentir la nuance que je viens d'indiquer.

Le premier, du 8 mars 1870, rapporté dans la *Gazette des tribunaux* du 17 mars, est ainsi conçu :

« Considérant que, dans les cas urgents, le juge des réfé-
« rés est compétent pour connaître par provision des congés
« donnés à des locataires ; — Que lorsqu'un congé est
« régulier, qu'il a été donné en temps utile, en vertu d'un
« acte authentique, et *qu'il n'est pas sérieusement contesté*, le
« juge des référés peut à bon droit en ordonner l'exécution,
« alors surtout que le locataire a négligé de se pourvoir au
« principal pour faire prononcer la nullité du congé ;... »

Le second arrêt, du 18 septembre 1872 (Sirey, 1872, 2, 187), statue en ces termes :

« Considérant que l'ordonnance dont est appel prescrit, à
« titre de mesure provisoire commandée par l'urgence, le
« dépôt entre les mains du concierge de la clef de l'appar-
« tement occupé par Sisos dans la maison appartenant à
« Delahogue-Moreau, afin de permettre de le montrer aux

« visiteurs et d'en faciliter la relocation; — Mais considé-
« rant que si Delahogue-Moreau a donné congé à Sisos pour
« le 1er octobre prochain, il y a instance pendante entre les
« parties devant le tribunal civil sur la validité dudit congé,
« et sur le droit prétendu par Sisos à la jouissance des lieux
« pour trois, six ou neuf années, à son choix, à partir du
« 1er octobre 1871, en vertu d'un bail qui lui aurait été con-
« senti par Delahogue-Moreau; — Que, dans ces circon-
« stances, le juge de référé ne pouvait prendre, sans excès
« de pouvoirs, une mesure qui préjuge le fond de la con-
« testation, puisqu'elle suppose la validité du congé et le
« droit de relocation immédiate de l'appartement occupé
« par Sisos;... »

Enfin le troisième, du 24 avril 1875 (*Gazette des tribunaux*
du 28 avril), quoique plus laconique, n'en est pas moins clair :

« Considérant, que le tribunal est saisi au principal de ia
« question de validité du congé;

« Que, dans ces circonstances, le juge et la Cour, en
« référé, sont incompétents pour ordonner l'expulsion;

« Infirme, dit qu'il n'y avait lieu à référé... »

Les mêmes principes devraient être suivis dans le cas de
vente de l'immeuble loué. Les articles 1743 et suivants du
Code civil précisent les conditions dans lesquelles le droit
d'expulsion devra être exercé. Dans cette hypothèse encore,
lorsque le bail n'aura pas date certaine, ou lorsque le bail
authentique contiendra une réserve expresse, quand l'acqué-
reur aura donné congé, la mesure d'expulsion, autorisée par
la loi ou le contrat, véritable provision assurée au titre du
propriétaire, nécessitée par des intérêts urgents, rentre dans
les limites de la compétence du juge des référés. S'il s'élève
une contestation sérieuse sur l'interprétation de la clause
relative au droit d'expulsion, la régularité du congé, la liquidation des dommages-intérêts dus au preneur, le juge des
référés devra s'abstenir et renvoyer les parties à se pourvoir
au principal.

Voici maintenant des hypothèses dans lesquelles la demande d'expulsion a un caractère plus énergique et peut être
différent. Au cours du bail, le propriétaire veut faire expulser son locataire, soit parce qu'il n'a pas garni l'immeuble
loué de meubles suffisants, soit parce qu'il ne paye pas les

loyers. L'expulsion alors, si elle est encore une mesure urgente, n'est plus l'exécution provisoire du titre : tout au contraire, il semble qu'elle brise le contrat et soit une conséquence prématurée d'une résiliation qui n'est pas prononcée. Aussi plusieurs auteurs ont-ils pensé qu'une pareille décision excédait les pouvoirs du juge des référés.

Ce point est important et mérite de nous arrêter.

Dans un arrêt du 31 décembre 1864 (*Gazette des tribunaux* du 3 janvier 1865) la Cour de Paris avait décidé que si le juge des référés est compétent pour ordonner, sur la réclamation du propriétaire, le constat de l'abandon des lieux par le locataire, il ne l'est plus pour ordonner, après le résultat de cette constatation, l'expulsion du locataire porteur d'un bail enregistré.

L'arrêt est ainsi conçu :

« Considérant que Bryon est locataire en vertu d'un bail,
« à lui consenti par Legrand, portant la date du 18 avril 1864,
« enregistré le 30 du même mois ; — Considérant que Dé-
« sormeaux, adjudicataire de l'immeuble à la date du 31
« août 1864, avait connaissance du bail précité ; — Consi-
« dérant que se présentant comme ayant eu de justes sujets
« de plainte contre Bryon, l'intimé articulait en référé :
« 1° des dégradations commises dans les lieux loués par le
« locataire ; 2° l'abandon desdits lieux par Bryon, qu'il
« disait ne plus y posséder de meubles pouvant répondre du
« payement des loyers ; — Considérant qu'il concluait à ce
« que lesdits faits fussent constatés par expert commis et
« que Bryon fût expulsé de l'immeuble à lui baillé ; — Mais
« considérant que, compétent pour ordonner la vérification
« et la constatation des faits dont se plaignait Désormeaux,
« le premier juge était incompétent pour ordonner l'expul-
« sion dudit Bryon ; — Considérant que l'existence du bail,
« qui était produit, ne permettait dans aucun cas au premier
« juge d'ordonner l'expulsion provisoire ; — Renvoie les par-
« ties à se pourvoir au principal... »

Plus tard, en 1867, M. l'avocat général Sallé soutenait la même doctrine devant la Cour de Paris. Le savant magistrat considérait aussi que l'expulsion, résiliant le bail en fait, constituait une mesure définitive excédant la compétence du juge des référés.

Je dois le dire de suite : cette opinion n'a pas prévalu, et l'opinion contraire, qui compte pour elle de très nombreux monuments de jurisprudence, est généralement suivie.

Quel parti prendrons-nous dans cette controverse? La solution ne saurait être absolue et nous paraît devoir comporter certaines distinctions. Expliquons notre pensée :

M. l'avocat général Sallé, dont je rapportais tout à l'heure le sentiment, estimait que l'expulsion du locataire constituait une mesure définitive. C'est là, dans tous les cas, un excellent criterium pour la détermination de la compétence du juge des référés. Examinons donc la question à ce point de vue : l'expulsion est-elle une mesure provisoire ou définitive?

La législation belge, qui a, comme la nôtre, la juridiction des référés, organisée d'après les mêmes principes, offre, à cet égard, une disposition fort nette. L'article 2 de la loi du 5 octobre 1833 est ainsi conçu :

« Lorsque le juge de paix n'est pas compétent pour en
« connaître, la demande en expulsion, soit pour cause d'ex-
« piration de bail, soit pour défaut de payement, pourra
« être portée directement, en référé, devant le président du
« tribunal de première instance, qui statuera provisoirement
« sur la demande, sans préjudice au principal, pour lequel
« les parties pourront se pourvoir à l'audience sans prélimi-
« naire de conciliation. »

Cette disposition, qui ne se rencontre pas dans nos Codes, prouve, tout au moins, que cette mesure de l'expulsion n'a pas, de sa nature, les effets définitifs qu'on lui suppose nécessairement. La loi belge faisant, elle aussi. la distinction entre le principal et le provisoire, et permettant au juge des référés de statuer provisoirement sur la demande d'expulsion ; c'est donc que cette décision ne préjudicie pas au principal et, malgré son énergie, conserve encore un caractère provisoire.

Cet exemple, emprunté à une législation étrangère, ne saurait être, j'en conviens, une raison déterminante. Mais cherchons bien dans la nôtre, et nous ne tarderons pas à y découvrir des textes analogues.

L'article 3 de la loi du 25 mai 1838 attribue compétence au juge de paix, pour connaître, sous certaines conditions, des diverses actions dérivant du bail. Or cet article ne distingue pas seulement, dans son énumération, les demandes d'expulsion des demandes de résiliation; il restreint la compétence des juges de paix, pour les demandes de résiliation, à celles qui sont fondées exclusivement sur le défaut de payement des loyers; il n'apporte, au contraire, aucune restriction à sa compétence quant aux demandes d'expulsion. Il en résulte que le juge de paix, incompétent pour prononcer la résolution du bail, sera compétent néanmoins pour ordonner l'expulsion du locataire: le juge de paix, dans ce cas, sera alors vraiment juge de référé.

N'est-ce pas, cette fois, tirée de notre propre législation, la preuve de la différence juridique, qui existe entre la demande de résiliation du bail et la demande d'expulsion du locataire? Il n'est donc pas exact de dire que l'expulsion du locataire est une mesure qui résilie le bail. Ce n'est pas davantage une mesure définitive, car, si le bail est maintenu sur l'action principale, le preneur, provisoirement expulsé, rentrera en possession.

Mais cette mesure, toute provisoire qu'elle soit, va cependant à l'encontre du bail, auquel provision est due tant qu'il n'est pas résolu, et c'est là ce qui constitue sa gravité et son caractère exceptionnel cette fois. Les circonstances seules, si urgentes qu'elles fussent, n'auraient pu autoriser le juge des référés à la prendre discrétionnairement : la loi devait permettre cette dérogation à la force obligatoire du contrat. Il n'a fallu rien moins, pour concéder le droit d'expulsion au propriétaire, que la disposition expresse de l'article 1752 du Code civil : « Le locataire, qui ne garnit pas la maison de meubles suffisants, peut être expulsé, à moins qu'il ne donne des sûretés capables de répondre du loyer. »

J'en conclus, pour ma part, qu'en dehors de ce cas spécial le bailleur ne peut, au cours du bail, provoquer en référé l'expulsion du preneur, notamment pour défaut de payement des loyers.

Je sais bien que cette opinion est en désaccord avec la pratique habituelle et qu'elle a contre elle l'autorité considérable du président de Belleyme. Dussé-je être trouvé bien hardi après cela, il faut cependant qu'on me permette de dire que je la crois conforme aux principes.

Que le juge des référés puisse prononcer l'expulsion du

locataire pour défaut de payement des loyers, et alors son pouvoir va prendre une extension presque illimitée. Il pourra donc prescrire cette mesure violente dans tous les cas d'inexécution des conditions du bail! Comment distinguer, en effet, puisque le défaut de payement des loyers n'est, après tout, que la violation d'un des nombreux engagements du preneur? Le juge des référés, anticipant sur le résultat de l'action en résolution, en consacrera ainsi une des conséquences avant que le tribunal compétent ait statué, alors peut-être que celui-ci, lorsqu'il aura été saisi de la demande, la repoussera définitivement. Ne voit-on pas tout ce qu'un pareil conflit à de choquant et le préjudice qu'il est susceptible d'occasionner? Le bail ne sera pas définitivement rompu, cela est vrai théoriquement, mais il n'en aura pas moins reçu, bien que provisoirement, une rude atteinte, et cela de la part d'un juge qui doit assurer provision au titre.

Si nous avons admis nous-même la compétence du juge des référés et la faculté, pour ce magistrat, de prononcer l'expulsion du locataire dans le cas où l'immeuble est dégarni de meubles, c'est qu'une disposition formelle de la loi, l'article 1752, a consacré dans cette hypothèse ce droit quelque peu exorbitant.

L'article 1752 est bien évidemment restrictif. Il statue pour un cas spécial et unique qui lui a paru commander des mesures exceptionnelles. Envisageons, en effet, les deux situations qu'on veut assimiler, et nous verrons quelles différences profondes les séparent.

Lorsque l'immeuble loué est garni de meubles suffisants, le privilége du propriétaire le met à l'abri de toute inquiétude. Les meubles répondent des meubles échus et à échoir : si donc le locataire est en retard de payer un ou deux termes échus, le bailleur peut attendre, ou tout au moins il suffit qu'on lui ouvre l'action en résolution. Mais si l'immeuble est dégarni, les droits du propriétaire sont sérieusement menacés, car son privilége, qui fait toute sa sûreté, n'a plus de prise. Il importait donc qu'il pût reprendre au plus vite la possession des lieux, et voilà pourquoi le législateur lui a donné, dans cette hypothèse qui ressemble si peu à la première, le droit d'expulsion.

Ce droit se distingue de la résiliation, car, s'il n'en avait été que la conséquence, la loi n'eût pas pris soin de le concéder spécialement. Puisqu'il s'agit ainsi d'une mesure urgente, immédiate, distincte de la résiliation et la précédant, personne ne s'étonnera de la voir placer dans les attributions du juge des référés. Mais aussi, en dehors du cas où le législateur, déterminé par des raisons graves, a cru pouvoir séparer le droit d'expulsion du droit de résiliation, il n'est pas permis, en s'affranchissant des textes, de mettre à la disposition du juge des référés une mesure qui, au cours du bail, se lie si étroitement à la résolution du contrat.

En résumé, le juge des référés est compétent pour ordonner l'expulsion, en l'absence de bail ou à l'expiration du bail, mais alors cette mesure, dictée par l'urgence, est l'exécution même du bail ou la provision assurée au titre du propriétaire.

Ce magistrat est compétent encore pour prononcer l'expulsion, même au cours du bail, lorsque la maison est dégarnie de meubles, mais alors cette mesure, bien qu'urgente, n'est plus l'exécution du bail; elle en est, au contraire, l'interruption forcée, et il a fallu, pour l'autoriser dans cette circonstance, une disposition formelle de la loi. Hors ce cas particulier, et un autre dont je parlerai dans un instant, le juge des référés est incompétent pour ordonner, au cours du bail, l'expulsion du locataire, notamment pour défaut de payement des loyers.

Cette solution peut être en désaccord avec les errements de la pratique, mais je la crois en parfaite harmonie avec les principes, ce qui vaut mieux.

Je ne mentionnerai pas, comme une exception à cette règle, la compétence reconnue, au juge des référés, de prononcer l'expulsion du locataire, même pour seul défaut de payement des loyers, lorsque le bail contient la clause formelle de la résolution de plein droit, sans mise en demeure et sans intervention de la justice. L'expulsion alors n'a plus ce caractère exceptionnel, qui exige une attribution spéciale; elle est l'exécution même du contrat et la provision assurée à l'une de ses clauses.

La jurisprudence a eu souvent à faire l'application de ce dernier principe.

Nous avons examiné jusqu'ici les demandes d'expulsion

introduites, en référé, par le propriétaire. Mais la situation inverse peut se produire : il arrivera quelquefois que le locataire demandera à quitter les lieux avant l'expiration du bail et que le propriétaire s'y opposera.

Le président de Belleyme enseigne qu'à la condition de donner des sûretés suffisantes pour le payement des loyers échus et à échoir, au besoin des réparations locatives, la preneur peut ainsi se dégager des liens du bail. Le locataire peut avoir, en effet, d'excellentes raisons de quitter les lieux : si sa famille a augmenté et qu'il lui faille un logement plus vaste, s'il a besoin d'une habitation plus en rapport avec sa position sociale, de magasins mieux appropriés aux nécessités de son industrie ? Le propriétaire, recevant des garanties indiscutables pour le payement de tous les loyers, est sans intérêt à s'opposer à la sortie du locataire : que pourrait-il raisonnablement exiger de plus?

Aussi n'est-ce pas cette hypothèse qui est de nature à soulever des difficultés.

On peut prévoir que la maison devienne inhabitable et que, menaçant ruine, elle compromette la sûreté du locataire. — Ce n'est pas cette situation, non plus, qui causera un sérieux embarras. Évidemment après la vérification des lieux, si le danger existe réellement, le juge des référés pourra autoriser provisoirement le locataire à déménager : faudrait-il donc attendre qu'un accident irréparable fût arrivé? En présence d'un péril imminent, il y a plus que de l'urgence, une véritable nécessité, qui commande une mesure immédiate, sans sursis ni conditions.

Tous ces cas, ai-je besoin de le dire, rentrent dans la compétence du juge des référés.

Mais voici une espèce, rapportée dans la *Gazette des tribunaux* des 23-24 mai 1873, dans laquelle le doute est possible.

Une poursuite correctionnelle est intentée, qui fait éclater un immense scandale. Une maison est signalée à tout Paris comme un lieu de débauche, et les échos de la presse répètent, à un public trop avide de ces détails, les aventures de deux femmes décriées qui l'habitent. Une demoiselle honnête, locataire d'un appartement dans la même maison, se hâte de demander la résiliation de son bail, mais l'instance sera longue et, pendant ce temps, la pauvre demoiselle se voit exposée aux plus fâcheuses méprises. Elle assigne donc le propriétaire, en référé, à l'effet d'obtenir l'autorisation de déménager immédiatement. en consignant somme suffisante pour répondre des loyers.

Le juge des référés ne crut pas pouvoir accueillir cette demande, si digne d'intérêt pourtant. Ce magistrat donna de son refus deux motifs : le premier, que le tribunal était saisi de l'action principale en résiliation du bail : le second, qu'une décision, même provisoire, ferait préjudice au principal.

Je ne saurais, pour ma part, approuver cette jurisprudence.

Remarquons d'abord que la consignation des loyers désintéressait le propriétaire. Mais ce n'est là qu'un aspect de la question, et j'ose dire le moindre. S'il y avait eu péril matériel, si la maison avait menacé ruine, on eût, sans nul doute, permis à la locataire de quitter les lieux. Je ne puis comprendre qu'il faille montrer moins de souci du danger auquel sont exposés son honneur et sa considération ! Une honnête femme, surprise par un scandale qui éclate à côté d'elle et qu'elle n'avait pas pu soupçonner, restera-t-elle enveloppée dans une réprobation imméritée? Ne lui sera-t-il donc pas possible de fuir immédiatement une atmosphère empoisonnée ?

Il est vrai que le tribunal était saisi de l'action en résolution, mais (nous en avons déjà vu un exemple) l'urgence permet de s'adresser au juge des référés, même au cours d'une instance principale. Enfin la sortie provisoire, dans ces conditions, ne préjugeait pas plus la question du fond que si elle avait eu lieu pour éviter la chute de l'édifice.

Toutefois je m'empresse de le reconnaître : la solution que j'indique pourrait occasionner de graves abus, si elle n'était pas réservée pour des circonstances vraiment exceptionnelles. Le bail doit suivre son cours, tant qu'il n'a pas été résilié par une décision de la juridiction compétente: telle est sans contredit la règle. Mais la force même des choses et les nécessités qu'elle entraîne constituent une règle supérieure. Malgré le respect qui est dû au contrat, personne ne proteste contre l'interruption du bail, quand elle a lieu pour sauvegarder la vie du locataire. L'ordre moral comporte parfois des exigences aussi impérieuses que l'ordre matériel. Puisque le juge des référés est appelé, sans conteste, à apprécier les dernières, donnons-lui aussi la mission d'apprécier les premières. Sa tâche alors, j'en conviens, sera plus délicate ; elle demandera infiniment de tact, de réserve et de prudence ; mais, du moins en reconnaissant que le juge des référés doit user de ses pouvoirs avec discrétion, proclamons sa compétence.

Je suis ainsi amené à dire quelques mots d'une hypothèse, que j'aurais pu examiner plus haut puisqu'il s'agit d'une demande d'expulsion formée par le propriétaire, mais que j'ai réservée précisément pour la rapprocher de celle qui précède.

Un locataire, trompant le propriétaire, ouvre à son insu, dans l'immeuble loué, une maison de tolérance. C'est là, sans doute, le plus criant abus de jouissance, qui fera sûrement prononcer la résiliation du bail. Mais, avant qu'une pareille instance aboutisse, le bailleur est exposé à subir un préjudice irréparable. Les autres locataires, prenant justement l'alarme, ne voulant pas faire subir à leurs familles un pareil contact, obtiendront (nous le croyons du moins, malgré le précédent que nous avons cité) de quitter immédiatement les lieux. Laissera-t-on le propriétaire souffrir un tel dommage ? N'y a-t-il pas, dans cette situation encore, une de ces nécessités impérieuses qui commandent une mesure immédiate et, pour prévenir la déconsidération de sa maison, la fuite de nombreux locataires, le propriétaire ne sera-t-il pas admis à demander, en référé, l'expulsion de celui qui soulève un pareil scandale ? N'est-ce pas le seul moyen d'empêcher un préjudice irréparable et sa nécessité même n'est-elle pas la meilleure justification de la mesure ?

Le président de Belleyme n'a pas hésité à faire droit aux réclamations de ce genre, et nous applaudissons à sa ferme initiative. Ajoutons seulement que ce remède énergique de l'expulsion ne devra être appliqué que dans les cas de scandale flagrant, en présence de constatations irrécusables et officielles faites par la police.

On le voit donc : cette matière difficile de l'expulsion du locataire comporte des nuances fort diverses. Tantôt la mesure apparaîtra, comme l'exécution même du titre, lorsqu'elle sera sollicitée à l'expiration du bail, ou au cours du bail, en vertu d'une clause expresse ; tantôt elle sera une nécessité imposée par la force des choses, lorsqu'elle résultera de l'état matériel des lieux ou d'une situation morale également pressante ; tantôt enfin elle constituera une garantie exceptionnelle, établie, en faveur du propriétaire, dans un cas unique : celui où l'immeuble sera dégarni de meubles. Au delà, il n'y a plus place pour la compétence du juge des référés.

Il me reste à m'expliquer sur quelques mesures accessoires, qui sont prises le plus souvent, en référé, dans l'intérêt du propriétaire : le séquestre des meubles, leur vente, l'attribution du prix de la vente au bailleur pour le payement des loyers.

Ces mesures rentrent-elles toutes dans la compétence du juge des référés ? Il convient, sur ce point encore, de ne pas suivre aveuglément les errements de la pratique : certaines distinctions, qui n'ont pas toujours été faites, me paraissent nécessaires.

Que le juge des référés puisse ordonner le séquestre des meubles, cela me semble incontestable ; c'est là une mesure conservatoire, qui sauvegarde les intérêts de tous.

Le juge des référés pourra ainsi déjouer une fraude trop fréquente. Un locataire, ne payant pas ses loyers, avait vu saisir ses meubles, mais il avait eu soin de sous-louer l'appartement en garni, et il touchait par avance le prix des sous-locations. Le président du tribunal, en référé, nomma un séquestre avec pouvoir de toucher le prix des sous-locations.

La Cour de Paris, dans un arrêt du 12 mars 1874 (*Gazette des tribunaux* des 4 et 5 mai 1874), confirme en ces termes cette sage ordonnance :

« Considérant que, dans l'espèce, il y avait urgence à ce
« qu'une mesure fût ordonnée, pour assurer exécution aux
« saisies-arrêts par le bailleur, et à l'effet desquelles les
« preneurs s'efforçaient de se soustraire, en faisant payer
« d'avance les loyers des nouveaux sous-locataires ; — Que,
« d'ailleurs, la mesure, qui a consisté à nommer un séques-
« tre, et que le premier juge a ordonnée, n'est que provi-
« soire ; qu'elle sauvegarde les intérêts de tous et ne préju-
« dicie en aucune façon au principal ; confirme... »

Le juge des référés peut-il prescrire la vente des meubles saisis-gagés, avant que la saisie-gagerie ait été validée ?

Il y a, à cet égard, une divergence marquée dans la jurisprudence.

La Cour de Paris s'est prononcée pour l'affirmative dans plusieurs arrêts : 6 juin 1872 (*Gazette des tribunaux* du 24 juin), 11 mai 1874 (*Gazette* du 17 mai), 13 juillet 1874 (*Gazette* du 8 août).

Ces diverses décisions sont à peine motivées et elles se bornent presque à une pure affirmation. On lit, en effet, dans le dernier arrêt, ce laconique considérant :

« Considérant, en raison des loyers dus et de l'expulsion
« prononcée contre le locataire, qu'il importe au proprié-
« taire de reprendre possession des lieux loués; *qu'il y avoit*
« *nécessité de procéder à la vente en l'état...* »

C'est vraiment trop peu.

Opposons à cette première jurisprudence celle des arrêts suivants :

Voici d'abord, en matière de saisie-exécution, un arrêt de la Cour de Paris, du 23 décembre 1872 (*Gazette des tribunaux* du 17 janvier 1873), qui a ramené le juge des référés à une plus scrupuleuse observation de la loi.

Un propriétaire avait fait saisir-exécuter les meubles de son locataire, pour défaut de payement des loyers : parmi ces meubles se trouvaient des objets d'art de grand prix. Dans cette situation, le président du tribunal, jugeant en référé, avait cru pouvoir ordonner que la vente des meubles saisis aurait lieu, à l'hôtel des commissaires priseurs, *à la requête et diligences de la partie saisie.*

La Cour, sur l'appel, n'hésita pas à réformer l'ordonnance :

« Considérant qu'en décidant que les meubles et objets
« saisis sur la demoiselle Constantin seraient vendus, à l'hô-
« tel des commissaires priseurs, à la requête et diligences
« de la partie saisie, le juge du référé n'a pas tenu compte
« suffisant de l'intérêt du créancier saisissant et qu'il a
« méconnu, outre les dispositions du jugement qui a
« ordonné la saisie, les règles tracées par la loi pour la vente
« des objets mobiliers saisis; — Qu'en effet, un tel mode de
« vente tend à soustraire à l'action du créancier les meubles
« saisis par lui, et devenus son gage, pour les laisser à l'en-

« tière disposition de la partie saisie ; — Considérant qu'il
« importe de rendre à la veuve Bro de Comères, créancière
« saisissante, les garanties que la loi lui assure jusqu'à l'en-
« tière réalisation de son gage ; — Infirme l'ordonnance
« en ce qu'elle a dit que la vente aurait lieu poursuites et
« diligences de la demoiselle Constantin, dit que la vente
« aura lieu à la requête et diligences de la baronne Bro de
« Comères, d'après les derniers errements de la procédure,
« l'ordonnance sortissant effet en ce qu'elle a ordonné que
« la vente aurait lieu, le 24 décembre, à l'hôtel des commis-
« saires-priseurs... »

Un autre arrêt de la Cour de Paris, du 22 mai 1874
(*Gazette des tribunaux* des 29 et 30 juin 1874), est plus spécial
encore.

La Cour avait à statuer sur le mérite d'une ordonnance
dont le dispositif était ainsi conçu :

« Disons que, faute par le sieur Thurot de payer les loyers
« dus et de garnir les lieux loués de meubles et effets mobi-
« liers en suffisante quantité pour répondre du loyer, le
« susnommé sera expulsé desdits lieux en la forme ordi-
« naire et accoutumée avec assistance du commissaire de
« police et de la force armée, s'il y a lieu, *et les objets saisis*
« *vendus sur simples affiches dans les lieux où ils se trouvent.* »

Elle le fit en ces termes :

« En ce qui touche l'expulsion ordonnée faute de payer les
« loyers échus :

« Considérant qu'aux termes de l'acte de bail principal du
« 5 janvier 1872, enregistré le 1ᵉʳ février suivant, et dont
« l'appelant est cessionnaire par acte sous seing privé du
« 24 août 1872, également enregistré, il a été *stipulé que le-*
« *dit bail serait résilié de plein droit, faute de payement d'un*
« *terme de loyer de quinzaine, après sommation restée infruc-*
« *tueuse ;* — Considérant que nulle difficulté ne s'élève sur
« la portée de cette clause, laquelle est licite et fait la loi
« des parties ; — Considérant qu'en vain Thurot soutient
« qu'il serait en instance, devant le juge compétent, sur
« une demande en résolution par lui formée contre l'intimé,
« tant de la vente du fonds de commerce que de la cession
« du bail accessoire à cette vente ; — Considérant que jus-
« qu'au jour où cette résolution viendrait à être prononcée,

« ledit bail n'en doit pas moins continuer à recevoir exé-
« cution ; — Considérant, en outre, qu'une partie du mobi-
« lier saisi-gagé aurait été détournée ; que manifestement
« les lieux ne sont pas garnis et qu'il échet de faire à la
« cause l'application de l'article 1752 du Code civil ;

« Sur la vente ordonnée :

« Considérant qu'il s'agit d'une saisie-gagerie, pratiquée
« conformément à l'article 819 du Code de procédure, laquelle
« n'a point été validée, ainsi qu'il doit être fait préalablement
« à ce qu'il soit procédé à la vente, article 824 du Code de
« procédure ; — Que le juge des référés ne pouvait ordonner
« la vente immédiate du mobilier saisi, sauf à prendre telles
« mesures conservatoires que de droit ; infirme quant à ce. »

Cette dernière jurisprudence me semble bien préférable
à la première. Autrement les règles tracées par la loi, pour
la saisie-gagerie et la saisie-exécution, deviendraient une
lettre morte. L'impatience d'un créancier saisissant, ou, à
l'inverse, les calculs du debiteur saisi, se dégageraient trop
facilement des formalités prescrites pour la réalisation du
gage. Le juge des référés ne saurait avoir le pouvoir de suspendre, à son gré, l'application de la loi pour autoriser une
procédure extraordinaire.

Concluons donc que, si le président du tribunal, jugeant
en référé, peut prendre des mesures conservatoires, ordonner
le séquestre des meubles par exemple, il ne peut prescrire
que la vente ait lieu dans des conditions différentes de celles
qui sont fixées par le Code de procédure.

Une autre question a également occupé la jurisprudence.

Le juge des référés est-il compétent, alors qu'aucune distribution par contribution n'est ouverte, pour ordonner que
le propriétaire soit payé, par privilége, du montant de ses
loyers sur le prix de la vente des meubles ?

La Cour de Paris a consacré la compétence du juge des
référés, dans ce cas, par un arrêt du 17 janvier 1872, rapporté dans la *Gazette des tribunaux* des 19-20 février 1872 :

« Attendu que la dame Gottschalk conteste la demande du
« conte Desmoutiers et soutient en la forme que le prix de
« la vente judiciaire, suivie contre son mari, étant frappée
« d'opposition, ce prix doit être l'objet d'une distribution
« judiciaire, au cours de laquelle le propriétaire peut ob-

« tenir du juge-commissaire une ordonnance de collocation
« pour les loyers; — Qu'elle conclut en déclinant là compé-
« tence du juge des référés; — Mais attendu, sur le moyen
« de forme, qu'en fait aucune contribution judiciaire n'a été
« ouverte sur le produit de la vente judiciaire suivie sur
« Gottschalk; — Que, si la loi accorde au propriétaire la
« faculté de faire statuer, en référé, sur son privilége pour
« raison des loyers qui lui sont dus, il ne s'ensuit pas qu'elle
« la lui refuse, lorsque aucune contribution n'est ouverte;—
« Qu'il résulte de l'article 661 du Code de procédure, que le
« propriétaire peut faire statuer, en référé, préliminairement
« sur son privilége pour raison des loyers à lui dus et que,
« dès lors, dans ce dernier cas, c'est au juge ordinaire des
« référés qu'il peut et doit s'adresser; — Qu'accueillir l'excep-
« tion proposée par la dame Gottschalk serait refuser au juge
« des référés un droit d'examen et d'attribution qu'il tient
« de la loi et empêcher le propriétaire d'exercer son droit. »

La doctrine de la Cour de Paris est ainsi présentée, on le
voit, dans des termes absolus.

Avant de l'apprécier, mettons en regard la doctrine contraire qui a été excellemment développée par la Cour de
Caen dans un arrêt du 6 mai 1864 (Sirey, 1864, 2, 291) :

« Considérant que la loi a déterminé les cas spéciaux et
« les matières sur lesquelles le juge peut statuer en référé;
« qu'il faut qu'il y ait urgence et qu'il s'agisse de mesures
« provisoires à ordonner relativement à l'exécution d'un
« titre exécutoire ou d'un jugement; — Qu'il est vrai que,
« dans les distributions par contribution, le propriétaire
« peut appeler la partie saisie et l'avoué le plus ancien, en
« référé, devant le juge-commissaire, pour faire statuer pré-
« liminairement sur son privilége pour raison des loyers à
« lui dus; —Que cette faculté, qui crée une véritable excep-
« tion, ne peut être accordée que dans le cas prévu, c'est-
« à-dire quand il y a lieu à distribution par contribution et
« qu'un juge a été désigné comme commissaire; — Consi-
« dérant que la loi, en traçant les pouvoirs du juge-commis-
« saire, a en même temps indiqué ses devoirs; qu'elle n'a,
« ni donné les mêmes pouvoirs, ni imposé les mêmes de-
« voirs, au juge ordinaire des référés et qu'elle a eu soin,
« d'ailleurs, de déterminer les cas où son intervention pour-

« rait être appelée; — Que vainement on invoquerait les
« avantages de la procédure qui a été suivie et les inconvé-
« nients que présenterait, dans l'espèce, l'exécution de l'ar-
« ticle 661 du Code de procédure; que la compétence ne
« peut se régler par des inconvénients ou des avantages; que
« la loi l'a déterminée d'une manière absolue et qu'il faut
« s'y soumettre... »

Je n'hésite pas, pour ma part, à adopter en principe cette
dernière jurisprudence. Il ne suffit pas, en effet, pour donner
compétence au juge des référés, qu'une distribution par
contribution ne soit pas ouverte : c'est au propriétaire qu'il
appartient alors de la provoquer et, pour qu'il puisse se
prévaloir de l'article 661, encore faut-il qu'il se trouve dans
le cas prévu par cette disposition. La faveur qui lui est
faite est grande, mais au moins elle est entourée de certaines
garanties prises dans l'intérêt des créanciers opposants :
ceux-ci sont représentés par l'avoué le plus ancien, appelé
pour défendre leurs droits. La jurisprudence de la Cour de
Paris supprime cette garantie, car, si le propriétaire a encore
dans la partie saisie un contradicteur, les créanciers sont
sans représentant et leurs intérêts risquent d'être sacrifiés
pour n'avoir pas été défendus. Les conditions de l'article 661
sont alors complétement changées, et que devient une loi
qu'il est si facile d'éluder?

Mais, nous l'avons dit bien souvent, il ne faut rien exagérer, pas même les principes. Aussi, dans une hypothèse
seulement, celle où le prix de la vente est égal ou inférieur
au montant des loyers, j'inclinerais à suivre l'avis émis par
M. Chauveau [1].

Le savant jurisconsulte a exprimé son opinion avec une
vivacité qui n'en diminue pas la justesse :

« J'ai été frappé par la force de ce dilemme qu'il me paraît
« impossible de tourner : si, dans le cas prévu, on exige
« que le propriétaire ouvre une distribution, les frais de

---

[1] M. Bertin professe sur ce point une opinion absolue et il dénie, en cette
matière, toute compétence au juge des référés. Ordonner le payement des
loyers par privilége, ce serait, suivant le savant auteur, préjudicier au principal et violer l'article 809. M. Bertin maintient jusqu'à ses conséquences les
plus rigoureuses le respect de ce principe. (Voir les n°ˢ 52, 53, 54 et 758 de
son *Traité*.)

« cette procédure que l'ordonnance du juge-commissaire,
« rendue en vertu de l'article 661, viendra prématurément
« clore, seront mis à la charge ou du propriétaire ou des
« créanciers opposants. Dans le premier cas, on contraint le
« propriétaire à faire la guerre à ses dépens, ce qui est ab-
« surde; dans le second, on punit les créanciers opposants,
« qui non-seulement ne recueillent rien, mais qui sont en-
« core obligés de payer et d'ajouter ainsi à la perte qu'ils
« subissent. »

On pourrait même (et l'argument en serait renforcé) s'en
tenir à la dernière alternative. L'article 662 du Code de procédure veut que la créance du propriétaire soit prélevée
avant les frais de la poursuite. Ce seraient donc, en définitive,
les malheureux créanciers appelés, malgré eux, dans la distribution qui, ne recevant rien, payeraient pour l'honneur
des principes.

C'est le cas de reproduire encore cette judicieuse observation de M. Chauveau : « Que la loi ne peut vouloir, par un
« amour immodéré de la forme, le sacrifice des intérêts
« qu'elle doit sauvegarder. »

Mais, si j'admets ce tempérament, dérivant en quelque
sorte de la force des choses, du moins, dans tous les autres
cas, lorsque le prix de la vente sera supérieur à la créance
du propriétaire, j'estime que la procédure ordinaire de distribution doit être suivie et ne saurait être esquivée par un
référé. Remarquons encore qu'indépendamment de la violation d'une loi formelle, ce serait ajouter aux frais de l'instance
en distribution ceux du référé, quand les droits du propriétaire et des créanciers peuvent être liquidés dans une procédure unique.

Le louage de services ou d'industrie fait partie intégrante
de la matière que nous examinons. Là encore le juge des
référés trouvera souvent à exercer sa compétence. Dans les
contestations qui surgiront, il y aura des questions principales, qui devront être soigneusement réservées aux tribunaux compétents, mais à côté et en même temps se produiront des intérêts urgents qui motiveront l'intervention du
président du tribunal.

C'est aujourd'hui un principe incontesté, souvent consacré
par la jurisprudence, que le louage de services et d'industrie

peut être rompu par la seule volonté de l'une ou de l'autre des parties, sauf les questions d'indemnité à débattre ensuite. Un patron ne peut être contraint à garder un employé incapable ou infidèle ; un commis ne peut être enchaîné à un service que les exigences et le caractère de son patron rendent insupportable. Mais, avant que les tribunaux aient statué sur le fond du litige, des mesures provisoires seront quelquefois nécessaires : c'est au juge des référés qu'il appartiendra d'aviser à celles que réclameront les circonstances et qui pourront aller jusqu'à l'expulsion.

Le président de Belleyme, dans son traité, a rapporté de nombreuses applications de ces principes. Aux exemples cités par l'éminent magistrat, j'en ajouterai un qui pouvait paraître présenter quelques difficultés.

Le 24 janvier 1873 (*Gazette des tribunaux* des 10-11 février 1873), le président du tribunal de la Seine rendait l'ordonnance suivante, qui fait suffisamment connaître les circonstances de la cause :

« Attendu que, suivant conventions verbales, en date du
« 25 mai 1870, il a été arrêté : que Gérard, pendant dix
« années, donnerait tout son temps et tous ses soins aux
« usines exploitées par Menier, à Paris-Grenelle et à Ham-
« bourg, pour la fabrication du caoutchouc ; — Qu'il aurait,
« sous la direction et suivant les prescriptions de Menier,
« l'administration générale de la partie technique ; qu'il
« aurait, sous ses ordres, le directeur de la fabrication, ainsi
« que les chimistes qu'il devrait initier à tous les procédés
« en usage ainsi qu'à toutes les découvertes nouvelles ; qu'en-
« fin il aurait droit à un traitement annuel de 18.000 francs
« et à 5 p. 100 sur le chiffre des affaires et à un logement
« dans l'usine de Grenelle ; — Que ces conventions consti-
« tuent un contrat de louage d'ouvrage et d'industrie ; —
« Attendu que Menier demande l'autorisation d'expulser
« Gérard de l'usine de Grenelle ; — Attendu que le chef d'un
« établissement industriel a le droit de faire cesser à l'instant
« les services de son employé, sauf indemnité, s'il y a lieu,
« au profit de ce dernier ; — Attendu que Gérard s'oppose à
« la demande de Menier et soutient qu'il n'est pas un simple
« employé, mais un intéressé ; qu'il a un engagement d'une
« durée déterminée ; que, dans tous les cas, il n'y a pas de

« justes motifs de renvoi; — Attendu, d'une part, que l'in-
« térêt accordé à un employé, à titre de bonification, ne
« change pas sa position; qu'il ne devient point un associé,
« qu'il reste et demeure légalement, quelle-que soit l'impor-
« tance de ses attributions, un employé soumis aux condi-
« tions de cette situation vis-à-vis du patron auquel il a en-
« gagé ses services; — Attendu, d'autre part, que le patron,
« qui congédie son employé, n'est point tenu de justifier
« d'une cause légitime; que ce droit est absolu et qu'il ne
« peut être modifié, en quoi que ce soit, par la durée de
« l'engagement; —.Que c'est ainsi que, dans des cas ana-
« logues, le maître peut résilier, par sa seule volonté, le
« marché à forfait (1796 C. civ.); que le mandant peut révo-
« quer sa procuration, quand bon lui semble (2004), alors
« même qu'il s'agit d'un mandat salarié et avant l'expiration
« du mandat; — Que, dans ces cas divers, tout se résout en
« une question d'indemnité, de dommages-intérêts à fixer
« ultérieurement par les juges compétents, s'ils viennent à
« décider que l'engagement a été rompu sans motifs vala-
« bles; — Attendu, au surplus et surabondamment, sans
« qu'il soit besoin d'apprécier tous les griefs relevés par le
« demandeur, qu'il est constant qu'il existe entre Menier et
« Gérard de graves contestations judiciaires, qui créent né-
« cessairement, entre les parties, un état d'hostilité, qui ne
« permet pas de les laisser plus longtemps en présence; —
« Attendu qu'il y a urgence; qu'il convient toutefois d'ac-
« corder à Gérard un délai pour quitter les lieux; — Disons
« que Gérard sera tenu de quitter l'usine de Grenelle dans
« le délai de dix jours, à partir de la signification de notre
« présente ordonnance, sinon qu'il y sera contraint, à la re-
« quête de Menier, avec assistance du commissaire de police
« et de la force armée, s'il y a lieu. »

Cette ordonnance fut frappée d'appel et, par arrêt du
28 janvier 1873, la Cour de Paris en prononça la confirmation en ces termes :

« Considérant qu'il existe, entre les parties, de graves
« contestations sur le point de savoir si Gérard doit être
« considéré comme l'associé de Menier, ou s'il est simple-
« ment son employé, et qu'une instance est engagée devant
« le tribunal; — Que la mésintelligence, qui règne entre les

« parties, étant de nature à compromettre la bonne direc-
« tion de l'usine, et les sentiments d'hostilité dont elles pa-
« raissent animées l'une envers l'autre mettant en péril des
« intérêts considérables, Gérard ne saurait être maintenu
« dans l'usine; — Que cette situation, exigeant qu'une me-
« sure provisoire soit ordonnée sans délai, justifie et la
« compétence du juge des référés à raison de l'urgence, et
« la décision qu'il a prise; confirme... »

Je reconnais que le juge des référés, en première instance,
était entré trop avant dans l'examen du litige et que, par ses
motifs, il avait préjugé une question principale qu'il devait
laisser intacte. J'aime mieux la réserve et la discrétion de
l'arrêt, qui s'attache exclusivement à constater l'urgence et
la nécessité d'une mesure provisoire.

C'est dans ce domaine, qui est le sien, que le juge des
référés doit avoir soin de se renfermer. Un arrêt de la Cour
de Paris, du 1er février 1873 (Sirey, 1873, 2, 87), montrera
le danger qu'il y aurait à voir ce magistrat sortir de ses
attributions :

« Considérant que, dans le courant de septembre 1872, la
« dame Souliac a été installée, en qualité de caissière, gé-
« rante d'un fonds de vins fins, eaux-de-vie et liqueurs,
« exploité par Vignon, rue Saint-Honoré, 372, et ce, aux
« termes d'un traité intervenu, le 4 septembre, entre ladite
« dame, assistée et autorisée de son mari et Vignon, lequel
« traité lui assurait cet emploi, pour trois ans, aux appointe-
« ments mensuels de 125 francs, ainsi que la jouissance,
« pour elle et sa famille, d'un appartement à l'entresol de la
« maison; — Considérant qu'après une première expulsion
« de la dame Souliac, opérée le 28 décembre en vertu d'une
« ordonnance de référé, et sa réintégration ordonnée par
« arrêt de la Cour du 4 janvier 1873, Vignon a obtenu, le
« 15 du même mois, une seconde ordonnance de référé exé-
« cutoire par provision, enjoignant à la dame Souliac de
« cesser la gérance dont s'agit et de quitter le logement par
« elle occupé; — Considérant que le juge de référé, tout en
« renvoyant les parties au principal sur l'interprétation du
« traité susénoncé, a prononcé l'expulsion immédiate comme
« étant de droit absolu pour le maître ou le patron mécon-
« tent des services du domestique ou de l'employé; — Mais

« que, si tel est le droit du maître et du patron, lorsqu'il
« n'existe pas de contrat entre les parties, réglant les condi-
« tions et la durée du service, ce droit ne peut être exercé
« par le maître ou le patron, quand il existe des conventions
« synallagmatiques obligeant les deux parties et dont l'in-
« terprétation n'appartient qu'aux tribunaux ordinaires ; —
« Considérant que, dans ces circonstances, la mesure d'ex-
« pulsion ordonnée préjudiciait au principal et excédait les
« pouvoirs du juge de référé ; — *Considérant que, d'ailleurs,*
« *l'urgence ne pouvait résulter que d'un péril grave et imminent*
« *pour les intérêts de Vignon, attaché à la présence de la dame*
« *Souliac dans le magasin de celui-ci, et qu'elle n'est nullement*
« *justifiée par le fait allégué d'une concurrence déloyale que*
« *Souliac, mari de l'appelante, aurait pratiquée au préjudice*
« *de Vignon...* » (Suivent des appréciations de fait.)

Ces deux arrêts se complètent l'un par l'autre et, bien que
les solutions qu'ils consacrent soient différentes, la doctrine
qui s'en dégage est la même. Le premier, pas plus que le
second, ne reconnaît au juge des référés le pouvoir d'interpréter les conventions des parties ; le second, pas plus que
le premier, ne refuse au juge des référés la faculté d'ordonner provisoirement l'expulsion d'un employé, même au cas
d'engagements synallagmatiques, lorsque cette mesure est
nécessitée *par l'urgence, par un péril grave et imminent pour
les intérêts du patron.* Que le juge des référés laisse donc de
côté les questions principales et qu'il se borne à justifier les
mesures qu'il ordonne par leur urgence ou leur nécessité. Ce
principe le guidera sûrement.

Le contrat de louage, avec les contestations nombreuses
et variées qu'il peut faire naître, nous a permis d'étudier,
dans une de ses applications les plus fréquentes, le fonction-
nement de la juridiction des référés. Je voudrais croire que
les développements qui précèdent ont déjà servi à donner
quelque précision aux idées doctrinales que j'avais émises.

La méthode, du moins, est bonne et, si la patience de mes
lecteurs ne se lasse pas encore, je continuerai à interroger la
jurisprudence, sur d'autres points, afin d'atteindre plus
sûrement et plus complétement le but que je poursuis : l'é-
tablissement des principes.

La juridiction des référés a une admirable souplesse et,

sans lui faire franchir des limites qui doivent toujours être respectées, nous verrons qu'il n'est guère de matière, dans notre droit, où elle ne puisse trouver une heureuse application.

Nous venons jusqu'ici, dans ces conflits entre bailleurs et preneurs, de considérer des intérêts matériels importants : élevons-nous maintenant à la considération d'intérêts d'un ordre supérieur. Je vais grouper sous ce titre : *Débats entre époux*, un certain nombre de questions, à l'égard desquelles je rechercherai les attributions dévolues au juge des référés.

B. *Débats entre époux.*

Dans cet ordre d'idées, la première question qui se présente est celle de la réintégration du domicile conjugal, abandonné par l'un des époux.

Je n'ai certes pas l'intention de reproduire l'intéressante controverse, à laquelle a donné lieu l'examen de cette grave difficulté. Je ne veux l'envisager qu'à un seul point de vue : son rapport avec la matière spéciale qui m'occupe. Quelle est donc, dans ces querelles domestiques, la part faite à la juridiction des référés ?

Tout le monde sait que la jurisprudence, se dégageant des objections d'un grand nombre d'auteurs, s'inspirant à la fois du texte de la loi et de son esprit, attesté par les travaux préparatoires, justement préoccupée de maintenir le bon ordre dans les familles, a admis que les tribunaux pouvaient assurer l'exécution des obligations du mariage par des moyens divers, appropriés aux circonstances et à la situation des parties, variant depuis la saisie des revenus de l'époux fugitif jusqu'à la contrainte personnelle. C'est un exemple de plus de la nécessité où s'est trouvé souvent le législateur, après avoir posé un principe, de s'en remettre pour son application à la prudence des magistrats. C'est notamment la conclusion à laquelle il paraît s'être arrêté sur cette question si délicate de discipline domestique. La discussion engagée à ce sujet, au Conseil d'État, a été close par cette réflexion judicieuse de M. Boulay : « Toutes ces difficultés doivent être abandonnées aux mœurs et aux circonstances. »

Les auteurs, et parmi eux de très-recommandables, se

sont surtout récriés contre l'emploi de la contrainte personnelle, moyen qu'ils ont présenté, non-seulement comme odieux et exorbitant, mais encore comme inefficace.

Je me bornerai, puisque je veux m'en tenir au résultat consacré par la jurisprudence, à citer l'arrêt de la Cour de cassation, rendu le 9 août 1826 (voir dans Sirey, à sa date), au rapport de l'éminent M. Lasagni. C'est un modèle de haute raison :

« Attendu, en droit, que dans l'intérêt général de la so-
« ciété, la loi doit assurer et assure en effet l'exécution des
« jugements par tous les moyens qui sont en son pouvoir;
« — Que, parmi ces moyens, il existe l'emploi de la force
« publique; que ce moyen est même textuellement autorisé
« dans le mandement aux officiers de justice, qui termine
« nécessairement et indistinctement tous les jugements;
« que l'emploi de la force publique ne doit aucunement être
« confondu avec l'exercice de la contrainte par corps : par
« celle-ci, l'on s'empare de la personne pour lui enlever sa
« liberté et l'emprisonner; celle-là ne fait qu'accompagner
« la personne pour la mettre en état de remplir ses devoirs
« et même de jouir de ses droits, toujours en pleine et en-
« tière liberté; — Que ces principes conservateurs de l'au-
« torité essentiellement due à l'autorité judiciaire ne reçoi-
« vent aucune exception à l'égard des jugements qui, en
« vertu de la disposition formelle de l'article 214 du Code
« civil, obligent la femme à rentrer dans le domicile conju-
« gal; que pour leur exécution, dans l'extrémité fâcheuse
« où tous les autres moyens moins rigoureux sont demeurés
« sans effet, on doit employer encore la force publique, pour
« ne pas faire dépendre du caprice ou même du crime de
« l'épouse, un nouveau genre de séparation de corps, sub-
« versif tout à la fois et des droits particuliers de l'époux et
« des droits généraux du corps social... »

Cette citation seule n'est-elle pas une démonstration de nature à satisfaire les plus exigeants?

J'en viens maintenant au point qui doit me préoccuper exclusivement. Ces moyens, qui consisteront, soit à saisir les revenus personnels de la femme, soit à la ramener *manu militari* au domicile conjugal, rentrent-ils dans la compétence du juge des référés?

Si l'on suppose résolue la question de la légitimité de ces mesures (et je l'ai supposé), j'aurais peine à comprendre que le juge des référés ne fût pas compétent.

Ce magistrat n'est-il pas institué pour venir au secours de tous les intérêts urgents? Et est-il donc un intérêt plus urgent que celui d'un époux qui réclame, pour l'honneur de son nom et celui de ses enfants, la rentrée de la mère de famille au foyer domestique? Le juge des référés n'a-t-il pas pour mission de prendre toutes les mesures dictées par la nécessité, afin d'éviter un préjudice irréparable, et faudra-t-il insister beaucoup pour que l'on admette que l'abandon du domicile conjugal crée précisément une de ces situations menaçantes? Le juge des référés, enfin, n'a-t-il pas pour attribution d'assurer l'exécution des titres, et en est-il de plus respectable, de plus certain, que celui de l'époux? Si le mode d'exécution qu'on sollicite est permis, pourquoi ne pourrait-il pas être ordonné par le magistrat que la loi a plus spécialement chargé de lever tous les obstacles qui s'opposent à une exécution légitime?

Le titre, invoqué par l'époux, dérive de la loi, le plus auguste des titres; il ne saurait donc avoir moins de force qu'un contrat, œuvre de la seule volonté des parties. C'est cette raison, si simple et si forte, que donnait la Cour de Paris, dans un arrêt du 29 mai 1808 (voir dans Sirey, à sa date) pour justifier la compétence du juge des référés.

Pourquoi donc M. Bertin, partisan aussi de la compétence du juge des référés, a-t-il écarté ce motif? Dans le n° 587 de son livre, le savant jurisconsulte énonce sa critique, sans nous dire sur quoi elle se fonde.

Pour ma part, je ne devine pas, et jusqu'à preuve contraire, je tiens la raison donnée par la Cour de Paris pour bonne. Entre autres exemples, je me contenterai d'en rappeler un déjà cité. Le patron, qui congédie un employé, puise son droit aussi dans la loi, et personne ne conteste pourtant que l'exécution de cette faculté légale ne puisse avoir lieu, même *manu militari*, par une mesure d'expulsion ordonnée par le juge des référés.

Revenant à notre question spéciale, j'ajouterai même que la juridiction des référés est la seule qui puisse intervenir d'une manière opportune et efficace.

La réintégration au domicile conjugal, par l'emploi de la force publique, est un moyen extrême qui ne saurait convenir à toutes les situations. — Il se peut qu'une femme, ayant de justes griefs contre son mari et reculant néanmoins devant le scandale d'une séparation judiciaire, se soit décidée à quitter le domicile conjugal et à aller chercher le repos et la paix au sein de sa famille. La contrainte, dans ce cas, serait d'abord difficilement obtenue et aurait d'ailleurs bien peu de chances de succès. — Mais, au contraire, une femme, cédant à un entraînement momentané, quitte brusquement un intérieur honorable pour rejoindre un séducteur qui l'abuse. Son mari, oubliant par amour pour ses enfants l'injure qui lui est faite, imposant silence à ses ressentiments, court après la fugitive et l'atteint loin de son domicile. Une mesure énergique, mais prompte, peut sauver l'avenir de toute une famille et, en mettant obstacle à des relations coupables, empêcher un malheur irréparable. S'il fallait recourir à une instance ordinaire, devant un tribunal éloigné, avec une perte de temps inévitable, tout serait compromis et, quand le mari serait muni d'un jugement ordonnant la réintégration, il serait trop tard. Il n'y a, pour une pareille situation, qu'un seul juge, qui puisse intervenir à temps : c'est le juge des référés.

Après avoir ainsi établi la compétence de ce magistrat, faisons remarquer que les circonstances lui feront souvent un devoir de l'abstention. Dans l'hypothèse que je prévoyais tout à l'heure, celle d'une femme outragée ou maltraitée qui va chercher dans sa famille une retraite honorable, ou bien lorsque le mari veut expatrier sa femme, l'exposer, malgré sa mauvaise santé, aux chances d'une traversée lointaine, d'un climat dangereux, dans ces cas et autres analogues, le juge des référés, considérant qu'il n'y a pas d'urgence, devra renvoyer les parties à se pourvoir au principal et dire qu'il n'y a pas lieu à référé.

Si le juge des référés peut ordonner l'emploi de la force pour faire réintégrer le domicile conjugal, on admettra facilement, je pense, qu'il pourra chercher à obtenir le même résultat par des moyens moins acerbes, tels que la saisie provisoire des revenus personnels de la femme.

Nous venons de voir le juge des référés intervenir dans un

douloureux incident survenu au cours du mariage. La séparation de corps ouvre à sa juridiction une nouvelle et plus
large application. Le Code civil, en effet, en parlant des
mesures provisoires auxquelles peut donner lieu la demande
de séparation de corps, semble annoncer, par cela même,
l'intervention de ce magistrat; mais, tout en reconnaissant le
principe, on est loin d'être d'accord sur ses conséquences.
Étudions donc, avec la jurisprudence, les conditions dans
lesquelles devra s'exercer la juridiction du juge des référés.

Et d'abord, commence-t-elle au moment des formalités
préliminaires prévues par l'article 878 du Code de procédure?

Cette disposition est ainsi conçue :

« Le président fera aux deux époux les représentations qu'il
croira propres à opérer un rapprochement; s'il ne peut y
parvenir, il rendra en suite de la première ordonnance une
seconde portant qu'attendu qu'il n'a pu concilier les parties,
il les renvoie à se pourvoir, sans citation préalable au bu-
reau de conciliation; il autorisera par la même ordonnance
la femme à procéder sur la demande et à se retirer provisoirement dans telle maison dont les parties sont convenues ou
qu'il indiquera d'office; il ordonnera que les effets à l'usage
journalier de la femme lui seront remis. Les demandes en
provision seront portées à l'audience. »

C'est une question encore controversée que celle de savoir
quelle est la nature de la seconde ordonnance, rendue par
le président du tribunal. Est-ce un acte de la juridiction
discrétionnaire? est-ce au contraire une décision contentieuse? La qualification, nous le savons, emporte des conséquences graves, au point de vue des voies de recours. Déjà
nous avons touché incidemment cette question, dans le
chapitre précédent, à l'occasion des ordonnances sur requête,
mais il convient, cette fois, d'entrer dans des explications
plus détaillées.

Après s'être partagée entre deux opinions bien tranchées,
dont l'une soutenait le caractère purement discrétionnaire
de l'ordonnance et dont l'autre maintenait à l'ordonnance
le caractère d'une décision contentieuse, la jurisprudence
avait fini, sous l'influence de la Cour de cassation, par s'arrêter à un système intermédiaire. Elle fit désormais dépendre
la nature de l'ordonnance de l'existence ou de la non-exis-

tence d'un débat établi devant le président du tribunal, la considérant comme gracieuse s'il n'y avait eu aucune contestation devant ce magistrat, comme contentieuse si une discussion s'était engagée entre les parties.

Cette conciliation entre deux doctrines absolues avait été établie par l'arrêt de la Cour suprême du 15 février 1859 (Sirey, 1859, 1, 201). Ce terme moyen a été, depuis, quelque peu exagéré par la Cour d'Aix dans un arrêt du 13 janvier 1873 (Sirey, 1873, 2, 11). Cette dernière Cour, en effet, étend à l'ordonnance rendue par défaut la solution consacrée par la Cour de cassation et, par cela seul que l'ordonnance a été rendue par défaut, elle la considère comme étant purement gracieuse et non susceptible d'appel.

Une autre distinction n'a pas tardé à s'introduire dans la jurisprudence. Nous en trouvons la trace dans un arrêt de la Cour de Paris du 1ᵉʳ février 1864 (Sirey. 1865, 2, 96) :

« Considérant, dit la Cour, que l'indication d'une rési-
« dence séparée pour la femme demanderesse en séparation
« de corps, déférée à la juridiction du président du tribunal,
« n'est pas susceptible d'appel, *dans les cas ordinaires et quand*
« *la femme est autorisée à quitter le domicile conjvgal, mais*
« *qu'il en est autrement lorsque c'est le domicile conjugal qui*
« *est abandonné à la femme à l'exclusion du mari ; que, dans*
« *cette circonstance, la revendication par le mari de son droit,*
« *comme chef de la communauté, a un caractère de gravité dont*
« *la solution tranche un véritable litige et dont l'appel est à bon*
« *droit porté devant la Cour...* »

C'est là une nuance nouvelle et importante : un débat ne suffirait plus pour imprimer à l'ordonnance un caractère contentieux, si l'indication de la résidence a eu lieu dans les conditions ordinaires ; l'ordonnance ne revêtirait ce caractère qu'autant qu'elle assignerait à la femme une résidence exceptionnelle et contraire au droit commun.

L'honorable M. Bertin, aux nᵒˢ 716 et suivants de son traité, a repris l'examen de cette question, dont il expose avec soin les précédents.

Les idées exprimées par le savant jurisconsulte me paraissent parfaitement justes et, sauf un point particulier que je crois devoir préciser plus qu'il ne l'a fait, je les adopte pleinement.

Nul doute que la première ordonnance, rendue sur requête, n'appartienne à la juridiction discrétionnaire. Que se passe-t-il ensuite? Les parties sont citées à comparaître devant le président du tribunal qui essayera de les rapprocher. Ce rôle de conciliateur n'a évidemment rien de commun avec la mission d'un juge prononçant au contentieux. — Les efforts du président auront réussi à opérer un rapprochement ou ils seront demeurés impuissants; dans ce dernier cas, le magistrat constatera qu'il n'a pu concilier les parties et les renverra à se pourvoir au principal, en autorisant la femme à procéder sur la demande en séparation de corps. — Jusque-là, je n'aperçois aucune trace de décision contentieuse : il y a seulement un procès-verbal constatant la non-conciliation des parties, le renvoi de la demande principale à la juridiction compétente et l'autorisation donnée à la femme d'ester en justice. Le président du tribunal n'a rien décidé, même provisoirement, et j'en conclus que l'ordonnance, qui se borne à ces points, appartenant à la juridiction discrétionnatre, ne serait pas susceptible d'appel. Quel pourrait être, en effet, en pareille occurrence, le rôle de la Cour? Elle n'a pas reçu la mission de renouveler la tentative de conciliation; elle ne saurait non plus retirer à la femme une autorisation nécessaire pour que l'instance en séparation de corps puisse suivre son cours. Quel serait donc le but de l'appel?

L'ordonnance du président, qui autorise la femme à procéder sur la demande en séparation de corps, est donc, de sa nature, discrétionnaire, mais c'est à la condition de rester dans les termes prévus par la loi. Si, au contraire, le président refusait ou ajournait à plusieurs mois l'autorisation demandée, il sortirait alors de son rôle, commettrait un excès de pouvoir, et son ordonnance, changeant de nature, deviendrait une véritable décision contentieuse, puisqu'elle fermerait ainsi l'accès du tribunal pour l'instance principale; elle serait donc susceptible d'appel. C'est la doctrine que nous avons précédemment soutenue avec un arrêt de la Cour de Paris du 26 mai 1869 (Sirey, 1869, 2, 206).

L'autorisation est le prélude obligé de l'instance en séparation de corps. Dès que ce préalable a été rempli, c'est alors que se produisent des intérêts urgents, qui sollicitent

des mesures immédiates, prises le plus souvent dans l'ordonnance même qui accorde l'autorisation. — La femme,
qui habite avec son mari, demande à avoir une résidence
séparée; elle réclame la remise de ses effets personnels, la
garde momentanée des enfants, des secours alimentaires,
d'autres mesures conservatoires. — La décision, qui interviendra sur toutes ces demandes, est et ne peut être qu'une
ordonnance de référé. Il y a à cela un motif péremptoire,
c'est que l'ordonnance a été précédée d'une citation destinée
à provoquer un débat contradictoire.

C'est là le trait vraiment distinctif, et toutes les autres
distinctions, imaginées par la jurisprudence, ne sont que
chimériques. Le silence de l'une des parties, sa non-compa-
rution, l'indication d'une résidence plus ou moins normale,
ne sauraient servir à caractériser la décision. Ne serait-il pas
étrange que ces circonstances, partout ailleurs indifférentes,
exerçassent ici une influence prépondérante? La nature de la
demande, la forme dans laquelle elle a été introduite, voilà
les conditions qui déterminent d'ordinaire le caractère d'une
décision; or nous trouvons précisément ici les conditions
constitutives de l'ordonnance de référé, c'est-à-dire une citation, un intérêt urgent et une mesure provisoire.

Qu'importe que le mari s'en soit remis à la prudence du
président? Cette attitude, prise par un justiciable devant un
tribunal ordinaire, empêche-t elle que la décision intervenue
ne soit un jugement et que ce jugement, s'il est en premier
ressort, ne puisse être frappé d'appel?

Qu'importe encore que le mari n'ait pas comparu? La
même situation, devant les tribunaux, a-t-elle jamais déna-
turé les décisions qu'ils rendent et entraîné contre le non-
comparant, dont l'absence peut avoir les motifs les plus
légitimes, la déchéance de l'appel?

Qu'importe enfin telle ou telle désignation de résidence?
Le mari ne peut-il pas avoir à proposer, contre celle qui a
été fixée, quelle qu'elle soit, des objections sérieuses qui, re-
poussées par le premier juge, auraient chances d'être accueil-
lies par la Cour?

Mais il est un moyen plus simple de démontrer l'exactitude de la thèse que je soutiens avec M. Bertin.

Prenons une autre hypothèse, qui présente avec la nôtre

une parfaite analogie : depuis qu'une résidence provisoire a été fixée à la femme, des circonstances sont survenues qui la rendent ou dangereuse ou impossible. Il faudra se pourvoir de nouveau devant le président du tribunal, non pas par requête, car les deux parties intéressées doivent être admises à faire entendre leurs observations, mais par assignation. L'ordonnance, qui interviendra, ne sera pas considérée, sans doute, comme une ordonnance sur requête : ce sera bien et dûment une ordonnance de référé, susceptible d'appel. Or je demanderai en quoi cette ordonnance diffère de la précédente.

Ne nous égarons donc pas dans des distinctions subtiles et, guidés plus sûrement par les règles ordinaires, appelons de leur nom, c'est-à-dire des ordonnances de référé, celles qu statuent, après citation, sur les mesures provisoires rendues nécessaires par l'instance en séparation de corps. Disons aussi que, comme telles, elles seront sujettes à appel, un cas excepté : lorsque les parties auront donné aux mesures prescrites un consentement formel constaté par l'ordonnance.

Nous sommes donc bien ici dans le domaine de la juridiction des référés. Recherchons maintenant dans quelles limites elle pourra s'exercer.

L'article 878 du Code de procédure indique deux mesures qui devront être prises : l'autorisation d'une résidence séparée accordée à la femme, la remise de ses effets personnels.

La résidence séparée est une nécessité qui dérive de la demande de séparation de corps : les époux sont désormais dans un état d'hostilité qui ne permet plus, sans de graves inconvénients, la cohabitation. C'est ce que constatait la Cour de Nancy, dans un arrêt du 17 août 1854 (Sirey, 1854, 2, 771) :

« Attendu que la réintégration au domicile conjugal serait
« en opposition manifeste avec les causes de la demande en
« séparation, telles que les sévices dont se plaint la femme,
« et, dans tous les cas, avec la loi qui consacre la faculté de
« quitter le domicile conjugal.,. »

Le président doit, autant que possible, fixer la résidence de la femme dans l'arrondissement habité par le mari, de manière à faciliter la surveillance de celui-ci. Il doit aussi, le plus souvent, maintenir le mari dans le domicile conjugal.

Mais ces règles ne sont pas absolues, et les circonstances peuvent motiver des dérogations.

La femme pourra être autorisée à sortir de l'arrondissement, si ses parents, chez lesquels elle veut se retirer, habitent hors de l'arrondissement : il n'est pas, pour elle, en général, de retraite plus sûre et plus honorable.

Ainsi encore, suivant les circonstances, le président du tribunal pourra, au lieu de désigner à la femme une résidence provisoire en dehors du domicile conjugal, l'autoriser à demeurer dans ce domicile et enjoindre au mari d'en sortir. Cette dernière mesure, néanmoins, doit demeurer exceptionnelle et n'être prise qu'au cas d'absolue nécessité : lorsque, par exemple, le domicile conjugal est le siége d'un établissement de commerce, géré et administré par la femme. La jurisprudence offre, sur ce point, des solutions diverses, mais non contradictoires, ainsi que le fait justement observer M. Bertin : la variété des décisions tient à la variété des circonstances.

Je me bornerai, à cet égard, à une citation unique : celle d'un arrêt de la Cour de Paris, en date du 1er février 1864 (Sirey, 1865, 2, 96), qui pose très-exactement le principe et en fait une judicieuse application :

« Considérant que le droit du mari, défendeur à la sépa-
« ration, de conserver le domicile conjugal, comme chef de
« la communauté, n'a rien d'absolu et que, selon la situation
« respective des époux et l'intérêt de la famille, ce domicile
« peut être abandonné à la femme; — Considérant, en fait,
« que Petit est ouvrier serrurier travaillant dans les ateliers
« d'autrui; qu'il n'a au domicile conjugal aucun établisse-
« ment professionnel; que sa résidence dans un garni, pen-
« dant le cours du procès, ne présente pas les dangers et les
« inconvénients qu'elle offrirait pour la dame Petit et le
« jeune enfant confié à sa garde; que, d'ailleurs, Petit a
« dans son travail des moyens d'existence; que cette res-
« source fait défaut à la femme Petit; qu'elle est surtout hors
« d'état de répondre aux charges d'un loyer et de l'installa-
« tion d'un ménage pour elle et pour son enfant; que, de
« plus, elle est propriétaire de l'immeuble dans lequel se
« trouve le domicile conjugal, circonstance qui, si elle n'est
« pas décisive quand elle est isolée, vient cependant à l'appui

« des autres raisons qui militent en faveur du maintien de.
« la mère de famille dans ce domicile... »

Les circonstances, qui ont déterminé le choix de la résidence assignée à la femme, peuvent changer. Il arrivera peutêtre que le mari ou la femme aient intérêt à demander la désignation d'une autre résidence. Le juge, naturellement indiqué au cas d'urgence, est le juge des référés qui statuera, après citation et après avoir entendu les explications des deux parties.

En autorisant la femme à résider hors du domicile conjugal, le président ordonnera que les effets à son usage journalier lui soient remis. Cette dernière mesure, qui ne saurait faire de difficulté bien sérieuse, sera étendue ou restreinte suivant la condition des parties et les circonstances. Le président de Belleyme dit très-bien sur ce point : « On peut,
« dans certains cas, accorder à la femme, non-seulement ses
« hardes et son lit, mais encore des objets mobiliers, soit
« ceux nécessaires à l'exercice de sa profession, un piano,
« des costumes, soit des objets de toilette et de luxe, selon
« la condition des parties. Cette disposition est abandonnée
« à la sagesse du juge, afin que la femme n'en abuse pas ou
« que le refus du mari ne soit trop rigoureux. »

La Cour de cassation, dans l'arrêt précité du 15 février 1859, a consacré cette latitude laissée aux magistrats :
« Attendu que les mesures accessoires ordonnées par
« l'arrêt (il s'agissait de la remise d'une partie du mobilier),
« sont essentiellement provisoires, ne préjudicient nulle-
« ment au principal et ne sont que la conséquence de la
« fixation de la résidence de la femme dans un autre lieu
« que celui de sa demeure habituelle ; qu'en les prescrivant,
« les juges d'appel n'ont pas dépassé les limites du pouvoir
« attribué au premier juge par l'article 878 du Code de pro-
« cédure civile... »

Le juge des référés n'a-t il, en cette matière, d'autre pouvoir que de fixer la résidence de la femme et de déterminer les effets qui doivent lui être remis ? Notamment doit-il s'abstenir de statuer, même provisoirement, sur la garde des enfants ? Des auteurs l'ont soutenu et des Cours l'ont jugé : les uns et les autres invoquent les termes restrictifs de l'article 878 du Code de procédure.

Cette argumentation a décidé la Cour de Dijon. Dans un arrêt du 28 décembre 1859 (Sirey, 1860, 2, 271), elle s'exprime ainsi :

« Considérant que l'article 878 du Code de procédure ne « fait aucune mention des enfants et ne renferme aucune « disposition, dans laquelle on puisse trouver même le « germe d'une autorisation, pour le président du tribunal, « de statuer sur la garde provisoire desdits enfants ; — Que « le droit de statuer à cet égard reste exclusivement réservé « à la juridiction ordinaire, aussi bien que sur les demandes « en simples provisions, conformément à la disposition finale « du même article 878 ; — Que l'ordonnance dont est appel « doit donc, de ce chef, être annulée, la surveillance du père « de famille demeurant maintenue de plein droit, tant qu'il « n'en aura pas été autrement et régulièrement ordonné... »

Si cette doctrine était absolument vraie, elle serait souvent désastreuse dans ses conséquences. Il faudrait donc, au moment où une femme ulcérée par l'inconduite de son mari est autorisée à quitter le domicile conjugal, arracher de son sein l'enfant qu'elle allaite, livrer à un débauché d'innocentes jeunes filles. Comment imposer au cœur d'une mère et à son inquiète sollicitude de si amers sacrifices? On veut qu'elle attende la décision du tribunal ; mais, avant qu'elle l'obtienne, un mal irréparable peut être causé...

Une pareille jurisprudence est évidemment en défaut. Elle se renferme étroitement dans le cercle de l'article 878, mais elle oublie la disposition de l'article 806, qui a conféré au juge des référés une compétence générale pour tous les cas d'urgence. Est-il une situation, plus urgente et plus digne d'intérêt, que celle d'une mère qui cherche à couvrir de sa tendresse de jeunes enfants menacés?

Les Cours de Grenoble et d'Orléans ont été, à mon avis, bien mieux inspirées, et, en reconnaissant dans ce cas la compétence du juge des référés, elles ont consacré une solution à la fois plus équitable et plus juridique.

Dans son arrêt du 2 mai 1864 (Sirey, 1864, 2, 296), la Cour de Grenoble pose incidemment, mais très-nettement, le principe :

« Attendu que le président du tribunal peut sans doute « être appelé, en cas d'urgence et pour des motifs graves, à

« ordonner qu'un ou plusieurs des enfants resteront à la
« garde de leur mère, qui peut être autorisée à quitter le
« domicile conjugal;... »

Seulement la Cour de Grenoble, se méprenant sur le caractère de l'ordonnance rendue par le président en vertu de
l'article 878 du Code de procédure, exige qu'on suive une
procédure spéciale et qu'on assigne devant le juge des référés. L'exigence est bizarre, car les parties, devant le président du tribunal, sont précisément devant le juge ordinaire
des référés, et quant à la citation, elle a eu lieu également
en vertu de l'ordonnance sur requête. Je ne saurais donc
m'expliquer cette sorte de double emploi : les parties se
trouvant déjà dans la situation où l'on veut les mettre, ce
serait, indépendamment des frais, la perte d'un temps précieux.

Nous sommes fixé désormais sur la question de procédure :
ne retenons donc que le principe formulé par la Cour de
Grenoble.

L'arrêt, du 1er mai 1869 (Sirey, 1870, 2, 13), de la Cour
d'Orléans, est plus explicite encore :

« En ce qui touche l'exception d'incompétence élevée
« contre l'ordonnance rendue, par le président du tribunal
« de Tours, le 11 mars 1869 :

« Considérant que le droit conféré au président du tribu-
« nal, par l'article 878 du Code de procédure, ne met pas
« obstacle à celui qui lui est attribué par les articles 806 et
« suivants du même Code, en cas de référé; — Considérant
« qu'il y a lieu à référé, dans tous les cas d'urgence, ou lors-
« qu'il s'agit de statuer provisoirement sur les difficultés
« relatives à l'exécution d'un jugement; qu'alors même
« qu'une première ordonnance a été obtenue, de nouvelles
« circonstances peuvent, sur le même fait, rendre néces-
« saire une seconde intervention du président, comme juge
« de référé, lorsqu'il y a urgence; — Que, dans l'espèce,
« l'absence de la dame Genet, après une ordonnance du pré-
« sident qui avait fixé sa résidence chez le sieur Audussort,
« rue Saint-Étienne, à Tours, justifiait le référé, et qu'à la
« question de résidence de la femme se joignait également
« celle de la garde des enfants; que l'une et l'autre rentraient
« dans les attributions du président; — Qu'à la vérité, l'in-

« stance en séparation de corps était introduite, mais qu'au
« cours même d'une instance, il peut y avoir lieu à porter
« devant le président, à l'état de référé, les questions qui en
« dépendent, lorsqu'elles réclament une solution urgente;
« que tel est précisément le but du référé; que, dès lors,
« l'ordonnance rendue par le président du tribunal de Tours
« a été compétemment rendue... »

Le président du tribunal ne peut allouer à la femme une
provision dans le cours du procès : l'article 878 du Code de
procédure a expressément réservé cette question au tribunal. Cependant, comme il doit s'écouler un temps assez long
pour que le tribunal soit en mesure de statuer sur la provision et qu'il faut que la femme puisse vivre jusque-là, j'admettrais que le président ordonnât la remise d'une somme
destinée à subvenir aux premiers besoins. On pourrait considérer, sans trop forcer le sens des mots, que ce secours
alimentaire rentre dans la remise des choses nécessaires à la
femme.

Le président peut enfin, comme juge de référé, ordonner
des mesures conservatoires, pour la sauvegarde des intérêts
matériels de la femme. Si le mari est un dissipateur, si ses
affaires sont en désordre, le président pourra nommer un
séquestre, quelquefois même autoriser une saisie-arrêt à la
requête de la femme.

Dans cet ordre d'idées, M. Bertin fait remarquer, avec
beaucoup de raison, que l'intervention d'un juge est nécessaire pour apprécier l'opportunité des mesures demandées
et pour les restreindre aux exigences de la situation. Il soutient notamment que la femme ne saurait d'office, en vertu
de l'article 270 du Code civil, faire couvrir de scellés les
biens dépendant de la communauté. Cette faculté, laissée
sans contrôle à la femme, pourrait devenir, entre les mains
d'une épouse irritée, un instrument de vengeance, un moyen
de vexation, qui jetterait le trouble et l'embarras dans l'administration du mari, fût-elle la plus régulière. C'est assurément rester fidèle à l'esprit d'une législation, qui a soumis à
l'autorisation d'un magistrat, même la remise de simples
hardes, que d'exiger son intervention pour un acte aussi
grave que l'apposition des scellés sur les biens de la communauté.

C *Difficultés relatives aux sépultures et inhumations.*

J'éprouverais quelque embarras s'il me fallait expliquer, par des transitions, comment je passe successivement d'une matière à une autre, qui peut paraître si différente. Je répéterai seulement que je parcours un grand nombre d'hypothèses, afin de mieux faire connaître, par ses applications, la juridiction des référés. C'est toujours le même sujet que j'étudie et, malgré leur diversité, les exemples que je choisis ont entre eux ce lien commun : l'urgence qui nécessite une mesure rapide et souvent immédiate.

Les sépultures donnent lieu quelquefois à des conflits qui, prenant leur source dans les sentiments les plus intimes, mettent cependant aux prises les membres d'une même famille. On voit alors éclater, par exemple, un dissentiment entre un époux survivant et une mère, qui se disputent la triste et suprême consolation de disposer des restes mortels de la femme, de la fille, que la mort leur a ravie. De ces deux revendications, laquelle doit l'emporter? C'est là une question difficile, qui a divisé, on le sait, la doctrine et la jurisprudence.

Deux systèmes ont été soutenus, tous les deux appuyés sur de graves raisons : l'un qui fait prévaloir le droit du mari, l'autre qui consacre de préférence celui des ascendants. On peut consulter, sur ce point, entre beaucoup d'autres. deux arrêts remarquables de la Cour de Bastia (17 juillet 1865, Sirey, 1866, 2, 73) et de la Cour de Nancy (14 août 1869, Sirey, 1870, 2, 6).

Si la question se posait d'une manière abstraite et en termes absolus, il faudrait, je crois, la résoudre en faveur du mari. La Cour de Nancy a développé cette opinion en des termes aussi justes qu'élevés :

« Attendu que, quelque respectable que puisse être le
« droit de la mère, il se trouve primé par celui du mari qui,
« dans l'état de nos mœurs et sous l'empire d'une législation
« essentiellement spiritualiste, participe de l'indissolubilité
« du lien conjugal; — Qu'on ne comprendrait pas que ce
« lien, réputé indissoluble pendant la vie, perdît au décès
« toute sa puissance, pour rendre en quelque sorte étran-

« gers l'un à l'autre ceux que la nature, la religion et la loi
« avaient étroitement unis; — Qu'en consentant au mariage
« de sa fille, la mère abdique ses droits personnels au profit
« de son gendre; — Que, d'un autre côté, en acceptant ou
« choisissant celui qui va devenir son époux, la fille ne s'o-
« blige pas seulement à l'aimer plus que sa mère, à l'hono-
« rer, sinon comme un maître, comme un protecteur,
« comme un appui, comme un guide, et à l'aider toujours
« dans la mesure de ses ressources, de ses aptitudes et de
« ses forces; qu'elle s'oblige encore à n'avoir plus d'autre
« domicile que le sien, et que cette obligation de le suivre
« partout où il voudra se rendre, implique l'idée nécessaire
« qu'il reste le maître de déterminer le lieu de sa sépulture,
« puisque le lieu de la sépulture est ordinairement celui du
« décès et le lieu du décès celui du domicile du mari... »

Cependant le droit du mari sur les restes mortels de sa
femme n'est pas absolu et, par respect même pour la cendre
des morts, la jurisprudence y a apporté de sages restric-
tions.

Ce n'est pas le cas d'entrer plus avant dans le fond du
droit, puisqu'il s'agit d'une question principale, dont la solution définitive dépasse bien évidemment les pouvoirs du juge
des référés. Mais, en attendant que les tribunaux compétents
décident quel sera le tombeau où reposeront les restes du
défunt, il peut devenir nécessaire de trancher, provisoirement au moins, le conflit s'élevant au moment des obsèques.
La situation alors présentera une urgence qui déterminera
la compétence du juge des référés.

Sans vouloir poser des règles absolues, en une matière
qui ne les comporte guère, on peut cependant proposer les
solutions suivantes :

Si la personne décédée a laissé un testament, dans lequel
elle a fixé le lieu de sa sépulture, je pense que le juge des
référés doit assurer l'exécution de cette volonté dernière.

En l'absence de dispositions testamentaires, et au cas de
dissentiment entre les membres de la famille, s'il existe au
cimetière de la ville un dépositoire, c'est-à-dire un lieu de
sépulture provisoire, le juge des référés pourrait ordonner
que le corps du défunt y fût déposé jusqu'à la solution du
litige par le tribunal compétent.

S'il n'y a pas de dépositoire, le juge des référés, prononçant provisoirement en faveur de l'un des membres de la famille, ordonnera l'inhumation, sauf aux autres intéressés à obtenir ultérieurement du tribunal, saisi de l'action principale, l'autorisation de faire procéder à l'exhumation et de transporter les dépouilles dans un autre lieu.

Le conflit que j'ai supposé a pour mobile, du moins, des sentiments de piété honorables, bien qu'exclusifs. En dehors de cette hypothèse, il en est une autre, plus fâcheuse, qui est devenue, hélas! une des tristesses de notre temps. Par un singulier et douloureux contraste, en même temps que les progrès de la science, qui devraient faire éclater les merveilles de la Providence, il nous faut constater le courant d'une doctrine matérialiste, qui cherche à étouffer les plus nobles aspirations de notre être. Cette lutte est même affaire de parti : or les partis ne respectent rien, et il en est qui poursuivent, jusque dans la mort, l'occasion des plus déplorables manifestations : je veux parler de ce qu'on appelle les enterrements civils.

Quand une famille est d'accord pour écarter, de la tombe de l'un des siens, le cérémonial si touchant des prières du culte, il n'y a pour l'autorité qu'un devoir : empêcher que le droit de l'un ne blesse le droit de tous. Qu'on laisse donc passer ce triste convoi, mais que, ni par l'heure des obsèques, ni par le bruyant déploiement de son cortége, il ne puisse devenir un outrage aux croyances du plus grand nombre. La justice n'a aucun rôle à remplir dans cette circonstance.

Mais il se peut qu'à côté d'un mari, qui cède à d'odieuses suggestions, se trouvent un père et une mère, qui se révoltent contre la violence ainsi faite, non-seulement à leurs propres sentiments, mais encore à ceux bien connus de la fille qu'ils ont perdue. Et, quand une pareille profanation se prépare, est-ce que ces malheureux parents devront dévorer leurs larmes en silence et laisser s'accomplir une œuvre impie? La justice, Dieu merci, n'est pas condamnée à cette impuissance, et c'est au juge des référés qu'il appartiendra de prévenir ce scandale. Jamais peut-être l'intervention de ce magistrat ne sera apparue avec un caractère plus tutélaire. Il fera respecter la volonté du défunt, exprimée, ou par un acte testamentaire, ou par les habitudes de toute sa vie : c'est là le principe prédominant.

M. le président du tribunal de Lille a eu l'honneur d'inaugurer une jurisprudence, qui consacre la plus précieuse de nos libertés : la liberté de conscience.

Nous trouvons, dans la *Gazette des tribunaux* du 14 novembre 1873, une ordonnance, aussi sage que ferme, rendue par cet honorable magistrat :

« Au principal, renvoyons les parties à se pourvoir ; — Au « provisoire, attendu que la puissance maritale ne donne « aucun pouvoir au mari, en ce qui concerne les croyances « et les pratiques religieuses de la femme ; — Que, d'ailleurs, « le décès de celle-ci met fin à cette puissance ; — Attendu « que Flore Thomas, femme Trannoy, appartient au culte « catholique ; qu'il n'est pas établi qu'elle ait manifesté, « avant de mourir, la volonté d'être enterrée sans les prières « et les cérémonies de la religion ; — Qu'il y a lieu de faire « droit à la demande de sa famille, et notamment de ses « père et mère ; — Autorisons les demandeurs à faire pro- « céder à l'enterrement de la femme Trannoy avec le con- « cours des ministres du culte catholique, les autorisons à « se faire prêter main-forte par tous commissaires de police « et agents de la force publique... »

Cette matière a récemment inspiré à un jurisconsulte, M. Léon Roux, un livre excellent, plein de science et d'élévation. C'est, en même temps qu'une thèse de droit, une étude intéressante d'un bien triste côté de nos mœurs contemporaines : on y verra, par des faits irrécusables, le ravage que peuvent faire les mauvaises doctrines, quand elles descendent dans certaines couches sociales.

D. *Inconvénients du voisinage.*

Avec le titre que nous venons d'inscrire, nous rentrons dans l'ordre des intérêts matériels.

La coexistence des hommes, dans les divers centres d'habitation, est une nécessité sociale ; elle mêle à de grands avantages quelques inconvénients inévitables. Chacun est ainsi appelé à faire, dans un intérêt général, des sacrifices, et à se résigner, pour le plus grand bien de tous et pour le sien propre, à certaines incommodités. C'est ce qu'on est convenu de nommer, dans la doctrine et la jurisprudence, les *inconvénients du voisinage.*

Cette matière est féconde en difficultés, car si le principe est certain, les applications sont souvent fort délicates. Le conflit, d'ordinaire, s'élèvera entre la propriété et l'industrie, toutes les deux jalouses de leurs droits et portées à les exagérer.

La question, qui naîtra de ces prétentions rivales, est évidemment principale au fond, et il ne saurait appartenir au juge des référés de fixer définitivement les limites dans lesquelles s'exerce le droit de chacun. Mais cette lutte peut faire surgir des intérêts urgents, qui sollicitent des mesures immédiates, soit pour faire des constatations nécessaires, soit pour prévenir un dommage imminent. Le juge des référés sera compétent pour prescrire ces constatations ou pour ordonner ces mesures préventives : en cela il ne préjudiciera aucunement au principal. Si donc un propriétaire, voisin d'un établissement industriel, se plaint que son immeuble est inondé par des eaux corrompues, ou envahi par une fumée insupportable ou par des exhalaisons malsaines, le président, statuant en référé, pourra ordonner une constatation par expert, en chargeant au besoin celui-ci d'indiquer les moyens propres à remédier aux inconvénients. Si l'expertise vient à justifier les griefs du propriétaire, le juge des référés pourra même, en cas d'extrême urgence, prescrire certains travaux provisoires pour prévenir ou arrêter le dommage, en renvoyant les parties à se pourvoir au principal pour la question du fond.

Le signe le plus certain de l'incompétence du juge des référés, c'est l'inefficacité de l'ordonnance qu'on sollicite de lui. Le président de Belleyme, avec sa sagacité habituelle, en a souvent fait la remarque : c'est donc un excellent criterium.

Je citerai, à cet égard, un exemple emprunté à nos mœurs contemporaines.

Deux pianistes, se relevant tour à tour, se livraient sans trêve ni relâche, dès l'aube et jusqu'à une heure avancée de la nuit, à des études musicales qui troublaient le repos de leurs voisins. L'un de ces derniers, n'y pouvant tenir, s'adressa au président du tribunal, qui rendit l'ordonnance suivante (*Gazette des tribunaux* du 9 avril 1873) :

« Attendu qu'il y a urgence à réprimer un abus qui excède « ce que l'on est habituellement tenu de tolérer en matière « de bon voisinage ; — Faisons défenses à la veuve Chaises de, « par elle ou par sa fille, se livrer à l'exercice du piano ayant « dix heures du matin et après dix heures du soir, et encore « à la charge d'interrompre au moins pendant deux heures « au cours de la journée ; et disons qu'en cas de contraven- « tion constatée à cette injonction, elle y sera contrainte par « telles voies que de droit, nous réservant de statuer de « nouveau à cet égard, s'il y a lieu, ce qui sera exécutoire « par provision nonobstant appel... »

J'aime à croire que les dames Chaises se seront respec- tueusement conformées à une ordonnance, qui faisait, d'ail- leurs, à leurs études une assez belle part. Mais enfin, si elles avaient été moins bien inspirées, je ne comprends pas trop comment elles eussent pu être contraintes, à moins d'ad- mettre une coercition personnelle. Le commissaire de police serait-il donc venu les arracher provisoirement de leur piano ? Il faut voir les choses jusqu'au bout, et cette extré- mité est à considérer. J'inclinerais, pour ma part, à penser que le juge des référés était sorti des limites de sa com- pétence en rendant une ordonnance inexécutable et, par suite, destinée à rester sans sanction. Le tribunal seul, par une condamnation à des dommages-intérêts, aurait pu ré- primer efficacement cet abus du voisinage.

E. Séquestre[1].

La nomination d'un séquestre est une mesure provisoire, qui ne fait pas ordinairement préjudice au principal et qui, dans les cas d'urgence, rentre dans la compétence du juge des référés.

Citons, sur ce point, quelques décisions de jurisprudence :

Le président du tribunal de la Seine a ordonné cette me- sure dans les circonstances suivantes :

« Considérant que M. Schiller, actionnaire et créancier

---

[1] Voir M. Bertin, *Des référés*, nᵒˢ 994 et suiv.

« du journal *le Rappel*, appartenant à la société Barbieux
« et Cie, lequel a cessé de paraître depuis mai 1871, articule
« que les rédacteurs et le gérant ont quitté Paris, et que des
« dispositions seraient prises pour transporter à Londres
« l'exploitation de ce journal; — Considérant qu'il a intérêt
« à empêcher la disparition des fonds, valeurs et mobilier
« dépendant de la société Barbieux et Cie, et sur lesquels il
« a un droit de propriété et de créance; — Considérant, au
« surplus, que, par suite d'oppositions pratiquées, lesdits
« fonds, valeurs et mobilier, sont choses litigieuses; — Par
« ces motifs, nomme le sieur Aycard, séquestre judiciaire, à
« la charge de payer les dettes privilégiées et de rendre
« compte quand et à qui il appartiendra. » (*Gazette des tribunaux* du 11 août 1871.)

Voici une autre espèce rapportée par la *Gazette des tribunaux* du 11 février 1875 :

Une jeune fille mineure, de mœurs équivoques, détenait
des valeurs importantes. Son père, invoquant sa qualité
d'administrateur légal des biens de sa fille, les fait saisir : la
mère, qui était en instance pour faire enlever à son mari
l'administration légale des biens de sa fille, se pourvoit en
référé et demande la nomination d'un séquestre.

Le juge des référés statua en ces termes :

« Considérant que la mère a été autorisée, par jugement
« du 23 janvier 1875, à ester en justice sur une demande
« tendant, sinon à déchéance, du moins à restriction des
« droits d'administration légale que son mari tient de l'ar-
« ticle 389 du Code civil, et que cette autorisation implique
« la faculté de procéder aux actes conservatoires qui ten-
« draient à assurer, en cas de succès de la demande, l'effica-
« cité de la décision du tribunal; — Considérant, d'ailleurs,
« que les droits de l'administrateur légal étant mis en ques-
« tion, la possession des objets, auxquels s'appliquait cette
« administration légale, est, par cela même, litigieuse; —
« Décide qu'il y a lieu, conformément à l'article 1961 du
« Code civil, d'ordonner le séquestre des titres, valeurs et
« bijoux saisis au domicile de la demoiselle Jeanne; nom-
« mons M. Grandjean séquestre, à l'effet de les faire remettre
« par l'huissier Lagorce et d'en demeurer comptable envers
« qui de droit; autorisons ledit séquestre à toucher, au fur

« et à mesure de leurs échéances, les coupons des obligations
« de la ville de Paris, etc., etc. »

Dans une affaire, qui a fait beaucoup de bruit dans le monde
judiciaire, les sieurs Oudin et Philippart avaient saisi le tribunal de commerce de plusieurs demandes, relatives à la
validité de délibérations prises par l'assemblée générale des
actionnaires du Crédit mobilier.

Oudin, pensant ainsi prévenir l'émission d'actions de priorité, introduisit un référé pour obtenir la nomination d'un
séquestre.

Le président du tribunal de la Seine rendit l'ordonnance
suivante (*Gazette des tribunaux* du 19 mars 1875) :

« Sur l'urgence :

« Attendu qu'une double instance a été engagée devant le
« tribunal de commerce, et que Philippart et autres, devançant
« le jour de l'assignation d'Oudin, ont eux-mêmes introduit
« une demande afin de faire statuer dans un bref délai; —
« Que, d'ailleurs, l'émission des actions de priorité, qu'Oudin
« prétend aujourd'hui empêcher, est en cours depuis le 6 mars
« présent mois; qu'il n'existe pas en réalité d'urgence;

« Sur le séquestre :

« Attendu que la mission d'un séquestre suppose néces-
« sairement la détention, la conservation et la garde, par ce
« mandataire de justice, d'objets, deniers ou valeurs dont la
« propriété ou possession sont litigieuses, ce qui manque
« dans l'espèce qui nous est soumise par Oudin; qu'en effet,
« sa demande tend seulement, en fait, à obtenir la suspen-
« sion de l'émission, par la société du Crédit mobilier, d'ac-
« tions de priorité qu'il critique et lui dénie le droit d'é-
« mettre; — Qu'il ne nous appartient pas d'autoriser une
« semblable mesure; qu'à défaut de sanction immédiate,
« notre ordonnance serait sans effet et que de simples dé-
« fenses, faites par Oudin à qui de droit, suffisent provisoi-
« rement pour réserver sa prétention au fond; — Disons qu'il
« n'y a lieu, en l'état, à nomination de séquestre et à référé.

On voit, par les applications qui précèdent, les principes
qui doivent guider, en cette matière, le juge des référés.

L'abus peut se glisser partout, et bien que la nomination
d'un séquestre soit en général une mesure purement conservatoire, ne préjudiciant pas au principal, le contraire

cependant peut arriver quelquefois. La jurisprudence nous
en offre un exemple remarquable.

Un sieur L..., notaire, était tombé en déconfiture. Dans
cette situation, le président du tribunal de Lyon, statuant en
référé, avait cru pouvoir rendre l'ordonnance suivante :

« Considérant qu'il importe, dans l'intérêt du sieur L...,
« comme dans celui de tous les créanciers, de prendre une
« mesure absolue, qui ait pour résultat de faire rentrer, avec
« le moins de frais possible, les éléments de son actif, d'en
« assurer une régulière répartition entre tous les ayants droit ;
« que des poursuites individuelles multipliées auraient pour
« résultat inévitable de dévorer en frais judiciaires une grande
« partie de l'actif, et que c'est le cas de nommer un sé-
« questre ;

« Par ces motifs :

« Au principal, renvoyons les parties à se pourvoir ; par
« provision, toutes poursuites individuelles demeurant sus-
« pendues, disons et ordonnons que maître D..., avoué à
« Lyon, est nommé séquestre judiciaire, à l'effet de recou-
« vrer dans l'intérêt de tous les différentes créances énon-
« cées par le sieur L... et faisant partie de son actif actuel,
« ensemble toutes celles qui seraient ultérieurement indi-
« quées audit séquestre, soit par L..., soit par ses créanciers
« eux-mêmes, et en faire la répartition entre lesdits créan-
« ciers, au fur et à mesure du recouvrement, selon leurs
« droits respectifs ; réserve à tous les créanciers le droit de
« contester et de discuter entre eux leurs prétentions res-
« pectives ; ordonne toutefois que, sur toutes difficultés à
« survenir, il nous en sera référé, sauf, s'il y a lieu, le renvoi
« au fond devant les tribunaux ; — Autorisons Me D... à
« faire et exercer en son nom toutes poursuites nécessaires,
« à produire dans tous ordres, contributions, donner main-
« levée de toutes saisies-arrêts ou inscriptions avec ou sans
« payement, passer toutes quittances ou décharges ; donner
« tous mandats et procurations ; entendre, débattre, clore
« ou arrêter tous comptes, en recevoir ou payer le reliquat ;
« faire toutes recettes et dépenses ; accorder termes et délais ;
« plaider. s'opposer, transiger en tout état de cause et faire,
« en un mot, au nom du sieur L... et dans la plus grande
« latitude, tout ce que ce dernier aurait pu faire pour le

« recouvrement de son actif; — Ordonne qu'il sera fait une
« répartition, toutes les fois que les sommes en caisse atteindront le chiffre de 4,000 francs... »

La Cour de Lyon, frappée de la hardiesse d'une ordonnance sans précédent, en avait atténué les dispositions les plus graves, mais elle avait maintenu la nomination du séquestre, en conservant à ce dernier le pouvoir de recouvrer les créances et de faire des répartitions, nonobstant les poursuites individuelles des créanciers.

Par un arrêt du 17 janvier 1855 (Sirey, 1855, 1, 97), la Cour suprême n'a pas hésité à casser une décision dont les louables intentions ne suffisaient pas à effacer la témérité :

« Vu les articles 1961, 2093 du Code civil, 557, 656 et 609
« du Code de procédure ; — Attendu que la déconfiture, à la
« différence de la faillite, ne dessaisit pas le débiteur de ses
« biens et n'enlève pas aux créanciers le droit individuel de
« le poursuivre; que les créanciers ne sauraient sans leur
« consentement être dépouillés de ce droit par les tribunaux,
« ni assujettis à l'accomplissement, pour son exercice,
« d'autres formalités que celles tracées par la loi; — Attendu
« que le séquestre judiciaire a pour but unique la conserva-
« tion, soit d'une chose litigieuse, soit d'une chose affectée
« à la garantie des obligations du débiteur; que le séquestre
« peut bien autoriser le tiers qui en est chargé à faire tous
« les actes d'administration nécessaires à la conservation de
« la chose mise en séquestre, mais que cette mesure ne sau-
« rait empêcher le créancier d'exercer, même sur cette
« chose, son droit de poursuite dans les formes tracées par
« la loi; — Que, si ces principes d'ordre public lient le juge,
« prononçant au principal, dans toute la plénitude de sa
« juridiction. à plus forte raison le juge de référé, statuant
« d'urgence et sans jamais préjudicier au principal, ne peut-
« il y porter atteinte par des mesures qualifiées à tort de
« provisoires, mais en réalité définitives, lesquelles abou-
« tissent à la suppression du droit d'action que tout créan-
« cier tient de son titre et de la loi; — D'où il suit que la
« Cour de Lyon, en nommant D... séquestre judiciaire des
« biens de L..., avec mission de recouvrer seul tout l'actif
« de ce débiteur, de faire seul la répartition entre ses divers
« créanciers, toutes les fois que les sommes s'élèveraient à

« 4,000 francs et au delà, à la charge d'en rendre compte à
« qui de droit, en déclarant désormais les créanciers, qui
« avaient dirigé ou se proposeraient de diriger des poursuites
« contre L..., passibles des frais des procédures qu'ils pour-
« ront faire, a commis un excès de pouvoirs, violé les règles
« de sa compétence écrites dans l'article 809 du Code de
« procédure, faussement appliqué l'article 1961, violé l'ar-
« ticle 2093 et les articles 557 et 656 du Code de procédure;
« — Casse. »

L'arrêt est sans réplique, et l'excès de pouvoir, réprimé
par la Cour suprême, ne paraît pas s'être reproduit. On
trouve, au contraire, à la date du 26 janvier 1871 (Sirey,
1871, 2, 11), un arrêt de la Cour de Lyon qui, dans une
espèce analogue, mais moins grave, s'est rangé à la doctrine
de la Cour de cassation[1].

F. Constais.

Dans une infinité de circonstances, le juge des référés est
appelé à ordonner des constatations préalables ou vérifications par experts, soit pour prévenir un dommage imminent,
soit pour prescrire des travaux urgents, soit même pour empêcher le dépérissement de certaines preuves. Le caractère
provisoire de cette mesure et sa légitimité ne sont guère contestables : cependant, même en cette matière, il peut se rencontrer des difficultés assez graves.

La principale consiste à distinguer exactement le domaine
des matières civiles de celui des matières administratives.
Déjà, dans un paragraphe précédent, nous avons essayé d'é-
tablir que la règle de la séparation des pouvoirs s'imposait
au juge des référés comme à toutes les autres juridictions
civiles. Celles-ci ne sauraient toucher à ce domaine réservé,
même par des mesures provisoires : le juge des référés, juge
seulement du provisoire, est donc absolument sans compétence à l'égard des matières administratives. Comment pourrait-il en être autrement? La juridiction des référés, en effet,
est une émanation du pouvoir judiciaire; son caractère, son
origine, ses attributions la rattachent à la même organisation. Son œuvre précède celle des tribunaux civils chargés

---

[1] Les mêmes principes sont enseignés par M. Bertin, n° 1007.

de statuer sur le fond du litige et s'y relie étroitement : là donc où la compétence des tribunaux civils cesse, celle du juge des référés est impossible.

Mais, nous l'avons dit aussi, tout en appliquant ce principe fondamental, il convient de ne jamais l'exagérer : le respect de l'indépendance des deux pouvoirs doit être pratiqué avec un égal scrupule. Sans doute, la ligne de démarcation sera souvent obscure et le juge des référés, pour la découvrir, aura besoin de toute sa perspicacité. Que la jurisprudence soit son guide et qu'il en étudie attentivement toutes les nuances.

J'ai cherché moi-même à indiquer précédemment certaines distinctions empruntées aux décisions de la Cour de cassation et du Conseil d'État. Au point où je suis arrivé, il ne m'est plus permis de rentrer dans une discussion épuisée. Je veux seulement ajouter quelques exemples à ceux que j'ai déjà cités.

Les événements les plus douloureux de notre vie politique et sociale laissent leurs traces dans la jurisprudence.

Dans cette malheureuse année 1871, le riche propriétaire d'un immeuble, situé à Paris, rue de Rivoli, l'avait vu incendier par le pétrole. Il assigna, en référé, la compagnie d'assurances et le préfet de la Seine, comme représentant l'État et la ville de Paris.

Le juge des référés mit hors de cause la compagnie d'assurances, parce qu'aux termes de la police, elle ne répondait pas des sinistres occasionnés par les émeutes populaires, le préfet de la Seine, représentant l'État, parce qu'il s'agissait d'une manière administrative. Mais il retint au procès le préfet de la Seine, représentant la ville de Paris, et statua en ces termes :

« Attendu qu'aux termes de la loi du 10 vendémiaire an IV, « les communes sont responsables des délits contre les per- « sonnes et les propriétaires, lorsqu'ils ont été commis sur « leur territoire à force ouverte et par violence, par des « attroupements armés ou non armés ; — Attendu que vai- « nement le préfet de la Seine ès nom demande sa mise « hors de cause, en se fondant sur ce que l'organisation « particulière de la ville de Paris, siége du gouvernement, et « dont la police appartient à un magistrat placé sous la sur-

« veillance immédiate du ministre, rend inapplicable à ladite
« ville la responsabilité imposée par la loi du 10 vendémiaire
« an IV; — Attendu qu'il ne nous appartient pas de con-
« naître de cette exception, quelque bien fondée qu'elle
« puisse être; qu'en effet, ce serait juger le principal, ce qui
« est formellement interdit au juge des référés; — Qu'au
« surplus, le constat requis rentre dans le texte et dans l'es-
« pèce des dispositions de la loi de vendémiaire an IV et de
« l'avis du Conseil d'État des 26 germinal et 5 floréal an XIII;
« qu'en outre, il y a la plus grande urgence, parce qu'il im-
« porte que les lieux soient promptement rétablis dans leur
« primitif état... » (*Gazette des tribunaux* du 11 juin 1871.)

Cette ordonnance me paraît irréprochable. Il est vrai
qu'après un débat solennel devant les chambres réunies et
sur les conclusions de M. le procureur général Dupin, la
Cour de cassation a décidé que la ville de Paris, en raison de
l'organisation particulière des pouvoirs publics, échappait à
la responsabilité de la loi de vendémiaire an IV : mais, d'a-
bord, cette opinion est controversée et, quelle que soit la
solution qu'on adopte, il faut reconnaître, du moins, que la
contestation ressort des tribunaux civils. De là deux conséquences nécessaires : d'une part, la compétence du juge des
référés pour prescrire une mesure provisoire et urgente;
d'autre part, son incompétence pour apprécier le mérite
d'une exception qui constitue une question principale. Voir
Cassation, 15 mai 1841, 18 décembre 1843, 9 avril 1844
(Sirey, 1842, 1, 373; 1844, 1, 317, 351).

Le président du tribunal de la Seine a fait une application,
non moins sage, des mêmes principes dans une espèce analogue rapportée par la *Gazette des tribunaux* du 16 juin 1871.

Un propriétaire, dont la maison avait été endommagée
pendant la Commune, par les feux de l'artillerie de Versailles,
avait assigné, en référé, le préfet de la Seine, représentant
la ville de Paris, à l'effet d'obtenir un constat et une expertise.

Le préfet de la Seine fit plaider que la commune n'était
responsable que de délits commis, sur son territoire, par des
attroupements armés ou non armés, et qu'on ne pouvait considérer comme *attroupements* l'armée de Versailles combat-
tant pour la cause de l'ordre.

Le juge des référés, considérant que c'était là une exception se rattachant à la question du fond, s'abstint d'en apprécier le mérite et, vu l'urgence, ordonna le constat et l'expertise. Me renfermant, moi aussi, dans le domaine de la juridiction des référés, je ne dirai rien de la valeur de cette exception et me bornerai à renvoyer, à cet égard, à trois documents de jurisprudence : Cassation, 13 avril 1842 (Sirey, 1842, 1, 294); tribunal de Marseille, 21 décembre 1872 (Sirey, 1873, 2, 55); Cassation, 27 avril 1875 (Sirey, 1875, 1, 263).

Nous venons de citer deux décisions par lesquelles le juge des référés avait justement affirmé sa compétence; en voici quatre autres par lesquelles il a, avec non moins de raison, déclaré son incompétence.

— Dans les derniers jours de l'investissement de Paris par l'armée allemande, un grand nombre d'habitants de la banlieue, fuyant la mitraille, entrèrent dans la ville où ils furent installés par les soins de l'administration, en vertu de réquisitions, même chez des particuliers. Un sieur Devaux, dont l'immeuble avait été dégradé à la suite de l'occupation, fit assigner, en référé, le préfet de la Seine pour constat et expertise.

Le juge des référés se déclara incompétent en ces termes :

« Attendu que c'est à la juridiction administrative qu'il
« appartient de connaître, soit au provisoire, soit au princi-
« pal, des contestations que fait naître l'exécution d'actes
« administratifs. » (*Gazette des tribunaux* du 25 juin 1871.)

— Le clocher de la commune de Châtillon-sous-Bagneux, criblé de bombes et d'obus par les Prussiens, menaçait ruine : le maire le fit démolir. Un propriétaire voisin, qui avait eu à souffrir d'abord des dégâts occasionnés par l'ennemi et ensuite de la démolition du clocher, avait assigné, en référé, pour constat et expertise, le préfet de la Seine représentant l'État et le maire de Châtillon.

Le président du tribunal rendit l'ordonnance suivante :

« Attendu que l'action au principal du demandeur aurait
« pour but de faire déclarer l'État responsable des dégâts
« prétendus commis, en une maison située à Châtillon, soit
« par les soldats de la coalition allemande, soit par les fédé-
« rés de la sédition parisienne; — Qu'à la juridiction admi-
« nistrative appartient exclusivement de statuer sur une

« action de cette nature ; — En ce qui touche le maire de
« Châtillon : attendu qu'il est constant, en fait, et d'ailleurs
« reconnu par les parties, que le clocher de Châtillon, criblé
« par les bombes et les obus, menaçait ruine ; qu'il y avait
« urgence, dans l'intérêt de la sécurité publique, à en or-
« donner et opérer la démolition ; qu'en prenant cette me-
« sure, d'ailleurs sollicitée par le demandeur, le maire n'a
« fait qu'un acte de pure administration et de police rentrant
« dans les dispositions des lois des 16-24 août 1790 et 19-22
« juillet 1791 ; — Qu'étant même admis que le clocher dans
« sa chute ait causé un dommage quelconque à la maison du
« demandeur, l'action en réparation du préjudice ne saurait
« être déférée à la juridiction civile ; — Attendu que le juge
« du fond est seul juge du provisoire, nous déclarons incom-
« pétent. » (*Gazette des tribunaux* du 14 juillet 1871.)

— L'immeuble d'un sieur Châtel avait été, pendant le
siége de Paris, occupé par le génie militaire qui, pour les
besoins de la défense, l'avait transformé en caserne et y avait
fait percer des créneaux. Le propriétaire fit assigner, en référé, le ministre de la guerre à l'effet d'obtenir un constat et
une expertise.

Le juge des référés statua en ces termes :

« Attendu qu'aux termes des lois et ordonnances sur la
« matière, notamment de l'article 39 du décret des 10 août-
« 23 septembre 1853, toute occupation, toute privation de
« jouissance, toute démolition, destruction et autres dom-
« mages résultant d'un fait de guerre ou d'une mesure de
« défense, prise par l'autorité militaire, pendant l'état de
« siége, soit par un corps d'armée ou un détachement en
« face de l'ennemi, n'ouvrent aucun droit à l'indemnité ; que
« ce principe, admis en doctrine, a été constamment appli-
« qué par la jurisprudence ; — Attendu qu'il est certain et
« d'ailleurs reconnu par Châtel que les faits par lui relevés
« se sont passés depuis l'investissement de Paris par l'armée
« allemande, pendant le siége et en présence de l'ennemi ;
« qu'ils rentrent dès lors dans les conditions de l'article 39
« précité ; que, si ces faits ne doivent pas donner ouverture
« à une action au profit de la partie lésée, il n'y a aucun in-
« térêt et surtout aucune urgence à ordonner des mesures,
« soit provisoires, soit conservatoires ; — Attendu, au surplus,

« que les dispositions prises par le gouvernement, dans les
« circonstances ci-dessus, pour la défense de Paris, sont des
« actes purement administratifs et qui échappent à la juri-
« diction des tribunaux ordinaires ; — Disons qu'il n'y a lieu
« à référé... » (*Gazette des tribunaux* du 26 juillet 1871.)

— Au mois d'août 1870, le génie militaire avait fait occuper des terrains maraîchers, près des fortifications, à Saint-
Mandé. Des constructions avaient été démolies, des tranchées
creusées et les terrains convertis en champ de manœuvres.
Les propriétaires introduisirent un référé pour obtenir la
nomination d'un expert chargé de constater les dégradations
et dommages.

L'ordonnance suivante intervint :

« Attendu, en ce qui touche les occupations de terrains,
« qui se seraient prolongées jusqu'à ce jour, qu'elles ne peu-
« vent pas être rangées parmi les conséquences de l'état de
« guerre ; — Qu'il n'appartient pas au juge des référés d'or-
« donner des mesures provisoires, qui se rattachent aux
« actions principales, à l'égard desquelles le tribunal civil
« est incompétent ; que, par conséquent, il n'a pas qualité
« pour commettre, même à raison d'urgence, un expert
« dans un litige, qui ne peut être tranché au fond que par
« la juridiction administrative... » (*Gazette des tribunaux* du
9 août 1873.)

Je rapporterai encore, pour en terminer avec cet ordre
d'idées, un arrêt de la Cour de Paris, du 18 juin 1866 (*Gazette
des tribunaux* du 30 juin), intervenu dans des circonstances
d'une appréciation plus difficile :

« Considérant que, dans la soirée du 11 février dernier, le
« bateau porteur n° 23, appartenant à Belluart et Cⁱᵉ, a coulé
« à fond près de la dernière pile, du côté de Villeneuve, du
« pont de l'Aisne, dépendant de la ligne du chemin de fer
« du Nord ; — Considérant que, le 10 avril, Belluart et Cⁱᵉ
« ont assigné la compagnie du Nord, en référé, pour faire
« commettre un expert à l'effet de constater la cause et les
« résultats du sinistre survenu ; — Considérant que, devant
« la Cour comme devant le premier juge, les parties pro-
« duisent des articulations contraires ; que les intimés attri-
« buent la cause du sinistre, non pas au travail du pont, tel

« qu'il a été ordonné par l'administration et exécuté par la
« compagnie, mais à une imprudence commise par les agents
« de la compagnie postérieurement à l'exécution ; — Que la
« compagnie soutient, au contraire, que, quelle que soit la
« cause du sinistre et en admettant qu'il ait été occasionné
« par l'état de la pile du pont, ce travail ne serait pas ter-
« miné et reçu par l'administration ; — Qu'ainsi l'action au
« provisoire serait dirigée contre un entrepreneur de tra-
« vaux publics, protégé par l'article 4 de la loi du 28 pluviôse
« an VIII ; que la justice ordinaire serait donc incompétente
« pour connaître de l'action principale et, par suite, pour
« ordonner une mesure provisoire ; — Considérant qu'en
« présence de ces allégations opposées, le juge des référés
« était dans la nécessité, pour déterminer la compétence, de
« faire vérifier la cause de l'accident, sauf à la juridiction
« ordinaire à se dessaisir, si la mesure ordonnée au provi-
« soire venait à justifier l'exception de renvoi opposée par
« la compagnie ; — Mais que jusque-là, il n'y avait pas lieu
« d'ordonner la vérification des avaries et de régler leur
« réparation ; — Infirme en ce que le juge de référé a or-
« donné que l'expert par lui commis donnerait son avis sur
« les avaries, dégâts et dommages, leur importance et les
« moyens de les réparer... »

Cette décision de la Cour de Paris me paraît avoir très-
exactement déterminé, par une distinction judicieuse, les
attributions du juge des référés.

En dehors des hypothèses, où surgit une question qui en-
gage les intérêts de l'administration, en général le référé,
tendant à un simple constat, ne donne lieu à aucun débat.
Cependant, même dans les matières de droit commun, une
opposition peut quelquefois se produire. Je citerai l'exemple
suivant que j'emprunte à la *Gazette des tribunaux* du 8 mai
1872 :

Un incendie avait éclaté dans une maison assurée. Des
voisins, qui avaient souffert de l'incendie, firent assigner, en
référé, pour constatation des dommages, le propriétaire de
la maison assurée. Celui-ci fit assigner, à son tour, la compagnie d'assurances, afin que l'ordonnance fût commune et
que la compagnie assistât à l'expertise.

Le président mit hors de cause la compagnie, en considérant que la police avait réglé à l'avance avec l'assuré un mode d'expertise amiable.

Sur l'appel, la Cour de Paris rendit, le 2 mai 1872, l'arrêt suivant :

« Considérant que, par ordonnance du 28 septembre 1871,
« rendue à la requête des tiers intéressés, le juge des référés
« avait nommé Vigoureux expert, pour apprécier les dom-
« mages survenus, quai de la Rapée, après les incendies des
« maisons nᵒˢ 22, 24 et 26 ; — Que Léger, qui avait contracté
« une assurance avec la compagnie l'*Abeille*, avait intérêt à
« ce que cette compagnie pût suivre et contrôler le constat
« et les évaluations auxquels l'expert allait procéder ; que
« Léger était donc bien fondé à faire déclarer cette exper-
« tise commune avec elle ; que c'est à tort que le juge des
« référés a mis la compagnie l'*Abeille* hors de cause, par le
« motif que la compagnie avait réglé avec son assuré le
« mode de constatation des dommages en cas de sinistre ; que
« cette clause stipulée entre les parties contractantes dans
« la police devait cesser d'être applicable du moment où,
« comme dans l'espèce, des tiers intéressés avaient provoqué
« ce constat et ces recherches, et où il importait à la com-
« pagnie elle-même de prendre part à cette expertise, qui
« devait être prise en considération dans les indemnités à
« régler ultérieurement entre toutes les parties atteintes par
« le sinistre et leur assureur... »

G. *Matières diverses.*

Je réunis sous ce titre, faute d'un meilleur, plusieurs applications intéressantes qu'il me reste à signaler, pour avoir épuisé la première catégorie des attributions du juge des référés, c'est-à-dire *les cas d'urgence.*

— Les malheurs de la guerre civile ont engendré bien des maux et fait naître de nombreux incidents. En voici un qui s'est produit en matière d'adjudication et qui a provoqué l'intervention du juge des référés.

L'ordonnance suivante fait suffisamment connaître les circonstances qui lui ont donné lieu (*Gazette des tribunaux* du 20 août 1871) :

« Attendu qu'il est constant que Lesot n'a pas satisfait à

« la sommation, qui lui a été faite par la veuve Cherrier,
« d'avoir à déposer au greffe des criées du tribunal, à l'effet
« de remplacer le cahier d'enchères détruit dans l'incendie
« du palais de justice, la grosse à lui délivrée du jugement
« de l'audience des criées, en date du 1ᵉʳ avril 1868, pro-
« nonçant adjudication à son principal de 135.600 francs,
« avec déclaration que, faute de ce faire, elle déposerait la
« copie qui lui a été signifiée par Lesot dudit jugement d'ad-
« judication; — Attendu que l'opposition de Lesot ne sau-
« rait paralyser l'exercice du droit de poursuivre contre lui
« la folle enchère, pour cause de non-payement du prix;
« qu'à défaut de la grosse, il y a lieu de pourvoir au rem-
« placement du cahier d'enchères détruit par la copie d'i-
« celle; que ce mode de procéder, commandé par des cir-
« constances exceptionnelles, n'a d'ailleurs rien de contraire
« à la loi; — Disons que, sans avoir égard à l'opposition de
« Lesot, la veuve Cherrier est autorisée à déposer, aux mains
« du greffier du tribunal, la copie à elle signifiée du juge-
« ment d'adjudication, au profit de Lesot, de la maison sise
« rue Montorgueil, 13, le 1ᵉʳ avril 1868, pour servir et valoir
« ce que de droit... »

— Deux époux, vivant en mauvaise intelligence, s'étaient
séparés de fait. Depuis cette séparation, des bruits fâcheux
étaient arrivés aux oreilles du mari : on prétendait que sa
femme serait accouchée d'une fille qu'elle aurait fait inscrire
sur les registres de l'état civil ! Le mari signifia alors une
protestation à sa femme, en annonçant l'intention de former
une instance en désaveu. La femme, à son tour, s'élevant
contre cette calomnie, assigne son mari, en référé, pour voir
dire qu'elle sera visitée par un médecin chargé de constater
si elle est accouchée. Sur ce débat étrange, le juge des référés
rendit l'ordonnance suivante (*Gazette des tribunaux* du 3 décembre 1874) :

« Attendu qu'il est loisible à la femme H... de faire pro-
« céder (en vue de l'instance en désaveu qu'elle prévoit) à
« telles constatations sur sa personne qu'elle croira utiles;
« qu'il ne peut en aucun cas exister d'obstacle à cet égard,
« et que, dès lors, il n'apparaît point de la nécessité de l'in-
« tervention du juge, disons qu'il n'y a lieu à référé... »

— La Cour de Grenoble a consacré la compétence du juge

des référés dans des circonstances peu ordinaires. L'application qu'elle a faite me paraît fort juste, mais elle est assez remarquable pour être signalée.

Une veuve Pons était accouchée, trois mois après la mort de son mari, de deux jumeaux, qui avaient été inhumés le lendemain de leur naissance. Vingt-quatre jours après, un sieur Barthélemy Violier, parent du sieur Pons et son héritier, au cas où les deux jumeaux n'auraient pas vécu, assigna, en référé, la veuve Pons pour voir commettre un expert à l'effet de vérifier ce point important par l'autopsie des cadavres. Le président du tribunal de Briançon nomma un médecin pour procéder à cette grave opération; le résultat de l'expertise fut que les enfants n'avaient pas respiré. La veuve Pons appela de l'ordonnance et soutint que la mesure, prescrite par le juge des référés, avait préjudicié au principal.

La Cour rendit, à la date du 13 juillet 1872 (voir le *Recueil spécial* des arrêts de Grenoble et de Chambéry, année 1872, page 283), la décision suivante :

« Attendu que la procédure de référé a pour but de pour-
« voir aux cas d'urgence, à l'aide de mesures provisoires,
« conservatoires du droit des parties, et qui n'engagent point
« le fond du litige; — Que le juge du référé l'est également
« de l'opportunité et de l'étendue de ces mesures; — Que,
« dans le cas particulier où il s'agissait de faire constater,
« par les hommes de l'art, si les deux enfants jumeaux, dont
« Philomène Melquiand était accouchée le 29 février der-
« nier, et qui étaient inhumés depuis vingt-quatre jours,
« avaient vécu ou s'ils étaient sortis morts du sein de leur
« mère, il était à craindre qu'une décomposition plus avan-
« cée des corps ne mît obstacle aux expériences demandées
« ou les rendît douteuses; qu'il y avait donc urgence à ce
« qu'elles eussent lieu sans retard; que c'était à l'appelante,
« qui soutient que les enfants ont vécu, à l'établir et à pro-
« voquer les constatations nécessaires; qu'elle a à s'imputer
« d'avoir, par son inaction, rendu le référé nécessaire; —
« Attendu qu'il n'est pas exact de dire que ces expériences,
« quelque importantes qu'elles puissent être, dussent pré-
« juger le fond du litige et engager le tribunal; qu'il restait
« maître d'en apprécier la valeur, d'en discuter la pertinence

« et de se déterminer par d'autres preuves et d'autres docu-
« ments qui seraient produits par l'appelante ; que ces con-
« statations ne perdaient donc point leur caractère de mesure
« provisoire ; »

— Un légataire universel se fait envoyer en possession par
ordonnance du président du tribunal. Une partie intéressée
assigne le légataire en référé et demande la rétractation de
l'ordonnance, par le motif que le président du tribunal,
étant autre que celui du domicile du défunt, n'était pas compétent. Le juge des référés statua en ces termes :

« Attendu que l'ordonnance d'envoi en possession d'un
« légataire universel est un acte émanant de notre juridic-
« tion gracieuse ; — Que notre pouvoir est épuisé par le seul
« fait de cet acte, alors qu'il est rendu et signé ; que nous
« sommes sans qualité pour en connaître ensuite au conten-
« tieux et pour le réformer alors ; que, d'ailleurs, aucune
« réserve de référé n'y a été insérée ; — Disons qu'il n'y a
« lieu à référé... » (*Gazette des tribunaux* du 30 mai 1874.)

Tout en enregistrant cette décision, je dois rappeler qu'elle
est en contradiction avec les principes que j'ai précédemment exposés sur les ordonnances d'envoi en possession.
Sans vouloir rentrer dans cette discussion, je me bornerai
aux remarques suivantes :

Il n'est pas exact de dire qu'après une ordonnance sur
requête, le juge des référés est incompétent pour connaître
au contentieux des contestations urgentes que son exécution
a pu faire naître. Tout au contraire, c'est le seul moyen
légal de prévenir ou de réparer, par une mesure provisoire,
le préjudice que l'ordonnance peut faire craindre. Sans
doute, le président du tribunal, usant de son pouvoir discrétionnaire, ne peut pas rétracter sur requête la première ordonnance qu'il avait rendue : cette ordonnance demeure
irréfragable et, quoique le président ait déclaré qu'il lui
en serait référé en cas de difficultés, cette réserve ne saurait
proroger une juridiction qui a été épuisée. Mais cette limitation, apportée aux pouvoirs du président exerçant la
juridiction discrétionnaire, ne s'étend pas aux attributions
du juge des référés. Il se produit ici, s'il m'est permis de
parler ainsi, trois états successifs : une mesure conservatoire
ordonnée à la requête d'une seule partie, une décision provi-

soire rendue contradictoirement, en référé, sur un intérêt urgent qui a surgi, un jugement définitif rendu plus tard, sur le fond du droit, par le tribunal compétent.

Dans l'espèce particulière soumise au président du tribunal de la Seine, la violation d'une règle de compétence imprimait à l'ordonnance un caractère contentieux; elle devenait ainsi susceptible d'appel, comme l'a jugé la Cour de Dijon dans l'arrêt du 25 mars 1870 (Sirey, 1870, 2, 175), mais cet appel devait être porté devant la Cour.

Je me hâte de fermer cette parenthèse pour reprendre le cours de mes citations :

— Deux Américains s'étaient embarqués à New-York sur le paquebot l'*Amérique*. Au cours de la traversée, les passagers, assaillis par la tempête, durent quitter le navire qui faisait eau pour se réfugier à un autre bord. Plus tard, l'*Amérique* put être remorquée jusqu'au Havre. Les deux Américains, dès qu'ils furent arrivés dans cette ville, assignèrent, en référé, la compagnie à l'effet d'obtenir la remise de leurs bagages. La compagnie demanda que préalablement un inventaire fût dressé, afin de prévenir toute réclamation ultérieure. Le juge des référés ordonna le constat avec inventaire, sous la réserve des droits de chacun (*Gazette des tribunaux* des 22-23 juin 1874).

— Le mari, tuteur de sa femme interdite, ne doit faire inventaire et se conformer aux autres règles de la tutelle que pour les biens dont il n'avait pas l'administration en vertu de son contrat de mariage.

Le président du tribunal de la Seine a appliqué ce principe dans une espèce rapportée par la *Gazette des tribunaux* du 3 juillet 1873 :

« Attendu que la communauté de biens entre époux n'est
« pas dissoute par l'interdiction de la femme; que le mari,
« chef de la communauté, conserve, après l'interdiction,
« tous les droits que cette qualité lui confère; que s'il de-
« vient alors le tuteur de sa femme interdite, ses droits et
« ses obligations, en tant que tuteur, ne peuvent s'appliquer
« qu'aux biens qui, d'après les stipulations du contrat de
« mariage, échappaient à son administration en tant que
« chef de la communauté; — Attendu qu'il n'est pas justifié
« que la femme Hurel ait des biens propres dont elle se soit

« réservé l'administration; — Disons qu'il n'y a lieu à
« référé... »

— En matière de succession et de levée de scellés, je si-
gnalerai, à titre d'exemples, deux difficultés qui ont donné
lieu à référé.

Un arrêt de la Cour de Paris, en date du 6 février 1864 a
tranché la première en ces termes :

« Considérant que le juge du référé avait à statuer sur une
« opposition à la levée des scellés apposés après le décès de
« la veuve Deschamps qui, par son testament olographe
« déposé chez Bournet-Verron, notaire, a institué Guyot
« son légataire universel; — Que l'ordonnance dont est
« appel, se fondant sur une déclaration dont il est donné
« acte, faite par l'avoué de Guyot, qu'il entendait renoncer
« purement et simplement au legs universel et, par suite, à
« l'envoi en possession du legs et conserver seulement la
« qualité d'exécuteur testamentaire, a ordonné que les opé-
« rations de levée des scellés et d'inventaire auraient lieu, en
« présence des intimés habiles à se dire et porter héritiers
« de la veuve Deschamps et à la requête de Guyot, mais
« seulement en qualité d'exécuteur testamentaire et avec
« saisine; — Considérant que cette ordonnance, bien qu'elle
« ne prescrive, quant aux opérations de scellés et d'inven-
« taire, qu'une mesure provisoire, préjudicie néanmoins aux
« droits pouvant résulter du testament de la veuve Des-
« champs en faveur de l'appelant, en décidant qu'il ne
« pourra agir qu'en qualité d'exécuteur testamentaire et en
« lui déniant, par suite, celle de légataire universel; — Que
« si le juge des référés peut et doit constater les déclarations
« faites ou les consentements donnés en sa présence et qui,
« par leur objet, rentrent dans les limites de ses attributions
« exceptionnelles, parce qu'il agit alors dans l'exercice de
« ses fonctions, il en est autrement lorsque les déclarations
« auraient pour objet de compromettre le fond du droit
« qu'il ne peut apprécier et qu'il doit, au contraire, expres-
« sément réserver; — Qu'il ne pourrait, en effet, les consta-
« ter et les admettre, comme base de sa décision, sans
« porter atteinte à ce principe posé par l'article 809 du
« Code de procédure, que les ordonnances de référé ne feront
« aucun préjudice au principal; — Considérant qu'il suffi-

« sait, d'ailleurs, dans l'espèce, pour justifier la mesure
« provisoire sollicitée, de donner acte du consentement de
« Guyot à la présence des intimés aux opérations de scellés
« et d'inventaire; — Qu'en allant au delà et en disant que
« Guyot ne pourrait requérir qu'en qualité d'exécuteur tes-
« tamentaire, le juge des référés a excédé ses pouvoirs; —
« Que les termes dans lesquels Guyot renouvelle son consen-
« tement, devant la Cour. à la présence des intimés auxdites
« opérations, réservent tous les droits au principal et qu'il
« y a lieu de lui en donner acte;... »

La seconde difficulté a été résolue, par le président du
tribunal de la Seine, dans une ordonnance rapportée par la
Gazette des tribunaux des 28-29 avril 1873.

L'espèce présentait une certaine complication de faits :

Les époux Meurillon avaient été séparés de corps par un
jugement du tribunal du Havre, du 4 mai 1855. Trois ans
après, le 8 octobre 1858, la dame Meurillon accouchait, à
Lille, d'un fils, qui était inscrit, sur les registres de l'état
civil, sous les noms de Pierre-Lucien, comme né de Marie-
Josèphe Weiveire et de père inconnu. Le 20 décembre 1868,
un sieur Pierre Béraud reconnaissait l'enfant. Un testament
de la dame Meurillon instituait plus tard Pierre-Lucien Béraud
comme légataire universel. Le 23 janvier 1873, les époux
Meurillon se réconciliaient et déclaraient, dans un acte authentique, que Pierre-Lucien était leur enfant légitime, né
au cours de leur union.

La dame Meurillon étant décédée peu après, les scellés
furent apposés à son domicile. Lors de la levée, se présen-
tèrent concurremment pour procéder à l'inventaire en qualité d'héritiers, une sœur de la dame Meurillon, le sieur
Meurillon comme tuteur légal de Pierre-Lucien, le tuteur et
le subrogé tuteur qui avaient été nommés au mineur Pierre-
Lucien, après la reconnaissance de Béraud.

Un référé fut introduit, et le président rendit la remarquable ordonnance qui suit :

« Attendu que le mineur Pierre-Lucien a été inscrit sur
« les registres de l'état civil de Lille, à la date du 8 no-
« vembre 1858, comme étant né, le même jour, de Marie-
« Josèphe Weiveire et de père non dénommé; — Attendu

« que, par acte reçu, Roujet, notaire à Paris, le 23 janvier
« 1873, les époux Meurillon ont déclaré que le mineur Pierre-
« Lucien était né de la femme Meurillon au cours de leur
« mariage et qu'ils le tenaient pour leur enfant légitime ; —
« Attendu qu'aux termes de l'article 312 du Code civil, l'en-
« fant conçu pendant le mariage a pour père le mari ; que la
« présomption ainsi établie par la loi est absolue et qu'elle
« ne peut céder que devant l'action en désaveu exercée par
« le mari dans des conditions déterminées ; — Attendu que
« cette présomption domine l'état civil du mineur Pierre-
« Lucien et constitue en sa faveur un titre auquel provision
« est due ; — Qu'il importe peu que, par acte du 20 décembre
« 1868, passé devant l'officier de l'état civil de Lille, l'enfant
« ait été reconnu par Pierre Béraud, cette reconnaissance
« ne pouvant, si elle prévalait, conduire qu'à l'établissement
« d'une filiation adultérine ; — Qu'on ne peut davantage
« exciper, à raison de ladite reconnaissance et de certains
« faits qui l'auraient suivie, de l'article 322, lequel édicté
« pour la filiation légitime ne saurait être étendu à la filia-
« tion naturelle ; — Attendu que la provision due au titre
« ne s'effacerait, du moins en vue des mesures conserva-
« toires qui sont requises, qu'autant que les demandeurs
« soutiendraient judiciairement que le mineur Pierre-Lucien
« n'est pas né de la femme Meurillon, et que conséquem-
« ment l'acte du 23 janvier 1873 est le résultat d'une fraude
« concertée entre son mari et elle ; qu'alors, en effet, la con-
« dition essentielle, sur laquelle repose la présomption éta-
« blie par l'article 312 du Code civil, serait l'objet d'un
« litige qui engagerait la présomption elle-même ; — Attendu
« qu'aucune des contestations soulevées par les époux Bouf-
« fard, soit devant le tribunal de la Seine, soit devant le
« tribunal du Havre, ne tend à faire décider que le mineur
« Pierre-Lucien n'est pas né de la dame Meurillon, ni à faire
« annuler par ce motif ou par tout autre l'acte du 23 janvier
« 1873 ; — Attendu qu'en cet état le mineur Pierre-Lucien
« apparaît comme le fils légitime de la dame Meurillon et
« comme son seul héritier ; — Disons qu'il n'y a lieu d'ad-
« mettre la dame Bouffard à procéder seule aux opérations
« de la levée des scellés et d'inventaire ; — Disons que ces
« opérations seront suivies, à la requête de Meurillon, tant

« en son nom personnel qu'ès qualité, en l'absence et à l'ex-
« clusion de la dame Bouffard… »

— La faillite a ses règles et son organisation spéciale : il
n'appartient pas au juge des référés d'y rien changer. Nous
avons eu déjà l'occasion de citer une application de ce principe ; en voici une seconde qui a été faite récemment par la
Cour de Paris. Dans un arrêt du 11 juillet 1874 (*Gazette des
tribunaux* du 26 août), cette Cour a décidé que le juge des
référés n'avait pas qualité pour nommer un séquestre, à la
demande du propriétaire, lorsque le juge-commissaire de la
faillite avait donné aux syndics la mission de continuer le
commerce du failli.

L'arrêt est ainsi conçu :

« Considérant que, sur le commandement tendant à saisie
« et sur le commencement de la saisie du 12 mars 1874, est
« intervenue une opposition des syndics de la faillite Peu-
« vrel-Dencourt et Cⁱᵉ ; — Que Lebaudy, propriétaire, a
« appelé les syndics et les gérants Peuvrel-Dencourt, en
« référé, pour voir ordonner qu'il serait passé outre à la
« saisie des meubles et marchandises garnissant les lieux
« loués, en exécution du bail authentique, pour avoir paye-
« ment des loyers à échoir jusqu'en juillet 1880, soit
« 476,000 francs devenus exigibles par l'état de faillite ; —
« Considérant que le juge des référés a reconnu que les
« loyers étaient exactement payés ; que le propriétaire était
« fondé dans sa poursuite, mais qu'il consentait à la nomi-
« nation d'un séquestre et, en vue de l'intérêt de tous, pour
« conserver la valeur de l'établissement, a nommé séquestre
« l'un des syndics Battarel qu'il a autorisé à gérer la maison
« pendant un an ; — Considérant qu'au point de vue de la
« discontinuation des poursuites indirectement ordonnée, le
« juge des référés avait compétence ; — Qu'en effet, il s'agis-
« sait de l'exécution d'un titre authentique dont les syndics
« contestaient la portée ; qu'il y avait urgence en raison des
« périls que la saisie faisait courir à la maison dont elle sus-
« pendait par là même les opérations ; — Considérant que la
« saisie avait pour objet des loyers à échoir ; que les syndics
« s'appuyaient sur l'article 2 de la loi du 10 février 1872, et
« prétendaient que le propriétaire qui n'avait pas demandé
« à reprendre possession des lieux et conservait dans leur

« intégrité tous ses droits de privilége et de préférence, ne
« pouvait réclamer que les loyers échus en raison des garan-
« ties qu'il avait pour les payements ultérieurs; — Considé-
« rant que le juge des référés avait pouvoir pour apprécier,
« à titre provisoire, si les garanties étaient suffisantes pour
« arrêter la saisie; — Considérant que le commerce continue
« par la gérance des syndics, sous la surveillance du juge-
« commissaire et avec son autorisation; que des marchan-
« dises existent dans les magasins; qu'il est allégué et non
« dénié que celles qui sont vendues sont remplacées par
« d'autres; que les lieux paraissent donc garnis suffisam-
« ment pour répondre des loyers; — Considérant, toutefois,
« que le président a excédé ses pouvoirs en nommant un
« séquestre; qu'en matière de faillite, la loi donne au juge-
« commissaire *seul* qualité et compétence pour diriger le
« syndic; que, dans l'espèce, les syndics avaient reçu du
« juge-commissaire la mission de continuer le commerce et
« d'exécuter les obligations des faillis vis-à-vis du proprié-
« taire; que l'ordonnance a fait, en ce point, ce qui avait
« été fait par le juge-commissaire et qu'il échet de l'infirmer
« à cet égard... »

— Le directeur du *Crédit communal* (société anonyme)
ayant fait faire la publication pour annoncer l'assemblée
générale des actionnaires, le sieur de Montour, l'un des actionnaires, demanda communication de la liste de ceux qui
devaient composer cette assemblée. La communication
ayant été refusée, le sieur de Montour assigna en référé.

Le président du tribunal statua en ces termes (*Gazette des
tribunaux* du 8 mai 1872) :

« Sur la compétence :

« Attendu qu'en principe l'urgence suffit pour justifier la
« compétence du juge des référés; qu'aux termes de l'ar-
« ticle 35 de la loi du 29 juillet 1867 sur les sociétés, quinze
« jours au moins avant la réunion d'une assemblée générale,
« tout actionnaire peut prendre, au siége social, commu-
« nication de l'inventaire et de la liste des actionnaires et se
« faire délivrer copie du bilan résumant l'inventaire et du
« rapport des commissaires; que le délai accordé aux action-
« naires pour obtenir, soit la communication, soit la déli-
« vrance des documents ci-dessus est si bref qu'au cas de

« survenance de difficultés, les parties seront le plus souvent
« dans l'impossibité d'en saisir la juridiction ordinaire; que,
« si l'on veut que les mesures de précaution, édictées par le
« législateur dans l'intérêt des actionnaires, soient loyale-
« ment ramenées à exécution, il faut reconnaître que, vu
« l'urgence, qui en pareille circonstance se démontre d'elle-
« même, les actionnaires ont le droit de recourir au juge
« des référés pour faire statuer sur les contestations aux-
« quelles peuvent donner matière les dispositions de l'ar-
« ticle ci-dessus rapporté; — Autorisons de Montour à
« prendre communication de la liste des actionnaires, et ce
« au siége social... »

Je n'ai rien à objecter contre cette décision, qui me paraît
parfaitement rentrer dans les pouvoirs du juge des référés.
Cependant elle contient une proposition doctrinale qui, si
elle n'était suivie d'un certain correctif, pourrait induire en
erreur; c'est cette affirmation : *que l'urgence suffit pour justifier la compétence du juge des référés.*

Un autre arrêt, rendu le 25 juin 1875 par la Cour de Paris
(*Gazette des tribunaux* du 9 juillet), viendra fort à propos corriger ce que cette proposition offre de trop absolu.

Une exposition internationale devait s'ouvrir, à Paris, au
palais des Champs-Élysées. Deux constructeurs-mécaniciens
avaient loué, en vertu de conventions sous seing privé, deux
emplacements pour y exposer leurs machines. Quelques
jours seulement avant l'ouverture de l'exposition, le directeur avait repris possession de ces emplacements. Les con-
structeurs l'assignèrent, en référé, pour obtenir leur réintégration; ils produisirent leurs titres, mais ces titres furent
contestés :

Sur ce débat, le juge des référés statua dans les termes
suivants :

« Attendu qu'il s'agit, en réalité, de contestations relati-
« ves à l'interprétation et à l'exécution de conventions sous
« seing privé; qu'au tribunal seul il appartient d'en connaître
« et de statuer au fond... »

L'ordonnance, frappée d'appel, fut confirmée par la Cour
de Paris qui, comme si elle avait voulu répondre à l'arrêt
précité, s'exprima ainsi :

« Considérant *qu'il ne suffit pas qu'un litige présente un*

« *caractère d'urgence pour donner matière à référé; qu'il fout,*
« *en outre, que ce litige soit de nature à recevoir une solution*
« *provisoire qui ne puisse préjudicier au principal;* que, dans
« l'espèce, il ne s'agit ni de l'exécution d'un titre exécutoire,
« ni de celle d'un jugement, et que les mesures qui étaient
« sollicitées du juge des référés étaient de nature à préjudi-
« cier au fond du litige... »

Ce dernier arrêt contient, en termes excellents, l'expression d'une doctrine complète et irréprochable; il peut se
placer ici comme le résumé exact des principes que nous
avons précédemment exposés.

Il faut ajouter à cette nomenclature des cas d'urgence,
les difficultés qui s'élèveront à la suite et à l'occasion des
mesures conservatoires autorisées par des ordonnances
sur requête. Le président du tribunal, le même souvent dont
sera émanée l'ordonnance sur requête, en connaîtra encore,
mais cette fois comme juge des référés, en vertu de pouvoirs différents et dans des formes spéciales.

Enfin, après une première ordonnance de référé, des faits
nouveaux peuvent se produire qui nécessiteront derechef,
dans la même affaire, l'intervention du juge des référés. Ce
magistrat ne sera pas constitué ainsi juge d'appel de ses
propres décisions, mais il statuera, quoique dans la même
affaire et entre les mêmes parties, sur une contestation
différente.

Rappelons encore que, dans des cas d'extrême urgence, le
juge des référés est compétent pour statuer provisoirement
sur certaines contestations, alors même que le tribunal est
saisi de l'instance principale. Nous avons cité plusieurs applications de cette règle; mais, tout en la rappelant, il convient de prémunir contre l'abus qu'on est quelquefois tenté
d'en faire. Un arrêt de la Cour de Pau, en date du 27 décembre 1871 (Sirey, 1872. 2, 292), va nous permettre de
marquer, à cet égard, les limites dans lesquelles le juge des
référés doit se renfermer.

« Attendu, dit l'arrêt, que, quelque généraux que soient
« les termes de l'article 806 du Code de procédure civile, la
« juridiction des référés n'est pas exempte des règles de la
« litispendance, et que, lorsqu'un tribunal est compétem-
« ment saisi de la connaissance d'une affaire, il n'en peut

« être dénanti par le juge des référés : — Attendu que les
« cohéritiers Dazet ont assigné en référé Michel Cazaux,
« leur cohéritier, devant le président du tribunal de Tarbes,
« à l'effet de voir déterminer et fixer jusqu'à la liquidation
« et partage la jouissance des biens dépendant d'une suc-
« cession indivise entre eux ; — Que le tribunal de Tarbes
« était déjà saisi d'une demande en partage et liquidation
« de la même succession ; que la demande portée devant le
« président, en référé, n'était donc qu'un incident de l'in-
« stance pendante devant le tribunal même ; qu'au tribunal
« seul, par conséquent, il appartenait d'en connaître... »

Dans les circonstances de l'espèce soumise à la Cour de
Pau, aucune ne révélait ce caractère d'urgence extrême et
de nécessité, qui seul aurait pu justifier, au cours d'une instance principale, l'intervention du juge des référés. Il ne
s'agissait pas, comme dans une espèce que nous avons citée,
d'un locataire dont une expertise avait démontré la position
intolérable : la maison qu'il occupait était sans portes ni fenêtres, et c'est dans cette situation si incommode que la Cour
de Paris a admis, même au cours d'une instance principale,
la compétence du juge des référés pour ordonner des réparations aussi urgentes.

J'arrête là mes développements sur ce point.

Afin de mieux faire connaître la juridiction des référés,
j'ai voulu en quelque sorte la montrer à l'œuvre. En par-
courant un grand nombre d'hypothèses, je ne me suis pas
proposé seulement d'enregistrer des décisions, mais surtout
de faire ressortir les principes, d'éclairer les unes par les
autres et de donner ainsi, par ce rapprochement, une intelligence plus nette des règles doctrinales et des solutions
pratiques.

Je n'ai encore accompli qu'une partie de ma tâche, en ex-
pliquant la première catégorie des attributions du juge des
référés : les cas d'urgence.

L'article 806 du Code de procédure civile dit que le juge
des référés connaîtra *de tous les cas d'urgence*. Disposition vraiment par trop laconique et qui a grand besoin d'un commentaire ! Cette interprétation, nous l'avons cherchée dans
une étude critique de la doctrine et de la jurisprudence :
grâce aux lumières qui se dégagent de ces deux sources si

riches, il nous est possible de distinguer plus clairement l'étendue et les limites des attributions du juge des référés.

Il a prise sur toutes les matières de notre droit, les matières administratives exceptées. Toutes, en effet, peuvent faire naître des intérêts urgents, faire craindre un préjudice imminent et, dans cette situation, les justiciables ne pouvaient s'accommoder des lenteurs des procédures ordinaires.

Dans ces circonstances pressantes, le juge des référés interviendra et, d'abord, il constatera souverainement cette condition de l'urgence qui motive et légitime son intervention.

La compétence du juge des référés, issue de la nécessité, se mesure à cette nécessité même : s'il peut connaître de toutes les matières, il n'a pas le droit de les épuiser en se substituant aux juridictions ordinaires; allant au plus pressé, il prescrira seulement une mesure provisoire, destinée à arrêter un préjudice ou à le prévenir; il ordonnera un constat ou une expertise, nommera un séquestre, prononcera quelquefois une expulsion ou une réintégration *manu militari*; puis, quand il aura ainsi fait la part des exigences du moment, il renverra les parties devant les tribunaux compétents pour faire statuer définitivement sur leurs contestations.

Sa mission sera souvent entravée par la mauvaise foi des plaideurs qui, suscitant des prétentions sans fondement, essayeront, par de prétendues questions principales, de provoquer de sa part une déclaration d'incompétence. Le juge des référés doit savoir déjouer ces calculs en ne s'arrêtant que devant des droits légitimes et sérieux ; par un scrupule excessif, il ne doit pas se laisser condamner à l'impuissance. Si donc une partie se prévaut d'un droit certain qu'elle tient de la loi ou d'un titre régulier, il ne suffira pas de la dénégation de son adversaire ou de sa résistance aveugle, pour que le juge des référés se dessaisisse et s'abstienne de rien juger, même provisoirement.

Tels sont, dans ce premier ordre d'idées, les traits les plus essentiels, qui caractérisent la juridiction des référés. J'aborde maintenant la seconde catégorie des attributions du juge des référés, c'est-à-dire les difficultés relatives à l'exécution des titres exécutoires et des jugements.

Article II. — Difficultés relatives a l'exécution des titres exécutoires
et des jugements.

A l'égard de ces attributions nouvelles du juge des référés,
les principes ne sont ni absolument les mêmes, ni complétement différents.

Signalons d'abord une règle commune, en examinant une
première question qui a divisé la doctrine et la jurisprudence.

Le juge des référés est-il compétent pour statuer sur les
difficultés relatives à l'exécution d'un titre exécutoire, quelles
que soient les circonstances, ou bien est-il nécessaire, en
outre, que la contestation présente cette urgence caractéristique, qui détermine d'ordinaire la compétence de ce
magistrat?

Le regrettable M. Rodière enseigne la compétence absolue
du juge des référés. En effet, dans son *Traité*, tome II, p. 366,
il s'exprime en ces termes très-affirmatifs : « La loi n'exige
« pas ici, nommément, la condition d'urgence : l'urgence
« est supposée de plein droit. »

D'autre part, le président de Belleyme décide également
que tout débat sur l'exécution des titres authentiques
ou des jugements aboutit, en définitive, devant le juge
des référés[1].

D'autres auteurs, non moins recommandables, MM. Carré
et Chauveau, par exemple, ont vivement critiqué cette opinion et soutenu que, même dans ce cas, l'urgence était une
condition nécessaire pour autoriser l'intervention du juge
des référés.

Le deux systèmes ont été, tour à tour, consacrés par la jurisprudence.

Quel est celui qu'il convient d'adopter ?

A ne s'en tenir qu'à une lecture superficielle de l'article 806

---

[1] Cette opinion s'est récemment renforcée de l'appui de M. Bertin qui,
dans les n⁰ˢ 91 et suivants de son *Traité des référés*, soutient la même
thèse en y ajoutant de nouvelles et fortes considérations. Tout en reconnaissant le mérite de son argumentation, je ne saurais m'y rendre cependant : il me semble même qu'on pourrait opposer au savant auteur les
principes qu'il a développés aux n⁰ˢ 241 et suivants.

du Code de procédure, on pourrait croire, en effet, que le législateur a institué deux ordres de compétence parfaitement distincts : 1° les cas d'urgence, 2° les difficultés relatives à l'exécution des titres authentiques et des jugements. Mais ce n'est là qu'une apparence qui s'évanouit promptement, quand on va plus au fond des choses.

M. Carré en a fait justement la remarque : l'interprétation qui admet la compétence du juge des référés, en dehors de l'urgence, est en flagrante contradiction avec le commentaire officiel de l'orateur du gouvernement, M. Réal.

De son côté, M. Chauveau, s'inspirant à la même source, ajoute les réflexions suivantes : « La loi subordonne la com-
« pétence du juge des référés à une condition indispensable :
« la nécessité de prendre immédiatement une mesure con-
« servatoire, de prévenir un préjudice qui ne pourrait pas
« être réparé. Lorsqu'il n'existe pas de danger de cette na-
« ture, comment concevoir l'exercice d'un pouvoir presque
« illimité, reposant sur la tête d'un magistrat, lequel, d'après
« les règles mêmes de sa juridiction, décide presque toujours
« *ex æquo et bono*? La loi détermine encore de la manière la
« plus complète quels sont les juges compétents pour connaître
« de l'exécution des actes et jugements : c'est, à la vérité,
« pour en connaître au fond ; mais, quand il n'y a pas d'ur-
« gence, quel besoin d'une décision provisoire ? Ce sont des
« frais inutiles... »

Un texte me paraît surtout décisif, et je m'étonne que cette citation ne soit pas venue compléter l'argumentation qui précède. L'article 554 du Code de procédure dispose, en effet : « Si les dificultés élevées sur l'exécution des jugements ou actes *requièrent célérité, le tribunal du lieu y statuera provisoirement et renverra la connaissance du fond au tribunal d'exécution.* »

Je n'ignore pas (et j'y ai fait allusion déjà) les controverses auxquelles a donné lieu cet article; mais, quelle que soit la juridiction que ces expressions « le tribunal du lieu » désignent, du moins il est parfaitement clair que, pour donner compétence à ce tribunal et pour autoriser une décision provisoire, il ne suffit pas qu'une difficulté se soit élevée sur l'exécution ; il faut encore une condition de plus que la loi énonce expressément.

Cette solution si sage est, du reste, celle qui tend à prévaloir dans la jurisprudence. Consacrée par un arrêt de la Cour de Paris du 19 germinal an XI et par un arrêt de la Cour de Colmar du 12 août 1807 (voir ces deux décisions à leurs dates dans Sirey), elle a été suivie plus récemment par la Cour de Grenoble dans un arrêt du 1er août 1842 (Sirey, 1843, 2, 270).

La Cour de Grenoble s'exprime ainsi :

« Attendu qu'il s'agissait dans la cause de travaux or-
« donnés par un jugement et arrêt dont l'exécution avait
« été confiée à un expert choisi par la justice; — Que les
« opérations de cet expert, susceptibles d'être querellées par
« les parties, ne pouvaient l'être que devant le tribunal qui
« l'avait commis, *à moins que leurs droits ne fussent mis en*
« *péril ou qu'il pût résulter de ces opérations un préjudice ir-*
« *réparable;* — *Attendu que cela ne se rencontre pas dans l'es-*
« *pèce;... que les intimés n'étaient pas menacés d'aucun péril en*
« *la demeure ni d'aucun dommage irréparable;... que, dans de*
« *telles circonstances, ils ne pouvaient user que des voies ordi-*
« *naires pour attaquer les opérations de l'expert; qu'ainsi c'est*
« *hors des cas prévus par la loi qu'ils se sont pourvus en ré-*
« *féré et qu'il y a lieu d'annuler l'ordonnance qu'ils ont obtenue,*
« *comme incompétemment rendue...* »

La Cour de Bordeaux a fait l'application du même principe dans un arrêt du 21 mai 1852 (journal de cette Cour, p. 282). L'urgence doit être telle, dit l'arrêt, que le droit puisse être perdu s'il n'intervient pas à l'instant une décision provisoire, ou que la demande ne puisse attendre sans péril l'échéance d'une assignation, même à bref délai : les difficultés relatives à l'exécution d'un titre exécutoire ne sont susceptibles d'une décision en référé qu'autant qu'il y a péril en la demeure.

Le juge des référés doit donc toujours constater l'urgence, condition nécessaire de sa compétence. Il est néanmoins des cas où la loi attribue juridiction à ce magistrat, sans qu'il soit besoin d'une constatation spéciale de l'urgence : *en matière de saisie-exécution, de scellés, d'inventaire, d'opposition à la contrainte par corps.* Ces exceptions mêmes confirment le principe général : ainsi que le fait remarquer M. Chauveau, dans ces cas particuliers, objet d'une disposition expresse, la loi a présumé l'urgence et substitué cette présomption légale à l'appréciation discrétionnaire du juge des référés.

Il convenait, tout d'abord, de relever, comme un trait essentiel et persistant, cette condition de l'urgence, qui s'impose à la juridiction des référés, même lorsqu'elle est appelée à connaître des difficultés relatives à l'exécution des titres et jugements.

Attachons nous maintenant à signaler les différences :

Déjà, à l'occasion de la saisie-arrêt, nous avons dû aborder prématurément ce point important. Il nous semblait découvrir, dans le texte de l'article 806 lui-même, sinon la trace d'une distinction tranchée, du moins l'indication d'une nuance, établie entre les cas d'urgence et les difficultés relatives à l'exécution des actes et jugements. Pour ces dernières contestations, la loi dit que le juge des référés *statuera provisoirement,* ce qu'elle n'avait pas fait explicitement pour les cas d'urgence.

Mais cette comparaison demande à être faite d'une manière plus attentive.

Recueillons donc nos souvenirs. — Lorsque le juge des référés est appelé à connaître d'un cas d'urgence, autre qu'une difficulté d'exécution, que se passe-t-il? Les parties sont en procès, mais avant que les tribunaux compétents soient mis à même de prononcer sur le fond du droit, un intérêt urgent, impliquant la menace d'un préjudice imminent, s'est produit. Le juge des référés, considérant exclusivement cet intérêt, sans avoir besoin d'entrer aucunement dans l'examen du litige principal, ordonnera une mesure provisoire, telle qu'une apposition de scellés, un inventaire, un constat de lieux, une expertise, la nomination d'un séquestre. Deux instances se suivront ainsi, distinctes non-seulement par leur objet, mais encore par leurs effets. Le juge des référés, resté étranger à la contestation principale qui divise les parties, ne l'aura ni jugée, ni préjugée : la question du fond arrivera intacte devant les tribunaux qui doivent en connaître.

Cette séparation, si nette entre le provisoire et le principal que nous avons observée dans les cas ordinaires d'urgence, ne se rencontre plus ici. En effet, lorsqu'un obstacle sera apporté à l'exécution d'un acte ou d'un jugement, quel que soit le juge à qui cette difficulté soit dévolue, aussi bien devant celui qui devra statuer provisoirement que devant celui qui devra juger définitivement, la question se posera toujours la même : l'opposition faite à l'exécution est-elle légitime? Par suite, il faut ou dénier toute compétence au juge des référés en pareille matière, ou lui reconnaître le droit d'apprécier provisoirement, même la question principale. Et, comme l'article 806 contient sur ce point l'attribution la plus formelle, faite au juge des référés, force est donc de l'accepter avec ses conséquences nécessaires.

M. Chauveau (Adolphe) me paraît avoir mis ce principe dans tout son jour. J'emprunte au savant jurisconsulte son argumentation substantielle :

« Si l'on adoptait le système opposé et qu'on le suivît
« dans ses plus rigoureuses conséquences, il serait vraiment
« impossible de dire quelle est la compétence du juge du
« référé sur les difficultés relatives à l'exécution des actes
« et jugements, ou, pour parler plus exactement, il n'en
« aurait aucune.

« En effet, il n'est point d'hypothèse, en cette matière,
« où le magistrat ne doive examiner, soit le titre judiciaire
« ou authentique, soit les actes par lesquels on cherche à
« en détruire l'effet ; pas d'hypothèse où le sursis à l'exé-
« cution ne soit l'objet de la demande portée devant lui.

« Si donc on lui défend d'une manière absolue d'inter-
« préter ces actes, c'est lui défendre également d'en appré-
« cier le sens : et, si la connaissance du fond lui est totale-
« ment interdite, comment connaîtra-t-il de l'exécution qui
« n'en est que la conséquence [1]?... »

Cette interprétation de l'article 806 du Code de procédure est-elle en contradiction avec l'article 809 du même Code? Non, certes, et M. Chauveau donne une réponse aussi simple que juste à cette objection. L'article 809, dit-il, prescrit au juge des référés, non pas de s'abstenir de connaître du principal, mais d'y faire aucun préjudice, ce qui est bien différent.

L'observation est capitale, car elle a pour but de faire

---

[1] Comparer, sur ce point essentiel, les n°s 111 et suivants du *Traité* de M. Bertin, où le savant auteur enseigne la même doctrine.

apparaître clairement la ligne de démarcation, qui sépare les attributions du juge des référés de celles du tribunal chargé de prononcer définitivement sur la contestation.

L'exécution a rencontré un obstacle : cet obstacle doit être respecté s'il est légitime, renversé s'il est injuste. Sans doute, pour prononcer en connaissance de cause sur ce point, le juge des référés devra apprécier le fondement des exceptions soulevées par le débiteur, mais l'appréciation qu'il en fera n'aura pas pour but de lui faire juger, même provisoirement, ces exceptions; il ne les examinera que pour en tirer cette unique conséquence : l'ordre de continuer ou de discontinuer les poursuites. Il n'appartiendra qu'au tribunal compétent de prononcer sur le mérite de ces exceptions qui pourront être renouvelées devant lui.

Institué pour aplanir les obstacles qui s'opposent à l'exécution des actes et jugements, ou pour arrêter des poursuites abusives et vexatoires, le juge des référés doit porter ses investigations sur tous les points qui se rattachent étroitement à cette question, mais non au delà. Il s'abstiendra donc de connaître, même au provisoire, de toutes les questions étrangères à cette difficulté. Rappelons encore qu'il ne doit accorder créance qu'aux contestations sérieuses et qu'il ne suffira pas qu'un débiteur aux abois, sous le coup d'une exécution, soulève une pure chicane pour obtenir la discontinuation des poursuites et le renvoi au principal pour faire juger une contestation chimérique. Autrement l'exécution des titres deviendrait impossible et la mauvaise foi ne serait jamais au dépourvu pour invoquer une prétention quelconque[1].

Telles sont les particularités qui caractérisent ce nouvel ordre d'attributions du juge des référés et les différencient des précédentes.

Ces principes, du reste, ne peuvent trouver leur intelligence complète que par l'étude des applications qu'en a faites la jurisprudence.

Nous allons les passer rapidement en revue en examinant, chemin faisant, les autres questions qui se rattachent à la matière.

---

[1] Comparer, sur ce point essentiel, les n°⁵ 111 et suivants du *Traité* de M. Bertin où le savant auteur enseigne la même doctrine.

Le juge des référés est compétent pour statuer provisoirement *sur les difficultés relatives à l'exécution d'un titre exécutoire ou d'un jugement;* ce sont les expressions textuelles de l'article 806.

Que faut-il entendre précisément par ces expressions : *difficultés d'exécution?*

Une distinction a tenté de s'introduire, à cet égard, soit dans la doctrine, soit dans la jurisprudence. Le juge des référés, a-t-on dit, peut bien apprécier la régularité extérieure des actes, mais il empiéterait sur les attributions des tribunaux ordinaires en jugeant, même provisoirement, leur mérite intrinsèque. Il affaiblirait, en s'arrêtant à une exception tirée du fond du droit, la force nécessaire des titres exécutoires auxquels la provision est toujours due.

Cette dernière considération, élevée à la hauteur d'un principe absolu, se trouve comme un motif décisif dans un grand nombre d'arrêts. Elle a étendu son influence jusqu'aux plus récents monuments de la jurisprudence.

La Cour de Paris, en effet, dans un arrêt du 17 juin 1874 (rapporté dans la *Gozette des tribunavx* du 23 juillet), s'exprime en ces termes :

« Considérant que la loi, dans l'article 806 du Code de
« procédure, a fixé les limites de la compétence du juge des
« référés dans les cas d'urgence, ou lorsqu'il s'agirait de
« statuer sur les difficultés relatives à l'exécution d'un titre
« exécutoire; — Que, dans l'espèce, il n'y avait ni urgence,
« ni difficultés relatives à l'exécution d'un titre, mais seule-
« ment question sur la valeur du titre et si exécution devait
« lui être donnée; qu'il y avait titre authentique en vertu
« duquel agissaient les appelants et *auquel provision était due;*
« — Infirme, ordonne la continuation des poursuites. »

Une pareille rigueur, dont les conséquences peuvent être éminemment préjudiciables, doit être acceptée, si elle est édictée par la loi. Mais en est-il vraiment ainsi ?

L'article 806 est général dans ses termes et, puisqu'il ne distingue pas, toute distinction imaginée, en dehors de ce texte si ferme et si net, risque d'en altérer la portée.

Sur quoi, d'ailleurs, fonde-t-on cette restriction apportée à la compétence du juge des référés?... Sur l'article 809, qui lui interdit de faire, par son ordonnance, aucun préjudice au

principal? — Mais, en même temps qu'on lui dénie le pouvoir d'apprécier les nullités intrinsèques, on lui reconnaît
celui d'apprécier les nullités extrinsèques. Or est-ce que ces
dernières exceptions ne constituent pas aussi des questions
principales que le juge des référés ne décidera jamais définitivement? Pourquoi donc proclamer sa compétence dans un
cas et son incompétence dans l'autre, en faisant ressortir,
dans une des hypothèses seulement, une conséquence qui
paraît se produire également dans les deux? — Ou plutôt,
n'est-il pas plus exact de remarquer que, dans un cas comme
dans l'autre, le juge des référés, ne prononçant pas directement sur le mérite de l'exception, n'y cherchant qu'une raison de prescrire la continuation ou la discontinuation des
poursuites, ne tranche pas la question soulevée et, par suite,
ne fait aucun préjudice au principal [1]?

Invoquera-t-on l'autorité qui s'attache si justement aux
titres exécutoires et la nécessité de leur assurer provision ?
Je répondrai avec le président de Belleyme que ce principe,
si respectable qu'il soit, ne saurait être absolu. « Sans doute,
« dit cet éminent magistrat, des allégations vagues ne peuvent
« suspendre l'exécution, mais, si une demande principale
« attaque l'acte dans son essence, si un mineur, un interdit,
« une femme mariée non autorisée, souscrit un acte authen
« tique, on ne peut pas répondre avec justice au tuteur ou
« au mari, qui l'attaque par action principale et demande un
« sursis à l'exécution : La provision est due au titre. »

Le président de Belleyme paraît-il un peu suspect, parce
qu'il a quelquefois exagéré les pouvoirs du juge des référés?
Consultons alors M. Chauveau, qui ne saurait encourir le
même reproche. Le savant jurisconsulte s'exprime en ces
termes : « A l'égard de tous ces moyens (une action en ga
« rantie, en restitution, une action en nullité de l'acte, des
« offres réelles, un payement, une compensation, une no
« vation, etc.), le juge des référés a dans sa compétence un
« double devoir à remplir : s'assurer que ces faits existent
« réellement ; s'assurer en second lieu que le moyen de
« défense est de nature à donner naissance à une discussion

---

[1] La même doctrine compte maintenant un défenseur de plus dans
M. Bertin. Comparez nᵒˢ 104 et suivants de son *Traité des référés*.

« sérieuse, et non l'une de ces chicanes par lesquelles il
« serait toujours si facile d'entraver toute exécution... »

Ces principes ont été appliqués par la Cour d'Agen dans
un arrêt du 16 janvier 1810 (voir dans Sirey à sa date avec
l'arrêt de la Cour de cassation du 5 décembre 1810) :

« Considérant : 1° que lorsqu'il y a urgence, ou lorsqu'il
« est question de statuer provisoirement sur les difficultés
« relatives à l'exécution d'un titre exécutoire, il y a lieu au
« référé d'après la disposition textuelle de l'article 806 du
« Code de procédure civile. — Or, dans le cas présent, il y
« avait réellement urgence et difficulté relative à l'exécution
« d'un titre exécutoire, puisque l'une des parties prétendait
« qu'il y avait lieu à réduction et que l'autre, sans en con-
« venir, voulait poursuivre l'exécution de son titre et pour
« tout le montant de la somme y mentionnée ; les parties
« n'étaient donc pas d'accord sur le montant de la somme
« due ; il y avait donc difficulté sur l'exécution du titre et il
« y avait urgence, en ce que le débiteur prétendu était
« exposé à des poursuites rigoureuses et pressantes, tandis
« qu'il était indécis quelle serait la somme dont il serait dé-
« biteur ; — 2° Que le président du tribunal n'a pas décidé
« s'il y avait lieu à réduction, mais a renvoyé les parties à
« se pourvoir à cet égard et s'est contenté de surseoir à des
« poursuites qui auraient pu, dans la suite, occasionner de
« grandes discussions ; que sa décision est donc basée sur
« les principes de la modération et de la sagesse... »

Le 29 février 1836 (Sirey, 1836, 2, 180), la Cour de Paris
choisissait, pour l'expression de la même doctrine, une formule excellente dans son laconisme :

« Considérant qu'il appartient au juge des référés de
statuer *sur toutes les difficultés qui peuvent se rencontrer dans
l'exécution d'un acte authentique et d'apprécier les motifs qui
pourraient en paralyser l'effet...* »

Une interprétation qui se tient aussi près des termes de la
loi, offre par cela même des garanties d'exactitude. Celle-ci
n'est pas seulement d'accord avec le texte ; elle est en outre
en parfaite harmonie avec l'esprit de la loi.

Le juge des référés n'a pas été institué pour lever quand
même toutes les oppositions à l'exécution des titres, mais
seulement celles qui sont illégitimes : il faut donc qu'il les

apprécie à ce point de vue spécial. Ces oppositions peuvent prendre leur fondement dans les causes les plus diverses et, quelle que soit la nature de l'obstacle, la mission du magistrat sera toujours la même : surseoir si l'exception est justifiée ou a des apparences sérieuses, passer outre si elle n'est qu'un moyen dicté par la mauvaise foi. Il importe sans doute que l'exécution des titres ne soit pas entravée et le juge des référés devra apporter, dans l'examen des difficultés qu'elles soulèvent, une extrême circonspection, mais il n'importe pas moins que le débiteur soit protégé contre des poursuites précipitées, injustes ou vexatoires. C'est précisément pour concilier ces intérêts contraires, tous les deux respectables, que le législateur a interposé un magistrat plein d'expérience et c'est pour cela aussi qu'il lui a attribué, sans distinction, la connaissance de toutes les difficultés qui pourraient surgir, abandonnant à sa prudence le soin de suspendre les poursuites ou d'en ordonner la continuation [1].

La loi est le plus souverain des titres et c'est de celui-là surtout que le juge des référés doit assurer l'exécution. Si donc des poursuites sont intentées en dehors des conditions légales, le juge des référés ne doit pas hésiter à en arrêter le cours.

Je trouve dans une jurisprudence récente deux applications de cette règle :

Des fournisseurs d'une demoiselle Cruch, dite Cora Pearl, avaient été autorisés à pratiquer contre elle des saisies foraines. en vertu de l'article 822 du Code de procédure. La partie saisie introduisit un référé devant le président du tribunal de la Seine et exposa devant ce magistrat que, bien qu'étrangère, elle possédait à Paris divers immeubles. L'ordonnance suivante intervint (*Gazette des tribunaux* du 11 janvier 1873) :

« Considérant que la mesure exceptionnelle, permise par
« l'article 822 du Code de procédure civile, doit être légi-
« timée par les circonstances prévues par cet article; —
« Que, si, à la vérité, la demoiselle Cruch est étrangère, il
« est constant qu'elle est propriétaire de l'immeuble, sis à
« Paris, rue de Chaillot, 101, dans lequel elle habite depuis

---

[1] Voir dans le même sens M. Bertin, n°ˢ 111 et suivants.

« plusieurs années ; — Que son séjour à Paris n'est donc
« pas accidentel et que le mobilier, qui a été saisi foraine-
« ment dans ce domicile, s'y trouve à l'état permanent ; —
« Considérant que, par suite, la permission en vertu de
« laquelle les saisissants ont procédé, a été requise hors les
« cas prévus par la loi, rapporte les ordonnances qui ont au-
« torisé les saisies foraines dont s'agit et dit que, nonobstant
« lesdites saisies foraines, la demoiselle Cruch reprendra
« la libre et entière disposition des objets et effets compris
« dans ces saisies... »

Je ne trouve dans cette ordonnance qu'un mot de trop :
celui qui déclare que les ordonnances sur requête sont rapportées. Le juge des référés n'a pas qualité pour infirmer les
ordonnances émanées d'une autre juridiction ; tout au moins
il ne peut le faire directement, et il suffit que l'ordonnance
de référé soit une décision contentieuse provisoire, pour
que ses effets prévalent sur une simple mesure conservatoire,
sans qu'il soit nécessaire de prononcer une infirmation.

— Voici la seconde espèce rapportée dans la *Gazette des
tribunaux* du 17 octobre 1874 :

Un sieur de Varieux, ex-consul à Carthagène, nommé
consul à Fernambouc, passe à Paris et voit saisir ses
meubles dans l'hôtel où il était descendu. Il se pourvoit
alors en référé, soutenant qu'il ne peut être considéré comme
un débiteur forain ; il invoque ses fonctions et le préjudice
causé par la saisie à un service public.

Sur ce débat, le président du tribunal de la Seine rendit
l'ordonnance suivante :

« Attendu qu'il n'est pas contesté que Letourneur est
« créancier de de Varieux d'une somme de 771 francs res-
« tant due sur plus forte somme, à raison d'une fourniture
« d'objets mobiliers expédiés, en avril 1867, à Carthagène
« où le demandeur exerçait alors les fonctions de consul ;
« — Qu'aux termes de l'article 822 du Code de procédure,
« le créancier peut, avec la permission du juge, faire saisir,
« même sans titre et sans commandement préalable, les
« effets trouvés dans la commune qu'il habite, appartenant
« à son débiteur forain ; — Que de Varieux, ex-consul à
« Carthagène (Espagne), promu aux mêmes fonctions à Fer-
« nambouc (Brésil), réside d'une manière constante à

« l'étranger, en raison de la nature même de ses fonctions ;
« — Qu'il n'a aucun établissement en France, n'y possède
« aucun immeuble ; — Qu'il se trouve passagèrement à
« Paris dans une maison meublée ; — Que c'est dans l'appar-
« tement qu'il y occupe que la saisie du 10 octobre 1874 a
« été pratiquée ; que cette saisie ne comprend que des effets
« à son usage personnel ; que les parties sont dès lors dans
« le cas prévu par l'article 822 du Code de procédure civile ;
« — Attendu que les fonctions de consul au Brésil, dont est
« investi le demandeur, ne peuvent faire obstacle à ce que
« ses créanciers exercent contre lui, en France, les droits
« ou actions attachés à cette qualité, et ce dans les termes du
« droit commun ; que l'on ne peut voir dans cet exercice
« une entrave apportée à un service public ; — Par ces motifs,
« renvoyons les parties à se pourvoir, disons qu'il n'y a lieu
« à référé... »

Le juge des référés, après avoir vérifié la régularité extérieure du titre, son caractère exécutoire, son applicabilité
au débiteur poursuivi, si d'ailleurs le titre n'est pas attaqué
dans son essence par un moyen sérieux, doit ordonner son
exécution littérale. Investi du droit de prononcer sur les
difficultés relatives à *l'exécution des titres*, il ne peut statuer
sur les *modifications* à y faire.

La Cour de Paris a fait de ce principe, dans un arrêt du
16 avril 1833 (Sirey, 1833, 2, 391) l'application suivante :

Une demoiselle Raimbaud avait été instituée légataire universelle par la demoiselle Mignon, à la charge de servir une
rente perpétuelle de 800 francs au capital de 16,000 francs
à la congrégation des missions de France. — Le 26 août 1824,
elle vendit aux époux Delbarre un immeuble dépendant du
legs, avec stipulation que les acquéreurs conserveraient
entre leurs mains un capital de 16,000 francs pour le service
de la rente léguée à la congrégation des missions.

Cette congrégation ayant été supprimée en 1830 avant
d'avoir obtenu la délivrance de son legs, la demoiselle Raimbaud, prétendant que le legs était caduc et faisait accrois-
sement au legs universel, dirigea des poursuites contre les
époux Delbarre en payement du capital de 16,000 francs. —
Ceux-ci firent opposition et soutinrent qu'ils ne pouvaient
se dessaisir, tant que la question n'aurait pas été tranchée

contradictoirement avec le légataire particulier ou ses re-
présentants. Une assignation fut donnée en référé, pour
obtenir la continuation des poursuites; une ordonnance
conforme fut rendue.

Mais, sur l'appel, la Cour de Paris statua en ces termes :
« Considérant qu'il s'agit, non pas de difficultés relatives à
« l'exécution d'un contrat de vente, mais d'une modification
« à faire à l'une des dispositions de ce contrat, question qui
« ne pourrait être décidée en état de référé; — Infirme, dit
« qu'il n'y a lieu à référé, renvoie les parties à se pour-
« voir... »

Se renfermant donc dans l'exécution du titre, le juge des
référés devra soigneusement s'abstenir de statuer sur toute
question étrangère à cette exécution même entre les parties,
notamment sur les revendications plus ou moins fondées
qui pourraient être soulevées par des tiers.

Ce point ressort très-clairement de plusieurs décisions de
la jurisprudence.

Le 1er février 1834 (Sirey, 1833, 2, 135), la Cour d'Aix consacrait le principe par un arrêt ainsi conçu :

« Sur l'incompétence : — Attendu que le président du tri-
« bunal de première instance de Marseille, juge du référé
« entre les parties, et sur le procès-verbal de l'huissier, ne
« s'est pas borné, dans son ordonnance du 22 novembre
« dernier, à examiner les causes de l'opposition à la saisie
« et à statuer uniquement et provisoirement sur l'exécution;
« mais qu'il a débouté textuellement l'une des parties de
« ses fins et conclusions prises devant lui sur une question
« de propriété de meubles, laquelle question de propriété ne
« pouvait ainsi être jugée par lui, ni provisoirement ni dé-
« finitivement, et qu'il aurait dû, sur ce chef, ne rien pro-
« noncer et renvoyer les parties à l'audience du tribunal,
« qu'ayant ainsi jugé au principal, contrairement à l'ar-
« ticle 809 du Code de procédure civile, il a outre-passé ses
« pouvoirs et que son ordonnance doit être annulée comme
« incompétemment rendue... »

Le 11 février 1847 (Sirey, 1848, 2, 659), la Cour de Paris
émettait la même doctrine :

« Considérant que, par exploit du 26 janvier dernier, la
« dame Grandperrin, se prétendant propriétaire des objets

« saisis à la requête de Barbier sur Hosseman, a formé oppo-
« sition à la vente ; — *Que, s'il appartenait au juge des référés*
« *d'ordonner des mesures provisoires de nature à conserver les*
« *droits de toutes parties, il ne pouvait statuer sur les questions*
« *de propriété et ordonner des mesures qui seraient de nature à*
« *porter un préjudice irréparable à l'une des parties ; que la*
« *vente des meubles saisis anéantirait complétement l'exercice*
« *des droits de propriété que la dame Grandperrin prétendait*
« *sur ces meubles ;* — Infirme, renvoie les parties à se pourvoir
« au principal et cependant, statuant par provision, ordonne
« que les poursuites seront continuées jusqu'à la vente ex-
« clusivement[1]... »

C'est là la mesure dans laquelle doit se tenir le juge des référés. Dans certaines circonstances exceptionnelles, il peut être tenté de la dépasser : qu'il s'en garde, car la limite une fois franchie, il lui serait difficile de s'arrêter.

Je trouve dans la *Gazette des tribunaux* du 18 juin 1867, un exemple bien fait pour expliquer la pensée qui peut venir au juge des référés de se dégager d'une règle trop rigoureuse.

Un individu, de passage à Paris, descend chez un de ses amis et remet ses bagages au concierge de la maison. Quelques jours après, au moment de partir, il réclame ses malles et apprend avec stupéfaction qu'elles ont été comprises dans une saisie-gagerie pratiquée à l'encontre de son hôte. Rappelé par ses affaires dans un département éloigné, n'ayant pas le temps de suivre une instance principale, il s'adressa au juge des référés qui ordonna la restitution des bagages. En fait, la décision pouvait être excellente, mais cependant protestons pour l'honneur des principes.

Le juge des référés ne peut rien ajouter ni retrancher au titre. Peut-il, du moins, prenant en considération la position du débiteur et en usant, d'ailleurs, de cette faculté avec modération, accorder un délai de grâce?

C'est là une question qui demeure encore vivement controversée. Le président de Belleyme, se départissant cette fois de ses habitudes, la discute presque avec chaleur :

« Oui, dit-il, le juge de référé a ce pouvoir, lorsque la
« chose et le prix ne sont pas en danger d'être perdus ; c'est

---

[1] Voir dans le même sens M. Berlin, nᵒˢ 866 et suivants.

« alors une mesure provisoire et conservatoire de tous les
« droits, qui ne préjudicie pas en définitive. Les arrêts d'Aix,
« 17 décembre 1813, Bordeaux, 28 février 1814, Pau, 12 juin
« 1822, Agen, 6 décembre 1824, Cassation, 1er février 1830,
« permettent, dans tous les cas, aux tribunaux d'accorder
« des délais, même pour l'exécution des titres exécutoires,
« et il se présente des circonstances tellement puissantes
« qu'à défaut d'un texte contraire, il faut accorder au prési-
« dent une faculté dont il ne doit au surplus user qu'*ave*
« *une extrême réserve*. Si le débiteur d'un billet de loyers,
« du prix d'un fonds de commerce ou d'immeuble, prouve,
« au moment de la vente des objets saisis ou de la délivrance
« du certificat de folle enchère, qu'il a payé des à-compte ;
« s'il offre réellement un nouvel à-compte formant la moitié,
« les trois quarts de la dette, plus tous les frais ; s'il justifie
« en outre de ressources réelles pour payer le reliquat dans
« un court délai, le président ne peut refuser un délai. Il ne
« peut laisser expulser et vendre. souvent en faveur d'un
« créancier qui profitera des dépenses faites dans les lieux
« ou de la valeur du fonds de commerce ! *Summum jus,*
« *summa injuria.* »

Comme M. Chauveau en a justement fait l'observation, on
trouve bien dans ce résumé énergique toutes les circonstances propres à rendre plausible et équitable la solution
proposée par M. de Belleyme. Cependant cette opinion n'a
pas réussi à rallier à elle la majorité de la doctrine et de la
jurisprudence. Finalement, il s'est même formé contre elle
une jurisprudence imposante dont nous citerons tout à l'heure
quelques monuments.

Le juge des référés, en accordant lui-même et directement
un délai de grâce, sortirait de ses attributions ordinaires.
En effet, quand il s'élève une difficulté d'exécution, que fait
ce magistrat ou plutôt que doit-il faire ? Il ne prononce pas
sur la difficulté même, à moins d'évidence qui lui enlève le
caractère d'une difficulté véritable ; mais il la constate,
renvoie les parties à se pourvoir au principal et ordonne
provisoirement la discontinuation des poursuites. Le pouvoir qu'on propose de conférer au juge des référés est tout
autre et bien plus considérable, on veut qu'il ait la faculté
de concéder lui-même un délai de grâce sans renvoi au

principal! Une dérogation aussi grave aux principes ne pourrait se justifier que par un texte formel de loi.

Un seul arrêt, à ma connaissance du moins, a essayé de donner à l'article 1244 du Code civil une interprétation aussi extensive. C'est un arrêt de la Cour de Paris du 16 septembre 1869, rapporté dans la *Gazette des tribunaux* du 17 septembre.

Il est ainsi conçu :

« Considérant qu'il s'agissait de l'exécution d'un titre et d'une mesure provisoire et que le juge des référés était compétent; — Considérant, au fond, que les dispositions de l'article 1244 du Code civil sont générales et ne distinguent pas entre la dette qui résulte d'un acte authentique et celle qui résulte d'un acte sous seing privé; — Considérant que les termes mêmes de l'article 1244, en invitant le juge à prendre en considération la position du débiteur et à user avec une grande réserve du pouvoir qui lui est accordé, indiquent suffisamment que ce pouvoir, au point de vue des délais apportés à l'exécution, est absolu. »

Les arrêts qui ont consacré la doctrine contraire sont très-nombreux. Je citerai notamment celui du 18 juillet 1865, rendu par la Cour de Paris (*Gazette des tribunaux* du 22 juillet) :

« Considérant, en fait, que, par acte authentique en date
« du 6 février 1864, de la Valette s'est reconnu débiteur
« envers l'appelant d'une somme de 10,821 fr. 95 c., dès lors
« exigible; — Que, pour avoir payement de ladite somme,
« de Bouyn, après un commandement infructueux, a fait
« procéder, le 9 mai 1865, à une saisie-exécution au domi-
« cile de l'intimé; — Que, sur un référé introduit par de
« la Valette, l'ordonnance frappée d'appel a suspendu pen-
« dant trois mois les poursuites commencées; — Considé-
« rant, en droit, que si l'article 806 du Code de procédure
« civil a attribué compétence au juge des référés pour statuer
« provisoirement sur les difficultés relatives à l'exécution d'un
« titre exécutoire, il la lui refuse par là même, en l'absence de
« toute difficulté réelle, lorsque la créance est incontestée,
« exigible, et que le débiteur se borne à demander terme et
« délai ; — Que, sans doute, les Cours et tribunaux, statuant
« au principal, peuvent par des délais modérés tempérer la

« rigueur du titre exécutoire qu'ils confèrent au créancier;
« mais qu'aucune disposition de la loi ne donne au juge de
« référé le pouvoir de suspendre, en considération de la po-
« sition du débiteur, l'exécution d'un acte authentique
« ayant voie parée et tenant de la loi civile une force qui ne
« doit subir aucune atteinte; — Que les faits de la cause ne
« présentant pas les caractères d'un simple incident d'exé-
« cution, le juge des référés n'avait ni qualité ni, d'ailleurs,
« des motifs plausibles pour arrêter l'exécution d'un titre
« auquel étaient dues foi et provision et qui contenait man-
« dement aux officiers de justice. »

On peut joindre à cet arrêt d'autres arrêts analogues de la
Cour de Paris des 12 décembre 1862 (*Gazette des tribunaux*
du 13 décembre), 24 mars 1868 (*Gazette des tribunaux* du 31
mars), 18 février 1873 (*Gazette des tribunaux* du 2 mai), 24
février 1874 (*Gazette des tribunaux* du 10 avril), 16 mai 1874
(*Gazette des tribunaux* des 18 et 19 mai)[1].

Cette opinion toutefois me paraît trop absolue et, pour ma
part, j'inclinerais à adopter un système intermédiaire que je
propose malgré sa nouveauté.

On admet en effet, aujourd'hui, que la disposition de l'article 1244 du Code civil est générale et qu'elle ne fait aucune
distinction entre les titres exécutoires et ceux qui ne le sont
pas. Souvent il arrive que des embarras momentanés sur-
viennent au débiteur, depuis la condamnation qu'il a encourue; il n'a pas pu songer à demander au tribunal, qui a
prononcé cette condamnation, un délai dont il n'avait pas
besoin alors; la nécessité s'en étant fait sentir ensuite, aura-
t-il perdu tout recours? On l'a bien contesté, mais on reconnaît désormais que le débiteur malheureux, en butte à des
poursuites intentées en vertu d'un titre exécutoire, peut
s'adresser aux tribunaux pour obtenir un répit et son oppo-

---

[1] Dans les n°s 194 et suivants de son *Traité*, M. Bertin soutient avec fermeté la doctrine de l'arrêt de la Cour de Paris du 16 septembre 1869. Non
content d'invoquer, en faveur de cette opinion, l'utilité qui ne serait pas
une raison suffisante, il croit en trouver la justification juridique dans la
combinaison des articles 1244 et 806 : le premier parlant des *juges*, non du
tribunal, le deuxième embrassant *toutes les difficultés d'exécution*... Or,
conclut-il, la demande d'un délai n'est pas autre chose qu'une difficulté
d'exécution.

sition, en fait, n'aura pas d'autre objet. Que le juge des référés n'ait pas qualité pour accorder lui-même le délai sollicité; je le crois fermement, car il se substituerait ainsi aux juges du fond. Mais du moins, s'il reconnaît, à la demande d'un délai formée par le débiteur, un caractère sérieux, des motifs plausibles, pourquoi ne pourrait-il pas prescrire momentanément la discontinuation des poursuites, afin de permettre aux tribunaux compétents d'accorder ou de refuser le délai réclamé? Si la faculté d'obtenir un délai existe, même dans le cas de poursuites dirigées en vertu d'un titre exécutoire, la demande de sursis, formée par le débiteur et refusée par le créancier, constitue vraiment une difficulté d'exécution et, sans la trancher directement, le juge des référés doit la laisser arriver aux juges compétents en ordonnant simplement la discontinuation des poursuites. Il en sera de ce cas, comme de tous ceux, où la prétention, élevée par le débiteur, présentera des apparences plus ou moins légitimes. Autrement, si le juge des référés passait outre en fermant toujours l'oreille à la réclamation du débiteur, ne voit-on pas qu'il priverait celui-ci de l'exercice d'une faculté reconnue par la loi et que, sous une forme absolue bien qu'indirecte, il déciderait contre le débiteur une question pour laquelle on proclame cependant son incompétence?

Il me semble qu'il est à la fois plus équitable et plus juridique de suivre la même règle posée plus haut. Pour la demande d'un délai, comme pour toute autre exception, le juge des référés doit se borner à constater l'existence d'une prétention sérieuse et, sans la juger lui-même, ouvrir aux parties un moyen de la faire juger par le tribunal compétent. Ce moyen, c'est la discontinuation momentanée des poursuites : au contraire, l'ordre toujours donné de continuer les poursuites entraînerait forcément le refus d'un délai et constituerait ainsi une décision véritable sur ce point.

A ce principe que le juge des référés est incompétent pour statuer directement sur la demande d'un délai de la part du débiteur poursuivi, constatons une exception consacrée par la jurisprudence elle-même.

La Cour de Bourges, par arrêts des 1er octobre et 9 novembre 1870 (Sirey, 1871, 2, 47), a décidé que le juge des référés était compétent pour accorder lui-même un délai de grâce dans les circonstances prévues par le décret du 7 septembre 1870.

Par deux fois, elle s'est exprimée en ces termes sur la difficulté :

« Attendu qu'en présence des termes généraux du décret « du 7 septembre 1870, et malgré les principes admis par la « jurisprudence, il apparaît suffisamment que le juge du « référé était compétent pour statuer sur la demande formée « par Bailerand et tendant à obtenir un délai de grâce... » (Arrêt du 1ᵉʳ août 1870.)

« Considérant que la faculté conférée aux tribunaux par « le décret du 7 septembre 1870 est générale et s'applique « aux poursuites ou exécutions en toutes matières, par con- « séquent au présent litige... » (Arrêt du 9 novembre 1870.)

Le texte de ce décret est, en effet, décisif, car il est ainsi conçu :

« L'article 1244 du Code civil, § 2, est applicable, pen- « dant la durée de la guerre, à toute contestation entre « locataires et propriétaires, relative au payement des loyers « et *aux poursuites ou exécutions en toute matière.* Les tribu- « naux peuvent, selon les circonstances, accorder délai, « suspendre toute exécution ou poursuite. *En cas d'urgence,* « *le président du tribunal statue par ordonnance de référé exé-* « *cutoire nonobstant appel.* »

Une autre question s'est posée à l'occasion des poursuites d'exécution : le juge des référés peut-il accueillir les offres faites par le débiteur ?

Posée en ces termes, elle aurait été très exactement résolue par la Cour de Paris dans les arrêts des 1ᵉʳ septembre 21 octobre 1842, 12 décembre 1820, qui ont tous dénié compétence au juge des référés. Mais s'il n'a pas qualité pour valider les offres, ce magistrat n'a-t-il pas le pouvoir de les prendre en considération pour ordonner provisoirement la discontinuation des poursuites et permettre ainsi au tribunal de statuer sur la validité ?

J'ai peine à comprendre qu'on ne voie pas dans des offres sérieuses, refusées par le créancier, une difficulté d'exécution. Que le juge des référés, dans cette circonstance comme toujours, ne prenne pas facilement le change et qu'il ne s'arrête pas à des offres faites en l'air ou avec des conditions

inacceptables, rien de mieux ; mais, si les offres sont réali-
sées, si elles paraissent satisfactoires, comment vouloir que
nonobstant il précipite des poursuites qui ne sont plus que
vexatoires ? Pourquoi écarterait-il toujours un obstacle dont
la légitimité pourra être reconnue plus tard ? Pourquoi, surtout, cette différence établie entre cette exception et toutes
les autres qui, non moins énergiquement combattues par le
créancier, ont cependant pour résultat d'autoriser une discontinuation des poursuites ? Cette fois encore, en passant
outre, quelles que soient les circonstances, le juge des référés s'exposerait à faire préjudice au principal. Laissons-lui
donc, dans ce cas, une faculté d'appréciation nécessaire qui,
sans le rendre juge définitif du mérite de l'exception, lui
permette tout au moins une mesure provisoire, en renvoyant
les parties pour la solution du litige devant leurs juges
naturels.

Le juge des référés accordera donc aux parties, suivant les
circonstances et l'appréciation qu'il en aura faite, un sursis
pour qu'elles puissent faire juger définitivement, par le tribunal, la difficulté qui les divise. Ses pouvoirs ne vont pas
au delà, lorsque les poursuites reposent sur un titre légal et
régulier : il excéderait manifestement sa compétence en
concédant un sursis indéfini ou même subordonné à la solution du litige principal.

La Cour d'Agen a fait de ce principe une application remarquable dans un arrêt du 18 juillet 1833 (Sirey, 1834, 2, 597) :

Un sieur Couach avait obtenu contre un sieur Bayle un
jugement de condamnation au payement de la somme de
980 francs. Des poursuites ayant été exercées en vertu de ce
jugement, Bayle cita Couach en référé pour obtenir un sursis, jusqu'à ce qu'il eût été statué sur une action en reddition
de compte qu'il avait intentée contre Couach.

Le juge des référés, au lieu d'ordonner la discontinuation
des poursuites, en laissant aux juges du fond le soin de décider s'il fallait surseoir jusqu'à l'issue du procès en reddition
de compte, fixa lui-même la durée du sursis jusqu'à l'apure-
ment du compte.

La Cour d'Agen réforma l'ordonnance en ces termes, qui
marquent bien les limites respectives de la compétence de
chaque juridiction :

« Attendu que le juge de référé n'a de mission que pour
« statuer *provisoirement* sur la contestation qui lui est sou-
« mise, sauf aux parties à se pourvoir devant les tribunaux
« pour faire statuer *sur la même contestation;* — Attendu que
« le juge de référé, en ordonnant le sursis aux poursuites
« jusqu'après un événement qu'il a déterminé et fixé, a évi-
« demment jugé *définitivement* la contestation qui lui était
« soumise; qu'il a alors excédé ses pouvoirs et que, par
« suite, sa décision doit être annulée; — Annule comme in-
« compétemment rendu le jugement de référé dont s'agit et
« néanmoins évoquant, *faisant ce que le premier juge aurait*
« *dû faire, surseoit provisoirement aux poursuites, sauf à*
« *Couach à se pourvoir pour faire statuer définitivement sur la*
« *contestation...* »

Parmi les titres exécutoires, une catégorie spéciale : *les jugements*, nécessite des explications particulières.

L'attribution conférée au juge des référés de statuer sur les difficultés relatives à l'exécution des jugements, est aussi étendue que possible. Cette expression de *jugement* s'applique à toutes les décisions judiciaires, quelle que soit la juridiction dont elles émanent, même la juridiction administrative.

Nous trouvons, dans la *Gazette des tribunaux* du 4 juin 1870, une application de ce principe :

Un propriétaire avait obtenu du conseil de préfecture un arrêté ordonnant la suppression de certains travaux. Un pourvoi avait été formé devant le Conseil d'État. — Le bénéficiaire de l'arrêté ayant voulu en poursuivre l'exécution, un référé fut introduit devant le président du tribunal de la Seine. Ce magistrat statua en ces termes :

« Attendu que les arrêtés des conseils de préfecture ont
« le caractère et les effets des jugements; — Attendu qu'aux
« termes de l'article 3 du règlement du 22 juillet 1806, ils
« sont exécutoires par provision, nonobstant pourvoi au
« Conseil d'État; qu'il appartient aux parties qui les ont
« obtenus d'en poursuivre l'exécution par les voies ordi-
« naires; — Que, si des difficultés s'élèvent lors de l'exé-
« cution, le juge de référé a le droit de statuer sur icelles,
« conformément aux dispositions de l'article 806 du Code de
« procédure civile. »

Le juge des référés doit, lorsqu'il s'agit de l'exécution des titres, vérifier en premier lieu si le titre est exécutoire. Cette vérification préalable, à l'égard des jugements, appelle de la part du juge des référés des constatations spéciales.

Il devra rechercher si le jugement a été régulièrement signifié ; si le délai, pendant lequel toute exécution est interdite, est expiré ; si le jugement n'est pas frappé d'opposition ou d'appel ; s'il n'est pas atteint par la péremption.

Je ne puis, sans trop m'éloigner de mon sujet, reproduire sur chacun de ces points les principes édictés par le Code de procédure. Le président du tribunal devra les suivre fidèlement, car les diverses circonstances que nous venons de mentionner constituent, ou des conditions essentielles pour rendre les jugements exécutoires, ou des faits qui leur enlèvent leur force d'exécution.

Dans cet ordre d'idées, le juge des référés, pour se renfermer exclusivement dans l'objet de sa mission, devra se borner à ordonner, suivant les circonstances, la continuation ou la discontinuation des poursuites. C'est ainsi qu'il sera amené à apprécier, dans une certaine mesure, la régularité d'une opposition ou d'un appel, la valeur d'un acquiescement.

Quand l'obstacle se produit, quel que soit le motif sur lequel il repose, il faut nécessairement qu'il soit levé ou maintenu : en renvoyant au juge des référés cette difficulté, le législateur a voulu sans doute qu'elle fût appréciée, en connaissance de cause, même au provisoire. Si donc le débiteur, poursuivi en vertu d'un jugement, excipe d'une opposition ou d'un appel qu'il a formés, si, de son côté, le poursuivant insiste en invoquant, soit l'irrégularité de l'appel et de l'opposition, soit l'acquiescement du débiteur, il faudra bien que le juge des référés se fasse sur ces divers points une opinion. Les parties, en effet, sont devant lui pour obtenir que les poursuites soient continuées ou suspendues et, pour prendre l'une ou l'autre résolution, le juge doit avoir une raison qu'il ne saurait puiser que dans l'appréciation de la situation qui lui est soumise. Ce sera là une mesure provisoire : le tribunal compétent, saisi plus tard, dira seul définitivement si la poursuite doit tomber ou reprendre son cours en jugeant les exceptions soulevées.

Le juge des référés doit observer la même règle à l'égard des questions d'interprétation.

Il est bien sûr qu'il n'appartient pas à ce magistrat de fixer définitivement le sens et la portée d'un jugement émané d'une autre juridiction. Mais ce principe ne saurait obliger le juge des référés, ni à s'arrêter devant une prétendue difficulté d'interprétation, si le dispositif du jugement lui paraît clair, ni à passer outre, si le jugement lui semble présenter une obscurité sérieuse. Dans le premier cas, il ordonnera la continuation des poursuites, dans le second leur discontinuation. Les parties se pourvoiront ensuite en interprétation, si elles le jugent convenable.

Certaines difficultés spéciales qui se présentent, en matière d'exécution de jugement, doivent attirer notre attention.

— Un jugement a été mal à propos qualifié en dernier ressort. Cette qualification est indifférente pour l'admissibilité de l'appel, mais, en attendant qu'elle soit rectifiée, comme elle est présumée conforme à la loi, le jugement sera pleinement exécutoire nonobstant appel.

— Un jugement en dernier ressort n'a pas été qualifié ou il a été qualifié en premier ressort. L'appel, bien que non recevable, produira provisoirement son effet suspensif.

— L'exécution provisoire a été ordonnée et la loi ne la permettait pas dans l'espèce.

— A l'inverse l'exécution provisoire devait être ordonnée et elle ne l'a pas été.

Dans ces diverses hypothèses il y a, soit pour le débiteur, soit pour le créancier, un préjudice imminent, et il semble que l'urgence ne puisse être plus grande. L'intervention du juge des référés paraît toute naturelle, et cependant on est généralement d'accord pour l'écarter. Le législateur, dit-on, après avoir prévu ces diverses situations, a avisé aux moyens d'y pourvoir et a indiqué une juridiction autre que celle du juge des référés (art. 457, 458, 459 C. pr. civ.). Il y a donc attribution de juridiction : le motif semble péremptoire.

La Cour de Montpellier l'a ainsi jugé par un arrêt du 11 décembre 1841 (Sirey, 1842, 2, 174) conçu en ces termes :

« Attendu que le pouvoir donné par les articles 806 et 807 « du Code de procédure aux présidents des tribunaux de

« première instance de statuer en audience de référé, dans
« les cas d'urgence ou sur les difficultés relatives à l'exécu-
« tion d'un titre exécutoire ou d'un jugement déclaré tel,
« cesse nécessairement lorsque la matière, qui fait l'objet du
« référé, a été placée par une disposition spéciale de la loi
« dans les attributions d'une autre juridiction; — Qu'il cesse
« pareillement par l'effet de la litispendance, lorsque le
« litige, soulevé par la citation en référé, a déjà été porté
« devant un autre juge; — Attendu que lorsqu'un jugement
« a ordonné l'exécution provisoire de ses dispositions, il
« n'appartient qu'aux juges du second degré, nantis de l'ap-
« pel, d'empêcher ou de suspendre cette exécution provisoire
« conformément à l'article 459 du Code de procédure civile;
« — Que la demande tendante à obtenir des défenses à
« l'exécution provisoire forme un incident de l'instance d'ap-
« pel, et rentre par cela seul dans la compétence exclusive
« des juges d'appel; — Que, bien que par sa nature même
« une telle demande soit généralement urgente, son urgence
« n'a d'autre effet que d'autoriser à la poursuivre par voie
« d'assignation à bref délai, mais que l'appréciation de l'ur-
« gence appartient au président du tribunal d'appel ou de la
« Cour auquel doit être adressée la requête en abréviation de
« délai; — Qu'indépendamment de ces principes généraux,
« qui rendent le juge des référés incompétent d'une manière
« absolue, pour connaître des défenses en sursis à l'exécu-
« tion provisoire d'un jugement entrepris par la voie de
« l'appel, la disposition de l'article 171 du Code de pro-
« cédure l'oblige à se dénantir lorsque, de fait, les juges du
« second degré ont été saisis de l'incident en défenses ou
« sursis... »

Je comprends à merveille que, lorsqu'il s'agira de réparer
l'omission du jugement, qui a oublié de prononcer l'exécution provisoire, ou de restituer à ce jugement qualifié en
premier ressort sa qualification de décision en dernier ressort,
il faille de toute nécessité s'adresser à la Cour. Le juge des
référés ne peut rien ajouter aux titres.

Il est bien vrai aussi qu'il ne peut rien en retrancher, et
c'est cette raison, sans doute, qui a fait assimiler, aux deux
hypothèses précédentes. celle où l'exécution provisoire a été
ordonnée en dehors des deux cas prévus par la loi, ainsi que

celle où un jugement en premier ressort a été qualifié en dernier ressort.

Cependant une distinction serait rationnelle.

Dans le premier cas, le créancier est condamné à une inaction qui peut être fâcheuse, mais, dans le second, l'inconvénient est bien autrement grave ; le débiteur est immédiatement en butte à des poursuites vexatoires et, quand il aura obtenu des défenses, s'il lui a fallu d'un point éloigné du ressort se pourvoir jusqu'à la Cour, il sera souvent trop tard. La situation n'est donc pas exactement comparable et la prudence du législateur, en appliquant le même remède dans les deux cas, eût été en défaut.

Une autre interprétation préviendrait ce résultat et, bien que je ne lui connaisse aucun précédent, je la propose encore [1].

Prenons garde, en effet, que les défenses, placées par les articles 457 et 459 du Code de procédure dans les attributions exclusives de la Cour, sont celles qui ont pour but de surseoir à l'exécution jusqu'à un événement déterminé : l'arrêt à intervenir sur le fond. Un pareil pouvoir dépasse bien certainement la compétence du juge des référés et je ne songe pas à le lui attribuer. Mais, lui reconnaître seulement la faculté d'ordonner la discontinuation des poursuites, serait permettre au débiteur d'obtenir utilement de la Cour les défenses en question, sans courir le risque d'être devancé par des poursuites précipitées. L'article 806 du Code de procédure se concilierait ainsi avec les articles 457 et 459. Au juge des référés il appartiendrait de suspendre momentanément les poursuites, à la Cour de les suspendre jusqu'à l'arrêt définitif. Il en serait de ce cas comme de celui où le débiteur sollicite un délai de grâce : le juge des référés ne peut l'accorder, mais il ouvre aux parties un moyen de l'obtenir du tribunal compétent. De même il n'a pas qualité pour accorder lui-même des défenses ; il prend seulement une mesure provisoire, afin de permettre au débiteur de les demander à la Cour.

---

[1] J'ai été heureux de constater, depuis que ces lignes sont écrites, qu'une opinion, qui me causait quelque inquiétude, était partagée par M. Bertin ; je m'y sens désormais affermi. Comp. n°ˢ 99 et suivants du *Traité des référés*.

Quoi qu'il en soit de la question générale, il se présente des espèces délicates, dont nous citerons un exemple avec un arrêt de la Cour de Grenoble du 31 décembre 1869. (Voir *Recueil des arrêts* de Grenoble et Chambéry, 1870, p. 358.)

Le 2 septembre 1869, le président du tribunal de Valence avait rendu l'ordonnance suivante :

« Attendu qu'il y a évidemment extrême urgence à pour-
« voir à l'administration provisoire des immeubles en litige,
« qu'Argoud reconnaît que le gérant, qui avait été précé-
« demment nommé, n'est point un gérant sérieux ; que
« c'est Argoud lui-même qui va tenir les livres déposés chez
« ledit gérant et qui, sous le nom de celui-ci, à l'abri de tout
« contrôle, administre réellement et cherche ainsi, par tous
« les moyens, à se perpétuer dans cette position, sans avoir
« rendu compte depuis plusieurs années ; — Attendu que
« les exceptions soulevées aujourd'hui par Argoud ne sont
« que dilatoires et sans application à l'espèce ; qu'il n'est
« pas question ici de connaître de l'exécution du jugement
« énoncé du 28 août, ni de forcer les parties à l'exécuter ou
« à y acquiescer, tout quoi est étranger au juge des référés ;
« — Attendu qu'on ne saurait exciper davantage de ce qu'il y
« a un gérant nommé, dont l'entrée en exercice est subor-
« donnée à la signification du jugement qui le nomme ;
« qu'en effet, indépendamment de toute décision préexis-
« tante, il est de principe qu'on doit toujours, quand il y a
« péril en la demeure, pourvoir d'urgence à une administra-
« tion occupée par un seul intéressé, alors pourtant qu'elle
« regarde plusieurs héritiers dont le partage n'est pas con-
« sommé ; que cette disposition n'est qu'une mesure pure-
« ment provisoire, prise pour la conservation des biens
« communs et indivis, qui rentre dans les attributions du
« juge des référés et qui est d'ailleurs justifiée par les
« circonstances de la cause ; — Par ces motifs, nous, juge
« des référés, sans nous arrêter à autres fins et exceptions,
« disons que Gelas, en qualité de gérant, prendra sur-le-
« champ et jusqu'au partage définitif, l'administration des
« écuries indivises entre les parties... »

Sur l'appel, la Cour de Grenoble infirma l'ordonnance en ces termes :

« Attendu que la loyauté et la probité d'Argoud n'ont reçu

« aucune atteinte par la décision dont est appel ; qu'il a con-
« tinué depuis, et à juste titre, à être entouré de l'estime
« de ses concitoyens ; qu'il s'agit uniquement de savoir si la
« mesure ordonnée par la décision dont est appel est bien
« intervenue ; — Attendu, sous ce rapport, que, par juge-
« ment du 28 août 1869, le tribunal de Valence a ordonné la
« licitation des immeubles indivis entre les parties et, en
« même temps, a confié la gérance provisoire des écuries
« au sieur Gelas ; — Attendu qu'à ce moment les mariés
« Chatin et la veuve Argoud ne crurent pas devoir demander
« l'exécution provisoire de la partie du jugement qui confiait
« la gérance au sieur Gelas ; qu'ils considéraient cette me-
« sure comme ne présentant aucun caractère d'urgence ;
« que cependant deux jours après, et par exploit du 1er sep-
« tembre, sous prétexte d'urgence, ils ont assigné Argoud
« en référé pour voir ordonner que le sieur Gelas entrerait
« immédiatement en fonctions ; que le jugement du référé,
« sans avoir égard au jugement du 28 août, a déclaré l'ur-
« gence et fait droit à cette demande ;—Attendu que le juge
« du référé a bien le droit de statuer, en cas d'urgence, sur
« les difficutés que soulève l'exécution d'un jugement, mais
« qu'il ne peut, sous prétexte d'urgence, ajouter de nouvelles
« dispositions à un jugement, en prescrivant une mesure
« qui aurait pour effet de remplacer l'exécution provisoire ;
« qu'aucun fait n'établit l'urgence ; que les choses se trou-
« vaient, le 2 septembre, dans le même état qu'elles étaient
« au 28 août ; que le juge du référé n'étant pas compétent,
« son ordonnance doit être annulée... »

Lorsque le jugement est frappé d'opposition ou d'appel,
le juge des référés, après avoir constaté la régularité de l'opposition ou de l'appel, est compétent pour ordonner la discontinuation des poursuites. En est-il de même, lorsque le
jugement est frappé de tierce opposition ? La difficulté vient
de ce que l'article 478 du Code de procédure civile, paraît n'a-
voir accordé *qu'au tribunal* le pouvoir de suspendre l'exécution. Cependant la situation du tiers est pour le moins aussi
intéressante que celle des parties au jugement ; elle peut
comporter une urgence aussi grande. Enfin l'article 806 est
général et, comme il est placé à la suite de l'article 478, on
peut dire, avec un arrêt de la Cour de Rouen que nous avons

rapporté, qu'il couvre et complète l'ensemble de la législation qui le précède. La question, toutefois, partage la doctrine et la jurisprudence.

Quant à moi, je serais disposé à admettre dans ce cas la compétence du juge des référés, ainsi que l'a fait le tribunal de la Seine. dans un jugement du 5 septembre 1872 (Sirey, 1872, 2, 312), que nous avons déjà cité en partie et qu'il convient maintenant de reproduire en entier :

« En ce qui touche l'exception d'incompétence : — Attendu
« qu'aux termes de l'article 474 du Code de procédure,
« une partie peut former tierce opposition au jugement qui
« préjudicie à ses droits et lors duquel ni elle, ni ceux
« qu'elle représente, n'ont été appelés ; — Que, suivant l'ar-
« ticle 477, le tribunal devant lequel le jugement attaqué
« aura été produit pourra, suivant les circonstances, passer
« outre ou surseoir ; — Que l'article 478 est ainsi conçu : « Les
« jugements passés en force de chose jugée, portant con-
« damnation à délaisser la possession d'un héritage, seront
« exécutés contre les parties condamnées, nonobstant la
« tierce opposition et sans y préjudicier. Dans les autres cas,
« les juges pourront, suivant les circonstances, suspendre
« l'exécution du jugement; » — Attendu que le juge des ré-
« férés a qualité pour suspendre ou ordonner la continuation
« des poursuites exercées en vertu d'un jugement frappé de
« tierce opposition; qu'en effet, par ces expressions « le tri-
« bunal » on doit comprendre les juges devant lesquels le
« jugement est produit suivant l'ordre de juridiction; qu'en
« cas d'inexécution ou d'urgence, le président des référés
« remplace le tribunal ; que c'est ainsi que l'on interprète les
« dispositions de l'article 554 du Code de procédure civile
« qui sont capitales en cette matière; que cet article porte
« que le tribunal du lieu statuera provisoirement sur les dif-
« ficultés élevées sur l'exécution des jugements et actes re-
« quérant célérité; que, par ces mots « le tribunal du lieu »
« on doit entendre non-seulement le tribunal de première
« instance, mais aussi le président statuant comme juge des
« référés... »

La requête civile et le pourvoi en cassation n'ayant point d'effet suspensif, le juge des référés devra, nonobstant, ordonner la continuation des poursuites.

Remarquons encore que, pour les jugements rendus par les tribunaux étrangers, le juge des référés devra suivre les règles qui sont posées, en cette matière délicate, par la doctrine et la jurisprudence. C'est, on le sait, une question toujours vivement controversée que celle de l'exécution en France des jugements étrangers : sont-ils sujets à révision ? Que cette révision soit totale, ou qu'elle consiste seulement à rechercher si la sentence étrangère n'offre rien de contraire à notre droit public national, il n'importe : cette mission, étendue ou restreinte, appartient exclusivement aux tribunaux et dépasse la compétence du juge des référés. Pour que la décision étrangère puisse être ramenée à exécution sur notre territoire, il faut au préalable qu'elle ait été déclarée exécutoire par un tribunal français. Le juge des référés devra veiller à la stricte observation de cette condition essentielle.

Nous n'avons parlé jusqu'ici que des jugements; mais des difficultés, de même nature, peuvent surgir à l'occasion de l'exécution des arrêts; quel sera le juge compétent pour statuer provisoirement?

Certains auteurs, suivis en cela par une partie de la jurisprudence, ont pensé qu'il fallait appliquer textuellement l'article 472 du Code de procédure. — Si donc l'arrêt a confirmé le jugement, ou s'il y a, en raison de la matière, attribution de juridiction, ou si la Cour a renvoyé les parties devant un tribunal désigné, le président de l'un ou de l'autre tribunal sera compétent pour statuer, en référé, sur les difficultés inhérentes à l'exécution de l'arrêt. — Si, au contraire, la Cour a retenu l'exécution, en cas de difficultés, on devra se pourvoir, non devant le président de la Cour qui n'a aucune attribution de référé, mais devant la Cour elle-même.

Cette opinion a été vivement combattue par M. Carré d'abord et par son savant continuateur ensuite. Je ne sais rien de plus net et de plus décisif que l'argumentation de M. Chauveau :

« Nous ne prétendons pas que le président du tribunal
« civil soit compétent, plus que le tribunal lui-même, pour
« connaître de l'exécution d'un arrêt infirmatif et nous re-
« pousserions un système qui entraînerait à cette consé-
« quence; mais il faut s'attacher à la règle qui détermine et

« limite à la fois les pouvoirs du juge du référé. Ses déci-
« sions ne portent pas préjudice au fond, n'empiètent nul-
« lement sur les attributions des juridictions ordinaires ;
« leur cause est l'urgence, leur effet est essentiellement pro-
« visoire ; or les mêmes raisons qui permettent à ce ma-
« gistrat de statuer sur des contestations qui, au fond, re-
« lèvent des tribunaux de première instance, sans que l'on
« puisse dire qu'il blesse les principes fondamentaux de
« compétence, doivent également l'autoriser à statuer de la
« même manière sur les dificultés relatives à l'exécution
« d'un arrêt. Il n'usurpe pas plus, en ce cas, les fonctions de
« la Cour d'appel que, dans les autres, celles du tribunal
« civil ; il prévient un préjudice irréparable, en attendant
« que les juges compétents soient appelés à se prononcer :
« il remplit, par conséquent, le but de son institution.

« Ce qui prouve que la loi, comme le dit M. Carré, *at-
« tribue juridiction* au président du tribunal, c'est l'impos-
« sibilité même qu'il en soit autrement. Devant qui, en
« effet, se pourvoirait-on en référé si ce n'est devant lui ?
« Les auteurs et les arrêts précités reconnaissent que ce
« n'est point devant le président de la Cour qui n'a pas
« mission pour cela. Ils en concluent que c'est devant la
« Cour tout entière ; mais alors, nous le demandons, l'objet
« du référé n'est-il pas complétement manqué ? Que de-
« viennent cette promptitude et cette simplicité, si néces-
« saires en cas d'urgence, dans un débat porté devant des
« magistrats souvent très-éloignés du lieu de l'exécution,
« devant une chambre réunie, comme s'il s'agissait de juger
« une contestation ordinaire ?...

« De ces observations nous sommes en droit de conclure
« qu'en désignant le président du tribunal civil pour connaître
« du référé, l'article 807 lui *attribue juridiction*, et que cette
« juridiction dont nous avons déjà déterminé les limites et
« le véritable caractère, s'étend à tous les cas sans distinc-
« tion ; d'où il suit que c'est à ce magistrat à résoudre pro-
« visoirement les difficultés urgentes nées de l'exécution d'un
« arrêt, sauf à renvoyer au principal devant la Cour qui l'a
« rendu[1]... »

---

[1] Voir dans le même sens M. Bertin, *Traité des référés*, nos 244 et suiv.

L'article 472 qu'on invoque règle la compétence des juges chargés de prononcer sur le fond de la contestation. Il s'agit ici de tout autre chose et c'est à l'article 806 qu'il faut s'at-. tacher pour déterminer la compétence du juge des référés. Il est vrai qu'il mentionne seulement les *jugements*, mais l'expression est prise ici *latissimo sensu*, pour désigner toute décision judiciaire, si bien qu'elle s'applique (tout le monde le reconnaît) aux décisions contentieuses des tribunaux administratifs, aux arrêtés des conseils de préfecture, par exemple.

Cette opinion de MM. Carré et Chauveau a été consacrée par un arrêt du 12 octobre 1837, de la Cour de Paris (Sirey, 1838, 2, 429).

« En ce qui touche la compétence : — Considérant que, si « la loi réserve, aux Cours qui ont prononcé des arrêts in- « firmatifs, la connaissance des difficultés sur leur exécution « nécessitant l'interprétation de ces arrêts, l'article 806 du « Code de procédure permet de saisir, par voie de référé, le « président des difficultés sur les actes tendant à l'exécution « des jugements et arrêts et généralement de tous les cas « d'urgence, à charge par le président de ne statuer que par « provision et sans préjudicier au principal... »

J'ai essayé, comme on le voit, pour ce second ordre des attributions du juge des référés, ainsi que je l'avais tenté pour le premier, de préciser, avec le secours de la doctrine et de la jurisprudence, les principes qui doivent servir de guide à ce magistrat. Après m'être occupé des titres exécutoires d'une manière générale, j'ai ensuite consacré quelques développements particuliers aux jugements. Avant de clore ce paragraphe, je voudrais encore dire quelques mots de la saisie immobilière, de la saisie conservatoire et de la saisie-arrêt.

Et, d'abord, quant à la saisie immobilière, peut-on se pourvoir, en référé, pour faire statuer provisoirement sur l'opposition aux poursuites ?

Je crois qu'il faut distinguer :

Il y a, dans les poursuites de saisie immobilière, deux phases principales : 1° celle qui, à partir du commandement, va jusqu'au procès-verbal de saisie ; 2° celle qui, commençant au procès-verbal de saisie, se termine par l'adjudication.

On reconnaît aujourd'hui que le commandement ne fait

pas partie intégrante de la saisie, tant qu'il n'a pas été suivi
du procès-verbal de saisie. On admet comme conséquence
que, dans cette période, l'opposition au commandement doit
se faire par action principale soumise, quant aux délais, aux
formes et à la compétence, aux règles des actions ordinaires.
On voit de suite, et par cela même, qu'il est telles circonstances où le débiteur, ainsi atteint dans son crédit, aura le
plus grand grand intérêt à se dégager des liens de ce commandement et à arrêter, au début, des poursuites dont la
continuation entraînerait des effets immédiats très-préjudi-
ciables. S'il lui fallait attendre l'issue d'une instance en
opposition engagée dans des conditions ordinaires, bientôt
gagné de vitesse par le poursuivant, il serait exposé à subir
le dommage qu'il veut éviter. En cas d'urgence, le juge des
référés sera compétent pour connaître de cette matière,
comme de toutes les autres, dans les limites de ses attributions. Il ne prononcera pas sur le mérite de l'opposition,
mais, si la contestation lui paraît sérieuse, il surseoira provisoirement aux poursuites et renverra les parties à faire statuer au principal par le tribunal sur le fondement de l'opposition. Ce temps d'arrêt, imposé à une poursuite qui, sans
cela, aurait pu continuer son cours, suffira pour protéger les
intérêts du débiteur; les choses et les parties demeureront
provisoirement dans l'état où elles se trouvent.

Cette solution, juridique autant qu'équitable, a été consacrée par un arrêt de la Cour de Turin du 30 juillet 1810
(voir dans Sirey, à sa date) :

« Sur la compétence : — Attendu qu'il est constant en fait
« que, lors de l'assignation donnée par l'intimé à l'appe-
« lant par-devant le président du tribunal civil de cette
« ville, à l'audience des référés, il ne s'agissait que de
« statuer sur l'opposition formée par l'intimé à l'exécution
« du commandement du 25 avril dernier, ce qui suffit pour
« établir la compétence du juge du référé; — Et sur les
« moyens de griefs : — Attendu qu'il résulte que l'intimé, en
« même temps qu'il ajourna l'appelant par-devant le prési-
« dent du tribunal, lui donna assignation à paraître devant le
« tribunal pour y voir déclarer que nul droit ne lui compétait
« de le poursuivre en saisie immobilière; — Qu'il est sen-
« sible que le président du tribunal n'aurait pu se refuser

« à ordonner, en attendant, le sursis à toutes les poursuites
« ultérieures, sans rien préjuger sur la question qui était
« portée par-devant le tribunal devant lequel il renvoya lui-
« même les parties, ce qui prouve le bien jugé de l'ordon-
« nance dont est appel... »

La même opinion est, d'ailleurs, enseignée par la plupart
des auteurs.

Mais. à partir du procès-verbal de saisie, le commandement s'incorpore avec la saisie, et toute contestation, quelle
qu'elle soit, devient un incident de saisie immobilière, pour
lequel le Code de procédure a tracé des formes sommaires
et rapides, en attribuant juridiction au tribunal. L'intervention du juge des référés n'a plus alors de raison d'être :
elle cesse par l'attribution formelle faite à une autre juridiction de tous les incidents d'exécution. Le président de Belleyme a complété cette démonstration par une observation
décisive : c'est qu'on ne saurait admettre deux instances,
l'une en référé, l'autre devant le tribunal, sur un incident à la
poursuite et deux décisions peut-être contraires [1].

J'aborde maintenant ce qui a trait à la saisie conservatoire.
Le juge des référés est-il compétent en cette matière ?

Pour résoudre la question, il est nécessaire d'entrer dans
quelques détails sur la saisie conservatoire. Les seuls textes
relatifs à cette saisie sont les articles 172 du Code de commerce, 417 du Code de procédure : tous les deux sont d'un
laconisme désespérant.

L'article 172 est ainsi conçu :

« Indépendamment des formalités prescrites pour l'exercice de l'action en garantie, le porteur d'une lettre de
change, protestée faute de payement, peut, en obtenant la
permission du juge, saisir conservatoirement les effets mobiliers des tireurs, endosseurs et accepteurs. »

L'article 417 s'exprime de la manière suivante :

« Dans les cas qui requerront célérité, le président du
tribunal (de commerce évidemment, puisqu'il s'agit de
la procédure devant les tribunaux de commerce) pourra permettre d'assigner, même de jour à jour et d'heure à heure,
et de saisir les effets mobiliers : il pourra, suivant l'exigence

[1] M. Bertin, *Traité des référés*, nᵒˢ 901 et suivants.

des cas, assujettir le demandeur à donner caution ou à justifier de solvabilité suffisante. *Ses ordonnances seront exécutoires
nonobstant appel ou opposition.* »

Le législateur n'en a pas dit davantage. De là bien des
obscurités.

On est cependant tombé promptement d'accord sur certains points. — La saisie conservatoire ne peut avoir lieu
qu'en matière de commerce et pour dette commerciale. —
Le permis de saisie doit être délivré par le président du tribunal de commerce.

Mais, quand la saisie aura été régulièrement formée,
comment arrivera-t-on à la réalisation du gage ? Faudra-t-il,
après avoir obtenu du tribunal de commerce un titre exécutoire, demander encore au tribunal civil un jugement de
validité ? Ou bien le créancier, muni d'un titre exécutoire,
n'aura-t-il qu'à le remettre à un huissier qui, après avoir
fait commandement, dressera un procès-verbal de récolement
et convertira ainsi la saisie conservatoire en une saisie-exécution ? Chacune de ces procédures a ses partisans : M. Chauveau conseille la première, MM. Bioche, Goujet et Dalloz, la
seconde.

M. Bertin propose une distinction qui me paraît fort
rationnelle.

Si la saisie conservatoire a été pratiquée sur des objets
dont le débiteur était en possession, le créancier doit se
borner à assigner son débiteur devant le tribunal de commerce ; puis, le jugement de condamnation rendu, il fera
adresser un commandement et, après un procès-verbal de
récolement, l'huissier déclarera que la saisie conservatoire
est convertie en saisie-exécution. Ce mode de procéder est
à la fois le plus rapide et le moins coûteux et, comme il n'a
rien de contraire à la loi, il doit être préféré. Mais, si la
saisie a été pratiquée au domicile d'un tiers, il s'agit alors
d'une sorte de saisie-arrêt et il convient de suivre les formalités usitées en pareil cas.

Comme c'est là une difficulté qui n'a avec notre sujet
qu'un rapport indirect, je ne m'y arrête pas plus longtemps.

Il importe davantage de rechercher la nature et le but de
la saisie conservatoire.

La jurisprudence, à défaut d'une loi plus explicite, nous fournit sur ce point de précieuses indications.

Dans un arrêt du 26 avril 1861 (Sirey, 1262, 2, 331), la Cour de Toulouse caractérisait en ces termes la saisie conservatoire :

« Attendu que, lorsque la célérité est un des éléments de
« succès des opérations commerciales, il importe que les
« marchandises et denrées, qui peuvent être les seules ga-
« ranties du créancier, ne soient pas enlevées ; — Que,
« lorsqu'il se peut agir d'un débiteur qui, étranger au lieu
« où ces objets sont momentanément placés, a le moyen de
« les faire disparaître en s'éloignant lui-même, il est
« essentiel que, *par une mesure exceptionnelle*, le gage puisse
« être gardé pour celui qui peut n'avoir pas d'autre moyen
« d'assurer l'exercice de son droit... »

Le président du tribunal de commerce de Cognac la dé-finissait mieux encore dans son ordonnance du 6 janvier 1862 (Sirey, 1862, 2, 535). Ce magistrat, en effet, disait avec un grand bonheur d'expression :

« Considérant que la saisie conservatoire, autorisée par
« l'article 417 du Code de procédure, est une mesure
« propre aux matières commerciales, adoptée en vue de
« certaines exigences, en dehors des règles du droit com-
« mun ; — Considérant que ce mode de recours constitue
« *une précaution ;* qu'à raison de l'éclat qui en est la consé-
« quence, il est assujetti à certaines conditions à l'obser-
« vation desquelles est subordonné l'usage qu'il est permis
« d'en faire ; — Considérant que le texte de l'article 417
« précité fournit la preuve que la saisie conservatoire ne
« peut être pratiquée d'une manière absolue par voie prin-
« cipale; que cette saisie ne peut être que l'accessoire d'une
« action intentée à bref délai, dont elle est destinée à sauve-
« garder les résultats ; — Considérant que, s'il en était autre-
« ment, le tort le plus grave pourrait être causé à un com-
« merçant dont l'actif serait frappé d'indisponibilité d'une
« manière indéfinie par un saisissant qui pourrait, en défi-
« nitive, n'être pas créancier ; — Que, lorsque la saisie est
« l'accessoire d'une action formée à bref délai, l'inconvé-
« nient est nécessairement moindre puisque, à l'échéance
« de l'assignation, il sera statué sur la créance et, par suite,
« sur le sort de la mesure précautionnelle... »

Nous voici désormais très-près de la question même que nous avons à résoudre :

La saisie conservatoire a été formée en vertu de l'ordonnance du président du tribunal de commerce. Le débiteur, surpris par une mesure vexatoire, contre laquelle il a à faire valoir des objections décisives, se récrie. A-t-il un recours et où devra-t-il le porter ? Est-ce le juge des référés qui pourra venir à son secours ?

La jurisprudence admet bien la possibilité d'un recours, mais elle n'est pas d'accord sur la procédure à suivre.

La Cour de Bordeaux, notamment, a décidé, par un arrêt du 7 avril 1862 (Sirey, 1862, 2, 535), que l'opposition devait être portée devant le tribunal de commerce.

Elle pose d'abord en principe que l'ordonnance du président, rendue, en vertu de l'article 417, sur simple requête, appartient à la juridiction gracieuse. Elle rappelle ensuite que les ordonnances de cette nature ne sont pas, en général, susceptibles de recours ; puis elle continue en ces termes :

« Attendu que si cependant la rédaction de l'article 417 « implique pour le débiteur, quoiqu'il n'ait pas dû être « appelé, un droit d'opposition à l'ordonnance rendue, il « n'est pas moins certain que l'exercice de ce droit change « radicalement la nature de la question à décider, puisqu'il « met un procès en débat à la place d'une supplique sans « contradicteur ; d'où il faut conclure que la question ainsi « transformée cesse d'appartenir à la juridiction gracieuse « pour entrer dans le domaine du contentieux ; qu'elle ne « peut dès lors être reportée devant le juge qui a fait droit « à la requête, puisque celui-ci statuerait successivement en « deux qualités différentes ; qu'étant ainsi de nature excep- « tionnelle et établie contrairement aux principes du droit « commun, cette opposition ne comporte pas davantage, en « ce qui touche la compétence des magistrats appelés à la « juger, l'application de la règle ordinaire en pareille ma- « tière ; — Attendu, en effet, que le droit de prononcer sur « les contestations, qui s'élèvent entre les citoyens, n'est pas « délégué à un seul juge hors des hypothèses prévues par « l'article 806 sur les référés ; — Attendu que l'opposition « dont il s'agit crée entre les parties un véritable litige « jusque-là non existant et dont elle est le premier acte ;

« que, conformément aux principes dominants de l'organi-
« sation judiciaire des tribunaux de première instance ou de
« commerce, le jugement d'une telle contestation ne peut
« donc être soumis qu'au tribunal, tandis que le président
« ne saurait être compétent pour y statuer à lui seul... »

Cet arrêt est assurément rédigé avec beaucoup d'art et de
force. Nous en apprécierons la doctrine dans un instant ;
mais auparavant mettons en regard la thèse contraire fort
habilement présentée aussi dans l'ordonnance dont était
appel :

« Considérant, relativement à la procédure suivie, qu'il
« n'est pas possible d'en contester la régularité ; — Que le
« droit d'opposition, contestable peut-être en matière d'or-
« donnance judiciaire, est formellement reconnu par l'ar-
« ticle 417 du Code de procédure ; — Que le droit d'oppo-
« sition reconnu, ce mode de recours, à l'exemple de ce qui
« a lieu en matière de jugement par défaut, ne pouvait être
« exercé que devant le magistrat de qui était émanée la
« décision attaquée ; que le tribunal de commerce n'est
« point le supérieur de son président ; que ce dernier ayant,
« au cas proposé, une juridiction propre, doit l'exercer de la
« même manière que les tribunaux qui, après avoir été
« compétemment saisis, ont statué par défaut... »

Cette dernière opinion comptait déjà, en sa faveur, un
suffrage considérable. Elle avait été, en effet, consacrée par
un arrêt de la Cour de Rouen du 21 décembre 1861 (Sirey,
1862, 2, 535) ainsi conçu :

« Attendu que l'article 417 du Code de procédure admet
« implicitement, mais nécessairement, l'opposition aux or-
« donnances du président du tribunal de commerce portant
« autorisation de saisir les effets mobiliers du débiteur ; —
« Attendu qu'en thèse générale, l'opposition est une voie
« tendant à empêcher l'exécution d'une décision rendue par
« le juge, sans qu'il ait été à même d'entendre la partie op-
« posante, et qu'elle a pour objet d'en obtenir la rétractation,
« lorsqu'il aura été mieux informé ; — Que cette voie, la
« plus respectueuse pour le juge qui ne s'est pas encore
« prononcé en connaissance de cause, doit être conséquem-
« ment employée devant lui-même et non devant un autre,
« à moins que la loi ne s'en soit différemment expliquée par

« une disposition spéciale ; — Attendu qu'aucune dis-
« position de ce genre n'a été portée pour le cas
« prévu par l'article 417 du Code de procédure et qu'en
« conséquence l'opposition autorisée par cet article doit être
« portée devant le président du tribunal de commerce... »

La théorie de la Cour de Rouen et du président du tribunal de Cognac me paraît seule conforme aux vrais principes. Je n'hésite pas à la préférer à celle de la Cour de
Bordeaux.

La Cour de Bordeaux, en effet, constate le caractère exceptionnel de l'article 417. Une ordonnance, rendue sur requête,
est soustraite à l'empire des règles ordinaires : bien que les
ordonnances sur requête, discrétionnaires de leur nature, ne
soient susceptibles d'aucun recours, celle-ci est déclarée implicitement sujette à l'opposition et à l'appel. C'est là, je le reconnais, une grave dérogation qui déclasse, pour ainsi dire, cette
ordonnance et imprime à la contestation, dont elle peut être
l'objet, un caractère contentieux. Mais je ne saurais comprendre qu'une exception, apportée aux principes, soit un motif
d'en introduire deux autres bien autrement considérables.
Est-ce parce que le législateur aura déclaré susceptible d'opposition une ordonnance, qui de sa nature n'y était pas sujette,
qu'il faut, en aggravant encore cette innovation, ajouter que
les formes de cette opposition seront contraires aux règles
essentielles de la procédure? que, par suite, l'opposition
qui, d'ordinaire, ramène les parties devant le même juge,
devra cette fois les entraîner devant un juge différent? —
Est-ce surtout une raison de déroger aux principes fondamentaux de notre organisation judiciaire en appelant, contrairement à l'ordre hiérarchique, le tribunal de commerce
à réformer les décisions de son président? La Cour de Bordeaux s'étonne de voir le président du tribunal statuer seul
sur la contestation qui s'est élevée! Mais la juridiction des
référés, à laquelle elle a fait allusion, nous donne à cet
égard un exemple de tous les jours. L'analogie est cependant frappante : le président du tribunal de commerce, dans
le cas de l'article 417, statue sur une mesure provisoire, sur
le maintien ou la rétractation d'une saisie *conservatoire*. Il
est, nous le dirons dans un instant, un véritable juge de
référé.

La solution adoptée par la Cour de Bordeaux, sans avoir le mérite d'une plus grande exactitude doctrinale, a l'inconvénient certain de substituer, aux formes simples et rapides d'une opposition devant le président, les complications et les lenteurs relatives d'un débat devant le tribunal.

Cette discussion a préparé notre réponse à la question qui nous intéresse principalement :

Si le président du tribunal de commerce est compétent pour connaître de l'opposition à l'ordonnance de saisie, pour maintenir, restreindre ou lever cette mesure, il n'y a donc pas place à l'intervention du juge ordinaire des référés. Que pourrait faire de plus, en effet, ce dernier magistrat ? Il y a donc ici attribution spéciale de juridiction au président du tribunal de commerce, qui est véritablement, en ce point, juge du référé.

Je ne dois pas oublier de mentionner une opinion, récemment exprimée par M. Bertin.

Le savant jurisconsulte, luttant contre le sentiment presque unanime de la jurisprudence, surtout contre le texte si formel de l'article 417, enseigne au n° 452 de son traité « que les ordonnances autorisant des saisies conservatoires « sont régies par le droit commun et dès lors non suscepti- « bles d'opposition et d'appel[1] ».

Je serais tenté de dire que c'est là un paradoxe, plus ou moins ingénieux, mais enfin un paradoxe, qui peut difficilement tenir devant les termes explicites de l'article 417 et les affirmations énergiques de la dernière jurisprudence. Aux arrêts que j'ai déjà cités, j'ajouterai encore celui de la Cour de Paris, du 9 janvier 1866 (Sirey, 1866, 2, 51) qui, sur ce point spécial, déclare « que le droit d'appel contre l'ordonnance est expressément réservé par la disposition finale de l'article 417 ».

L'erreur de l'honorable M. Bertin ne l'entraîne pas heureusement à des conséquences bien compromettantes ; car, aux n° 453 et 454 il décide que, dans le cas d'urgence, l'ordonnance pourra être attaquée devant le juge des référés et que la juridiction de référé sera exercée alors par le *président du tribunal de commerce*.

---

[1] M. Bertin, *Traité des ordonnances sur requête.*

La prémisse posée ne faisait peut-être pas pressentir cette conclusion. Mais qu'importe? En présence du résultat admis par M. Bertin, l'intérêt pratique a disparu et il resterait tout au plus une querelle doctrinale. Je crois, pour ma part, plus exact de dire que le président du tribunal de commerce, qui n'est pas le juge des référés, tient exceptionnellement de l'article 417, non de l'article 806, des attributions analogues à celles du juge des référés. Si, en effet, on fait abstraction du dernier paragraphe de l'article 417, pour n'appliquer que les principes généraux de la juridiction des référés, il me paraît difficile d'expliquer comment le président du tribunal de commerce intervient à la place du président du tribunal civil qui, en matière de référé, a la plénitude de juridiction.

Une erreur plus grave se rencontre dans une ordonnance rapportée par la *Gazette des tribunaux* du 19 juillet 1872 :

« Attendu, en droit, dit cette ordonnance, que la saisie
« conservatoire, prévue par les articles 172 du Code de com-
« merce et 417 du Code de procédure, ne peut s'exercer que
« *contre le débiteur directement et sur des objets dont il est*
« *personnellement détenteur dans sa maison, dans sa résidence,*
« *ou dans un établissement par lui possédé à un titre quelconque;*
« — Que, si les meubles que veut atteindre le créancier ne
« sont pas aux mains du débiteur, mais bien aux mains d'un
« tiers et dans les bâtiments de ce dernier, c'est par la voie
« de la saisie-arrêt qu'il doit être procédé conformément
« aux dispositions des articles 577, 578 et 579 du Code de
« procédure; — En fait, attendu que le sieur Bouché, por-
« teur de trois effets protestés, souscrits par le sieur de Ger-
« villiers et endossés par le sieur Ginoux, a obtenu l'autori-
« sation de pratiquer une saisie conservatoire sur des
« marchandises leur appartenant et se trouvant dans les ma-
« gasins du sieur Jarland, entrepositaire, quai de Bercy; —
« Que c'est avec juste raison que Jarland refuse à l'huissier
« instrumentaire l'entrée de son domicile et de ses maga-
« sins, et s'oppose à toute tentative de saisie conservatoire;
« — Qu'en cette matière le référé est de droit; que, d'ail-
« leurs, le permis de saisir n'a été délivré que sous la réserve
« d'en référer en cas de difficultés; — Par ces motifs, rappor-
« tons l'ordonnance qui a autorisé la saisie conservatoire. »

Cette opinion. que je ne discute pas autrement, est en désaccord avec la doctrine et la jurisprudence. MM. Carré, Chauveau, Boitard, Thomine-Desmazures, Bertin enseignent que la saisie conservatoire peut être pratiquée, soit sur les meubles qui sont en la possession du débiteur, soit sur ceux qui se trouvent entre les mains des tiers. Il est vrai que, dans cette dernière hypothèse, les formes de la procédure, qui suivra la saisie, présenteront quelque analogie avec celles de la saisie-arrêt, mais, même dans ce cas, la saisie conservatoire garde son caractère spécial, et elle ne saurait, ni pour le fond du droit, ni pour la procédure, ni pour les délais et les déchéances, être assimilée à la saisie-arrêt.

On peut citer, dans le même sens, deux arrêts de la Cour de Turin des 17 janvier 1810 et 30 mars 1813, un arrêt de la Cour d'Aix du 6 janvier 1831.

Le juge des référés n'a donc pas, en général, à intervenir dans les contestations soulevées par les saisies conservatoires. Cependant il est peut-être un cas dans lequel il serait compétent.

Je suppose qu'une saisie conservatoire ait été autorisée par ordonnance du président du tribunal de commerce et que, sur l'opposition du saisi, cette mesure ait été maintenue par le même magistrat. Le tribunal de commerce a ensuite statué sur la demande principale en condamnation et l'a rejetée. Je doute qu'il ait compétence pour donner mainlevée de la saisie conservatoire; mais supposons encore que des conclusions n'aient pas été prises à cet égard et que le jugement ne contienne rien sur ce point.

Le prétendu débiteur reste néanmoins sous le coup de la saisie. Comment se dégagera-t-il des liens d'une mesure conservatoire qui n'a plus raison d'être? Le président du tribunal de commerce a épuisé ses pouvoirs en répondant la requête et en statuant sur l'opposition; le tribunal de commerce, après avoir jugé l'action principale, est dessaisi. J'admettrais pour ce cas, et vu l'urgence, que le juge ordinaire des référés aurait compétence pour donner mainlevée d'une saisie désormais illégale. Ce serait là une application analogue à celle qu'a consacrée la Cour de Lyon dans un arrêt du 18 mars 1864, que nous aurons tout à l'heure l'occasion de citer.

Je veux, en terminant, revenir sur la question de savoir si le juge des référés est compétent pour permettre, dans certains cas d'urgence, au débiteur saisi de toucher provisoirement partie des sommes saisies-arrêtées. Afin de mieux marquer la nuance, je ne dirai pas : Le juge des référés peut-il *donner mainlevée* de la saisie-arrêt, ce qui paraîtrait impliquer une décision définitive ; je me demande seulement, si ce magistrat a qualité pour autoriser provisoirement le débiteur saisi à toucher tout ou partie des sommes saisies. Si donc plus tard l'expression de *mainlevée* vient sous ma plume, on voudra bien ne pas y attacher une autre portée.

J'ai déjà, et par avance, discuté longuement cette question dans le paragraphe spécial consacré à la saisie-arrêt. Si je l'aborde de nouveau à cette place, c'est pour profiter de l'expérience acquise par l'étude que je viens de faire et pour contrôler plus sûrement l'exactitude des idées précédemment émises.

Malgré l'opinion contraire qui a généralement cours, je persiste à penser, avec M. Bertin, que, dans certaines circonstances, ce droit appartient au juge des référés[1]. Il ne peut s'agir évidemment d'attribuer à ce magistrat, d'une manière normale, un droit d'appréciation discrétionnaire, dont l'usage, souvent abusif, aurait pour résultat d'effacer les garanties, que la vigilance d'un créancier aurait réussi à lui créer : il ne peut s'agir non plus de substituer la compétence du juge des référés à celle du tribunal, ce dernier étant seul chargé de prononcer définitivement sur la validité de la saisie-arrêt.

Je soutiens simplement que le juge des référés a, sur la saisie-arrêt, les mêmes droits qui lui compètent à l'égard des autres saisies. La saisie-arrêt est un acte conservatoire : ne serait-il pas étrange que, vis-à-vis d'un acte conservatoire, les pouvoirs du juge des référés fussent moins étendus que vis à-vis des poursuites basées sur un titre exécutoire ?

Il ne faut pas que l'esprit s'égare dans de vagues suppositions et qu'il s'effraye d'une omnipotence que personne ne

---

[1] M. Bertin a repris cette thèse en lui consacrant de nouveaux et très-utiles développements dans son *Traité des référés*, nᵒˢ 146 et suivants. Je continue seulement à faire mes réserves pour certaines conséquences, admises par le savant auteur, et que j'ai critiqués dans le paragraphe de la saisie-arrêt au chapitre des ordonnances sur requête, p. 163 et suivantes.

songe à conférer au juge des référés. Précisons donc une fois de plus les circonstances dans lesquelles nous lui reconnaissons la faculté de donner provisoirement mainlevée de la saisie arrêt (on sait désormais ce que nous entendons par ces dernières expressions).

La saisie a été pratiquée en vertu d'un titre authentique ou privé.

— Mais l'acte, sur lequel elle repose, ne contient aucune obligation de la part de celui auquel il est opposé.

— Ou bien, il ne constate qu'une obligation à terme ou conditionnelle.

— L'acte est entaché d'une nullité évidente, indiscutable : il n'est pas signé; c'est un contrat synallagmatique qui n'a pas été fait double; c'est un jugement périmé; c'est un billet à ordre, opposé à l'un des endosseurs, mais il n'a pas été protesté en temps utile.

— Enfin le débiteur justifie d'une manière irrécusable de son entière libération.

Voilà les hypothèses dans lesquelles je me place et non d'autres.

Faudra-t-il donc que, dans ces divers cas marqués d'une évidence si décisive, le débiteur, atteint dans son crédit, empêché de toucher des capitaux dont il a un besoin urgent, subisse un préjudice irréparable peut-être, en attendant l'issue d'une instance en validité toujours assez éloignée? Refuser au juge des référés la faculté de prendre, dans ces circonstances, une mesure provisoire (et quelle autre mesure est possible que la mainlevée provisoire?), ce serait le dépouiller de ses pouvoirs ordinaires, de ceux qu'il exerce sans conteste à l'encontre d'une saisie-exécution, d'une saisie-gagerie, d'une saisie foraine. Car enfin le juge des référés n'est pas institué pour écarter quand même les obstacles qui s'opposent aux poursuites : il doit aussi, sans doute, protection au débiteur et, lorsqu'il n'y a pas de titre ou un titre manifestement irrégulier, il a le devoir d'arrêter le cours de poursuites qui ne sont plus l'exercice d'un droit, mais une véritable vexation. La nature même de la saisie-arrêt ne permet pas au juge des référés de procéder, comme il le fait habituellement à l'égard des autres saisies, c'est-à-dire en ordonnant la discontinuation des poursuites; il ne peut venir en aide au débiteur qu'en accordant la mainlevée provisoire de la saisie-arrêt.

Si la saisie a été pratiquée sans titre, en vertu de l'ordonnance du juge, elle ne saurait évidemment avoir une force plus grande que dans le cas qui précède. Et, d'abord, on admettra, je pense, que le juge des référés puisse provisoirement lever l'obstacle d'une saisie-arrêt, qui ne reposerait ni sur un titre, ni sur la permission d'un juge ou qui, en l'absence de titre, ne contiendrait aucune évaluation de la créance. Mais il faut aller plus loin : le permis de saisie a été obtenu sur des allégations plus ou moins vraisemblables et si, en référé, ces apparences s'évanouissent devant des productions du prétendu débiteur, s'il ressort d'un débat contradictoire que le saisi ne doit pas ou ne doit plus, qu'il est même créancier au lieu d'être débiteur, le juge des référés, qui le plus souvent sera le magistrat même qui aura permis de saisir, ne pourra-t-il pas lever provisoirement une saisie-arrêt qu'il n'a autorisée que dans l'ignorance des circonstances actuellement établies ? Comment ! toutes les présomptions s'élèvent désormais en faveur du saisi et néanmoins, malgré le préjudice qu'il éprouve, celui dont il est menacé, malgré l'imminence d'une faillite, il demeurerait provisoirement sacrifié aux exigences d'un saisissant qui paraît n'avoir aucun droit ! Cela n'est pas possible : le juge des référés doit avoir qualité pour intervenir.

Nous avons maintenant une analogie dans la saisie conservatoire : celle-là aussi est autorisée par une ordonnance du juge : eh bien ! le président du tribunal de commerce, exerçant pour ce cas particulier la juridiction de référé, peut en donner mainlevée. Le président du tribunal de commerce puise ce droit dans l'article 417 : le président du tribunal civil, juge ordinaire des référés, puisera le sien dans l'article 806 et les principes généraux de sa compétence.

La règle posée, je serai le premier à déclarer que le juge des référés devra user de son droit avec la plus extrême circonspection. Ce n'est qu'à la condition d'une urgence impérieuse, d'un préjudice imminent et d'une situation parfaitement claire, qu'il pourra accorder, même provisoirement, la mainlevée d'une saisie-arrêt.

Il me reste à démontrer que cette doctrine n'est pas une

nouveauté hardie, ni dangereuse. Je l'aurai, je crois, sauvée de ce grave reproche, si je puis fournir pour elle la caution de la jurisprudence. Les arrêts anciens, je le reconnais, lui sont contraires, mais les plus récents, on va le voir, lui sont favorables. Si ces dernières décisions n'ont pas déjà pleinement consacré la théorie que je viens d'exposer, elles permettent d'espérer pour elle un succès complet et prochain.

En 1864, la Cour de Lyon a reconnu la compétence du juge des référés, pour donner mainlevée d'une saisie conservatoire, pratiquée en dehors des conditions légales. Elle dit, en effet, dans un arrêt du 18 mars 1864 (Sirey, 1864, 2, 306) :

« Considérant que la veuve des Guidi (la partie saisie) ne
« saurait être astreinte aux lenteurs d'un procès suivi aux
« deux degrés de juridiction, pour se dégager des effets d'une
« opposition illégale, qui la prive de la jouissance de ses
« biens et lui enlève tous moyens d'existence ; — Qu'il y a
« urgence pour elle d'en obtenir la mainlevée ; que cette
« urgence détermine, selon l'article 806 du Code de procé-
« dure, la compétence du juge des référés, celle-ci s'éten-
« dant, en pareil cas, à tout ce que réclame l'urgence, de
« faire cesser un empêchement, qui est mis, en dehors de
« toute voie de poursuite légale, à l'exercice des droits ci-
« vils. »

La Cour de Paris, de son côté, dans deux arrêts, l'un du 29 mai 1865 (*Gazette des tribunaux* du 21 juin), l'autre du 10 octobre 1866 (*Gazette des tribunaux* du 14 octobre), a admis que le juge des référés était compétent pour ordonner provisoirement la restriction de saisies-arrêts, portant sur des sommes considérables, dépassant de beaucoup le chiffre des créances prétendues.

Le dernier arrêt est ainsi conçu :

« Sur la compétence : — Considérant que, devant le juge des
« référés, il s'agissait uniquement de décider s'il y avait lieu
« de réduire les sommes sur lesquelles portait la saisie-arrêt ;
« — Que la solution de cette question était urgente et qu'à ce
« titre le juge des référés avait compétence pour la résoudre ;
« que l'ordonnance de référé n'a point pour objet d'annuler
« la saisie ; qu'elle en maintient au contraire les effets. »

C'est là déjà une atteinte sérieuse portée au droit du saisissant qu'on prétend si absolu. Toutefois on peut faire re-

marquer que les sommes laissées sous l'empire de la saisie suffisaient à garantir les droits du créancier. Je pourrais faire observer à mon tour que cette garantie n'était pas de tout repos, comme disent les gens d'affaires, puisque d'autres oppositions pouvaient survenir... Mais n'insistons pas, et signalons plutôt une ordonnance du président du tribunal de la Seine et un arrêt de la Cour de Paris, qui ont plus résolûment tranché la question.

L'ordonnance, rapportée dans la *Gazette des tribunaux* du 20 septembre 1874, est ainsi conçue :

« Attendu qu'il n'apparaît point que madame de B... ait
« formé opposition sur B... et H... en vertu d'un titre ; — Que
« la promesse dont elle se prévaut était subordonnée de la
« manière la plus formelle, non-seulement à l'obtention d'une
« concession qui n'a point été obtenue au profit des deman-
« deurs, mais encore à l'exécution des travaux dont ils n'ont
« pas eu à s'occuper à défaut de cette concession ; — Que la
« condition ne s'étant pas réalisée, la promesse est de-
« meurée sans cause et sans objet ; que l'opposition, dès lors,
« n'a point été formée en vertu d'un titre certain, ni en suite
« d'une permission du juge et ne peut être considérée que
« comme inexistante ; — Disons que, sans avoir égard à la
« saisie-arrêt, signifiée à la requête de madame de B..., B..,
« et H... sont autorisés à toucher toutes sommes qui sont ou
« seront à eux dues par la compagnie du chemin de fer
« nonobstant ladite opposition... »

Sur l'appel, la Cour de Paris confirma, le 16 septembre 1874, l'ordonnance en ces termes :

« Considérant que l'appelante ne justifie ni d'un titre cer-
« tain pouvant faire obstacle aux droits des intimés, ni d'une
« permission du juge pouvant y suppléer ; — Que c'est compé-
« temment et avec raison que le juge des référés a autorisé
« le payement entre leurs mains des sommes à eux dues par
« la compagnie, nonobstant l'opposition de l'appelante... »

Cette fois le principe est nettement posé et il n'y a plus qu'à en déduire les conséquences.

On le voit, la jurisprudence, elle aussi, est déjà entrée, d'un pas très-ferme et très-décidé, dans la voie où nous nous sommes engagé nous-même ; elle s'enhardira encore et nous avons l'espérance qu'elle ira bientôt jusqu'au bout.

L'encouragement, d'ailleurs, nous vient de plus haut. La Cour de cassation elle-même, dans un arrêt récent du 17 février 1874 (Sirey, 1874, 1, 215), a fait tomber une partie des entraves dont une jurisprudence plus ancienne avait chargé le juge des référés.

Une saisie-arrêt avait été pratiquée par un propriétaire pour loyers dus. Le saisi se pourvut en référé et obtint du juge la réduction de la saisie-arrêt au cinquième des sommes saisies-arrêtées, les quatre autres cinquièmes étant attribués au saisi à titre d'aliments. La Cour de Paris, sur l'appel, avait confirmé l'ordonnance.

Devant la Cour suprême, M. le conseiller Goujet, dans un rapport remarquable, a exposé les principes de la matière avec le sentiment des nuances les plus délicates. Ce sera désormais un document capital pour la saine interprétation de la loi, et il faut le citer tout entier. L'éminent magistrat s'est exprimé en ces termes :

« Les griefs relevés par le demandeur contre l'arrêt attaqué
« ne manquent pas, nous le reconnaissons, de gravité ; nous
« ne pensons pas cependant qu'ils soient à l'abri d'objections
« sérieuses.

« Toute l'argumentation du pourvoi repose, en définitive,
« sur la disposition de l'article 809 du Code de procédure,
« portant que les ordonnances sur référé ne feront aucun
« préjudice au principal. Ce principe est incontestable, mais
« il faut en déterminer avec soin la portée véritable et ne
« pas en étendre l'application au delà des limites qu'il com-
« porte. Les tribunaux ont seuls le droit de résoudre, au
« fond, les difficultés qui divisent les parties, et le juge des
« référés n'est institué que pour prendre au provisoire des
« mesures urgentes. Il en résulte que ses décisions ne pourront
« lier les tribunaux relativement à la solution du litige ; c'est
« ce qu'exprime parfaitement la formule usitée dans toutes
« les ordonnances de référé : « Au principal renvoyons les
« parties à se pourvoir et néanmoins, par provision, disons... »

« Il est donc vrai que les décisions rendues en référé
« n'exercent, en droit, aucune influence sur le principal,
« qu'elles le laissent complétement intact. Mais peut-on en
« conclure, comme le prétend le pourvoi, qu'elles ne peu-
« vent modifier d'une manière irréparable, en fait, les situa-

« tions respectives des plaideurs? Évidemment non. Il faut,
« au contraire, reconnaître que, dans une foule de cir-
« constances, les conséquences de fait des sentences de ré-
« féré sont sans remède possible, qu'elles sont de nature à
« causer un dommage définitif à l'une des parties. En ma-
« tière de scellés, par exemple, il s'agit d'autoriser ou d'in-
« terdire une opposition ou une mainlevée sans description
« immédiate; en matière de saisie-exécution, de surseoir ou
« passer outre à des poursuites; en matière d'emprisonne-
« ment, de maintenir l'arrestation d'un débiteur ou d'ordon-
« ner sa mise en liberté: en matière de location, de pres-
« crire l'expulsion d'un locataire ou de lui conserver la
« jouissance des lieux; dans tous ces cas et dans une multi-
« tude d'autres qu'il est inutile de rappeler, la compétence
« du juge des référés ne saurait être mise en doute et l'on
« est cependant forcé de reconnaître que les ordonnances
« peuvent singulièrement compromettre les intérêts des par-
« ties, qu'elles peuvent rendre sans utilité pratique pour elles
« les décisions rendues plus tard en leur faveur par le juge
« du fond... »

Voilà bien et dûment réfutée, si je ne me trompe, l'objection la plus grave que l'on ait élevée contre le pouvoir du
juge des référés de donner provisoirement mainlevée de la
saisie-arrêt. Nous l'avions dit nous-même : toute décision
judiciaire peut nuire à l'une des parties, mais c'est souvent
une condition de son efficacité et le seul moyen de sauvegarder le droit de l'autre partie. Exposé à compromettre le
droit de l'un en agissant, à compromettre le droit de l'autre
en s'abstenant, le juge du provisoire, comme plus tard le
juge du principal, doit savoir choisir au risque de blesser.
Seulement le juge des référés, n'allant pas au delà de l'urgence et des nécessités qu'elle comporte, prend une mesure
qui, si elle peut être préjudiciable, ne doit pas être définitive. C'est là le point qui marque le terme de sa compétence.

Je ferme bien vite cette parenthèse pour reprendre la citation interrompue du rapport de M. le conseiller Goujet :

« Le président du tribunal de la Seine a-t-il, dans la cause,
« statué sur le fond du litige ou s'est-il borné à prendre une
« mesure provisoire qui laissait intacts au fond les droits

« respectifs des parties ? Telle est donc l'unique difficulté
« du procès. — Lucas avait pratiqué une saisie-arrêt sur les
« appointements de Clère, son débiteur ; la question de sa-
« voir si cette saisie était régulière, si elle devait en consé-
« quence être validée ou si mainlevée totale ou partielle
« devait en être prononcée par un motif quelconque, con-
« stituait un débat sur le fond du droit que le tribunal de la
« Seine seul avait qualité pour juger aux termes de l'ar-
« ticle 567 du Code de procédure. Mais, à côté de cette ques-
« tion, s'en présentait une autre : Clère prétendait que ses
« appointements étaient sa seule ressource pour subvenir à
« ses besoins et à ceux de sa famille ; qu'ils avaient, dès lors,
« au moins pour partie, un caractère insaisissable ; que le
« tribunal, appelé à statuer sur le mérite de la saisie, ap-
« précierait plus tard cette prétention, mais qu'en attendant
« sa décision, il y avait lieu de recourir à une mesure ur-
« gente et de l'autoriser à toucher, par provision, les
« sommes que le président estimerait indispensables pour
« ses aliments et ceux de sa famille. Cette demande ne ren-
« trait-elle pas dans les limites de la juridiction des référés ?
« Ne constituait-elle pas, comme le déclare la Cour de
« Paris, un débat urgent et ne sollicitait-elle pas une mesure
« provisoire ? N'y avait-il pas lieu, par suite, d'appliquer la
« disposition de l'article 806, qui permet d'assigner devant
« le président du tribunal dans tous les cas d'urgence, ou
« lorsqu'il s'agit de statuer sur les difficultés relatives à
« l'exécution d'un titre exécutoire ou d'un jugement ? — Il
« n'est pas douteux que la décision, par laquelle Clère a été
« autorisé à toucher provisoirement les quatre cinquièmes
« de ses appointements, nonobstant la saisie-arrêt de Lucas,
« est de nature à causer un dommage peut-être irréparable
« à ce dernier, mais il n'en est pas moins exact de dire
« qu'elle ne préjudicie pas, en droit, au principal, car le tri-
« bunal conserve, après comme avant cette décision, le
« pouvoir d'apprécier, en toute liberté et d'après les docu-
« ments qui lui seront fournis, les difficultés qui lui seront
« soumises ; ces difficultés, d'ailleurs, seront autres que
« celles portées devant le juge des référés. Le tribunal est,
« en effet, appelé à valider la saisie-arrêt ou à en donner
« mainlevée, tandis que le président s'est borné à autoriser,

« provisoirement et jusqu'à la décision du tribunal sur le
« fond, le débiteur saisi à toucher une partie de ses appoin-
« tements malgré la saisie-arrêt. — Il est bien vrai que, pour
« justifier la mesure qu'il prescrivait, le président s'est
« fondé sur le caractère alimentaire des appointements saisis
« et que ce caractère devra être pris en considération par
« le juge du fond pour prononcer sur le sort de la saisie ;
« mais la contrariété qui peut se produire sur ce point entre
« deux décisions, quelque regrettable qu'elle soit, ne saurait
« avoir pour conséquence de mettre obstacle à l'exercice des
« pouvoirs conférés au juge des référés. Une semblable con-
« tradiction est possible dans la plupart des cas où sa com-
« pétence est établie, et l'inconvénient qui peut en résulter
« n'a pas paru assez grave au législateur pour l'empêcher
« d'instituer cette compétence. C'est qu'en effet la bonne
« administration de la justice exige impérieusement, dans
« certaines circonstances, qu'il soit statué sans aucun re-
« tard sur des difficultés urgentes qui divisent les parties ;
« les soumettre aux formes judiciaires de la procédure, ce
« serait en réalité leur refuser justice. Comment, par exemple,
« assujettir un débiteur placé sous la main du garde du
« commerce aux lenteurs d'une assignation, même à bref
« délai, et d'un débat à l'audience ordinaire, pour décider
« s'il a été régulièrement arrêté ? Le président du tribunal
« est, en pareil cas, investi du droit de prononcer provisoi-
« rement sur la contestation ; sa décision laisse existant le
« pouvoir du tribunal qui doit être ultérieurement saisi du
« litige ; mais, en attendant, elle règle la situation des
« parties. Les pouvoirs ainsi donnés au président sont im-
« menses, mais indispensables ; il doit en user avec réserve,
« mais la loi s'en rapporte à sa prudence et ne lui impose
« d'autre limite que l'urgence dûment constatée. — S'il en
« est ainsi, le reproche d'excès de pouvoir, adressé à l'or-
« donnance rendue par le président du tribunal de la Seine,
« dans l'espèce, semblerait difficilement admissible, car
« l'urgence de la mesure sollicitée par le défendeur éventuel
« ne saurait être l'objet d'une discussion sérieuse... Avant
« que ses prétentions pussent être appréciées par le tribunal
« saisi de la demande en validité, un délai, malheureusement
« assez long, était inévitable et, dans l'intervalle il se trouvait

« exposé à mourir de faim, lui, sa femme et ses enfants ;
« jamais l'urgence n'avait été mieux justifiée... »

Cette doctrine, si fortement déduite, est passée tout entière dans l'arrêt :

« Attendu que l'article 806 du Code de procédure autorise
« les parties à se pourvoir, en référé, devant le président du
« tribunal de première instance dans tous les cas d'urgence ;
« — Que, si l'article 809 du même Code porte que les or-
« donnances, rendues par ce magistrat, ne feront aucun pré-
« judice au principal, il faut en conclure qu'elles ne lient
« en aucune façon le tribunal pour l'appréciation du litige
« au fond ; mais qu'on ne saurait en induire que le président
« n'a, dans aucun cas, qualité pour prescrire une mesure de
« nature à causer peut-être à l'une des parties un dommage
« irréparable en fait ; — Attendu que, dans l'espèce, le pré-
« sident du tribunal de la Seine et la Cour d'appel de Paris
« n'ont pas statué sur le mérite au fond de la saisie-arrêt
« pratiquée par le demandeur ; qu'ils se sont bornés à auto-
« riser le défendeur éventuel à toucher provisoirement,
« nonobstant cette saisie, les 4/5 de ses appointements, en
« se fondant sur ce que cette portion de ses salaires lui était
« indispensable pour subvenir à ses besoins et à ceux de sa
« famille ; — Que le caractère éminemment urgent de cette
« mesure est incontestable et qu'elle n'excédait pas les pou-
« voirs du juge des référés ; — Rejette[1]. »

Je le demande maintenant : serait-ce forcer le sens de l'arrêt que de placer, sous l'autorité des principes qu'il consacre, les solutions que nous avons proposées ?

Si, en présence d'une saisie-arrêt régulière, pratiquée en vertu d'un titre certain, malgré l'indisponibilité qui en était la conséquence, il a été permis au juge des référés d'autoriser le saisi à toucher provisoirement les quatre cinquièmes des sommes arrêtées, comment lui refuser le pouvoir de prescrire une mesure analogue, lorsque la saisie est manifestement irrégulière, que le titre sur lequel elle repose est atteint

---

[1] Je ne dois pas abuser de l'autorité de M. Bertin que j'ai invoquée plus haut : le savant auteur estime, en effet, que, dans ce cas particulier, la Cour de cassation est allée trop loin. Suivant lui, autoriser, à titre de secours alimentaire, le prélèvement de certaines sommes sur les capitaux saisis, c'est préjudicier au principal et contrevenir à l'article 809.

d'une nullité évidente, ou que la libération du saisi paraît certaine ? — Toutes les considérations, présentées par l'éminent rapporteur, peuvent être invoquées avec la même force. — D'abord l'urgence, cette raison dominante, se peut rencontrer, d'une nature peut-être différente, mais tout aussi pressante : c'est un commerçant, qui voit par les saisies-arrêts immobiliser des capitaux indispensables à ses opérations et qui, en face d'échéances imminentes, privé des ressources nécessaires pour faire honneur à ses engagements, court le risque d'être précipité tout à coup dans la faillite. Est-il une situation plus digne d'intérêt, une urgence plus impérieuse ? — Sans doute, l'autorisation de toucher provisoirement les capitaux peut être préjudiciable en fait, mais, en droit, elle ne liera pas le tribunal appelé à statuer définitivement sur le sort de la saisie-arrêt ; après comme avant l'ordonnance, il demeurera maître d'apprécier, en toute liberté, la situation des parties. — Mais le juge des référés aura ainsi préjugé, tout au moins, les questions réservées au juge du fond ? Pas plus que dans l'espèce soumise à la Cour suprême : en permettant au saisi de toucher provisoirement, à titre d'aliments, une portion notable des sommes arrêtées, n'a-t-il donc pas aussi statué par provision sur une question que le tribunal sera appelé à trancher définitivement ?

M. le conseiller rapporteur a fait une réflexion profondément vraie qui sera ma conclusion : c'est que soumettre, dans certains cas, les parties aux formes ordinaires de la procédure, ce serait en réalité leur refuser justice. Le débiteur, qui est appréhendé au corps, peut discuter de suite, en référé, la régularité de son arrestation. Le débiteur qui voit mettre sous la main de justice, non sa personne, mais ses biens, les ressources indispensables à son commerce, à la vie de sa famille, doit pouvoir aussi, dans les mêmes conditions, obtenir du juge des référés les mesures provisoires que nécessite une urgence bien constatée.

ARTICLE III. — DES CAS SPÉCIAUX DE RÉFÉRÉ.

J'aurais maintenant à parcourir successivement les divers articles, disséminés dans le Code de procédure, qui attribuent expressément juridiction au juge des référés.

Mais je me suis tant attardé déjà que j'éprouve le besoin

de hâter ma marche. D'ailleurs les textes auxquels je fais allusion sont le plus souvent clairs et précis; les quelques difficultés auxquelles ils peuvent donner lieu trouveront leur solution dans les principes généraux que nous avons exposés.

Je me contenterai donc d'ouvrir ici une simple nomenclature, en renvoyant aux développements contenus dans les traités généraux et spéciaux.

Indépendamment des cas généraux d'urgence et des difficultés relatives à l'exécution des titres, le juge des référés connaît :

1° Des décharges de gardiens (art. 606 et 607 C. pr. civ.);

2° Des ouvertures de portes lors des saisies (art. 829 C. pr. civ.);

3° Des contestations sur la délivrance des expéditions ou copies d'actes imparfaits, sur la délivrance de secondes grosses, sur l'exactitude des expéditions obtenues par des compulsoires (art. 843, 845, 852, 854 C. pr. civ.);

4° Des difficultés en matière de saisie-exécution, de scellés, inventaires, ventes judiciaires de meubles (art. 607, 921, 922, 944, 948 C. pr. civ.);

5° De l'opposition des créanciers à ce que le débiteur soit maintenu en possession comme séquestre (art. 681 C. pr. civ.);

6° De la demande des créanciers afin d'être autorisés à procéder à la coupe et à la vente des fruits (art. 786 C. pr. civ.);

7° De l'opposition à la délivrance du certificat en matière de folle enchère (art. 734 C. pr. civ.);

8° Des difficultés relatives à l'arrestation du débiteur (art. 786 C. pr. civ.).

§ 4. — *De la procédure en matière de référé.*

Le tribunal doit, chaque année, fixer par une délibération, qui est ensuite affichée, les jours et heure des audiences de référé. Telle est la disposition réglementaire de l'article 57 du décret du 30 mars 1808.

L'audience des référés est tenue par le président du tribunal; en cas d'empêchement de ce magistrat, par le plus ancien vice-président ou le plus ancien juge.

Dans l'ordre d'idées que nous allons parcourir, la première

question qui se présente est celle de savoir comment la contestation sera portée à l'audience des référés.

Le juge des référés peut être saisi de trois manières :

1° Par la comparution volontaire des parties ;

2° Par le renvoi fait sur un procès-verbal dressé par un officier public ;

3° Par l'assignation donnée à la requête de l'une des parties.

Il ne me semble pas douteux que les parties puissent comparaître volontairement devant le juge des référés. L'article 7 du Code de procédure fournit, à cet égard, une frappante analogie. Il dit, en effet, « que les parties peuvent toujours se présenter volontairement devant un juge de paix, auquel cas il jugera leur différend... » Or, il est à remarquer qu'en référé, tout comme devant les justices de paix, aucune forme de procédure n'est prescrite à peine de nullité. D'autre part, la jurisprudence a admis qu'il pouvait être dérogé par la volonté des parties aux lois qui établissent les deux degrés de juridiction (Cassation, 18 août 1818 et 16 juin 1824) : il serait étrange assurément qu'il fût permis de se soustraire à la juridiction d'un tribunal de première instance et que cependant, devant le juge des référés, on ne pût se dispenser d'un simple exploit d'ajournement.

Le juge des référés peut également être saisi par le renvoi fait, au cours d'un procès-verbal, par le magistrat ou l'officier public qui le dresse. Le Code de procédure mentionne plusieurs cas dans lesquels ce renvoi peut avoir lieu.

Les parties peuvent être renvoyées devant le président du tribunal :

Par les juges de paix, au cours d'une opération d'apposition ou de levée des scellés, de confection d'inventaire (art. 916, 920, 921, 922, 935);

Par les notaires, en matière de compulsoire ou d'inventaire (art. 852, 944);

Par les greffiers, pour les demandes d'expéditions, de copies ou d'extraits (art. 853);

Par les huissiers, en matière d'emprisonnement (art. 786).

La mention, faite au procès-verbal, suffira pour instancier les parties, à la condition pourtant qu'elle indique le jour et l'heure du référé.

Mais le mode le plus habituel d'introduire un référé, c'est l'assignation par exploit d'huissier.

Toute procédure, si simple qu'elle soit, fait encore naître des difficultés. On s'est donc demandé, pour les référés, quel était le délai laissé au défendeur pour comparaître.

Plusieurs systèmes ont été soutenus par les auteurs et consacrés par la jurisprudence.

En l'absence d'une disposition spéciale, au titre des Référés, c'est le droit commun, a-t-on dit, qu'il faut suivre : le délai ordinaire de huitaine devra séparer l'assignation du jour de la comparution. Cette solution a été adoptée notamment par la Cour de Bourges, dans un arrêt du 13 juillet 1830 (Sirey, 1831, 2, 72) ainsi conçu :

« Considérant que, hors le cas particulier où la loi fixe le
« délai des assignations à un terme très-court, il n'y a qu'un
« seul délai fixé par l'article 72 du Code de procédure qui
« est la huitaine franche; — Que la seule exception à cette
« règle générale est écrite dans le même article portant que,
« dans les cas qui requerront célérité, le président pourra,
« par ordonnance rendue sur requête, permettre d'assigner
« à bref délai; — Qu'à la vérité il s'agit, dans l'espèce, d'une
« assignation en référé, mais que le demandeur n'avait point
« obtenu l'ordonnance afin d'assigner à bref délai; qu'alors
« la règle, établie dans l'article 72, devrait seule être suivie :
« — Qu'aux huit jours il fallait ajouter celui des distances
« à raison d'un jour par trois myriamètres... »

A l'appui de ce système, des auteurs, parmi lesquels M. Demiau-Crouzilhac, ont invoqué une raison plus spécieuse tirée des articles 807 et 808 du Code de procédure. Ce dernier texte, en effet, distingue deux espèces de référés : ceux qui requièrent célérité et ceux qui ne requièrent pas célérité. Ce n'est que dans le premier cas que l'article 808 permet, en vertu de l'ordonnance du juge, d'abréger les délais : n'est-ce pas la preuve que, dans le second cas, on doit nécessairement observer les délais ordinaires?

Cette opinion est en contradiction, sinon avec le texte, du moins avec l'esprit de la loi. Le référé serait alors vraiment inutile, s'il fallait s'astreindre au délai ordinaire des ajournements : autant et mieux vaudrait porter l'affaire devant le tribunal qui jugerait définitivement. L'article 72, on paraît l'oublier, s'occupe exclusivement des jugements, et il s'agit ici de simples ordonnances prescrivant des mesures provisoires.

En se plaçant au point de vue spécial des référés, rien n'est plus facile que de coordonner les textes et de faire cesser l'antinomie apparente qu'on a signalée. En matière de référé, le délai normal est celui qui sépare l'assignation du jour de l'audience la plus prochaine fixée par le règlement. Cet intervalle, bien que court, peut néanmoins être encore trop long, et c'est pour ces cas d'extrême urgence que l'article 808 permet l'assignation, en vertu de l'ordonnance du juge, à une heure et à un jour indiqués en dehors des jours réglementaires.

Ce système, qui avait si évidemment pour résultat de compromettre l'efficacité du référé, n'a pas tardé à être abandonné.

A défaut de la loi, on a voulu introduire un usage, et le président de Belleyme, donnant sa pratique pour une règle, enseigne qu'il faut toujours laisser, entre l'assignation et l'audience, un jour d'intervalle.

Cette opinion ne présente pas les inconvénients de la première, mais elle n'est pas exacte non plus : en effet, si l'article 72 n'est pas applicable à la matière des référés, on doit en conclure qu'il n'y a pas de fixation légale de délai et toutes celles qu'on serait tenté de faire d'une manière absolue seraient arbitraires.

Le silence de la loi doit être interprété en ce sens que le législateur a abandonné au juge des référés le soin d'apprécier si le délai laissé par l'assignation a été moralement suffisant. C'est cette solution très-sage qui prévaut dans la jurisprudence : elle permet de tenir compte de toutes les circonstances et de concilier ainsi tous les intérêts.

Dès 1832, la Cour de Paris formulait en ces termes un principe souvent appliqué depuis :

« Attendu qu'en matière de référé, le délai pour compa-
« raître n'est pas le délai de huitaine fixé pour les ajourne-
« ments; — Que, dans cette matière spéciale, le délai ordi-
« naire doit être entendu de l'intervalle qui s'écoule entre
« l'assignation et la première audience fixée pour le référé,
« à moins qu'il ne s'agisse de célérité, cas pour lequel il faut
« s'adresser au juge du référé pour être autorisé à assigner

« à jour et heure indiqués... » (Paris, 21 mai 1832, Sirey. 1832, 2, 549.)

Le 25 octobre 1838 (Sirey, 1839, 2, 142), la Cour de Paris, maintenant la même règle, validait une assignation donnée pour la plus prochaine audience de référé, bien qu'il n'y eût pas un délai de vingt-quatre heures.

Cette doctrine cependant n'était pas complète dans son expression. Il pouvait arriver, en effet, que l'assignation, donnée pour le jour ordinaire, ne précédât l'audience que d'une heure : le juge alors devrait-il nécessairement statuer par défaut ?

En pareille occurrence, il sera très-opportun, pour sauvegarder le droit de la défense, que le juge des référés ait un pouvoir d'appréciation discrétionnaire. Deux arrêts de la Cour de Paris, en date du 8 mars 1870 (Sirey, 1870, 2, 101), ont proclamé ce principe, qui sert ainsi d'heureux correctif au premier. Il convient de citer ces deux décisions qui montreront, par une judicieuse application, la légitime influence que doivent exercer en cette matière les circonstances de fait.

— Première affaire, Compagnie des Omnibus contre Lemarchant :

« Considérant que les citations à l'audience ordinaire des « référés, hors les cas prévus par l'article 808 du Code de « procédure, peuvent, à raison d'urgence, être données « d'heure à heure et sans qu'il soit besoin d'observer le « délai d'un jour franc ; qu'il suffit, pour leur validité, « qu'elles accordent à la personne citée le temps matériel- « lement nécessaire à sa défense ; — Considérant que l'as- « signation du 15 janvier dernier, délivrée à dix heures et « demie à Lemarchant, en parlant à sa personne, pour com- « paraître à l'audience ordinaire des référés commençant à « midi, lui laissait un temps suffisant pour préparer sa « défense ; que, dès lors, ladite citation est valable... »

— Deuxième affaire, Compagnie des Omnibus contre Pelletier :

« Considérant que si, en principe, le délai d'un jour « franc n'est pas nécessaire dans les assignations données, « en cas d'urgence, pour l'audience ordinaire des référés, « néanmoins il est indispensable, dans l'intérêt de la bonne

« administration de la justice, que les citations ainsi données
« d'heure à heure laissent à la partie citée un délai maté-
« riellement suffisant pour sa défense ; — Considérant, en
« fait, que la compagnie des Omnibus a, le 15 janvier der-
« nier, à onze heures du matin, fait sommation à Pelletier
« de vider les lieux et, par le même exploit, l'a cité à com-
« paraître, le même jour, à midi, à l'audience ordinaire des
« référés ; que c'est sur cette citation que, ledit jour, est
« intervenue par défaut l'ordonnance dont est appel ; —
« Considérant que la citation dont s'agit n'a pas touché per-
« sonnellement Pelletier ; qu'elle a été remise, non à lui-
« même, mais en parlant à sa femme ; que, dans cette
« circonstance, elle ne lui a pas laissé le temps nécessaire
« pour comparaître devant le juge, ni pour préparer ses
« moyens de défense ; que, dès lors, elle ne saurait être
« valable... »

Telle est la procédure qui doit être suivie dans les conditions ordinaires. Mais l'urgence peut être extrême et, en
raison de l'éloignement relatif de l'audience réglementaire,
nécessiter une audience extraordinaire. Il faudra alors, en
pareil cas, obtenir une autorisation du juge, qui permette
d'assigner, à heure indiquée, même les jours fériés, soit
à l'audience, soit à son hôtel. L'assignation devra être
donnée par un huissier commis (art. 808 C. pr. ; Bourges,
29 août 1838, Sirey, 1839, 2, 104 ; Montpellier, 27 janvier
1843, Sirey, 1843, 2, 499).

Ces formalités spéciales sont substantielles et leur omission
entraînerait nullité. C'est ce qu'a décidé la Cour de cassation par un arrêt du 6 novembre 1861 (Sirey, 1862, 1, 150) :

« Vu l'article 808 du Code de procédure ; — Attendu qu'aux
« termes de l'article susvisé, une assignation en référé pour
« comparaître à jour et heure fixes, autres que ceux des
« audiences ordinaires des référés, ne peut être valablement
« donnée qu'en vertu d'une permission du juge, qui doit,
« en ce cas, commettre un huissier pour signifier l'assi-
« gnation... »

Par un arrêt du 4 janvier 1873, rapporté dans la *Gazette
des tribunaux* du 18 janvier, la Cour de Paris a appliqué la
même sanction à la violation des formes prescrites par l'article 808 du Code de procédure.

En dehors de la comparution volontaire des parties, ou du renvoi fait par le procès-verbal d'un officier public, l'assignation est un préalable indispensable.

Le référé ne saurait donc être introduit par un acte d'avoué à avoué. La Cour de Paris l'a formellement jugé par un arrêt du 7 juin 1809. (Voir dans Sirey, à sa date.)

La Cour de Caen a cependant consacré la doctrine contraire dans un arrêt du 17 juin 1854 (Sirey, 1855, 2, 86) :

« Considérant que dès là que l'instance était régulière-
« ment engagée entre les parties et qu'elles avaient avoué en
« cause sur le fond de l'affaire, à l'occasion de laquelle une
« question accessoire se présentait à décider, il aurait été
« frustratoire et aggravant de recourir au ministère d'un
« huissier pour donner une assignation à personne ou
« domicile... »

Cette solution particulière se rattache à un système général que nous avons réfuté plus haut et d'après lequel les référés, surgissant à l'occasion d'une affaire dont une juridiction est saisie, devraient être attribués au président de la chambre à laquelle l'affaire a été distribuée.

Cette doctrine de la Cour de Caen, suivie dans ses conséquences, n'aboutirait à rien moins qu'à instituer, dans certains cas, juges de référé les présidents de chambre des Cours d'appel.

Il y a là, je l'ai dit, une confusion établie entre la juridiction discrétionnaire et la juridiction contentieuse. Le texte de l'article 54 du décret du 30 mars 1808, que nous avons cité, suffit pour faire disparaître toute équivoque.

En général, et sauf la constitution d'avoué, l'exploit d'assignation doit contenir les mentions exigées par l'article 61 du Code de procédure.

Il doit être daté et, lorsque l'assignation sera donnée pour le jour même, indiquer l'heure à laquelle il a été remis ; il doit contenir les nom, profession et demeure du demandeur, l'immatricule de l'huissier, les nom, profession et demeure du défendeur, l'objet de la demande, la désignation du juge, le délai pour comparaître, le nom de la personne à qui la copie a été laissée.

Le juge des référés statue sur la validité de l'assignation. Dans cette appréciation, ce magistrat devra suivre les principes posés par la jurisprudence et appliquer, dans une plus large mesure, la théorie des équivalents, restreignant dans des limites étroites les formalités substantielles.

Ces observations relatives à l'assignation m'amènent à dire quelques mots des autorisations des incapables.

Devant les tribunaux ordinaires, pour ester en justice, la femme aurait besoin de l'autorisation de son mari, le mineur, représenté par son tuteur, de l'autorisation du conseil de famille, le mineur émancipé, de l'assistance de son curateur, les communes et établissements publics, de certaines autorisations administratives.

Ces autorisations sont-elles également nécessaires pour procéder devant le juge des référés?

Presque tous les auteurs se prononcent pour la négative. Ils ont fait remarquer avec raison que les autorisations, ayant été exigées dans l'intérêt des incapables, iraient ici contre leur but même, puisqu'elles rendraient tout référé impossible. Vouloir, en effet, que les incapables fussent pourvus, pour agir au provisoire, des autorisations nécessaires pour agir au principal, ce serait en réalité leur fermer la voie du référé. — Le motif est péremptoire. — Cet affranchissement, d'ailleurs, ne saurait avoir un bien grave inconvénient, puisque les ordonnances de référé ne font jamais préjudice au principal et qu'elles consistent uniquement dans des mesures provisoires [1].

Gardons-nous, toutefois, d'exagérer cette liberté d'action. Si facile que soit l'accès de la juridiction des référés, le juge cependant ne devrait pas admettre une personne notoirement frappée d'aliénation mentale, un mineur non émancipé agissant en dehors de son tuteur, une femme se substituant, à l'égard des biens de la communauté, au mari qui en est l'administrateur légal.

La jurisprudence, en ce point, ne nous offre de décisions que pour les communes et établissements publics. Je citerai, entre autres, deux arrêts de la Cour de Paris, en date des 27 juin et 17 novembre 1868 (Sirey, 1869, 2, 83). Le dernier de ces arrêts est ainsi conçu :

« Considérant que, dans le cas de péril en la demeure,

---

[1] Voir dans le même sens M. Bertin, n°ˢ 276 et suivants.

« les fabriques, comme les communes, peuvent se pourvoir
« en référé sans autorisation préalable; que la nécessité de
« cette autorisation et des formalités qu'elle entraîne ren-
« drait impossible l'obtention des mesures provisoires et
« d'urgence en vue desquelles cette juridiction est établie... »

La Cour de Chambéry a émis, sur cette matière, une doctrine particulière qui mérite d'être remarquée. Dans un
arrêt du 12 août 1873 (Recueil spécial de Grenoble et Chambéry, année 1873, page 61), elle distingue entre le premier
et le second degré de juridiction. Mais, au surplus, mieux
vaut citer l'arrêt que l'analyser :

« Attendu, en droit, qu'aux termes de l'article 49 de la
« loi du 18 juillet 1837, les communes ne peuvent ester en
« justice sans y être autorisées par le conseil de préfecture;
« — Que l'article 55 de la même loi donne, il est vrai,
« au maire la faculté d'agir, dans certains cas, sans cette
« autorisation préalable; — Mais que cette dernière disposi-
« tion, exceptionnelle de sa nature, ne saurait être étendue,
« même par voie d'analogie ; que, selon les principes géné-
« raux, les exceptions doivent être renfermées étroitement
« dans les limites tracées par le législateur, et que cette
« limitation doit être d'autant plus rigoureuse dans l'espèce,
« qu'il s'agirait de se départir des garanties instituées pour
« la protection des droits d'un incapable ; — Que l'article 55
« précité a seulement permis au maire d'intenter toute
« action possessoire ou d'y défendre, de faire tous actes
« conservatoires ou interruptifs de déchéances; — Que, si
« l'introduction d'un référé peut, au premier degré, être
« considérée comme un acte conservatoire, que si encore
« l'exploit d'appel, destiné à prévenir la déchéance du droit
« d'appeler peut recevoir la même qualification, on ne
« saurait, sous peine d'extension, appliquer la dispense
« d'autorisation à la procédure qui doit se suivre sur l'appel;
« — Que cette distinction, entre le premier et le second
« degré, tient à la nature même des choses et produit, à
« d'autres points de vue, des conséquences incontestables ;
« — Que la possibilité de citer d'heure à heure, l'interdiction
« de la voie de l'opposition, l'exécution sur minute, néces-
« sitées par l'urgence d'une mesure provisoire, caractérisent
« la procédure devant le premier juge, mais qu'après la

« décision de celui-ci, les règles ordinaires reprennent en
« partie leur empire; — Qu'il ressort de ces considérations
« que le maire, pour suivre son appel, devait se pourvoir de
« l'autorisation du conseil de préfecture... »

Cette distinction m'avait paru rationnelle d'abord, mais,
à la réflexion, je la crois plus ingénieuse que juridique. Elle
a un premier défaut, et il est grave : c'est de n'être pas
écrite dans la loi. — Fera-t-on remarquer que, dans le silence de la loi, les interprètes sont à l'aise pour proposer
toute distinction rationnelle ? Je répondrai alors que le motif
même, qui a fait admettre en matière de référé la dispense
d'autorisation, existe en appel autant et plus qu'en première
instance; car de deux choses l'une : — Ou bien la commune
s'est vu refuser, par le juge des référés, une mesure provisoire qu'elle avait sollicitée, et alors, loin de diminuer,
l'urgence sera plus grande, puisque l'entreprise dont se
plaignait la commune aura pu continuer et qu'ainsi le préjudice qu'elle redoutait ira en s'aggravant; — Ou bien, c'est
un tiers qui a obtenu, malgré la résistance de la commune,
une mesure qui lui fait grief, et alors l'exécution provisoire
de l'ordonnance obligera la commune à se hâter d'autant
plus. Dans les deux cas la situation est donc la même : le
retard imposé par la nécessité de se pourvoir d'une autorisation enleverait à l'appel toute opportunité.

J'inclinerais donc à penser aujourd'hui que la dispense
d'autorisation est absolue.

On sait toutes les controverses qu'a suscitées la compétence des tribunaux français à l'égard des contestations
entre étrangers. Quel que soit le système général que l'on
adopte, même celui qui est le moins favorable aux étrangers,
on admettra facilement, je crois, que la juridiction des référés leur est ouverte. Pour ce recours, si urgent et si nécessaire, ils ne sauraient être astreints à fournir la caution
judicatum solvi : c'est l'opinion à peu près unanime[1].

Les parties arrivent à l'audience. Elles y trouvent le président du tribunal, siégeant seul, assisté d'un greffier : encore
cette assistance n'est-elle pas nécessaire, lorsque ce magistrat leur donne audience dans son hôtel.

___

[1] Voir dans le même sens M. Bertin, n° 280.

Le ministère public n'a aucun représentant auprès du juge des référés.

Cette dernière proposition, énoncée comme absolue par quelques auteurs, comporte cependant une exception. Nous avons vu, en effet, que le conflit peut être élevé devant le juge des référés : en ce cas, l'assistance d'un membre du ministère public devient obligatoire. Ce point résulte nettement d'un avis du comité de législation, en date du 3 mai 1844. dans lequel on lit le passage suivant :

« Que l'administration, quand elle est citée en référé, se « trouve devant la juridiction où le préfet est autorisé à « élever le conflit; *que rien ne s'oppose à ce que le procureur* « *du roi assiste au référé; qu'il doit y assister lorsque l'État est* « *en cause, la généralité des articles 83 et 112 du Code de pro-* « *cédure comprenant les référés comme les causes ordinaires; que* « *le préfet devra, comme il le feroit devant le tribunal de pre-* « *mière instance, adresser son déclinatoire au procureur du roi...* »

Devant le juge des référés, le ministère des avoués n'est pas obligatoire. Cette règle, contestée par certains auteurs, est aujourd'hui reconnue par la plupart des commentateurs et par la jurisprudence. On peut s'étonner, de prime abord, que l'intermédiaire des avoués soit obligatoire pour la présentation d'une simple requête et qu'il cesse d'être nécessaire pour procéder devant la juridiction des référés. Cette anomalie surprendra moins, si l'on réfléchit que la requête est un acte isolé, ne suscitant aucun contracdicteur, ne subissant le contrôle de personne, et qu'alors le président a besoin que l'identité du requérant lui soit certifiée par la signature d'un officier ministériel. Cette préoccupation disparaît en référé, car alors la présence d'une partie adverse est de nature à prévenir toute surprise de ce genre.

Sur ce point, devenu l'objet d'une pratique constante, je me bornerai à citer un arrêt de la Cour de Toulouse du 4 juin 1824 (voir dans Sirey, à sa date) :

« Attendu que le référé est une juridiction particulière, « sommaire de sa nature et dégagée de toutes formalités « propres à en arrêter la marche; —Attendu que le titre XVI « du Code de procédure, qui traite du référé, ne fait point « mention de la constitution d'avoué; — Attendu que l'ar- « ticle 61, relatif aux ajournements devant les tribunaux

« civils, ne peut être étendu à l'espèce, soit d'après son texte,
« soit d'après son esprit : son texte, il est question d'ajour-
« nement devant les tribunaux inférieurs, devant lesquels
« aucune instance ne peut-être engagée sans constitution
« d'avoué ; la loi est si impérative à cet égard qu'au cas
« d'urgence elle veut, par l'article 76, que le défendeur fasse
« comparaître à l'audience un avoué, auquel il sera donné
« acte de sa constitution, tandis qu'elle garde le silence au
« cas de référé ; son esprit, la constitution d'avoué est né-
« cessaire en instance ordinaire, parce que la défense est
« nécessairement attribuée aux avoués, qui n'acquièrent
« mandat que par la constitution : il n'en est pas de même
« en matière de référé ; d'un côté, on ne conteste point que
« le défendeur ne puisse faire présenter un avoué devant le
« juge du référé sans constitution préalable ; comment le dé-
« mandeur devrait-il remplir une formalité qui n'est pas
« imposée au défendeur ? — Attendu que l'ordonnance de
« référé, n'étant précédée d'aucune instruction ni défense,
« une constitution d'avoué serait inutile ; — Attendu que le
« véritable esprit de la loi est que, dans une matière où il n'est
« question que d'exécution d'actes ou autres décisions provi-
« soires, les parties, pour éviter des frais, peuvent proposer
« elles-mêmes leur défense ; telle est l'opinion de Carré et
« l'usage pratiqué dans la capitale... »

La Cour de Grenoble s'est prononcée, dans le même sens,
par un arrêt du 1ᵉʳ août 1842 (Sirey, 1843, 2, 270). Enfin il
est à remarquer qu'une décision du ministre des finances,
du 2 décembre 1807, enjoint aux conservateurs des hypothè-
ques de comparaître eux-mêmes en référé, s'ils y sont appelés.

Mais, si le ministère des avoués n'est pas obligatoire en
référé, il est facultatif et les parties y ont souvent recours.

On s'est demandé si les clercs d'avoués pouvaient se présenter en référé. Plusieurs auteurs ont contesté la régularité
de cette pratique et, au point de vue des principes purs, il
me paraît difficile de ne pas leur donner raison. Cependant,
à Paris cette pratique est constante et elle a été ainsi ap-
prouvée par le président de Belleyme : « C'est un ancien
« usage à Paris, fondé sur la nécessité et les clercs ont fait
« pendant près de trente ans, devant moi, preuve de ca-
« pacité, de zèle et de convenance dans la défense des
« référés... »

S'il est possible, à Paris, de faire céder la règle devant certaines nécessités, il convient qu'aill· urs, où les mêmes exigences ne se font pas sentir, elle reprenne son empire.

Si donc les parties sont présentes ou dûment représentées, le juge des référés statuera contradictoirement. Si l'une d'elles ne comparaît pas, il donnera défaut.

Il n'y a pas lieu, en matière de référé, au défaut-profit joint. Un arrêt de la Cour de Bordeaux, en date du 24 juin 1833 (Sircy, 1833, 2, 531) a mis ce point hors de doute :

« Attendu que la disposition de l'article 153 du Code de
« procédure a été établie pour les procédures ordinaires et
« non pour les référés ; que cette procédure spéciale est
« régie par le titre XVI, livre V, du Code ; — Qu'il résulte,
« soit des dispositions de la loi, soit de la nature des choses,
« que le référé, matière urgente et qui n'est jamais jugée
« que provisoirement, ne peut subir les formalités et délais
« des procédures ordinaires ; — Que l'objection prise de ce
« qu'en ne prononçant pas de défaut joint on s'expose à
« l'inconvénient que l'article 153 a voulu prévenir, c'est-à-
« dire à voir rendre des décisions contraires dans la même
« cause, manque de fondement; que cet inconvénient, en
« effet, ne peut se présenter en référé, puisque les décisions
« en cette matière ne sont pas susceptibles d'opposition,
« article 809 du Code de procédure[1]. »

Le président, en référé, peut prononcer de suite après les explications qui lui sont fournies; il peut aussi, avant de statuer, ordonner toutes les mesures préparatoires qui lui paraîtront nécessaires pour éclairer sa religion :

— La comparution personnelle des parties ;

— Un compulsoire, un constat, une expertise, l'apport de pièces justificatives, un transport sur les lieux.

Il peut aussi ordonner la jonction de plusieurs référés, afin de rendre l'ordonnance commune aux diverses parties intéressées.

S'il croit devoir recourir à une expertise, le juge des référés peut ne nommer qu'un seul expert. La Cour de Grenoble l'a ainsi décidé par un arrêt du 13 juillet 1872 (voir Recueil spécial de Grenoble et Chambéry, année 1872, p. 284):

« Attendu que le juge des référés puise dans l'urgence et

---

[1] Voir dans le même sens M. Bertin, n° 315.

« les possibilités de la cause les pouvoirs nécessaires; que
« l'article 303 du Code de procédure n'est point applicable
« aux référés; qu'il faudrait suivre également les prescrip-
« tions des articles 305 et suivants et se soumettre à des len-
« teurs, à des délais de procédure qui enlèveraient au référé
« sa raison d'être. »

Mais le juge des référés ne peut, d'office, en dehors du
consentement exprès des parties, dispenser l'expert du serment. La Cour de Paris l'a ainsi jugé par arrêt du 28 novembre 1868 (Sirey, 1869, 2, 54) :

« Considérant que tous experts, commis par justice, sont
« assujettis au serment pour garantir l'accomplissement de
« leur mission; qu'ils ne pourraient en être dispensés que
« du consentement des parties et que cette formalité est de
« rigueur, lorsqu'une partie la requiert... »

Le juge des référés peut-il joindre le référé au fond et
renvoyer les parties devant le tribunal compétent?

M. Bilhard, dans son *Traité*, p. 56, s'exprime sur ce point
avec une grande vivacité :

« Ce n'est donc que par erreur, dit le savant auteur, qu'un
« juge des référés peut se permettre de joindre le provisoire
« au fond, et cette erreur est d'autant plus dangereuse que,
« sans évacuer le provisoire, sans avoir l'air de juger, il
« accorde pourtant, d'une manière indirecte, la suspension
« des poursuites faites par le créancier. Aussi, d'après nous,
« rien ne peut légitimer cette forme singulière de rendre la
« justice, ou, pour mieux dire, de la dénier. En effet, quand
« il s'agit de difficultés survenues sur l'exécution d'un titre
« exécutoire ou d'un jugement, le juge n'a pas de moyen
« terme à employer; il faut d'abord qu'il prononce et puis
« qu'il ordonne, ou l'exécution provisoire que requiert le
« créancier, ou bien le sursis que sollicite le débiteur. Toute
« autre décision serait incompatible avec la nature du
« litige. »

M. Bilhard écarte ensuite l'article 134 du Code de procédure qu'il montre avoir été édicté en vue d'exigences différentes de celles que font naître les référés.

Le président de Belleyme, en indiquant sur cette question
les deux opinions possibles, exprime la première en des
termes plus énergiques encore :

« La jonction est un déni de justice ; c'est un moyen per-
« fide autant qu'illégal de refuser, sans examen ni décision,
« la mesure d'urgence ou de suspendre l'exécution d'un
« titre paré ; c'est valider l'obstacle à l'exécution. »

D'après les habitudes de l'éminent auteur, l'ordre dans
lequel il énonce les deux opinions semblerait indiquer ses
préférences pour la seconde. Mais les motifs, que nous venons de reproduire, nous déterminent à adopter la première.

C'est, d'ailleurs, dans ce sens que se prononce la jurisprudence. Dans un arrêt du 15 juin 1848 (Sirey, 1849, 2, 15),
la Cour d'Angers s'exprime ainsi :

« Attendu que la demande formée par Boulard devant le
« président du tribunal du Mans, et, par suite de renvoi, à
« l'audience de ce siége, avait pour objet la remise d'une
« grosse qui était demeurée entre les mains de Maricot ; —
« Qu'elle devait être jugée en l'état de référé où elle était
« formée ; — Qu'au lieu d'en agir ainsi, le tribunal a rendu
« un simple jugement de jonction avec d'autres affaires en
« cours et qu'ainsi elle a été écartée indirectement sans y
« statuer ; — Reçoit l'appel, dit qu'il a été mal jugé... »

Le juge des référés peut-il prononcer une condamnation aux
dépens ? Cette question importante partage la jurisprudence.

On peut citer dans le sens de la négative qui a longtemps
prévalu : Rome, 3 octobre 1809 (dans Sirey, à sa date) ;
Bourges, 30 août 1831 (Sirey, 1833, 2, 433) ; Douai, 12 avril
1843 (Sirey, 1846, 2, 33). Ces arrêts invoquent l'article 809,
aux termes duquel les ordonnances de référé ne doivent faire
aucun préjudice au principal : or une condamnation aux
dépens constitue une décision principale.

La jurisprudence la plus récente se prononce pour l'opinion contraire.

Je citerai, en premier lieu, un arrêt de la Cour de Douai,
en date du 18 juin 1845 (Sirey, 1846, 2, 33) qui me paraît
contenir une démonstration décisive :

« Attendu que, d'après l'article 130 du Code de procé-
« dure, toute partie qui succombe doit être condamnée aux
« dépens ; — Attendu que toute condamnation aux dépens
« doit être prononcée par le juge de la difficulté qui y a
« donné lieu ; — Attendu que toute demande en référé
« forme une instance à part, qui suit son cours indépen-

« damment de l'action principale, quand il en existe une,
« et qui peut être portée jusqu'en appel dans le cas où la loi
« autorise ce recours ; — Attendu que la disposition de l'ar-
« ticle 809 portant : « que les ordonnances en référé ne
« feront aucun préjudice au principal », établit clairement
« la séparation des deux instances, mais n'a nullement pour
« objet de transporter au juge du principal le droit de pro-
« noncer sur les dépens du référé ; — Attendu que les frais
« du référé sont l'accessoire de l'action en référé et non de
« la demande au principal ; — Qu'une partie peut avoir
« raison au fond et avoir cependant introduit en référé une
« action non recevable ou mal fondée, ou réciproquement ;
« et que, dans les deux cas, il serait injuste de mettre les
« frais de ces deux instances distinctes à la charge de la
« partie qui n'aurait succombé ou dû succomber que dans
« l'une d'elles ; — Que les dépens du référé ne devant pas
« toujours suivre le sort de l'instance au principal, il est in-
« dispensable que le juge qui prononce sur chaque demande,
« prononce aussi sur les dépens qu'elle a occasionnés, soit
« en les mettant à la charge de l'une des parties, soit en les
« réservant ; — Que, d'ailleurs, l'instance en référé peut,
« comme dans l'espèce, être encore pendante en appel,
« lorsque le tribunal civil juge la demande au principal, ce
« qui le met dans l'impossibilité de prononcer sur les frais
« du référé ; — Que, dans ce cas, comme dans tous ceux où
« aucune instance n'est engagée au principal, il faudrait in-
« troduire une action nouvelle pour obtenir la condamnation
« aux frais du référé, ce que le législateur n'a pu vouloir ;
« — Attendu que vainement on prétend que le juge du
« référé n'a pas juridiction ; que le président exerce dans ce
« cas (par délégation de la loi et dans les limites qu'elle fixe)
« la juridiction du tribunal devant lequel il peut renvoyer
« les parties en état de référé, lorsqu'il ne croit pas devoir
« prendre sur lui la responsabilité de la décision ; — Que
« cette raison, d'ailleurs, ne pourrait s'appliquer aux Cours
« royales jugeant sur appel en matière de référé et qu'on ne
« saurait supposer au législateur l'intention de faire pronon-
« cer par la Cour sur les dépens faits devant elle en référé,
« sans pouvoir statuer en même temps sur les frais du référé
« devant le premier degré de juridiction... »

Le 9 septembre 1870 (Sirey, 1871, 2, 47), la Cour de Bourges, bien que statuant dans une espèce exceptionnelle, consacrait les mêmes principes :

« Considérant que la décision, relativement aux dépens, « appartient naturellement aux magistrats chargés de statuer « sur la contestation à laquelle ils se rattachent; — Qu'il « doit en être ainsi, même en matière de référé, alors sur- « tout que, comme dans l'espèce, aucune instance n'est « engagée au principal; — Qu'autrement une instance nou- « velle et spéciale, pour la solution d'une question tout « accessoire, deviendrait nécessaire; — Qu'il n'y a pas lieu « de distinguer entre les frais de première instance et ceux « faits en appel; — Que, par l'effet de l'appel qui lui est « soumis, la Cour peut nécessairement et par les mêmes rai- « sons statuer tant sur les uns que sur les autres. »

Enfin, dans un arrêt du 4 mars 1874 (Sirey, 1874, 2, 109), la Cour d'Amiens a suivi la même doctrine :

« Considérant qu'il appartient à toute juridiction de sta- « tuer sur les dépens faits devant elle; — Que, sans doute, « en référé, il y a lieu le plus souvent de les réserver, mais « qu'il peut aussi y avoir intérêt à statuer, pour éviter dans « l'avenir l'introduction d'une instance qui n'aurait pas « d'autre objet;— Qu'il rentre donc, dans le pouvoir comme « dans la mission du juge, particulièrement en appel, de « décider dans quelle mesure et par qui les dépens seront « supportés [1]... »

Nous avons dû insister sur cette question qui a un grand intérêt pratique. La dernière jurisprudence, que nous avons rapportée, fixera, je l'espère, toutes les incertitudes. Elle repose sur un motif péremptoire : c'est que cette omission au chef des dépens aurait ou pourrait avoir l'effet le plus regrettable; quand le référé aurait réussi à éteindre la con- testation principale, un procès renaîtrait à l'occasion des dépens et l'heureux résultat de l'intervention du juge des référés se trouverait ainsi compromis.

L'ordonnance de référé doit être motivée, car c'est une décision judiciaire et l'obligation, pour le juge, de motiver

---

[1] M. Berlin, n°s 262 et suivants, exprime la même opinion, mais il insiste particulièrement sur l'argument historique tiré de l'ordonnance de 1685.

sa décision, est un principe absolu. D'ailleurs, l'article 809 du Code de procédure qualifie l'ordonnance de référé de *jugement.* (*Sic* Paris. 10 frimaire an XI.)

L'ordonnance ne doit pas être précédée de *qualités,* et les articles 141 et suivants sont ici inapplicables. C'est une conséquence de cette règle : qu'en matière de référé le ministère des avoués n'est pas obligatoire. Le président de Belleyme dit très-bien sur ce point : « L'ordonnance est en « quelque sorte un procès-verbal de la demande, des faits, « des motifs et du dispositif, dont la rédaction appartient « au président, qui doit rapporter avec une scrupuleuse « exactitude les conclusions, dires et réserves. »

La juridiction des référés, nous le savons, touche à toutes les matières du droit; or, il se peut que la difficulté, soumise au juge des référés, neuve peut-être, grave par ses conséquences, inspire des doutes à ce magistrat et qu'il ne veuille pas prendre sur lui seul la responsabilité de la décision. Pourra-t-il alors la renvoyer, en état de référé, devant le tribunal?

La question se discutait en 1825; elle ne se discute plus aujourd'hui. Bien qu'elle n'ait plus qu'un intérêt historique, il est curieux cependant de rappeler les éléments de cette controverse.

Par un arrêt du 18 janvier 1825 (dans Sirey, à sa date), la Cour de Poitiers déniait au président du tribunal le pouvoir de renvoyer au tribunal la connaissance du référé porté devant lui :

« Considérant, disait la Cour de Poitiers, que le Code de « procédure civile attribue la connaissance des contestations « qui peuvent être jugées en référé, au président seul du tri- « bunal de première instance ou au juge qui le remplace; « qu'aucune disposition de ce Code ne laisse au président « du tribunal de première instance le droit de refuser de « connaître à lui seul des contestations de cette espèce, pour « en attribuer la connaissance au tribunal entier, et n'ac- « corde à un tribunal de première instance le pouvoir de pro- « noncer en état de référé sur de pareilles contestations... »

Le 12 janvier 1832 (Sirey, 1832, 2, 202), la Cour de Caen consacrait l'opinion contraire, mais en donnant, il faut le reconnaître, un motif assez faible de sa décision :

— 386 —

« Considérant que *la jurisprudence* (fait-elle donc la loi?)
« a autorisé les magistrats à renvoyer devant le tribunal les
« contestations qu'ils ne croient devoir résoudre seuls en
« référé... »

Mais, en 1834, devant la Cour suprême, le savant rapporteur
présentait la réfutation juridique de la doctrine de la Cour
de Poitiers, en indiquant les véritables raisons de décider :

« Nous n'opposerons pas, disait ce magistrat, à cet arrêt
« isolé la jurisprudence constante du tribunal de première
« instance et de la Cour de Paris, car on pourrait répondre
« que, si cette jurisprudence est contraire à la loi, c'est un
« motif de plus pour que la Cour de cassation saisisse cette
« occasion de la réformer. Mais nous ferons observer,
« d'abord, que cette jurisprudence existait avant le Code de
« procédure, et que ce Code ne contient aucune disposition
« qui ait eu pour objet de faire cesser une forme de procé-
« der consacrée par un long usage, qui, loin d'être contraire
« à l'intérêt des parties, a pour résultat de soumettre la
« décision de leurs difficultés aux lumières d'un tribunal
« entier, qui exerce la plénitude de juridiction, tandis que
« l'attribution faite au président n'est qu'une sorte de juri-
« diction d'exception. — Nous pouvons ensuite opposer
« l'opinion du petit nombre de jurisconsultes qui ont écrit
« sur la matière, et notamment celle de Pigeau, qui a d'au-
« tant plus de poids qu'il a, comme on le sait, concouru à la
« rédaction du Code de procédure civile et qui, dans son
« traité, s'exprime ainsi : « Lorsque le juge a entendu les
« parties dans leurs plaidoiries respectives, ou il statue pro-
« visoirement sur la cause, ou il renvoie les parties à se pour-
« voir à l'audience du tribunal, *ou il les renvoie à l'audience du*
« *tribunal pour y être jugées en état de référé.* » — Nous ajou-
« terons, ce qui est beaucoup plus fort, que l'usage de ren-
« voyer les référés à l'audience se trouve consacré par une
« disposition formelle du décret du 30 mars 1808, portant
« règlement pour la police et la discipline des tribunaux, et
« qui porte, article 60, que les contestations relatives aux
« avis de parents, aux interdictions... seront réservées à la
« chambre où le président siége habituellement *et qu'il en*
« *sera de même des renvois de référé à l'audience,* sauf au pré-
« sident à renvoyer à une autre chambre, s'il y a lieu... »

Il était étrange, en effet, d'avoir vu oublier jusque-là, dans une pareille discussion, une disposition si précise à laquelle on peut joindre encore celle de l'article 66 du même décret disposant « que les causes introduites par assignation à « bref délai... *celles renvoyées à l'audience en état de référé...* « seront appelées sur simples mémoires pour être plaidées « et jugées sans remise et sans tour de rôle... »

C'est sur ces textes décisifs que la Cour de cassation, dans son arrêt du 6 mars 1834 (Sirey, 1834, 1, 152), a eu soin d'appuyer l'opinion qu'elle a fait définitivement prévaloir[1].

Faisons remarquer, à cette occasion, ou plutôt rappelons qu'à la différence de la juridiction des référés, la juridiction discrétionaire, attribuée au président du tribunal, doit être exclusivement exercée par ce magistrat, sans renvoi possible. Nous avons cité deux monuments de jurisprudence relatifs à l'ordonnance d'envoi en possession du légataire universel, auxquels on peut se reporter..

Il est donc bien certain maintenant que le président du tribunal a la faculté, suivant les circonstances, de renvoyer les parties, en état de référé, devant le tribunal. Mais le principe demande à être appliqué avec discernement. Rien de plus sage, à cet égard, que les recommandations suivantes de M. de Belleyme :

« Le président ne doit renvoyer un référé à l'audience que « lorsqu'il s'agit d'une question de principe importante et « controversée, ou d'un grand intérêt, ou de l'interprétation « d'un jugement auquel il n'a pas concouru, car le renvoi « des référés à l'audience a pour résultat d'occasionner des « retards, de surcharger les audiences et d'augmenter les « frais. »

Cette faculté de renvoi du référé à l'audience fait naître encore une difficulté qui a divisé les auteurs, et sur laquelle nous devons une explication.

Le tribunal sera-t-il saisi par l'ordonnance qui a prononcé le renvoi, ou faudra-t-il une assignation donnée à la requête de l'une des parties, ou bien une notification de l'ordonnance ?

M. Chauveau enseigne que les parties doivent, dans tous

---

[1] Voir M. Berlin, n°⁸ 345 et suivants.

les cas, être instanciées par une assignation. Il invoque l'autorité d'un arrêt de la Cour de Rennes, du 6 août 1853 (Sirey, 1854, 2, 495), mais la citation est loin d'être déterminante, car, dans l'espèce, le juge du référé s'était borné *à renvoyer les parties à se pourvoir devant le tribunal*, sans indiquer ni le jour, ni l'heure de l'audience.

Cette interprétation de l'arrêt est la bonne, et la preuve s'en trouverait, au besoin, dans un autre arrêt émané de la même Cour, à la date du 2 mai 1868 (Sirey, 1869, 2, 40). La Cour de Rennes a décidé, en effet, dans cette dernière circonstance, que le tribunal peut être valablement.saisi de la contestation *au fond* par le renvoi que lui en a fait le président pour une audience déterminée.

Se montrera-t-on donc plus exigeant en matière de référé que pour l'instance principale? On le fera difficilement admettre. Jusqu'ici le référé nous est apparu dégagé de toute complication de forme, et ce serait assurément prescrire une procédure inutile que de vouloir une seconde assignation, lorsqu'une première a réuni les parties devant le président du tribunal, et qu'en leur présence ce magistrat a prononcé un ajournement devant le tribunal à jour et heure déterminés. N'y a-t-il pas une analogie saisissante dans le renvoi fait par le procès-verbal d'un officier public devant le juge des référés [1] ?

Mais, du moins, nous admettons que l'assignation deviendrait nécessaire si l'une des parties faisait défaut ou si l'ordonnance n'avait pas indiqué le jour de l'audience.

Une observation importante doit être faite à l'égard des référés renvoyés par le président à l'audience.

La contestation conserve son caractère propre; c'est toujours d'une mesure provisoire, nécessitée par des circonstances urgentes, qu'il s'agit. Il faut donc maintenir, en faveur des parties, les avantages de la juridiction des référés : la rapidité et la simplicité des formes, le bénéfice de l'exécution provisoire du jugement. La loi le dit assez clairement, lorsqu'elle déclare que l'affaire sera renvoyée devant le tribunal *en état de référé*.

Le président de Belleyme s'exprime ainsi :

---

[1] M. Bertin exprime la même opinion, n° 348.

« L'affaire conserve ainsi sa nature sommaire; en consé-
« quence, elle n'est pas susceptible d'écritures et s'instruit
« et se juge comme devant le président. Le tribunal statue
« provisoirement ou renvoie les parties à se pourvoir au
« principal, suivant que l'affaire est susceptible ou non de
« référé. Il faut donc, dans ce cas, appliquer au jugement
« tout ce qui sera dit de l'ordonnance, parce que le juge-
« ment la remplace. »

Nous aurons plus tard à déduire plusieurs conséquences
de ce principe.

§ 5. — *Des effets des ordonnances de référé et des voies de recours
dont elles sont susceptibles.*

L'ordonnance, rendue à l'audience, s'exécute sur grosse
délivrée par le greffier; celle, rendue à l'hôtel, sur minute;
celle, rendue à l'occasion de procès-verbaux des officiers publics, sur minute ou sur expédition délivrée par le greffier.

Même dans le premier cas, s'il y a absolue nécessité, dit
l'article 811, le juge pourra ordonner l'exécution de son ordonnance sur minute.

L'ordonnance s'exécute après signification à la partie
(art. 809 C. pr., 29 du tarif).

S'il y a avoué en cause (car leur ministère est facultatif),
il n'est pas nécessaire de signifier l'ordonnance à avoué en
même temps qu'à la partie.

L'ordonnance par défaut ne se périme pas par le délai de
six mois. L'article 156 du Code de procédure édicte une
pénalité qui ne saurait être étendue par analogie et, puisqu'elle n'a pas été rappelée dans le titre des Référés, elle
n'est pas applicable à cette matière spéciale. On peut invoquer sur ce point l'autorité d'un arrêt de la Cour de cassation, du 13 septembre 1809 (dans Sirey, à sa date), dans lequel
on lit :

« Attendu que la disposition de l'article 156, loin d'être
« générale et commune à tous les jugements par défaut, de
« quelque tribunal qu'ils émanent, est purement spéciale aux
« jugements par défaut rendus par les tribunaux inférieurs. »

L'effet le plus saillant de l'ordonnance de référé, c'est
qu'elle est exécutoire par provision. Le juge cependant peut,

suivant les circonstances, dont l'appréciation est abandonnée à sa prudence, ordonner qu'une caution sera fournie.

L'ordonnance de référé *ne fait aucun préjudice au principal* et, quoi qu'elle ait décidé au provisoire, le tribunal, saisi plus tard de l'action au fond, statuera en pleine liberté.

L'ordonnance de référé ne prescrit que des mesures provisoires, et son exécution ne saurait aller au delà de ce qu'elle prescrit. Elle ne constitue pas un titre exécutoire et ne peut, par suite, servir de base à une saisie.

Cette exécution n'est suspendue par aucun délai : les articles 155 et 450 du Code de procédure sont sans application à la matière des référés[1].

Faisons remarquer tout spécialement que les ordonnances de référé, ne devant jamais préjudicier au principal, n'ont pas l'autorité de la chose jugée. La jurisprudence a plusieurs fois consacré ce principe important qui est un corollaire de la règle écrite dans l'article 809.

Le 2 juillet 1825 (dans Sirey, à cette date), la Cour de Bourges s'exprimait ainsi sur la question :

« Attendu que les ordonnances sur référé ne font aucun
« préjudice au principal (art. 809 C. pr.); que le jugement
« ne statue que sur les difficultés relatives à l'exécution
« du titre; que la loi en autorise l'appel, mais que, soit

---

[1] La combinaison des articles 135 et 548 du Code de procédure civile a fait naître, dans la pratique, une question intéressante. Voici l'espèce qui s'est présentée : un jugement, validant une saisie-arrêt, a ordonné le payement de sommes déposées à la caisse des dépôts et consignations. Avant que ce jugement ait acquis l'autorité de la chose jugée, des difficultés s'élèvent : la caisse, à qui le payement est demandé, s'y refuse; citée en référé, une ordonnance lui enjoint d'effectuer le payement requis. La caisse peut-elle se soustraire à l'exécution de l'ordonnance, en invoquant sa qualité de *tiers* et en se retranchant derrière l'exception de l'article 548? — Non, car l'article 548 s'applique aux jugements qui statuent au principal, et il s'agit ici d'une décision provisoire nécessitée par l'urgence ; de plus, la défense qu'il contient ne s'adresse qu'aux personnes restées étrangères à l'instance et la caisse a été partie à l'ordonnance de référé. — Telle est la jurisprudence de la Cour de cassation attestée par deux arrêts formels : 23 mars 1864 (S., 1864, 1, 181), 23 décembre 1847, chambres réunies (S., 1868, 1, 56). Cette jurisprudence est seule conforme aux nécessités de la pratique et à la saine interprétation de la loi : la doctrine contraire efface l'article 135 devant l'article 548 et fait disparaître le bénéfice de l'exécution provisoire dans les cas où elle est le plus nécessaire. (Voir dans le même sens M. Bertin, nos 355 et suivants.)

« qu'on interjette appel ou non, les droits des parties
« restent toujours entiers pour faire statuer sur le prin-
« cipal... »

La Cour de Paris, par un arrêt du 4 juin 1832 (de Belleyme, t. I, p. 423), proclamait le même principe en ces
termes :

« Considérant que les ordonnances de référé ne font aucun
« préjudice au fond; d'où il suit qu'on ne peut en faire ré-
« sulter l'autorité de la chose jugée... »

Le 11 mars 1834 (de Belleyme, t. I, p. 416), la Cour de
Paris disait encore :

« En ce qui concerne l'exception de la chose jugée tirée
« du jugement du... : — Considérant que ce jugement a été
« rendu en état de référé; — Que, par conséquent, il s'agis-
« sait de mesures provisoires, à l'occasion desquelles il n'a
« pu être définitivement statué; — Sans s'arrêter à l'excep-
« tion, etc... »

Enfin la Cour de cassation elle-même a consacré la même
doctrine dans un arrêt du 4 novembre 1863 (Sirey, 1863,
1, 537), dont la formule laconique atteste la fermeté :

« Et, d'abord, en ce qui touche la prétendue violation de
« la chose jugée : — Attendu que le juge de référé ne statue
« que provisoirement sur les difficultés qui, en cas d'ur-
« gence, lui sont soumises, et que ses décisions ne font aucun
« préjudice au principal... »

Voilà quels sont les effets essentiels des ordonnances de
référé.

Demandons-nous maintenant quelles sont les voies de
recours ouvertes aux parties. Et, d'abord, parlons des voies
ordinaires :

Les ordonnances de référé ne sont pas susceptibles d'opposition. C'est la disposition expresse et significative de
l'article 809, qui ne saurait prêter à la moindre équivoque.

On a posé cependant la question de savoir si, en cas de
renvoi du référé devant le tribunal, le jugement rendu par
défaut était susceptible d'opposition. Bien qu'il existe sur
ce point quelques divergences, j'ose dire que le doute n'est
pas possible. Le jugement, alors, remplace l'ordonnance et
les voies fermées contre celle-ci ne sauraient être ouvertes
contre celui-là; la cause n'a pas changé de nature, et c'est

toujours d'un référé qu'il s'agit; l'urgence est demeurée la même, et l'exécution provisoire n'est pas moins nécessaire dans ce cas que dans les autres. Nous retrouverons plus tard une question analogue à l'occasion des arrêts rendus par défaut en état de référé, mais le moment n'est pas venu encore d'y répondre.

L'article 809, après avoir proscrit formellement la voie de l'opposition, réserve celle de l'appel et en réglemente les délais.

L'appel, en général, est ouvert contre toutes les décisions définitives. A ce point de vue, il importe de faire observer que le juge des référés rend une décision définitive, toutes les fois qu'il tranche la contestation qui lui est soumise, non-seulement par une ordonnance qui accueille ou repousse la demande, mais encore lorsqu'il déclare n'y avoir lieu à référé, qu'il surseoit indéfiniment aux poursuites, joint le provisoire au fond, ou renvoie les parties à se pourvoir au principal. Dans tous ces cas, en effet, pour me servir d'une expression de procédure, la contestation est évacuée; le juge des référés, n'ayant plus à prononcer sur rien, est dessaisi.

Dans ces diverses hypothèses, l'ordonnance peut être frappée d'appel.

L'appel peut être interjeté immédiatement : il n'y a pas, en matière de référé, d'appel prématuré, et la disposition de l'article 449 du Code de procédure est ici inapplicable. L'article 809, d'ailleurs, est explicite sur ce point.

L'appel doit être formé dans la quinzaine à dater du jour de la signification de l'ordonnance.

Faut-il appliquer, pour la détermination du délai, la règle : *dies termini non computantur in termino ?*

La jurisprudence ancienne, attestée par deux arrêts, l'un de la Cour de Limoges du 25 mars 1825, l'autre de la Cour d'Amiens du 16 août 1825 (dans Sirey, à leurs dates), se prononçait dans le sens de la négative ; elle faisait prévaloir les dispositions spéciales de l'article 809, qui limitaient rigoureusement à quinze jours le délai imparti pour interjeter appel d'une ordonnance de référé.

Un arrêt du 16 juin 1866 (Sirey, 1867, 2, 189), rendu par la Cour de Paris, semble avoir inauguré sur ce point une jurisprudence contraire. Il s'exprime ainsi sur la question :

« Sur la fin de non-recevoir, tirée de ce que l'appel n'au-
« rait pas été signifié dans le délai de quinzaine, le dernier
« jour du délai étant un jour férié et la signification n'ayant
« été faite que le lendemain : — Considérant que l'article 4,
« dernier paragraphe, de la loi du 3 juin 1862 a fait dispa-
« raître toute incertitude sur l'application de l'article 1033
« du Code de procédure et *généralisé pour tous les actes de*
« *procédure, sans aucune distinction, la disposition qui déclare*
« *que le jour de la signification et celui de l'échéance ne comptent*
« *pas dans le calcul du délai, comme aussi que, si le dernier jour*
« *du délai est un jour férié, le délai est prorogé jusqu'au len-*
« *demain ; que dès lors cette fin de non-recevoir n'est pas*
« *fondée...* »

Cet arrêt de la Cour de Paris, si je l'ai bien compris,
confond deux questions qui doivent être soigneusement
distinguées.

Avant la loi du 3 mai 1862, l'article 1033 du Code de procédure portait déjà « que le jour de la significa'ion ni celui
« de l'échéance ne sont jamais comptés pour le délai général
« fixé pour les ajournements, les citations, sommations ou
« autres actes faits à personne ou domicile... »

Néanmoins la jurisprudence avait décidé que cette disposition générale devait céder devant celles plus spéciales qui,
par la formule de leur rédaction, impliquaient que le jour
de l'échéance était compris dans le délai. Telle avait été
notamment l'interprétation qu'elle avait donnée de l'article 809. — Comment cette solution pourrait-elle être
modifiée par la loi du 3 mai 1862, qui a reproduit purement
et simplement le premier paragraphe de l'article 1033 ? Les
rédacteurs de la loi de 1862 ont bien songé, il est vrai, à
remanier cet article pour couper court aux difficultés qu'il
avait fait naître, mais le rapporteur a déclaré que la commission avait renoncé à ce projet, trouvant plus sage de
s'en remettre aux lumières de la jurisprudence.

D'ailleurs la Cour de cassation a décidé, depuis cette loi
de 1862, « que la règle générale formulée dans l'article 1033
« reçoit exception lorsque, par l'emploi de formules inclu-
« sives, le législateur a clairement manifesté l'intention que
« l'acte ne pût être fait que le jour de l'échéance et non le
« lendemain... » (Cassation, 4 décembre 1865, Sirey, 1866,
1, 22.)

L'article 809 contient plus encore, une formule exclusive, qui marque plus énergiquement le terme du délai : « *L'appel* « *ne sera plus recevable s'il a été interjeté après la quinzaine* « *du jour de la signification.* »

Tenons-nous-en donc à la jurisprudence ancienne, interprète plus fidèle des textes.

Mais la loi du 3 mai 1862 a cependant fait une innovation dont il faut tenir compte. Elle a prorogé au lendemain l'échéance du délai, quand elle tombe un jour férié. C'est là une disposition générale, qui s'applique à tous les délais de la procédure : les explications très-nettes du rapport de M. Josseau ne peuvent laisser aucun doute sur la portée et l'étendue de cette innovation. C'est donc avec beaucoup de raison, à mon avis, que la Cour de Paris a appliqué la nouvelle disposition à l'appel des ordonnances de référé [1].

Le délai de l'appel est-il de quinzaine ou de deux mois, lorsque le référé, renvoyé devant le tribunal, a été terminé par un jugement?

Il faut bien que ce soit une question, puisque les recueils de jurisprudence nous offrent des décisions en sens contraire. La Cour de Paris, le 14 mai 1836 (Sirey, 1836, 2, 258), s'est prononcée pour le délai de quinzaine, mais les Cours de Riom, 23 avril 1839 (Sirey, 1839, 2, 454), et de Bordeaux, 19 décembre 1846 (Sirey, 1847, 2, 368), ont maintenu le délai général de l'article 443.

J'ai peine, je l'avoue, à comprendre cette dernière opinion. Certes, je n'invoquerai pas contre elle l'expression de *jugement* qui se rencontre dans l'article 809; elle n'y a pas été inscrite dans cette intention. Mais les principes généraux de la matière, l'esprit de la loi, les nécessités pratiques sont autant de considérations toutes-puissantes pour faire abandonner, s'il est encore suivi, le système des Cours de Riom et de Bordeaux.

Pour être allée devant le tribunal, au lieu d'être restée devant le président, l'affaire n'a pas cessé d'être un référé. Cela est si vrai que les règles de la procédure ordinaire sont sans application possible : le ministère des avoués n'est pas obligatoire ; le jugement ne peut prescrire que des mesures

---

[1] Voir dans le même sens M. Bertin, n° 390 ; mais le savant auteur n'admet pas la prorogation au lendemain, quand l'échéance du délai tombe un jour férié (n° 391).

provisoires rendues dans les limites de la compétence du juge des référés; il n'a pas l'autorité de la chose jugée; il n'est pas susceptible d'opposition, s'il est par défaut. Quand on écarte ainsi successivement toutes les dispositions du droit commun, incompatibles avec la matière des référés, pourquoi ferait-on exception à l'égard de l'article 443?

L'idée serait malheureuse, autant que contradictoire, car, en présence d'une urgence extrême, d'un préjudice imminent, alors que le législateur a pris soin de simplifier la procédure, de diminuer les délais, un scrupule du président aura suffi pour bouleverser toute l'économie de la loi et pour rejeter les parties, même pour une décision provisoire, dans les lenteurs d'une instance ordinaire. Avec ce long délai de trois mois autrefois, de deux mois aujourd'hui, la procédure de référé aurait perdu une partie de ses avantages et son opportunité. Disons donc que le délai de l'appel, soit qu'il s'agisse d'une ordonnance, soit qu'il s'agisse d'un jugement rendu en état de référé, n'est jamais que de quinzaine [1].

Ce délai ne s'augmente pas de celui des distances (Paris, 26 mars 1838, Sirey, 1838, 2, 439).

L'appel doit être signifié à personne ou domicile, à moins que le référé n'ait pour cause un débat antérieur, à l'occasion duquel les parties étaient tenues de faire une élection de domicile.

L'article 809 porte que les ordonnances de référé seront susceptibles d'appel, *dans les cas où la loi l'autorise*. Par ces expressions, le législateur a entendu très-évidemment appliquer à la matière des référés les principes ordinaires qui déterminent le premier et le dernier ressort.

Force nous est d'imiter sa réserve, car à essayer seulement de résumer ces principes, ce serait entreprendre une étude nouvelle. Le référé sur les difficultés relatives à l'exécution d'un jugement participe de la nature même de ce jugement : il est en premier ou en dernier ressort, suivant que le jugement lui-même est en premier ou en dernier ressort. Quand la compétence du juge des référés est en question, l'ordonnance est sujette à appel; de même, quand la valeur du référé est indéterminée. C'est à ces notions un peu vagues et superficielles que nous devons nous borner.

---

[1] Voir dans le même sens M. Bertin, n° 392.

L'acquiescement à l'ordonnance rend l'appel non recevable. Ici encore il faut suivre les règles du droit commun.

La Cour, saisie de l'appel d'une ordonnance de référé,
même dans le cas d'incompétence, peut évoquer le fond et
juger définitivement la contestation, si l'affaire est en état.
Autre controverse dans laquelle il nous est interdit d'entrer,
sous peine d'une trop longue digression. Rappelons donc
que, sur ce point, la jurisprudence est constante et s'est
affirmée de nombreux arrêts (Toulouse, 21 août 1838,
Sirey, 1840, 2, 470 ; Montpellier, 20 juillet 1844, Sirey,
1845, 2, 197; Caen, 12 juin 1854, Sirey, 1855, 2, 86; Paris,
6 janvier 1866, Sirey, 1866, 2, 41).

Il nous reste, sur cette matière de l'appel des ordonnances de référé, à signaler une dernière question à laquelle
nous avons fait allusion plus haut. Les arrêts par défaut
rendus en état de référé sont-ils susceptibles d'opposition?

Presque tous les auteurs enseignent que la voie de l'opposition est ouverte dans ce cas, mais la jurisprudence, au
contraire, est fort divisée.

Les Cours de Bruxelles, 7 août 1807 (dans Sirey, à sa
date), Limoges, 16 février 1842 (Sirey, 1842, 2, 461), Paris,
27 septembre 1860 et 20 février 1861 (Sirey, 1861, 2, 184),
Bourges, 9 novembre 1870 (Sirey, 1871, 2, 47), Amiens,
4 mars 1874 (Sirey, 1874, 2, 109), se prononcent pour la
recevabilité de l'opposition. Par contre les Cours de Bordeaux, 24 juin 1833 (Sirey, 1833, 2, 531), Orléans, 9 juin
1847 (Sirey, 1847, 2, 646), Angers, 1er septembre 1851
(Sirey, 1852, 2, 63), Bastia, 1er février 1859 (Sirey, 1859,
2, 252), Paris, 31 mars 1870 (Sirey, 1870, 2, 158), décident
que la voie de l'opposition n'est pas ouverte.

Cette divergence, si profonde et si persistante, atteste
déjà toute la difficulté de la question. Elle ressortira mieux
encore de la comparaison des deux arrêts suivants, qui ont
fort exactement résumé les arguments présentés en faveur
des deux thèses opposées.

L'arrêt précité de la Cour d'Orléans est ainsi conçu :

« Considérant qu'il est de principe qu'il n'y a lieu de
« prendre un défaut-profit joint, toutes les fois que la déci-
« sion à intervenir n'est pas susceptible d'opposition, parce
« que la contrariété des jugements n'est pas à craindre; —
« Que l'article 809 du Code de procédure interdit la voie de

« l'opposition contre les ordonnances par défaut rendues en
« matière de référé ; — Qu'à la vérité, cet article ne dispose
« pas de la même manière à l'égard des arrêts aussi inter-
« venus par défaut sur l'appel de ces ordonnances ; — Mais
« que, de même que l'opposition n'est pas admise contre
« les jugements rendus par suite du renvoi que le président
« a fait du référé à l'audience, par la raison que la décision
« ne change pas de nature parce qu'elle émane d'un plus
« grand nombre de juges, de même, et par identité de mo-
« tifs, elle ne doit pas être reçue contre les arrêts rendus
« par défaut ; — Considérant, d'ailleurs, que les considéra-
« tions, qui ont fait rejeter la voie de l'opposition contre les
« ordonnances de référé, à savoir : 1° qu'à cause de l'ur-
« gence, il y a nécessité de simplifier la procédure et d'a-
« bréger les délais ; 2° que ces ordonnances ne statuent que
« provisoirement et ne préjudicient en rien au principal,
« s'appliquent évidemment aux arrêts à rendre par les juges
« du deuxième degré. puisque, à raison du temps qui s'est
« déjà écoulé, l'urgence est devenue plus grande encore et
« qu'ils ne préjudicient pas non plus au principal ; — Con-
« sidérant enfin qu'admettre l'opposition aux arrêts rendus
« par défaut, en matière de référé, et, par suite, astreindre
« l'appelant à prendre un défaut-profit joint contre ceux des
« intimés qui ne se présentent pas, ce serait méconnaître
« l'esprit des articles 807, 808, 809 du Code de procédure
« qui veulent que ces matières soient jugées par une procé-
« dure très-briève et avec la plus grande célérité et rendre
« le recours en référé tout à fait illusoire... »

L'arrêt de la Cour d'Amiens développe l'opinion contraire
en ces termes :

« Sur la recevabilité de l'opposition ; — Considérant qu'il
« est de principe que toute décision, rendue en l'absence de
« la partie intéressée, peut être frappée d'opposition ; —
« Que, si l'article 809 du Code de procédure affranchit de
« l'opposition les ordonnances rendues en référé, cette ex-
« ception doit être renfermée dans ces termes ; — Que, ni
« l'économie, ni le texte de la loi n'autorisent à l'appliquer à
« l'appel desdites ordonnances ; — Que la partie de l'ar-
« ticle 809 qui, à défaut de l'opposition, accorde la faculté
« de l'appel, est tout à fait distincte de la première ; —
« Qu'elle détermine avec soin, conséquemment d'une ma-

« nière limitative, les dérogations qu'elle croit devoir appor-
« ter au droit commun en matière d'appel; — Qu'elle attri-
« bue la connaissance de l'appel, non au premier président,
« mais à la Cour elle-même; — Que la Cour doit statuer,
« non en état de référé, comme aurait pu le faire le tribu-
« nal, si l'appel lui avait été attribué, mais sommairement;
« — Considérant, d'ailleurs, qu'il n'existe aucune raison
« d'analogie, pour étendre à la procédure suivie en appel,
« devant la Cour, l'exception admise en première instance
« devant le juge du référé; — Que ce magistrat statue d'ur-
« gence; — Que, devant lui, l'opposition n'aurait été le
« plus souvent qu'un moyen dilatoire ou un embarras appor-
« tant un retard préjudiciable à des intérêts qu'il s'agissait
« de sauvegarder; — Que la disposition qui exclut l'oppo-
« sition est, suivant la pensée émise par Treilhard au Conseil
« d'État, corrélative à celle qui déclare l'ordonnance exé-
« cutoire par provision; — Qu'alors que l'ordonnance est
« exécutée, sans faire, d'ailleurs, aucun préjudice au prin-
« cipal, l'appel n'offre plus à la Cour qu'une affaire de nature
« à être jugée sommairement, mais soumise, comme ces
« sortes d'affaires, aux principes fondamentaux du droit
« commun... »

En présence de ces graves considérations, si fortement
déduites de part et d'autre, j'avoue mon hésitation. Cependant, comme il faut conclure, j'incline vers la solution adoptée par la Cour d'Orléans, bien qu'elle ne compte pas le plus
grand nombre de suffrages.

Une raison me paraît dominante : c'est que le référé est
une matière spéciale, pour laquelle le législateur a organisé
une procédure particulière, dont les caractères essentiels
sont la simplicité et la rapidité des formes. L'urgence et les
nécessités qu'elle comporte ont déterminé cette dérogation
au droit commun.

Devant ces exigences, tout le reste doit plier. C'est en vain
que la question engagée présentera les plus graves difficultés, que le président, embarrassé ou hésitant, aura renvoyé
la cause devant le tribunal, la procédure ne change pas, et
le jugement qui interviendra, pas plus que l'ordonnance qui
aurait pu être rendue, ne sera susceptible d'opposition.

Est-il donc vrai que cette procédure, aux formes plus
rapides et plus simples, n'ait été établie que pour le premier

degré de juridiction et qu'en appel les règles du droit commun reprennent leur empire? Mais l'article 809 prouve tout le contraire, car il supprime le délai de huitaine imposé d'ordinaire aux réflexions des plaideurs, et il réduit à quinze jours le délai de trois mois (aujourd'hui de deux) pendant lequel l'appel peut être interjeté.

C'est donc toujours la même préoccupation qui règne au second degré comme au premier. Et quant à la voie de l'opposition, spécialement fermée par le législateur dans la première partie de l'article 809, il faudrait, il me semble, pour qu'elle fût admise en appel, que le législateur eût pris soin de la rouvrir.

La Cour d'Amiens prétend que l'affaire, simple référé en première instance, est devenue une affaire sommaire en appel. Je sais qu'on peut s'autoriser, à cet égard, d'une expression qui se rencontre dans l'article 809, mais elle n'y est pas seule; le texte dit, en effet : « L'appel sera jugé sommairement et *sans procédure.* » Ces derniers mots ne doivent pas moins frapper l'attention que les autres. D'ailleurs, la remarque en soi a quelque chose d'extraordinaire, car, à invoquer le droit commun lui-même, il est difficile de comprendre qu'une affaire se puisse ainsi transformer en appel. Non ; l'affaire est demeurée la même, avec ses traits caractéristiques, qui distinguent l'arrêt, aussi bien que l'ordonnance ou le jugement : décision provisoire, faisant la part de l'urgence et réservant soigneusement le fond du litige.

On tente une autre explication : l'ordonnance, dit-on, a été rendue et provisoirement exécutée, et c'est ce résultat seulement qu'on voulait atteindre en proscrivant l'opposition ! La raison, bien que plus spécieuse, n'est pas meilleure cependant.

Une personne, en butte à des poursuites injustes ou à une entreprise qui l'expose à un préjudice imminent et irréparable, a introduit un référé pour couper court à ces poursuites ou à cette entreprise. Mais le juge des référés s'est déclaré incompétent, ou a décidé qu'il n'y avait pas lieu à référé, ou a renvoyé les parties à se pourvoir au principal. Le demandeur, de plus en plus menacé dans ses intérêts, pressé par une urgence qui n'a fait que s'accroître, puisque dans l'intervalle les poursuites ou l'entreprise continuent, se hâte d'interjeter appel; son empressement ne lui servira guère.

S'il y a plusieurs parties en cause, et que l'une d'elles ne comparaisse pas, un premier retard lui sera imposé par la nécessité de prendre un défaut-profit joint; s'il n'a qu'un seul adversaire, celui-ci, bien avisé, fera défaut et frappera ensuite l'arrêt intervenu d'opposition; voilà un second retard auquel il sera exposé. Que de temps perdu pour lui, gagné pour son adversaire! Enfin il obtiendra un arrêt définitif, mais il sera trop tard; le préjudice sera consommé.

Est-ce là le résultat que le législateur a voulu? Non, bien évidemment. Si l'article 809 n'est pas assez explicite, il est permis assurément de suivre les analogies, et c'est précisément le cas de notre espèce, quoi qu'en dise la Cour d'Amiens, puisque l'urgence, qui est la raison d'être de la procédure de première instance, qui a fait supprimer l'opposition, se rencontre en appel comme au premier degré[1].

J'en ai fini avec les voies ordinaires de réformation : j'aborde maintenant les voies extraordinaires.

Tout le monde est d'accord pour reconnaître que la requête civile n'est pas ouverte contre les décisions intervenues en référé. La requête civile est un remède extrême, accordé aux parties, dans certains cas déterminés, pour faire réparer l'erreur commise par une décision principale et définitive. Or, nous le savons, les référés n'aboutissent jamais qu'à des mesures provisoires.

La même unanimité n'existe pas pour la tierce opposition.

Cependant à quoi bon un pareil recours en faveur du tiers? S'il est exposé à souffrir de l'exécution d'une ordonnance, ne peut-il donc pas plus simplement introduire lui-même un référé?

La jurisprudence offre, il est vrai, des décisions divergentes sur ce point, mais les arrêts les plus récents paraissent se prononcer pour le rejet de la tierce opposition. C'est ce qui a été jugé notamment par un arrêt de la Cour de Paris du 28 novembre 1868 (Sirey, 1869, 2, 54), dans lequel nous lisons :

« Considérant qu'il résulte des dispositions des articles 474 « et suivants, 809 du Code de procédure que la voie extra- « ordinaire de la tierce opposition pour attaquer les juge-

---

[1] J'ai le regret de constater que M. Bertin, qui a si souvent et si heureusement lutté contre certains courants de la jurisprudence, est formellement contraire à l'opinion que j'ai exprimée. (Voir n°s 368 et suivants.)

« ments, n'est pas admissible contre les décisions émanées
« du juge des référés ; que les formalités imposées à cette
« procédure sont inconciliables avec la nature de ces déci-
« sions provisoires et la promptitude qu'elles exigent... »

Cet arrêt me paraît excellent dans sa formule aussi nette
que sobre. Conçoit-on facilement, en effet, que, dans l'ordre
de ces intérêts provisoires, le tiers, qui aura succombé, soit
exposé à une amende d'au moins 50 francs avec dommages
à l'avenant ? N'y a-t-il pas notamment, dans cette pénalité
qu'il faudrait nécessairement appliquer, quelque chose qui
avertit que la procédure de tierce opposition n'est pas faite
pour les matières de référé [1] ?

Les décisions de référé sont-elles susceptibles d'être attaquées par la voie du recours en cassation ?

Question délicate assurément, puisque indépendamment
des auteurs, elle a un instant partagé deux chambres de la
Cour de cassation ! Ce conflit est assez grave pour qu'on ne
l'exagère pas : s'il s'est produit en 1860, il n'existait pas
auparavant, et nous en avons pour preuve les nombreux
pourvois que la chambre des requêtes avait laissé arriver
jusqu'à la chambre civile. De plus, ce désaccord, établi
entre la jurisprudence des deux chambres, paraît avoir été
effacé par un arrêt de 1865 que nous citerons en son lieu.

Quoi qu'il en soit, cette divergence a existé un moment et,
alors que la chambre civile de la Cour suprême avait affirmé
par deux fois, dans deux arrêts explicites, 23 juillet 1851
(Sirey, 1851, 1, 753), 9 juin 1858 (Sirey, 1859, 1, 621) la
recevabilité du pourvoi, la chambre des requêtes, par un
arrêt du 1er mai 1860 (Sirey, 1862, 1, 150) rendu sous la présidence de M. Nicias Gaillard, avait résolûment décidé que
le recours en cassation n'était pas admissible en matière de
référé. Cette résistance de la chambre des requêtes à la jurisprudence de la chambre civile était aussi remarquable
que peu ordinaire.

Si maintenant on examine les motifs de ces arrêts, l'embarras est grand, car on y rencontre une contradiction absolue qui se traduit par l'affirmation de deux principes
diamétralement contraires :

[1] Voir dans le même sens M. Bertin, n° 370.

Alors que la chambre civile déclare « que tout arrêt ou
« décision en dernier ressort, qui fait définitivement droit,
« soit sur le fond, soit sur un incident, soit sur une demande
« provisoire, est susceptible de recours en cassation,... » la
chambre des requêtes répond « qu'il est de principe qu'on
« ne peut se pourvoir en cassation que contre une décision
« définitive... Que l'arrêt rendu, comme le jugement lui-
« même, en état de référé, n'avait rien de définitif... Que
« dès lors le pourvoi n'était pas recevable... »

Depuis l'arrêt de la chambre des requêtes du 1ᵉʳ mai 1860,
la chambre civile a eu occasion de proclamer une fois de
plus la recevabilité du pourvoi, dans un arrêt du 6 novembre
1861 (Sirey, 1862, 1, 150).

L'unité de jurisprudence paraît avoir été rétablie par un
arrêt de la chambre des requêtes, du 6 novembre 1865 (Sirey,
1866, 1, 44) qui fait une distinction de nature à rallier tous
les suffrages :

« Attendu qu'il est de principe qu'on ne peut se pourvoir
« que contre une décision définitive ; — Qu'en admettant
« que tout jugement ou arrêt statuant, même en état de
« référé, soit susceptible d'un recours en cassation, ce re-
« cours n'est recevable qu'autant qu'il est dirigé contre une
« décision de cette nature ; — Attendu, en fait, que, dans la
« cause, l'arrêt attaqué, rendu sur l'appel d'une ordonnance
« de référé, n'a rien de définitif ; — Qu'en effet, l'ordon-
« nance qu'il confirme constate qu'une instance est pendante
« entre les parties, et qu'il y a lieu, préalablement à toutes
« poursuites nouvelles, d'attendre l'issue de cette instance
« jusqu'à ce qu'il ait été définitivement statué sur les pré-
« tentions respectives desdites parties ; — Qu'en cet état, le
« pourvoi n'est pas recevable... »

Bien que le dissentiment entre les deux chambres de la
Cour suprême soit près d'être éteint, s'il ne l'est déjà, la
question n'en reste pas moins difficile.

Elle a inspiré à un savant jurisconsulte, M. Bellaigue
(*Revue pratique de droit français*, t. XII, p. 554), les réflexions
suivantes :

« La condition *sine quâ non* de tout pourvoi en cassation
« nous paraît être, en effet, l'impossibilité absolue de reve-
« nir sur la décision attaquée par une autre voie juridique

« quelconque. Le pourvoi est le recours suprême; c'est la
« dernière porte ouverte au plaideur, qui doit d'abord frap-
« per à toutes les autres. Or, comment l'accès de la Cour
« suprême serait-il ouvert à celui qui se plaint d'une mesure
« essentiellement provisoire, sur laquelle peut toujours re-
« venir le tribunal dont le président a rendu l'ordonnance?
« — Sans doute, il y a des mesures, même provisoires, dont
« les effets sont irréparables; mais en quoi le pourvoi qui,
« comme on sait, n'est pas suspensif, paralysera-t-il ou ré-
« parera-t-il l'effet de ces mesures que nous supposons con-
« traires à la loi? La Cour de cassation ne fera rien que le
« tribunal ne puisse faire à sa place plus vite et à moins de
« frais... »

Ces observations ont quelque chose de spécieux; elles ne
m'ont pas convaincu cependant. Je retrouve ici une situation
analogue à celle que j'ai signalée plus haut, lorsqu'il s'agissait de savoir si le référé était applicable aux matières de
justice de paix. Un honorable jurisconsulte, M. Boullanger,
invoquait aussi l'intérêt bien entendu des justiciables et il
disait : Le juge de paix fera plus vite et à moins de frais que
le juge des référés.

J'ai répondu alors et je réponds encore : Laissez faire aux
parties; nul, mieux qu'elles, ne saurait avoir la claire intelligence de leurs intérêts. J'essayais de montrer ensuite que
la juridiction des référés offrait, dans certains cas, des avantages que ne présentait pas au même degré une instance
principale devant le juge de paix. De même ici, le recours en
cassation sera souvent, pour les parties, une ressource nécessaire ou précieuse.

L'instance en séparation de corps ne peut s'ouvrir que par
l'autorisation donnée à la femme d'y procéder. Or le président du tribunal la refuse : nous avons cité un exemple emprunté à la jurisprudence. Dans ce cas, l'ordonnance sera
sujette à appel et, de fait, l'ordonnance qui refusait l'autorisation a été réformée. Mais si la Cour, se laissant dominer
par les préoccupations qui avaient impressionné le président,
avait maintenu l'ordonnance, quelle autre voie que le recours
en cassation aurait permis à la femme d'avoir raison de cet
excès de pouvoir? Le pourvoi lui étant interdit, l'accès du
tribunal lui étant également fermé, elle se trouverait enfer-

mée dans une impasse. A cette hypothèse on pourrait en ajouter d'autres.

Dans tous les cas, en renvoyant la partie à se pourvoir au principal, on l'oblige à faire un procès, avec le désavantage de la position de demandeur, le fardeau de la preuve, etc. Et si elle juge de son avantage de ressaisir, en faisant tomber par un pourvoi une décision entachée d'excès de pouvoir, le bénéfice de la possession, pourquoi ne lui serait-il pas permis de poursuivre directement ce résultat qui lui suffit et qu'elle préfère aux incertitudes et à la responsabilité d'une instance principale ?

En résumé, et pour conclure. je crois donc que la jurisprudence de la chambre civile de la Cour de cassation est infiniment sage, en accueillant le pourvoi formé contre toute décision qui a évacué la contestation soumise au juge des référés.

Me voici enfin arrivé au terme de la tâche que je m'étais assignée.

Je m'étais proposé seulement de recueillir, sur une matière intéressante autant que pratique, les derniers enseignements de la doctrine et de la jurisprudente. Je souhaite que le tableau que j'en ai présenté ne soit pas trouvé trop incomplet ni trop infidèle.

En rapportant les arrêts et les opinions des auteurs, je ne me suis pas interdit le droit de critique, qui est, dans le domaine de la science, une des libertés nécessaires. J'espère en avoir toujours usé avec convenance et modération, et en laissant percer, au-dessus de mes critiques, le sentiment de respectueuse déférence que j'éprouve pour ces savants jurisconsultes et ces grandes compagnies judiciaires, dont les travaux portent si haut la scence du droit.

Je n'ambitionne, pour ce modeste opuscule, d'autre utilité que d'épargner à quelques-uns de mes lecteurs d'assez longues recherches, d'ouvrir à d'autres l'occasion d'exposer, sur les mêmes points, un meilleur avis.

FIN.

TABLE DES SOMMAIRES.

FIN DE LA TABLE DES SOMMAIRES.

TABLE ALPHABÉTIQUE DES MATIÈRES.

A

B

C

F

G

H

I

J

L

M

O

R

S

T

U

V

FIN DE LA TABLE ALPHABÉTIQUE DES MATIÈRES.

Paris. — Imprimerie Arnous de Rivière et Cᵉ, 26, rue Racine.